길 위의 신학

: 하나님의 지혜를 신비 가운데 분별하기

길 위의 신학: 하나님의 지혜를 신비 가운데 분별하기

2020년 3월 9일 초판 1쇄 발행
2022년 8월 5일 초판 2쇄 발행

지은이 | 케서린 켈러
옮긴이 | 박일준
펴낸이 | 김영호
펴낸곳 | 도서출판 동연
등 록 | 제1-1383호(1992년 6월 12일)
주 소 | 서울시 마포구 월드컵로 163-3
전 화 | (02) 335-2630
팩 스 | (02) 335-2640
이메일 | h-4321@daum.net / yh4321@gmail.com

Copyright © 도서출판 동연, 2020

ISBN 978-89-6447-520-1 93230

길 위의 신학

하 나 님 의 지 혜 를 신 비 가 운 데 분 별 하 기

캐서린 켈러 **지음** | 박일준 **옮김**

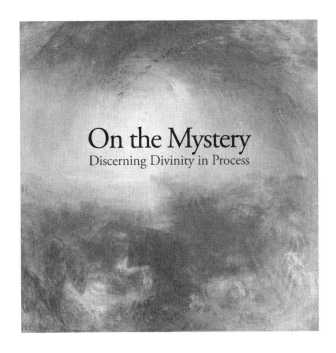

On the Mystery
Discerning Divinity in Process

동연

한국어판 인사 글

　지난 수십 년간 학생들에게 신학을 가르쳐오면서, 한국 기독교는 내 인생의 중요한 일부였습니다. 한국을 여러 번 방문할 기회가 있었는데, 그때마다 내가 예전에 가르쳤던 학생들과 다시 만나 뜻깊은 모임을 만끽할 수 있었습니다. 아마 이 책을 읽을 독자들 중 그들이 많이 있을 텐데, 일부는 교수님이 되셨고, 일부는 목사님이 되셨고, 또 일부는 교수님인 동시에 목사님이 되셨습니다 — 고백컨대, 여러분은 내게 큰 자랑과 기쁨일 뿐만 아니라, 드류대학교 신학부의 큰 자랑이기도 합니다. 아펜젤러 선교사의 모교이기도 한 드류의 아펜젤러 유산은 이제 인물상으로 만들어져, 신학부 건물 바깥에 세워져 있는데, 이 또한 한국교회의 선물이기도 합니다. 드류대학교는 한국과 우리의 관계를 더 이상 선교적 사명으로 여기지 않게 된 지 오래되었지만, 그럼에도 우리 드류 교수들과 교직원들은 그러한 관계의 엮임을 가능케 만들었던 역사를 영광스럽게 생각합니다. 그 역사는 일방통행적인 가르침의 역사가 아니라, 상호적인 관계와 배움의 역사였다고 생각합니다.

　내 수업에 한국 학생들이 없었다면, 난 지금과는 무척 다른 신학자가 되어있을 거라고 생각합니다. 그랬다면, 이 **책도** 아주 다른 책이 되었겠지요. 이전에 출판된 나의 책들과 달리, 본서『길 위의 신학: 하나님의 지혜를 신비 가운데 분별하기』는 매년 '조직신학입문'이라는 필수 과목 수업을 아주 직접적으로 바탕으로해서 저술되었습니다. 기독교 전통의 심오한 교리적 상징들을 가르치는 이들에게 도움이 되기를 바라면서 책을 썼습니다. 그 교리적 상징들—예를 들어, 창조, 죄, 그리스도, 종말 등—은 결코 홀로 존립해 온 것이 아닙니다. 그 상징들은 성서 본문에서 바로 튀어나와 공동체적으로 사용되었던 것이 아닙니다. 그 상징들은 변화하는 상황의 필요들에 따라 언제나 매개되기 마련인데, 무엇보다도 그 매개는 번역을 의미할 것입니다.

각 언어는 전체 세계를 암호로 담고 있는데, 특정한 사람들의 관점으로 혹은 더 거대한 문화 내의 부분 모집단의 관점으로 담지하고 있습니다. 그러므로 모든 성서 번역은 그 자체로 해석입니다. 그래서 흔히 대안적 번역들과의 논쟁으로부터 자유롭지 않습니다. 그리고 일단 성서의 이야기들로부터 기독교 교리들이 형성되자마자, 새로운 차원의 추상화와 논증이 작동하게 되었고, 이것들은 그리스–로마 세계라는 시대적 맥락으로부터 큰 영향을 받았습니다. 기독교 신학자들 간의 논쟁들은 격렬했고, 그를 통해 서구 세계의 가장 명민한 사유들을 생산해 내기도 했습니다. 그러나 그 논쟁들은 대개 대립적인 논쟁들이 되어갔고, "정통"과 "이단"이라는 비성서적 분열로 치달아, 결국 박해와 사형집행과 전쟁과 정복을 통한 체제이념적 폭력을 끔찍하게 동원하는 사태로 귀착되기도 했습니다. 그럼에도 불구하고 비폭력적이고 상호존중적인 형태의 소통과 선교가 시대들을 관통하면서 내내 멈추지 않고 진행되어왔습니다.

그 복잡한 기독교의 역사가 서구 역사의 대부분을, 특별히 근대 서구의 역사를 정의하고, 아시아 역사의 의미심장한 부분을 정의합니다 — 한국보다 이것이 더 잘 드러나는 국가는 없습니다. 아시아의 그 어떤 나라도 한국이 그랬던 것처럼 기독교를 광범위하게 받아들여 활발하게 번역한 나라도 없습니다. 번역들은 당장 언어적이면서 동시에 문화적이어서, 한반도에 놀랄 만큼 풍성한 기독교 담론들을 결실 맺어왔습니다. 저는 그저 한국 기독교의 활력들이 나이 들고 위축되어가는 미국 교회들에게로 돌아와 주기를 바랄 뿐입니다. 한편으로 더 중요한 것은 한국 기독교인들이 자신들의 신앙을 위한 새로운 영감과 자신들의 사유를 자극하는 지적 자원들과 자신들의 실천을 위한 윤리적 동기들을 계속해서 찾고 있다는 사실입니다. 한국의 토착적 신학들은 아주 결정적으로 중요합니다. 하지만 한국 교회들의 뿌리들을 고려할 때, 해외 신학들과의 신선한 상호교환이, 아마도 특별히 북미 신학과의 상호교류가 여전히 중요하다고 저는 이해합니다. 그것은 한국이 발휘할 수 있는 고유한 세계시민주의(cosmopolitanism)적 정신의 일부이기 때문입니다.

그렇기 때문에 신학자 박일준의 이 번역은 신학 번역의 지역적/지구적 역사의 일부일 것이라고 생각합니다. 우리가 소통하기 바라는 것은 고대 교리들이 전개되어온 전체 역사와 여전히 열린 미래를 염두에 두면서, 그 고대 교리들의 체계에 대한 새롭고 신선한 표현들입니다. 『길 위의 신학: 하나님의 지혜를 신비 가운데 분별하기』는 기독교에 충실하게 머물러 있고자 시도합니다. 왜냐하면 기독교는 새로운 시공간들 속에서 발휘되는 복원력으로 인해 여전히 살아있기 때문입니다. 저의 특별히 개신교적인(감리교적인) 혈통은 일찍이 과정신학의 근거지를 찾도록 이끌었고, 클레아몬트신학교에서 존 캅(John B. Cobb, Jr.) 교수님과 공부하도록 인도하였으며(존 캅 교수님도 또한 많은 한국 학생들을 가르쳤습니다), 여성으로서 이 철학적 신학을 새로운 소통 패턴으로 번역하도록 예인했습니다. 페미니즘의 물음들과 생태위기의 물음들이 기독교적 신앙 위에 어떻게 교차할 수 있는지에 대한 물음은 일찍이 저의 시선을 끌었습니다. 지금 현시점에서도 이 물음들이 여전히 신학적으로 매우 적절한 이슈들이라는 사실은 통탄스럽습니다.

교회가 젠더(gender)의 의미와 특별히 성적인 차이(sexual difference)의 문제와 격렬하게 씨름하고 있는 차에 우리는 우리의 취약한 몸의 문제를 모든 지구적 몸의 문제—즉 의미와 물질성의 문제—로부터 분리할 수 없습니다. 우리 인간 종이 우리의 얽힌 차이들 속에서 더 사랑스럽고 정의롭게 살아갈 수 있는 길로 진화해나갈 시간을 갖지 못할 수도 있음을 우리는 인식합니다. 기후학자들은 지금 화석연료 기반의 우리 문명이 극적인 변화들을 일구어낼 시간이 아마도 10년 남짓밖에 되지 않을 것이라고 말하고 있습니다. 그리고 제가 이 글을 쓰고 있을 즈음, 미국은 계속해서 가능한 가장 최악의 방향으로 우리를 몰아가고 있습니다. 우리의 우파 기독교인들은 기후 변화를 부정하는 태도 속에서 창세기에 대립되는 신학을 제시하고 있습니다. 창세기에는 하나님이 아주 벅차게 "좋다"고 바라보신 이 모든 생물종들을 "돌보고 지키도록" 우리를 부르셨고, 그래서 우리는 지구의 모든 것을 책임 있게 돌보도록 부름받는 장면이 있습니다. 그래서 저는 묵시apocalypse를 다룬 또 다른 책을 지금 막 마무리짓고 있기도 합니다: 묵시는 "세계의 종말"을 선언하기 위함이 아니라(사실 그것은 성서적 개념이 아닙니다), 현재 위기의 극단적 외상trauma이 "드러남revealing"을 선포합니다. 하지만, 본서의 묵시와 성령에 관한 토론에서처럼, 그 예언자적 유산은 우리를 낙관주의나 비관주의로가 아니라 세계를 변혁하는 엄밀하고 비감성적인 희망으로 부릅니다. 이런 점에서 나의 작업은 (많은 한국 신학자들이 따르는) 나의 오래된 친구 위르겐 몰트만의 작업과 근접하게 됩니다.

그러나 『길 위의 신학』은 기본적으로 그 어떤 긴급성에 초점을 맞추지는 않았습니다. 본서는 "절대주의absolute" 형태의 종교적 믿음과 "방탕주의dissolute" 형태의 호전적 세속주의 양자에 대한 기독교신학적 대안을 제공하고자 했습니다. 기독교 절대주의자들은 신앙을 지식으로 간주하는 잘못을 저지르고, 자신들이 진리를 확실하게 "안다"고 생각합니다. 이런 진리 개념은 비성서적이고, 비관계적이며, 아주 서구적인 진리관입니다 — "쉽볼렛"의 폭력적 진리를 가리킬 따름입니다. 그러나 이러한 진리 개념이 그의 반대, 즉 상대주의적 무관심을 통해 제대로 교정되지는 않습니다. 저는 이런 태도를 "빌라도의 으쓱거림"이라 불렀습니다. "신비 위에" 있다는 것—본서의 원제목 *On the Mystery*이기도 하다—은 제삼의 길 위에 있다는 것을 의미하는데, 이는 끝없는 탐구의 길이기도 합니다. 신학은 어거스틴과 그리고 한참 후대의 안셀름에 의해 "이해를 추구하는 신앙"으로 정의됩니다. 만일 여러분이 이미 신앙을 전부 이해하고 있다고 생각한다면, 여러분은 신학을 하고 있는 것이 아닙니다. 이는 또한 칼 바르트의 "길 위의 신학theologia viatorum, theology on the way"의 통찰이기도 합니다. 길 위에서—무한한 신비의 길 위에서— 우리는 겸손과 모험에 대한 감각을 회복합니다. 우리가 용기를 얻게 되는 것은 내세에 주어질 보상의 확실성 때문이 아니라 사랑 그 자체가 우리를 확신(confidence)으로, 다시 말해, 신앙(faith)으로 채워주기 때문입니다.

이 번역을 통해 한국 기독교인들이—혹은 본래적으로 세속적인 독자들이 또는 불교인이나 유교인인 독자들이— 자신들의 상황 속에서 더 심화된 성찰을 향한 초대장을 발견하게 되기를 소망합니다. 본서는 쉽게 읽을 수 있게, 대학생들에게 적합하게 그리고 신학생들과 현장 목회자들에게 유용하게 사용될 수 있도록 쓰고자 노력했지만, 또한 기성 신학자들을 위한 일단의 암시들과 깜짝 선물들을 제시하고 있기도 합니다.

그동안 한국의 신학적 상황들에 대한 감수성을 즉흥적으로나마 이따금씩 갱신할 수 있는 기회들이 주어져 감사하게 생각합니다. 가장 최근에 한국을 방문한 것은 2017년 가을인데, 연세대학교 전현식 교수님과 장로회신학대학교 김은혜 교수님의 공동연구 프로젝트를 통해서 이루어졌으며, 이에 깊이 감사하게 생각합니다. 그것은 그저 학술적 행사를 위한 방문만은 아니었습니다. 서울에서 저는 (사드 미사일 반대를 위한) 길거리 시위에 참여하여 (미국 대사관 앞에서) 처음으로 발언할 기회를 얻기도 했습니다. 향린교회 교우들과 김희헌 목사님께 감사드립니다. 이 모든 과정에서 박일준 박사의 리더십과 번역을 누릴 수 있었고, 이제 『길 위의 신학』이라는 지금의 번역본이 출판되는 영광도 누리게 되었습니다. 아울러 드류대학교에 재학 중인 강하영과 신창용의 교정작업에도 감사를 드립니다.

본서는 끈질긴 관계성insistent relationality의 작업인데, 우리 모두를 구성하는 인간적 관계들과 인간 이외 관계들의 거대한 네트워크들의 한복판에서 우리의 취약하지만 재능 있는 생명을 드러내 보여주고 싶었습니다. 이 관계들은 억압되거나 무의식으로 머물러 있게 될 경우 무책임하거나 또는 고통스러울 수도 있습니다 ― 특별히 서구의 개인주의적 모델에서는 말입니다. 그러나 의식적인 관계가 되었을 때, 그 관계들의 우주적 너비는 우리의 내밀한 영적 과정과 우리의 사회적 그리고 궁극적으로 행성적 과정들을 우리가 하나님이라 부르는 무한한 사랑의 과정과 연결시켜 줍니다. 이 개념들이 한국어 독자 여러분의 언어 속에서 중요하고 도전적인 전이를 펼쳐나갈 때, 어떤 부분은 명확하고 어떤 부분은 신비스러움을 담지하고 있을 것이라 믿습니다.

캐서린 켈러
뉴욕에서, 2019년 5월

추천의 글

과정사상의 경쾌한 언어로 기독교 신학의 핵심 주제들을 생생하게 되살려낸 매혹적인 책이 우리에게 도착했다.

_ 김희헌(향린교회 담임목사, Ph.D.)

종교적 절대주의와 세속적 상대주의를 극복하는 제3의 길은 양극단의 형식적 중도가 아니다. 제3의 길은 바로 길 자체가 되는 것 곧 길위의 신학을 하는 것이다.

_ 손호현(연세대학교 교수, 문화신학)

무모한 보수와 자학적인 진보의 양극단을 넘어서 우리 시대 필요한 제삼의 신학적 대안을 모색하는 켈러의 『길 위의 신학』은 우리 시대에 딱 필요한 조직신학 입문서이다.

_ 이찬석(협성대학교 교수, 조직신학)

본 저서의 영어 원제목은 『신비에 대하여』(On the Mystery)이다. 켈러 교수에 따르면, "길 위에서" 신학한다는 말은 신비로서의 진리, 즉 하나님의 진리를 찾기 위해 새로운 길을 찾아 나섰다는 뜻이다.

_ 장왕식(감리교신학대학교 교수, 종교철학)

캘러는 암호와 기호로 변질된 기독교 전통의 심오한 통찰들을 창조적으로 복원한다. 이 책은 인생의 여정에서 진리와 하나님을 찾는 이들에게 귀한 통찰과 상상력을 제공할 것이다.

_ 전철(한신대학교 교수, 조직신학)

켈러의『길 위의 신학』은 우리 시대 신학의 작업이 어떻게 진행되어야
하는지를 맹목적 절대주의와 방향타 없는 세속주의 간의 이분법을 넘
어서, 보수와 진보의 이분법을 넘어서 매우 설득력 있게 제시하는 책
으로서 지금 여기를 살아가는 우리에게 꼭 필요한 신학 입문서이다.

_ 전현식(연세대학교 교수, 조직신학)

감사의 글

　신학은 살아있는 목소리와 이미 죽은 많은 목소리들 사이의 끝없이 열린 상호작용 이외에 어떤 다른 것이 아니다. 본서의 본문 속에 인용들로 혹은 행간에 숨겨진 채 참여한 목소리들을 생각하면서, "성도의 교재communion of saints"라는 고대의 은유가 고집스럽게 머릿속에 떠오른다. 이 경우 숨겨진 목소리들은 대개 살아있는 목소리들이다. 여기서 그들 모두를 열거할 수는 없을 것이다. 내가 이전에 알던 것보다 더 생생하게 그 목소리들이 처음부터 끝까지 이 책의 과정에 스며들어있다. 그것은 지난 20년간 드류대학교에서 신학 개론 수업을 가르쳤던 경험으로부터 태동되었다. 그러나 2005년, 2006년, 2007년의 조직신학 수업들은 용맹하게 초고들을 읽고, 내게 매우 소중한 피드백을 주었다. 특별히 초기에 빠른 응답을 보여준 Jeff Gamblee, Carol Paterson 그리고 Barbara Snyder에게 감사하며, 신속한 도움을 제공해준 Susan McRae와 조교였던 Nick Stepp에게 감사를 전하며, 자신의 인터넷 채팅 그룹에 원고를 장별로 올려 가독성을 시험해준 Lisa Green의 열정에 감사를 전한다. 드류신학교에서 함께 일하고 있는 동료들 중 특별히 난감한 신약성서 해석에 도움을 준 Melanie Johnson-DeBaufre에게 그리고 그 이전 성서들과 보다 더 밀접하게 연관된 필수불가결한 연구에 도움을 준 신학분야 사서 Ernie Rubinstein에게 감사를 전한다. 다른 신학교에서 신학 입문 수업을 가르치는 선생님들, 특별히 Church Divinity School of the Pacific의 Marion Grau, Vancouver School of Theology의 Sharon Betcher 그리고 Pacific

School of Religion의 Mayra Rivera는 필자에게 소중한 격려를 더해 주었다. Del Ullman은 글 작업에 도움이 될 것을 늦게마나 선물로 수여해 주었다. *Cruciform*이라는 표지 그림을 만들어준 Elliot Wolfson에게 말로 표현할 수 없는 감사를 드린다. 편집자로서의 매력과 신학적 통찰력을 지닌 Fortress Press의 Michael West는 사본을 책으로 만들어주었다. 각 장마다 질문을 던져준 그의 노고에 또한 감사를 전하지 않을 수 없다. 효율적인 운영관리를 제공한 Josh Messner와 지혜로운 송고를 맡아준 David Lott에게 또한 감사의 말을 전한다. 내 삶과 작업에 함께 동행해 준 Jason Starr는 필자의 산문이 보다 가독성 있는 글이 되도록 자극해주었다. 마지막으로 여름 내내 다차원적 편집의 노고를 해야 했던 Dhawn Martin은 그 성을 뒤흔들었음_{rocks the casbah}을 공표해야만 할 것 같다.

캐서린 켈러

옮긴이의 글

길 위의 신학
: 여성과 과정철학의 관점으로 재구성하는 현대 신학의 과제

    캐서린 켈러(Catherine Keller)는 우리 시대 대표적인 감리교 신학자로서, 세계 신학계의 흐름을 주도하고 있는 대표적인 신학자들 중한 명이다. 미국 드류대학교에서 수십 년간 구성 신학을 가르치면서, 많은 한국 신학자들을 배출하면서, 특별히 한국적 사유에 친숙한 신학자이기도 하다. 그럼에도 불구하고 한국 신학계에 소개된 그녀의 저서나 그녀의 신학에 대한 논문은 거의 전무하다는 표현이 맞을 만큼 적다. 지난 20여 년간 한국의 대학 풍토가 책의 출판보다는 논문 게재실적으로 교수들의 연구 역량을 산정해왔던 탓도 클 것이다. 감리교 신학자의 사유를 다른 개신교 교단 출신 학자들이 소개하는 것도 쉽지 않은 일이었을 것이다. 특이하게도 켈러로부터 박사학위를 받은 감리교 신학자는 지금까지 한인철 박사 외에는 없다. 본 번역자도 학위심사위원으로 켈러가 포함되어 있지만, 주심은 켈러가 아니었다. 이런탓에 감리교적 사고의 배경을 토대로 하는 켈러의 신학이 한국 신학계에 소개될 기회가 없었다. 하지만 신학이 무기력해지는 시대에 신학적대안의 가능성을 역설하는 켈러의 신학은 소개될 이유가 충분하다.

    지난 수십 년간 신학은 소위 '조직신학'(systematic theology)이라는 명칭으로 신학의 체계를 설명하고 주해하는 과제를 반복해 왔다. 출판된 조직신학 개론 류의 책들을 보면 소위 교리 신학의 주제들, 예를

들어, 신론, 삼위일체론, 성령론, 교회론, 인간론, 죄론 등이 나열되고, 그것을 현대 학문의 새로운 발견들과 어떻게 조우하게 할지를 고민하는 물음들과 신학적 대안들이 모색되고 있다. 중세적 교리 신학을 반복하지 않고 시대에 맞는 신학적 개론을 구성하기 위해 도입된 '조직신학' 분야는 이제 그 설명적 적실성과 지적 호소력을 상실한 지 오래되었다. 우리 시대를 살아가는 누가 '신론', '삼위일체론', '교회론' 등을 주의 깊게 살펴보면서, 우리의 세속적 삶의 방식을 돌아보고자 할지 의문스럽다. 사실 교회 현장에서 선포되는 설교의 내용들을 주의 깊게 살펴보면, 현대 개신교회를 분할하는 교파나 교단의 구별이 행정권과 사법권의 법률적 권리와 한계를 규정하는 것 이외에 무슨 의미가 있는지 의구심이 든다. 감리교, 장로교, 침례교, 순복음교 등을 구별하는 교리적 차이가 현장에서는 거의 아무런 의미가 없다. 감리교 목사가 주도하는 성경공부 교재는 장로교나 침례교회에서 사용되어도 아무런 교리적 부작용을 야기할 것 같지 않기 때문이다. 교리가 무기력해지고, 교단별 차이가 현실적으로 무의미한 세계에서 왜 현대 신학의 구성은 낡은 교리적 주제들을 반복하고 있는 것일까? 그것은 현대 신학자들, 특별히 대한민국 신학자들의 학문적 무기력증을 반영한다.

20세기 후반부터 현재까지 세계는 급격한 변화를 겪어왔다. 폴 틸리히와 칼 바르트가 '조직신학'이라는 명칭과 분야를 세우던 시절에는 우리에게 공기처럼 느껴지는 인터넷이 없었고, 스마트폰이 없었다. 가상현실이라는 말도 불과 80년대만 해도 그저 공상과학 소설이나 만화의 일이었지, 현실 생활과 접목된 말이 전혀 아니었다. 틸리히와 바르트 시절, '여성'이라는 주제는 신학의 주제에서 그저 한두 문장으로 스쳐 지나가는 주변적 주제들에 불과했다. 하지만 21세기 우리에겐 이제 소수자의 관점을 대변하는 주요 용어가 바로 '여성'이 되었다. 즉

'소수자'의 개념적 경계가 단지 인구 상의 수치만을 가리키는 것이 아니라, 인간으로서 누려야 할 권리나 역량 면에서 배제된 이들을 가리키는 말로 바뀐 것이다. 이런 시대적 변화를 반영하지 못한 채, 기존의 교리적 주제들에다가 변주로 시대가 필요로 하는 주제들을 슬며시 끼워넣다 보니, 조직신학은 더 이상 사람들의 주의를 끌만한 이유가 없어진 분야가 되었다. 교회 내 사람들에게도 그리고 교회 바깥의 사람들에게도 말이다. 이제 교회론은 선교신학이라는 분야에서 더욱 더 활발히 다루는 주제가 아닌가? 성령론이라는 주제도 선교학적으로 더 중요한 주제가 되지 않았을까? 아니 이런 교리적 용어들을 왜 이런 식으로 접근하고 이해해야 되는지가 더 이상 신학을 대하는 이들에게 잘 납득되지 않을 때가 많다.

캐서린 켈러의 『길 위의 신학』(*On the Mystery: Discerning Divinity in Process*)은 신학을 접근하는 "제삼의 길"을 모색한다. 교리적 주제들의 해석을 놓고 진보와 보수로 집안 싸움하는 기존 신학의 소란에 발을 들이기보다는, 신학과 교회와 세계와 우주를 전혀 다른 조망으로 바라보는 제삼의 길 말이다. 그 제삼의 길이란 하나님의 지혜를 '신비' 가운데 조망하는 것이다. 교의학적 주제의 반복으로서 신학은 신학작업이 진리를 드러내는(re-veal) 작업으로서 하나님의 신비를 말끔히 설명해 내버리는(explain away) 일을 시도한다. 하지만 신학은 진리를 그대로 다 설명하지 못한다. 신학은 철저히 인간의 작업이다. 인간의 언어적 도구를 가지고 하나님의 신비를 온전히 설명하겠다는 발상 자체가 반신학적이다. 신학은 진리로 나아가는 길에 있는 나와 우리의 시대적 정황 속에서 신-담론(God-talk)이 어떤 의미를 담지할 수 있는지를 성찰하며, 대안적 사유를 모색하는 과정이다.

따라서 켈러의 『길 위의 신학』은 우리 시대 소위 '보수'와 '진보'로 대변되는 절대주의와 상대주의라는 이분법을 강하게 비판한다. 절대적 진리를 주장하는 보수진영의 신학은 인간의 이성적 역량과 언어가 지닌 한계를 망각한 채 자신들의 논리만이 진리를 담지한다고 우겨대고, 진리의 인식은 시대적 상황마다 상대적이라는 생각을 공유하는 진보진영은 아무런 가치판단의 토대 없이 그저 각자 생각하기 나름이라는 '빌라도의 으쓱거림'을 반복하고 있다. 사실 다원주의와 상대주의의 몸짓은 예수가 아니라 빌라도의 몸짓이었다. 우리 시대 신학은 이 모순된 이분법에 대한 성찰로부터 시작한다. 이는 시대가 신학의 주제라는 말이 아니다. 오히려 시대의 한계를 지렛대로 삼아, 대안적 신학 사유를 모색하기 위함이다.

절대주의와 상대주의의 이분법에서 양 진영의 사유 가운데 쐐기 역할을 하는 것은 바로 '무로부터의 창조론'이다. 다종교, 다문화, 다인종으로 구성된 제국사회에서 기독교 신앙의 고유성을 강조하던 역할을 하던 어거스틴의 '무로부터의 창조론'은 결코 현대과학시대에 창조과학회나 지적설계론자들이 주장하던 과학주의(scienticism)를 함의하고 있는 것이 아니었다. 그것은 어둠의 시대에 빛을 창조하는 하나님의 창조성을 돌아보면서, 무너진 나라와 민족이라는 시대적 한계가 결코 그들 신앙의 종말이 아님을 외치고 있었다. 이 어둠의 시대를 새로운 시대로 변혁해 나아가는 창조는 결코 과학주의적 전능성이 아니라 감리교적 사유의 근간을 이루는 '신인협동설'처럼, 시대의 변혁은 인간의 책임을 요구한다는 것이다. 그것은 바로 하나님의 형상을 부여받고, 존재하는 것들의 이름을 부여할 권한을 위임받은 인간 존재의 창조세계에서의 의미와 책임이다. 하나님의 전능성을 사유하는 신학적 논리가 이 무너지는 시대의 절망과 비탄함에 대한 인간의 무책임성을 강조하는 방향으로 나아갈 경우, 전능한 하나님의 위엄이 시대의 폭력적 권력을 정당화하는 (신학적으로 전혀 가능치 않은) 결론으로 치달아간 적이 많았다. 한국교회 강단에서 전능한 하나님 개념이 무소불위의 권력을 휘두르는 '담임목사론'을 위한 정당성으로 얼마나 많이 남용되었는지를 성찰하지 않은 채, 하나님의 전능성 개념을 신학적으로 설명한다는 것은 매우 위험한 일일 것이다.

켈러는 그래서 전능한 하나님의 개념과 이미지 남용을 넘어서, 사랑의 하나님을 성찰하고자 한다. 전능한 하나님 개념의 핵심은 '하나님이 우리와 "함께"하신다'는 것이지, 우리가 이 시대적 절망에 무책임하다는 것이 아니다. 하나님의 사랑은 그 자녀들이 성장하고 발전하는 것을 통제하고 감시하지 않으며, 사랑으로 함께 하신다. 그것은 '모험'이자 도발이다. 자녀들은 언제나 부모의 생각을 뛰어넘는다. 우리 시대 사랑은 습관적으로 아가페와 에로스의 이분법에 갇혀 있다. 얼핏 대립되어 보이는 사랑에 관한 이 두 담론이 공유하는 것은 사랑이 마치 정신적인 사랑 아니면 육체적인 사랑이라는 이분법이다. 이 이분법은 성인남녀의 이성애적 사랑을 무비판적으로 전제한다. 하지만 사랑은 단지 성인남녀의 행위에만 국한된 것이 아니다. 사랑은 우리의 몸을 매개로 삶에서 실현되고, 우리의 육체는 하나님의 사랑을 따라가는 중요한 발판이 된다. 그래서 사랑은 언제나 com/passion, 즉 '고난의 삶의 현장에 함께하는 열정적 사랑'이다. 우리의 고난과 고통은 육신을 매개로 이루어진다. 인간에게 몸이 없다면, 고난도 절망도 고통도 기쁨도 즐거움도 없을 것이다. 시대에 고통받고 고난당하는 이들과 함께 하려는 열정은 바로 사랑이 '에로스'라는 것, 즉 몸과 더불어 함께하는 사랑이라는 것을 의미한다. 그러나 단지 몸만 함께 하는 것은 사랑이 아니라 때로 그저 값싼 동정에 그칠 때가 많다. 소비자본주의 시대 우리의 기부와 자선행위가 그렇지 않은가? 자선과 기부를 하지 말라는 이야기가 아니다. 그들의 아픔에 우리는 전심으로 함께 하는 것이 아니라, 우리 삶에 손해와 폐를 끼치지 않는 범위 안에서 우리는 그들보다 낫다는 안도감으로 참여할 때가 많다는 사실을 지적하는 것이다.

이런 맥락에서 우리의 그리스도론은 '그리스도를 본받아'라는 토마스 아 캠피스의 유명한 책 제목을 상기할 필요가 있다. 우리에게 하나님의 형상이 주어졌다는 것은 무엇을 의미하는가? 그것은 곧 우리 안에 하나님의 사랑의 능력이 태초부터 주어졌다는 것을 의미하지 않을까? 그래서 그리스도 혹은 메시아는 우리에게 구원의 보증수표로 주어지는 것이 아니라, 우리가 그리스도를 따라가는 과정으로서의 삶을 보여줄 때, 그래서 복음서의 예수의 삶이 우리에게 비유로서 들을 귀를 가진 자에게 그리고 볼수 있는 눈을 지닌 자에게 열려질 때, 진정한 그리스도론이 성립될 것이다.

바로 여기서 우리의 오순절은 새로운 방식으로 해석되어야 할 것이다. 성령의 강림은 시대의 종말이 아니라 새로운 시대의 시작이었다. 그것은 우리의 죽음 이후의 삶을 일방적으로 가리키는 것이 아니라, 오순절 이후 그리스도의 영을 받은 교회 공동체가 새로운 시대를 만들어 나가는 변혁의 주체가 될 수 있음을 말하는 것이다. 황제를 정점으로 귀족과 평민과 노예와 정복민이 신분제를 통해 엄격히 구별되어 있을 때, 예배에 함께 한 모든 이들을 하나님의 자녀로 동등하게 존중하고 서로 형제와 자매로 불렀던 초대교회의 모습은 로마 제국의 체제가 결코 보여줄 수 없었던 새 시대의 모습을 예기적으로 예배 안에 실현한 것이었다. 오늘 우리의 기독교는 새로운 시대를 열어가는 희망의 상징이 되고 있는가? 아니면 지난 구태를 맹목적으로 추종하며 시대의 변화를 가로막는 장애물이 되고 있는가?

켈러의 『길 위의 신학』이 출판되지도 어언 10년이 지났다. 그럼에도 불구하고, 우리의 신학은 조금도 나아지지 않은 듯하다. 우리는 여전히 진보/보수의 이분법에 갇혀 대안적 사유로 나아가지 못하고 있다. 걸러지지 않은 무분별한 혐오와 폭력의 담론이 보수라는 이름으로 포장되어 교단 정치를 지배하고 있고, 시대적 대안을 분별하지 못한 채 불평과 불만의 표출을 진보적 비판이라는 이름으로 포장되어 우리의 신학적 사유의 무기력증을 지배하고 있다. 우리의 기도가 비뚤어진 시대에 대한 저항의식과 연결되지 못한 채 표류할 때, 우리의 기도는 이기적 욕망의 투사에 불과할 것이며, 시대에 대한 저항이 하나님을 향한 기도를 망각할 때 우리의 저항은 우리 자신 내부의 불평과 불만의 표출에 다름 아닌 것이 될 것이다. 그래서 우리의 하나님 나라 운동은 건전한 생각과 비판의식의 공유를 가능케 하는 공동체를 필요로 한다. 그것은 건물이나 장소가 아니다. 그것은 우리가 하나님의 형상이라는 보물을 어디에 두고 생각하느냐에 달려있다. 그것은 우리가 누구인지를, 우리가 왜 기독교인인지를 진지하게 성찰할 수 있는 능력에 달려있다. 이런 의미에서 본서 『길 위의 신학』은 한국 신학계와 교회에 의미가 있다.

본 역서를 출판하면서, 특별히 미국 드류 대학교에서 유학하고 있는 강하영 전도사와 신창용 전도사의 도움을 크게 받았다. 여러 가지 오타와 표현상의 어눌함이 있는 초고 원고를 읽으며 성실하게 교정제안을 제시해주었던 두 전도사의 도움으로 어색한 번역원고가 많이 개선되어졌고, 또 이 원고를 원서와 번역원고로 읽는 과정을 함께 한 감리교신학대학교의 김태호, 채예인, 임찬민 학생들에게 지면을 빌어 감사를 전한다.

2019년 2월 서대문 감리교신학대학교 기독교통합학문연구소에서
지식유목민 박일준

차례

머리글

조카 제니퍼는 겨우 다섯 살 무렵 내 손을 붙잡고 동네길 산보를 나섰다. "이쪽으로, 캐서린," 숨죽인 흥분이 내뿜는 벅찬 숨결로 조카는 말했다. 막대기를 확대경처럼 휘두르며, 길가 옆 수풀 아래를 찔러보고 조사하면서, 조카는 내게 조약돌을 건네고, 다음에는 꽃잎을 건너면서 살펴보라 한다 — 마치 단서들인 듯이 말이다. "우리 무엇을 찾고 있는 거지, 제니퍼?" "우린 수수께끼 하고 있어요!"(We're on the mystery!)라고 조카는 소리쳤다.

나는 조카가 조숙하게 어디서 이 셜록 홈즈 흉내를 따라하게 되었는지 모른다 — 아마도 경찰인 그녀의 아빠 때문이었을까. 그녀는 커서 지질학자가 되었고, 그래서 세상의 수수께끼 같은 세부사항들에 대한 그녀의 관심은 여전히 그녀에게 남아있었다. 그 특별한 말이 나에게도 여전히 남아있다. 어린이의 즉흥성과 더불어 그 말은 신비의 모험을 강렬한 합목적성과 결합시켜, "우리 그 일 하고 있는 중이야"(We're on the job), 혹은 "우리 가는 중이야"(We're on the way)라는 말을 반영하고 있다. 그렇지만 거기에는 조카딸이 해결하고자 하는 어떤 범죄행위도 없었다. 여기서 신비는 그것 자체로 있었다!

이 신비의 길, 그 과정의 경이로움은 그 종착점으로 정당화되지 않는다. 신비는 전혀 곧지 않은 길을 따라 시간과 공간에 앞서 배회한다. 하지만 각각의 발걸음은 중요하다. 신비는 우리를 앞으로 이끌어간다. 우리는 언제나 그것을 이해하고자 노력하는 중이다. 우리의 길을 분별하기 위해서. 단서들과 암시들과 표지들을 모으기 위해서. 그래

> 그러나 우리는 신비 가운데 하나님의 지혜를 말한다…
>
> _ 고전 2:7[1]

서 한 아이와의 작은 사건은 그 자체로 만족스럽긴 하지만, 그보다 더한 어떤 것을 위한 비유가 된다. 그 길을 따라 우리는 한 문제씩 차근차근 풀어나간다. 그러나 여기서 우리의 관심을 끄는 내용은 진짜 수수께끼처럼 들릴 수도 있다: 우리가 마침내 그것을 풀었다고 생각할 때, 우리는 이미 그(신비)를 잃어버리지 않았나?

그 신비는 "하나님"이 아닌가? 이는 결국 신학의 작업, 즉 神/學 (theos/logos), "하나님(의) 담론God-talk"이다. 그러니 대답은 '예'여야만 한다. 신성divinity은 정녕 신비이다. 그러나 이미 일어난 일이 무엇인지 주목해보라! 마치 신비가 이미 해결된 것 같지 않은가? 오, 하나님, 맞아. 그분Him. 하나님을 믿는 사람이라면, 우리가 어디로 가고 있는지 알 것이다. 믿지 않는 사람이라면, 이해 안 될 것이다. 심지어 "하나님은 신비이시다"라고 말하는 것조차 신비를 누설하는 것처럼 보인다. 책의 결론으로 건너뛰듯이 말이다. 우리는 "하나님God"이라는 개념에 너무 많은 짐들을 올려놓아서, (그와 더불어) 여행을 떠나는 것은 말할 것도 없고, 거의 움직일 수조차 없다. 우리가 "하나님을 믿든" 안 믿든 간에 우리들 대부분은 신성에 대한 가정들과 더불어 이미 짓눌려 있다. 아닌 게 아니라 자주 유신론자나 무신론자나 모두 하나님에 대한 독선적 개념을 동일하게 공유한다. 예를 들어, 그들 모두는 우리가 하나님이라 부르는 분은 전능하고 선하시다고, 그분은 자신의 유일한 아들을 우리를 위하여 죽도록 보내심으로서 그의 사랑을 증명하셨다…고 추정한다.

---

1 역자주. 개역개정의 번역문이 켈러가 참고하고 있는 그리스어 본문과 뉘앙스가 달라 켈러의 영문을 따라 재차 번역하였다.

우리 당장 여기서 멈추는 게 좋을까?

바로 그 작은 문장 안에 얼마나 많은 가정들이 적재되어 있는지 보이는가. 그 문장은 사랑과 지배가 서로 유연하게 함께 작동한다는 것을 그리고, 얼마나 끔찍한 일이든 간에, 우리에게 일어나는 일은 그 어떤 것도 하나님의 의지와 무관하게 일어나지 않는다는 것을 가정한다. 신성은 "그(남자)분"(He)으로 불려야 마땅하다고 가정한다. 그 문장은 진리에 대한 기독교의 독점적 권리를 가정한다. 더 나아가, 대부분의 사람들은 이 가정들이 그저 "성서적"이라고 추측할 것이다. 그러나 예를 들어 성서에는 "전능"과 같은 용어는 존재하지 않는다. 그에 가장 근접한 개념 "만능자the Almighty"는 실은 **엘 샤다이***El Shaddai*, 즉 "산의 하나님God of the Mountain"이다 — 히브리어의 원문 문자 그대로는 "가슴이 있는 분the Breasted One"이다!

필자는 그저 "하나님"이란 말이 우리를 위해 짊어지고 있는 가정들의 무거운 짐 덩어리들을 지적하고 있을 따름이다. 지금 현재로는 어느 특정한 가정들을 논쟁하고 있는 것이 아니다. "하나님"에 관한 그러한 상투적 진리주의truism가 살아있는 신앙뿐만 아니라 신학에 의미있게 더하여진다는 가정을 제외하곤 말이다. 나는 "신비 가운데 하나님의 지혜를 말하는 것"이 —신학적으로— 여전히 가능한지 궁금하다.

바울의 구절은 신학을 얼마나 매력적으로 정의해주고 있는가. 하지만 필자가 크게 참고하고 있는 영어성경본 신개정표준번역본New Revised Standard Version, NRSV에서조차, 강력한 변환이 일어난다(물론 의미를 명확하게 하기 위해서 말이다). 문장을 보자. "그러나 우리는 비밀스럽고 숨겨져 있는 하나님의 지혜를 말한다." 이 번역문은 **지금은** 우리가 하나님의 지혜를 직접적으로 투명하게 말할 수 있지만, 그 전에는 숨겨져 왔었다고 말하는 것처럼 들린다. 하지만 그리스어 본문의 요점은 만일 우리가 이 지혜를 말하고 있다면, 우리는 지금 "신비 속에서"(in a mystery, *in mysterio*) 말하고 있다는 것이다. 이 신비가 번역에서 소실되었다!

바울은 무엇을 염두에 두고 있었을까? 그는 "하나님이 성령을 통해 우리에게 계시해왔"던 것을 성찰하고 있었다. 분명히 이 영적 "지혜"(그가 사용한 그리스어는 여성명사 소피아sophia이다)는 암송할 수 있는 명제들의 세트가 아니다. 바울은 여기서 "이 시대의 혹은 이 시대의 지배자들"의 지혜와 이 수수께끼 같은 소피아sophia를 대립시키고 있다. 다른 말로, 계시는 어떤 의문의 여지 없는 지식 쪼가리의 받아쓰기가 아니다. 오히려 계시는 그러한 의미의 지식, 즉 (그것이 드러내는) 대상을 지배하는 하향식 지식, 그것을 소유한 사람들에게 권력을 수여하는 지식에 저항한다. 문화 비평가 미셸 푸코가 "권력/지식"이라 불렀던 것 말이다. 그 기독교의 신학이 지배자들의 이데올로기가 되었다면 얼마나 역설적일까. 심지어 지금 말이다.

이 책은 신비의 정신 속에서만 ―말해질 수 있을 때― 오직 말해질 수 있는 신학의 지혜와 길에 대한 탐구이다. 우리의 앎을 넘어서는 것에 귀 기울이며 말이다. 그러나 우리 지식의 한계들에 대한 그러한 앎은 비판적 물음들을 억누르고 또 열린 탐구들을 방해함으로써 도래하는 것이 아니다. 오히려 비판적 물음들과 열린 탐구들의 모험적 추구로부터 도래한다. 신앙의 언어로서 신학은, 다른 '론들-ologies'이 그러하듯, 역사적 분석과 비판적 이성과 함께 작업한다. 그러나 신학은 다른 학문의 논論보다 더 오래되었다. 그리고 신학은 언제나 제도 학문의 경계를 넘어 신앙 공동체들의 언어로 그리고 여느 교회나 사원이나 회당 혹은 모스크에서 소외된 개인들의 탐구들로 전개되어나갔다. 그러나 하나의 용어로서 '신학theology'은 고대 그리스어에서 유래한다. 신학은

(성서적 유산을 가리키는 선지자 무하마드의 용어로서) 세 가지 부류의 "그 책의 사람들" 모두[2]의 발전으로 분기해 나간다. 신학은 현대의 "비교신학"의 토론들에서 드러나듯, 유일신론을 넘어 여행한다. 신학은 사유의 다른 분야들보다 낫거나 진실하지 않다. 실로 그의 복잡하고 갈등에 찬 역사를 굽어보건대, 신학은 여느 다른 '론-ology'보다 더 폭력을 합법화해왔다.

신학적 물음들에 직접 가담하는 이들은 우리가 그 어떤 순진무구함의 가식적인 몸짓을 단념할 때에라야 지혜를 추구한다. 지혜는 언제나 이미 순진무구함을 능가한다. 성서적 원형, 즉 신적인 지혜Sophia는 결국 모든 피조물들에 선행한다(잠 8:22-23).[3] 그녀(지혜)는 그 모든 것을 보아왔다. 이 신비는 우리 역사와 제도들의 무지를 그리고 지구적 상황들에 미치는 우리의 엄청나게 다양한 영향들에 대한 신학의 무지를 정당화하지 않는다. 흔히 ("묻지 마, 그건 그냥 신비야"라는 말에서 드러나는 것처럼) "신비"라 부르는 것은 그저 단순한 신비화mystification로서, 질문을 받고 싶어 하지 않는 사람들의 권력 충동들을 위장하는 데 사용된다.

교회는 신비한 교차문화적 물음 사건 속에서 시작되었다: "모두가 놀랍고 당혹스러워하면서, 서로에게 말했다, '이게 무엇을 의미하는가?'" 이것은 사도행전 2장에 묘사된 집단적인 환상(의)체험인데, 바로 영이 고립된 작은 공동체를 열린 광장으로 내몰아갈 때의 이야기이다. 신비체험을 겪고 있는 그들의 머리들 위로 불의 혀tongues처럼 생긴 것이 어른거리며 얼핏 보이고 있었다. 그들의 입으로부터 여러 가지

---

2 역자주. 여기서 '셋'은 유대교, 기독교 그리고 이슬람교 셋 모두를 가리킨다.
3 역자주. "여호와께서 그 조화의 시작 곧 태초에 일하시기 전에 나[지혜]를 가지셨으며, 만세 전부터, 태초부터, 땅이 생기기 전부터 내[지혜]가 세움을 받았나니"(잠 8:22-23).

외국 언어들이 다수의 방언들tongues로 들렸는데, 저자의 '혀/방언'tongues라는 단어에 대한 기발한 재치를 볼 수 있다. 내 신학수업은 다소 차분하다. 하지만 유학생들로 가득 차 있다. 모든 다양한 종류의 미국적 배경을 가진 학생들은 말할 것도 없다. 그래서 이 "혀로 말하는 것"이 까탈스럽고 이상한 억양의 차이들 모두를 가로질러 서로를 이해하는 당혹스러움이 구체적으로 다가온다. 모든 다른 종교적 비종교적 차이들이 망라된다. 인종적, 성적, 문화적 그리고 진정으로 영성적 복잡성들이 망라된다. 그리고 우리의 뜨거운 실망들과 말할 수 없는 욕망들이 일어난다. 하지만 맹렬한 분별의 순간들이 찾아온다.

끝없이 열린 상호작용open-ended interactivity

고대의 신학 전통은 말할 수 없는 것에 대한 언어의 역설을 아름다운 은유로 포착했다: "빛나는 어둠the luminous dark."4 본서는 신학이 절대적 진리주장들의 화려한 네온사인을 회피할 수 있는 한 가지 길을 제안한다. 절대적 진리주장들이 우리의 생동적 차이들을 씻어내 버리기 때문이다. 하지만 이 길은 우리의 문화에 편만해 있는 일상적 허무주의—즉, 무관심의 "어쨌거나whatever"식의 태도—의 불투명한 어둠 역시 마찬가지로 확고부동하게 회피할 것이다. 그 무관심은 세속주의의 이면을 은폐하는데, 앞으로 보게 되겠지만, 세속주의는 때로 그것이 반발하는 근본주의자의 절대주의를 모방한다. (이런 면에서) 본서는 "종교적 근본주의자들과 세속적 근본주의자들 모두"에 대한 짐 월리스Jim Wallis의 염려를 공유한다. 월리스는 『하나님의 정치』(*God's Politics*)

---

4 Pseudo-Dionysius, "The Divine Names", in *The Complete Works* (Mahwah: Paulist, 1987), 109.

에서 기술하기를, 첫 번째 집단(종교적 근본주의자들)은 "정치적 신정정치theocracy의 교리들을 그들의 동료 시민들에게 부과한다면, 후자(세속적 근본주의자들)는 공적 광장public square에서 요구되는 도덕적 가치와 영적 가치를 박탈해버렸다. 왜냐하면 그러한 가치들은 대체로 신앙에 의해 형성되기 때문이다."5

우리의 가장 포괄적인 사회적 가치들과 우리의 가장 내면적인 영적 갈망 모두에 대해 관심하면서, 이 신학은 너무 많은 것을 말해야만 한다. 심지어 말할 수 없는 것the unspeakable에 관해서조차 말이다! 그러나 본서의 제안들은 결코 독자가 마지막에 최종적으로 동의하거나 거절해야만 하는 신학적 진리-명제들로 압축되지 않을 것이다. 본서는 그대신 과정 속에 있는 신학theology in process의 길을 추구한다. 즉 끝없이 열린 상호작용의 길 말이다.

신앙은 고정된 믿음이 아니라 살아있는 과정이다. 그 신앙은 과정 속에서 나아가는 삶의 가장자리이면서 열림이다. 산다는 것은 신뢰를 가지고 다음 순간으로 발걸음을 내딛는 것이다. 예측 불가능한 것을 향해 말이다. 이 책이 독자가 어쨌거나 의심하기 시작한 일단의 추정들을 흔들어 놓기를 희망한다. 이 책이 독자 자신의 영적 도정의 다음 단계를 스스로 생각하고, 느끼고 또 상상하는 데 도움이 되기를 희망한다. 본서가 제안하는 신학의 입장에서 영the spirit은 선물gift이고 호흡이며, 흐름이며 불꽃이다(인용구들이 아닌 한 필자는 '영'이라는 단어의 첫 글자를 대문자로 표기하지 않는다. 왜냐하면 영은 우리 안에 그리고 동시에 우리를 넘어 모호하게 존재하기 때문이고, 또한 고대의 언어들도 영의 첫 글자를 대문자로 표기하지 않았기 때문이다).

---

5 Jim Wallis, *God's Politics: Why the Right Gets It Wrong and the Left Doesn't Get It* (San Francisco: HarperSanFrancisco, 2005), 7.

우리와 여행하는 영the spirit은 과정 중에 있는 영spirit in process이다. 그래서 신성 그 자체—즉 우리가 "하나님"이라 이름하거나 인식하는 존재—도 과정 속에서 분별될 것이다. "과정 속에서 신성divinity을 분별하기"6는 이중적 의미를 담지한다: 우리의 신학적 이미지들은 변화하고, 다양화되고 진화한다. 그리고 우리가 그 이미지들 속에서 상상한 것은 하나의 살아있는 과정으로 식별된다. 본서에서 과정process은 '**되어감**becoming'을 의미한다: 과정은 우주 그 자체가 가장 근본적으로 정적인 존재 혹은 정적인 존재의 산물이 아니라는 직관을 의미한다 — 따라서 우주는 측량할 수 없는 '되어감immeasurable becoming'이다. 참으로 '창세genesis'라는 말은 희랍어로 '되어감'을 의미한다. 과정 중에 있는 우주의 하나님은 여러모로 분명히 과정 중에 계신 하나님으로 생각될 수 있다. 즉, 이 엄청난 수의 우리 피조물들 각자와 끝없이 열린 상호작용 속에서 말이다. 왜냐하면 그 신적 과정은, 만일 우리가 이렇게 전혀 상상할 수 있다면, 무한하고 그러므로 무진장하시기 때문이다. 전통적인 하나님 개념 속에서 제시하는 무변화성들은 신적 본성의 고정성들이 아니라 오히려 신학적 고착의 지점일 수도 있다. 그 무변화성들은 우리의 문화적 부동성들immobilities이 만들어낸 거짓된 전선들일 수 있다: "변화하지 않는 절대로서 하나님"은 "현 상황의 용인Sanctioner of the Status Quo"으로 기능한다 — 심지어 그 현 상황이 부정의하고 지속될 수 없다 하더라도 말이다.7

따라서 무변화하는 신적 권력의 이미지들 위로 의심의 여지없이 확고하게 인간의 권력이 상호적으로 투사된다. 그러나 신학은 많은 사람

---

6 역자주. 영어 원서의 부제이다.

7 John B. Cobb Jr. and David Ray Griffin, *Process Theology: An Introductory Exposition* (Louisville: Westminster John Knox, 1976), 9.

들이 (부정적 느낌으로 혹은 긍정적 느낌으로) 추정하는 만큼 꽉 막혀있지는 않다. 한 예를 들자면, 본서의 주요 관심현안은 아니지만 그럼에도 불구하고 현재 본문의 저류를 구성하는 여성 신학은 지난 수십 년에 걸쳐 변하지 않는 절대의 변화 없는 남성성을 탈신비화하기 시작했다. 전통적 이미지들에 대한 그토록 격렬한 도전들이 새로운 투사들과 더불어 하나님의 초월적 타자성을 위협하는 것처럼 보일 것이다. 그러나 이 도전들은 그 타자성을 오히려 심화시킬 수도 있다. "하나님의 신비는 모든 이미지들을 초월하지만, 마찬가지로 잘 언술될 수 있다. 하지만 그럼에도 불구하고 남성적 혹은 여성적 실재로부터 취해진 개념들을 통해서는 빈약하게만 언술될 수 있다"고 선도적 신학자 엘리자베스 존슨은 적고 있다.[8] 신비는 고여있는 연못이 아니라, 흐르는 무한이다. 되어감의 신학은 그의 신성을 살아있는 과정 속에서, 또 그 살아있는 과정으로서 분별한다.

이 과정에 관심하면서 본서는 특별히 20세기 에큐메니칼 전통의 지혜에 의존하는데, 이 지혜는 철학과 자연과학뿐만 아니라 종교연구에 뿌리를 두고 있으며, 구체적으로는 과정신학이라 불리는 전통에 뿌리를 두고 있다. 본서는 과정신학에 대한 입문으로 읽혀질 수도 있을 것이다. 그러나 비록 필자가 계속 가치를 인정하고 가르치고 있다 해도, 과정 (신학) 전통의 많은 저술들과 비교하여, 필자는 "과정"이라는 은유를 더 다가적multivalent이고 유동적인 의미로 그리고 더 신비주의의 색조를 가지고, 나아가 성서 이야기들을 더 활용해서 사용한다고 생각한다.

---

8 Elizabeth Johnson, *Sho Who Is: The Mystery of God in Feminist Theological Discourse* (New York: Crossroad, 1992), 56.

일곱 개의 기호들

본서의 과정은 일곱 개의 장들로 암호화된 일곱 개의 주제적 국면들을 거쳐 펼쳐진다. 계시록의 일곱 개의 봉인들을 생각나게 한다고? 그렇게 생각된다면, 이 각 장들의 열림이 '파멸의 운명'이 아니라 희망을 풀어주기를 기도한다! 각 장은 친숙한 교리적이고 성서적인 상징들을 취하여, 아마도 낯선 방식들로 풀어나갈 것이다. 다른 주제들이 선택될 수도 있고, 다른 숫자가 가능할 수도 있다. 그러나 이 주제들은 때론 부드럽게 때론 긴급하게 나를 부르던 주제들이다. 책을 쓴다는 것 역시 신비로운 과정이다.

신학 그 자체에 대한 물음으로 책을 연다. 신학을 과정 속에 정초한다는 것은 그것을 치명적인 거울놀이로부터 자유롭게 해준다는 것을 의미하는데, 필자가 말하는 거울놀이란 바로 절대the absolute와 방탕the dissolute의 이분법을 말한다. 이 양극화 속에서 절대적 확실성을 향한 욕망은 허무주의적 붕괴dissolution의 두려움, 즉 의미와 도덕성에 무관심한 상대주의를 향한 두려움에 대해 반발한다: "또 다시 길을 잃은 고속도로의 끝에서 / 아무데로나 이끌고 가는 표지판들 / 아무도 상관하지 않는다"[9]고 유명밴드 그린데이Green Day의 "서버르비아의 예수Jesus of Suburbia"는 노래한다. 그래서 첫 번째 장은 묻는다. 그 길 잃은 고속도로에 대한 대안이 강직한 "나의 길"이어야만 하는가? 우리는 불변의 초월에 대한 의심의 여지 없는 믿음을 필요로 하는가 — 아무 데로나 이끌고가는 표지판들로부터 우리를 구원하기 위해서 말이다.

---

9 Billie Joe Armstrong, "Jesus of Suburbia", recorded by Green Day for their album *American Idiot* (Reprise, 2004), 가사는 다음에서 이용 가능하다: www.lyricsfreak.com/g/green+day/jesus+of+suburbia_101387000.html.

만일 진리 그 자체가 종점이 아니라 하나의 길이라면 어쩔 것인가? 만일 그 길과 그의 진리가 전체화하는 절대를 가져다주는 것이 아니라면 어쩔 것인가 — 또한 무관심한 방탕으로 우리를 이끌고 가는 것도 아니라면 어쩔 것인가? 만일 우리가 제삼의 길을 찾기 위해 여기에 있어야만 한다면 어쩔 것인가? 두 번째 장에서, 진리라는 기호 아래서, 본디오 빌라도와 또한 그 앞에서 증언하는 힘없는 이의 형상 같은 특정 성서 인물들이 이러한 신학적 과정을 동행하기 시작할 것이고, 그를 통해 방탕한 상대주의dissolute relativism를 나타낼 것이다. 이는 변하지 않는 전능성에 대한 증언일까? 혹은 되어가는 관계성에 대한 증언일까?

이 비선형적 되어감의 여행 중에 세 번째 장은 우리를 다시 처음으로 되돌려 보낸다 — 창조의 기호 아래 오랫동안 잊혔던 어떤 신비스러운 물로부터 우주가 출현하는 곳으로 말이다. 성서의 첫 번째 장에 대한 주석은 수상한 결론을 함축하는 창조를 산출하는데, 이 창조는 아주 오랜 옛날 단 한 번의 사건으로 일어난 것이 아니라, 심지어 지금도 일어나고 있는 창조사건을 의미하며, 이는 끝없이 열린 창조성의 과정을 암시한다.

네 번째 장은 신적 능력의 기호를 탐구한다. 많은 사람들이 모든 것을 통제하시는 하나님의 능력이라는 교리적 가정 때문에 신앙을 잃는다. 그들은 이 질병, 이 전쟁, 이 자연재난을 받을만한 어떤 일을 했기에 이런 일을 당하는가라고 묻는다. 여기서 제삼의 길은 전능한 섭리라는 칼빈주의의 교리에 굴복하지도, 그렇다고 성스러운 무능력이라는 단순한 추정에 굴복하지도 않는다. 만일 '능력power'이 사랑의 복음으로 스스로를 재정의하기 시작한다면, 어떨까?

하지만 사랑은 매우 방탕한 개념, 즉 성적인 흥분을 묘사하는 혹은 활기 넘친, 이기적이거나 매우 부담스러운 개념으로 표현되어 왔고, 그래서 두 성서(즉 히브리 성서와 신약성서)에서 묘사하는 사랑의 고대적 상징들의 잠재성과 열정이 우리의 집단 무의식에서 소실되었다. 그런데 우리는 이 사랑의 지혜를 포기해도 괜찮을까? 그래서 열정이라는 기호 하에서 우리로 하여금 감히 따라오도록 부추기는 신적 에로스, 즉 유혹이라는 과정신학적 개념을 탐구할 것이다. 말하자면 (지금) 우리의 모습보다 더한 것이 되도록 부추기는 유혹 말이다. 우리는 우리의 의심들 속에 숨겨진 욕망을 겉으로 드러낸다. 그러면서 여섯 번째 장에서 그 모델의 이면, 즉 우리를 수용하시는 신성의 측면을 바라볼 것이다. 이 열정적 창조성과 이 수용적 긍휼compassion의 상호작용 속에서 정의의 또 다른 모델이 암시되는데, 이는 복수의 모델과는 상당히 거리가 먼 모델이다.

일곱 번째 기호는 **바실레이아**(*basileia*), 즉 "하나님 나라"의 몇몇 친숙한 비유들을 전개한다. 여기서 예수 그리스도라는 인물의 의미에 대한 보다 명시적인 성찰이 가능할 것이다. 예수가 당장 실현하고 바꾸려는 것은 메시아적 과정인데, 이는 예수의 우선순위priority—그의 정체성에 집중하는 표준적인 해석들을 넘어서고 맞서는—를 계시한다. 하지만 바로 이 비유들 속에서 보여주는 계시와 은폐의 상호작용이야말로 기독론을 신비에 터하도록 할 것이다.

끝없이 열림을 강조하는 신학에서 결말이란 문제를 제시하는 것이다. 그래서 우리는 종말의 것들에 대한 궁극적인 이야기를, 즉 아포칼립스Apocalypse를 종료에 이르는 길이 아니라, 탈/폐쇄dis/closure[10]에 이르

---

10 역자주. 여기서 dis/closure의 의미를 살리는 번역은 불가능해 보인다. 종말을 의미하는 apocalypse는 본래 '계시', 즉 revelation을 의미하며, 이는 '드러냄' 혹은 '폭로'를 함축한다. 그런 뜻에서 저자는 'disclosure'가 아닌 'dis/closure'라는 표기를 사용하여 드러냄과 은폐의 상호작용을 가리키는데, 역자는 그것을 '탈/폐쇄'로 의역했다.

는 길로 생각한다. (탈/폐쇄의) 사선은 이 '드러남'이 계속 열려있도록 우리를 주지할 것이다. 계시_{revelation}가 우리가 아직 모르는 어떤 것을 드러내도록_{reveal} 말이다! 여기서, 뜨거운 혀로 말하는 "머릿속의 성령강림_{the Pentecost in the head}"은 영의 기호 속에서 세계-의-종말-을 적어놓은 성서 본문들과 맞선다. 마감일_{deadline}은 생명선_{lifeline}이 될 수도 있다. 마지막 날들이 첫째 날로 변할 수도 있고, 가장 작은 자가 가장 큰 자로 판명날 수도 있다. 길이 없는 곳에서 길이 열릴 수도 있다.

1 장

신학 방법론
— 진리-과정으로서 신학
: 오라, 나의 길이여

- 탑승방송 ● 절대주의자the Absolute와 방탕주의자the Dissolute
- 하나님이 문제인가? ● 기독교적 올바름, 행성적 잘못됨
- 하나님에게 솔직히 ● 흔적들과 시험들
- 진리-과정Truth-Process으로서 신학 ● 진리의 접촉
- "하나님"을 부르기 ● 신비에 관하여 말하기 ● 유혹적인 명제들
- 과정신학 ● 그러한 길

오라, 나의 길, 나의 진리, 나의 생명:

우리에게 호흡을 주는 그러한 길:

모든 갈등을 끝내는 그러한 진리:

죽음을 죽이는 그러한 생명.

_ 조지 허버트George Herbert[1]

탑승방송

환승 비행기를 놓친 것 같다.

미 동부 지역의 나쁜 일기 때문에 세인트루이스에서 연착이 됐다. 남부로 가려면, 북부로 날아가야만 했다. … 결국 약간의 주전부리를 사는 것 말고는 달리 할 일이 없었다. 나는 내 짐을 곁에 맡겨둘 수 있

---

1 George Herbert, *The Complete English Works*, ed. Ann Pasternak Slater (New York: Everyman's Library, 1995), 153. 또한 랄프 본 윌리엄스(Ralph Vaughan Williams)가 만든 음악도 참고하라. 특별히 미연합감리교회 찬송가 16장. 필자가 이 문장을 쓰고 있을 때, 건넌방에서 요양 중이던 남편이 텔레비전을 시청하고 있던 중이었는데, 기적처럼 보근 윌리엄스의 "다섯 개의 신비적 노래들"(Five Mystical Songs)이 런던에서 방송되고 있었다.

는지 나보다 나이가 많을 듯한 신사에게 물었다. 그는 인자한 인상이었지만, 그 역시 오갈 데 없어 보이는 건 마찬가지였다. 돌아와서 감사하다는 말을 전하고는, 만일 비행기를 놓친다면 텍사스에서 있을 내 강의에 늦을 것이라고 말했다. 그는 공감을 표현하면서, 자기도 그날 저녁 가르치기로 한 수업을 놓칠 것 같다고 말했다. 필자는 공손히 무엇을 가르치는지 물었다. 그가 "신학"이라고 말하자, 나는 깜짝 놀라 그를 다시 쳐다보게 되었다. 종교예식을 위한 모임이나 교육을 위한 모임 이외의 자리에서 또 다른 "신학자"를 우연히 마주쳤다는 사실을 믿을 수가 없었다. 호기심이 부쩍 올라왔다. 그러나 그의 예의 바른 태도를 감싸안기 시작한 조심스러움을 보지 않을 수 없었다. 환승 공항에서의 만남이 갖는 훈훈함도 그 행동양식을 감출 수는 없었다: 우리는 분열된 개신교 진영의 양극단에 살아가고 있었다. 그의 느리지만 유쾌한 어투가 굳어가고, 눈이 아래쪽을 향하게 된 것은 내가 페미니스트 깃발을 흔들었기 때문이 전혀 아니었다. 그 신사는 가장 보수적이었던 내 예전 동료학자에 대한 감탄의 말을 건넸다. 필자도 그 동료학자가 초대교회 교부들에 대해 수행한 성실한 작업을 인정했다. 그리고 그의 신학은 초기 교회 전통이 확인된 것보다 더 절대적인 의미의 정통주의를 주장한다는 사실을 언급했다.

그 신사는 아주 조심스럽게 이 책 전반을 흐르는 명제를 표현했다. "내 생각에 이 주제에 대해서는 두 진영이 존재합니다. 전통의 진리-주장이 그저 상대적이라고 생각하는 사람들이 있고 또 진리는 절대적이고 변화하지 않는다고 생각하는 사람들이 있습니다."

"네 맞아요. 우리는 분명히 이쪽 아니면 저쪽이라는 그 이분법에 갇혀 있어요"라고 대답하면서, 예의를 갖춘 어감을 유지하고자 노력했다. 난 바닥을 내려 보면서, 생각을 정리하고자 했다. "그러나 그것들이 유일한 대안들은 아닙니다. 제삼의 길이 있습니다!" 그러면서, 고개를 들어 이 우호적인 계시를 나누고자 했다 — 그런데 그 신사가 그저 사라져버렸다는 사실에 충격을 받았다. 안녕이라는 어느 몸짓도 없이 그 신사는 몸을 돌려 성급히 대기 줄에 가서 섰다. 탑승 안내가 막 방송으로 나오고 있었다. 필자는 탑승객들 사이에서 몸을 숨기고, 예리한 눈초리로 정면을 응시하고 있는 그가 딱 보였다. 그 신사는 정말로 이 대화에서 빠져나가고 싶었던 것이다. 그는 정말로 그 어떤 제삼의 길도 듣기를 원치 않았다.

그러나 나는 독자인 당신과 그 제삼의 길을 나누고 싶다.

절대주의자the Absolute와 방탕주의자the Dissolute

우리들 대부분은 이 이분법적 대안들 속에 갇히기를 원치 않는다. 말하자면, 이 진영 논리들 속에, 즉 우익 대 좌익, 빨강 대 파랑 혹은 우리 대 너희의 뻔한 양극성 논리에 갇히기를 원치 않는다. 보수적 기독교인들은 절대적 진리의 상실은 하나님의 상실로 이어지고, 이는 삶의 의미와 목적의 상실로 이어지고, 따라서 개인과 사회를 공허와 혼돈으로 이끌어 갈 것이라고 염려하는데, 나름 충분한 근거가 있다. 그러나 노골적인 세속주의자도 충분한 근거를 가지고 종교적 절대주의자들이 만들어낸 부정할 수 없는 모든 폭력과 망상과 억압을 지적할 것이다. 이 논쟁 속에서 안전한 중간지대는 없는 듯하다. 혹은 그 누구도 확고한 호소력을 갖고 있지는 않다: 신학적 중도주의자들, 자유주의자들 혹은 진보주의자들—절대주의자들의 관점에서는 어차피 다 마찬가지로 보이겠지만—은 세속적 세계관의 대부분을 수용했다. 이들은 신앙전통과 세속적 자유주의 모두로부터 최선의 것을 찾기 원한다. 하지만 그들의 공적인 목소리들은 그리고 대개 그들의 사적인 목소리들도 마찬가지로, 대체로 확신의 힘과 특징을 결여하고 있다.

필자가 "신학"이라는 기호 아래 독자와 더불어 탐사하기를 원하는 제삼의 길은 중도주의middle ground가 아니다. 그러한 중도적 입장은 그 양극단을 그저 건드리지 않고 제자리에 남겨둘 뿐이다. 제삼의 길은 타협이 아니다. 즉 양극단 사이의 가운데를 의미하는 아리스토텔레스적 중도 혹은 느긋한 온건주의 혹은 부동표swing vote 전략이 아니다. 제삼의 길은 어떤 다른 것, 창발하는 어떤 것을 의미한다. **그 길 위의** 어떤 것something on the way. 이 길 위에서 우리는 절대주의자들과 상대주의자들의 관심들에 공감해줄 여유를 만들 수 있다. 참으로 우리는 그렇게 **하지 않을 수** 없다. 우리는 언제나 그리고 이미 그들과 **관계 속에**in relation 있기 때문이다. 관계는 차이를 해소시켜버리는dissolve 상대주의를 수반하지 않는다. 관계는 분별discernment력의 실천을 함축하는데, 이는 구별하는 것, 차이에 집중하는 것 그리고 건전한 판단력을 발휘하는 것을 의미한다. 우리를 구석으로 내모는 이진법적 양자택일에도 불구하고, 거기에는 언제나 **둘의 차이점들 이상의** 것들이 존재한다.

이 책이 전개되어가는 길에서, 종교적 절대주의와 세속적 상대주의의 모양으로 양극화polarization가 개탄스럽게도 계속 등장할 것이다. 이 적대관계가 서구 문화 속에서, 즉 지구촌 대부분의 대도시 문화들에서 익숙하다는 끔찍한 사실은 이 양극화의 힘이 쉽게 약화되지 않는다는 것을 예고한다. 때로 이 양극화가 논쟁으로 터져버리기도 한다. 통상 이 양극화는 잠재의식으로 작동하는데, 마치 양극성 조건처럼, 우리 사이에서 또한 우리들 안에서 작동한다.

이 양극성 조건을 보다 의식하도록 만들기 위해, 그 진영들의 목소리들 사이에 대화를 극화해 보도록 하겠다. 한쪽에서는 이렇게 말한

다: "오직 유일의 진리만이 존재한다. 그것은 영원하고, 의심의 여지가 없다. 우리는 그것을 소유할 수 있는 축복을 받았다. 그러나 우리는 그것을 대가 없이 공유하고자 한다."

반대쪽 진영에서 반박한다. "진리? 당신의 믿음은 그저 여러 많은 관점들 중 한 관점일 뿐이다."

"그러면, 그건 진리가 아니다!"

"진리에 관해서 이야기하지 말자. 진리-주장들truth-claims에 대해 이야기하자. 그리고 그 진리-주장들을 만들 권력을 누가 갖고 있는지에 대해서 말이다."

"당신은 진리가 그저 사회적으로 구성된다고 말하고 있다."

"물론이다. 여느 다른 관점들처럼 말이다."

"그건 그냥 상대주의에 불과하다."

"당신은 **당신의** 관점들이 당신의 경험에 상대적이라고 생각하지 않나? 당신은 그저 절대적 진리를 갖고 태어났나?"

"하나님은 진리이시고, 그래서 하나님은 상대적이지 않으시다."

"그리고 당신은 하나님에 대한 진리를 소유하고 있고?"

"이게 당신을 불편하게 만들겠지만. 그러나 하나님은 그의 말씀을 우리에게 주셨다!"

"그러면 그것을 못 받은 사람들은 지옥에 가게 되나? 무슨 하나님이 그러신가?"

"우리가 책임을 감당하도록 붙들어주시는 분!"

"무엇에 대한 책임, 당신의 편파적이고 가부장적인 투사들에 대한 책임 말인가?"

물론 이런 식의 대화는 그저 만화에 불과하다. 그래서 "우당탕 붕쾅 !!#?!"에 이르기 전에 이 대화자들을 중단시키는 것이 낫다.

그 진영들은 자신들을 보호하는 진영논리에 빠져든다. 영원한 진리 대 진리 없는truth-free 시간! 절대 대 방탕! 한편이 하나의 단일하고 배타적인 진리를 포고하면 할수록, 상대편은 그것을 풀어헤친다dissolve — 우리에게 공허한 이성과 "가치중립적인" 과학으로 채워야 할 공백을 남겨놓고 말이다. 그리고 후자의 진영이 진리를 근대의 '다름 아닌 -바로-그것'의 공식nothing-but으로 환원하면 할수록(예를 들어, 다름 아닌 섹스, 다름 아닌 권력, 다름 아닌 이익, 다름 아닌 언어, 다름 아닌 사회적 구성, 다름 아닌 자연법, 다름 아닌 유전자 혹은 진공 속 원자 등), 전자는 더 열심히 하나님으로부터 주어진 진리에 매달린다.

물론 세속적 사유 자체가 이 정형화된 고정관념으로 환원되기 어렵긴 하다. 세속적 사유는 무시간적인 진리의 계시가 아니라 경험적이고 역사적인 변화하는 증거들에 대한 비판적 평가에 호소하여 자신의 주장을 온당하게 뒷받침한다. 이러한 주장들은 그것들을 주장하는 관찰자의 관점에 필연적으로 상관되지만 그렇다고 그 관점으로 **환원될** 수는 없다. 우리는 상대주의relativism를 상대성relativity과 엄격하게 구별해야만 하는데, 상대성은 그저 관계적 우주의 실재를 기술할 따름이다. 인간 관찰자도 이 우주에 속해있다. 그러므로 모든 인간의 진리-주장들은 상황과 관점에 상대적이다. 그러나 진리 혹은 가치는 다름 아닌 바로 그 관점에 불과하다는 생각이 왜 자동으로 따라 나와야 하는가?

마찬가지로 기독교 내에서 그리고 그를 넘어서 종교적 사유도 절대주의적 관점의 망상으로 환원될 수 없다 — 그 관점은 전혀 관점이 아니다. 본서를 통하여 우리가 보게 될 바이지만, 자신이 보기에 인간적으로 최선인 관점을 신적 계시와 동일시하고픈 유혹을 처음부터 거절한 신학자들이 존재해왔다. 상대주의로 **빠져들어 가지** 않으면서도, 자신의 상대성에 민감한 다수의 신학적 관점들이 존재한다. 그러나 신학 분야 내에서 이 제삼의 길을 올곧게 표현해내는 일은 생생한 도전으로 남아있고 또 이것이 본서의 주된 동기이기도 하다.

최선은 어떤 확신도 결여하고 있지만, 최악은 강렬한 열정으로 가득 차 있다. 분명히 어떤 계시가 가까이 있다.
_ 윌리엄 버틀러 예이츠[2]

현재의 탐구 속에서 우리는 특별히 (우리의) 하나님-담론(God-talk)
이 어떻게 진리 값을 올리고 있는지에 관심한다. 그런데 진리 물음과 하나님 물음 간의 연결고리는 무엇인가? 물론 진리들은 그 어떤 모든 것에도 존재한다. 그러나 종교의 가장자리에서, 특별히 기독교의 가장자리에서 진리는 또한 "하나님"과 그 하나님이 계시하시는 것에 대한 암호로서 역할을 감당해왔다. 그러나 심지어 우리가 하나님을 "절대적"이라고 이해한다 하더라도 —이는 비성서적인 그러나 관습적인 언어이다— 그러한 이해가 (얼마나 영감을 주고, 얼마나 진리스럽고, 얼마나 계시스럽든지 간에) 여느 인간의 언어 자체를 절대적인 것으로 만들어주지 않으며, 그래서도 안 된다.

신앙의 사람들이 신비로부터 벗어나, 우리의 진리와 믿음에 대하여 전체주의화하는totalizing 주장들을 만들어낼 때, 사실상 우리는 적대주의적인 양극화를 영속화시켜, 신앙의 살아있는 과정을 발전시켜 내는 것이 아니라 오히려 신앙을 마비시키고 있다고 필자는 주장한다. 상대성은 무관심한 상대주의로 분해되고dissolves 그리고 진리는 신격화된 절대로 동결된다. 그러나 적대감antagonism은 실상 기묘한 쌍방의 거울-놀이로 변질된다는 사실을 알아야 한다. 따라서 방탕the dissolute한 자의 역할로 배정된 세속주의자가 종교적 절대주의자들을 향한 적의

---

2 William Butler Yeats, "The Second Coming," in *A Poem a Day*, ed. Karen McCosker and Nicholas Albery (South Royalton: Steerforth, 1996), 458.

를 발하면서 환원주의적으로 변질될 때, 세속주의는 묘하게도 그 자신만의 절대주의를 향하여 미끄러져 내려간다.

하나님이 문제인가?

진영들은 신앙과 세속주의 사이에서 산뜻하게 나뉘는 것처럼 보이는데, 신앙주의는 절대적이고 배타적인 진리-주장들을 향하여 나아가려는 성향이 있고, 세속주의는 종교적 관용의 길을 통해 무신론으로 향하는 성향이 있다. 미국에서 종교의 자유라는 민주주의적 가치에 신경을 쓰는 사람들은 전통적으로 온건한 기독교인들과 자유주의적 기독교인들의 전체 범위를 포괄한다. 그러나 종교에 대한 세속의 두려움은 한편으로 정치적으로 잘 결집된 기독교 우파와 다른 한편으로 이슬람 극단주의가 강력한 압박감으로 작용하면서 형성되어 왔다. 이 근본주의가 초래하는 이중의 재난은 몇몇 분노한 무신론자들을 베스트셀러 목록에 올려놓기도 했다. 그 무신론 작가들은 모든 종교적 절대주의와 배타주의가 휘두르는 폭력과 억압적 성향을 까발리는데 기여하였다. 『신 망상』(The God Delusion)[3], 『신은 위대하지 않다』(God Is Not Great), 『신앙의 종말』(The End of Faith)[4] 그리고 『기독교 국가에 보내는 편지』(Letter to a Christian Nation)와 같은 노골적인 제목들을 통해 그 작가들은 예상대로 이성을 민주주의의 위대한 덕목으로 설파한다.

흥미롭게도, 이상의 저자들은 종교적 온건주의자들에게 조금의 관용도 보여주지 않는다. 이는 정확히 『신앙의 종말』의 저자 샘 해리스가 설명하듯이, 그 무신론 작가들이 관용적이기 때문이다! 또한 "경전

---

3 역자주. 국내에는 리처드 도킨스, 『만들어진 신』(2007)이라는 제목으로 번역되었다.
4 역자주. 국내에는 샘 해리스, 『종교의 종말』(2005)이라는 제목으로 번역 출판되었다.

본문의 문자를 따라 살아가는데 실패했으면서도, 그를 섬기고 살아가는 이들의 불합리성을 관용함으로써, 종교적 온건주의자들은 신앙과 이성을 매한가지로 배신한다."5 종교적 중도주의자들은 흔히 자신들의 종교적 신앙이 담지한 핵심적 추정들뿐만 아니라 관용이라는 세속적 유산에 대해서도 비판적으로 검토하는데 실패했다는 해리스의 지적은 맞는 말이다. 그러나 그는 대담하게 제안한다: "종교적 관용은 — 모든 인간은 하나님에 관하여 자신이 원하는 무엇이든지 자유롭게 믿을 수 있어야 한다는 관념으로부터 태동했는데— 우리를 종교라는 심연의 나락으로 몰아가는 주요한 힘들 중 하나이다."6

교회와 국가의 분리를 의미하는 제퍼슨적 장벽의 보강이 기대되는 때에, 이 반-관용의 새로운 입장은 그 장벽을 해체하고자 한다 — 정확히 정반대 진영에서 말이다! 토마스 제퍼슨은 민주주의를 위한 그의 희망을 정확히 모든 형태의 믿음에 대한 관용에 근거를 두었다. "나의 이웃이 스물의 신들이 존재한다고 말하거나 혹은 전혀 신이 존재하지 않는다고 말하는 것이 나에게 어떤 해도 끼치지 않는다. 그것은 내 지갑을 소매치기하거나 내 다리를 부러뜨리지 않는다."7 그러나 해리스는 제퍼슨을 크게 앞질러 나갔다: "일부 명제들은 너무 위험해서, 그것들을 믿는 사람들을 죽이는 것이 심지어 윤리적일 수도 있다."8

이보다 더 위험한 명제가 있을 수 있을까? 그때 해리스는 불교를

---

5 Sam Harris, *The End of Faith: Religion, Terror, and the Future of Reason* (New York: Norton, 2004), 21.

6 *Ibid.*, 15.

7 Thomas Jefferson, "Notes on the State of Virginia 45-55," in *The Seperation of Church and State: Writings on a Fundamental Freedom by America's Founders,* ed. Forrest Church (Boston: Beacon, 2004), 51-52.

8 Harris, *End of Faith*, 52-53. 강조는 필자의 것이다.

열광적으로 찬양하는 사람으로 등장한다. 불교는 신을 경배하지 않기 때문에, 불교는 하나의 "종교"로 간주되지 않는다. 우리 모두 불교의 자비의 깨달음을 배워야 한다는 데 필자는 동의한다. 불교는 모든 사람이 죽을 것이라는 사실에 지혜롭게 주목하고 있다는 사실을 지적하면서, 해리스는 묻는다: "사는 동안 왜 그 사람들에게 그저 **친절하기**를 바라야 할까?"9 우리는 이렇게 대답해야만 한다. "글쎄 샘, 당신이 이미 말한 것처럼, 그들 중 어떤 사람들은 잘못된 것들을 믿고 있고 그래서 죽임당해야 마땅하기 때문이지."

그러한 일반화를 말하는 사람들을 "세속적 근본주의자들"10이라 부르며 비판하는 세속 좌파의 목소리들을 듣게 되는 것은 우리에게 용기를 주는 일이다. 그러나 나는 이 작은 논쟁이 세속적 상대주의가 종교적 절대주의를 (거울처럼 그대로) 반영하여, 흉내 내고 있는 방식을 그대로 보여주었기를 희망한다. 정반대되는 것들의 모방은 제삼의 공간의 작업을 기만적으로 어렵게 만든다 — 비록 신학은 거울들의 축제 홀을 통과해서 그 길을 찾아야 하지만 말이다. 무신론과 유신론 모두 절대 진리의 놀이를 할 수 있다.

맞다, "하나님"은 우리의 문제이다 — 우리가 생각하는 특정한 입장의 하나님이 유일한 해결책이라고 생각할 때는 말이다. 신학적 절대주의자들은, 특별히 "악"에 맞섰을 때, 그들 스스로가 악으로 변할 수 있다 — 그 반대로 세속적 절대주의자들이 그들을 그대로 보고 흉내 낼 수도 있다는 것도 그만큼 분명하다. 그러나 "하나님"이 "모든 악의 뿌리"라는 것은 설득력이 없다(비록 BBC 방송의 다큐멘터리가 그런 제목과

---

9 *Ibid.*, 226. 강조는 필자의 것이다.

10 Lakshimi Chaudhry, "The Godless Fundamentalist", *In These Times* 30, no.12 (Dec. 8, 2006), www.inthesetimes.com/article/2933/the_godless_fundamentalist/.

논지를 갖고 방송되었다 해도 말이다). 일신교의 등장 이전에도 너무나 많은 역사적 억압과 제국주의적 테러가 존재한다 — 그 이후 스탈린, 모택동, 폴 포트 등은 말할 것도 없다.

기독교적 올바름, 행성적 잘못됨

심지어 윤리적 관심을 지닌 세속주의조차 어떻게 절대주의적으로 변할 수 있는지를 생각해보았다. 이제 그 역도 또한 사실이라는 것을 지적할 차례이다: 종교적 절대주의 또한 방탕하게 변질될 수 있다 — 그렇지만 섹시한 방식으로가 아니다! 신학이 이 세계 안에서 우리의 삶을 단순히 천국을 향한 순례로 묘사할 때, 즉 초자연적 목적을 위한 단순한 수단으로 묘사할 때, 신학은 물질적 피조세계에서 우리의 역할에 대한 책임을 분해시켜버리려는dissolve 경향을 갖는다. 그 총체적 효과는 바로 피조세계 자체와 관련하여 무도덕적amoral 상대주의이다. 왜냐하면 지구 자체가 "타락한fallen" 것으로 간주되고, 또 —인간들과 비인간들을 포함하여— 거의 모든 존재가 "구원받은 자"의 무리 바깥에 놓이기 때문이다. 따라서 기독교 절대주의자들은 과학적 환원주의만큼이나 확실히 창조를 **다름 아닌 바로 그것**a nothing-but의 공식으로 해소시켜버리고 만다.

지구 행성의 생태적 파괴에 대한 지금까지 기독교인들 대부분의 비극적 무관심이 여기에 딱 들어맞는 핵심 사례이다. 복음주의적 피조세계 돌봄이 운동Creation Care Movement의 경우처럼, 기독교가 생태적 의식을 세워나가기 시작할 때, 자금력이 풍부한 기독교계의 반대들을 마주치게 된다. 소위 성서 문자주의는 "오직 사실들"이라는 근대주의자의 호소를 공유한다. 그러나 종교적 우파와 기업 이익의 정교한 동맹은 공격적으로 새롭게 태어난 반-환경보호주의를 만들어내었다.11 예를 들어, 한 "공개 편지"에서 콘웰 동맹the Cornwall Alliance은 "지구 온난화를 줄이려는 돈키호테적 추구 속에서 에너지 소비의 의무적 축소를 통해 야기되는 해로움이 그 이익을 훨씬 상회할 것이다"12고 선언한다. 이 우파의 정치-종교-경제적 동맹은 그의 지구에 대한 "강제적 통치"의 신학을 창세기 1장 28절의 "지배dominion" 구절에 근거해 도출하고 있다.13 3장에서 보게 되겠지만, 이 소위 "지배"의 성서적 의미가 물질주의자의 이윤추구적 환원주의와 종교적 절대주의 간의 강력한 연합을 지지해준다. 세속주의의 가장 환원주의적 성향들이 이성과 진보의 이름 아래 자유로운 탐욕-추구적 경제 성장을 지지해왔다고 말할 수 있을 것이다. 이것이 바로 방탕주의자the dissolute의 지구적 얼굴이다. 그리고 그것이 바로 절대주의로 변질된 방탕주의자이다. 그러나 신학적으로 무척 곤혹스러운 것은 바로 ─전직 "경제 저격수"임을 고백한 존 퍼킨스John Perkins가 "기업정치corporatocracy"라 부르는 것 속에서 20세기 후반에 세계화되었던─ 자유방임적 자본주의가 새로운 종교적 우파

---

11 성서적 근본들과 토대들을 공언하며 "복음주의자들"을 자처하는 이들은 환경을 돌보는 정책들과 신학들과 연관하여 분열되어왔다. 현명한 사용 운동(the Wise Use movement)에 대한 초보적인 소개에 대해서는 각주 13번(원래 저자 주번호 11번)에 인용된 Bill Moyer, "Is God Green?" 다큐멘터리 방송(www.pbs.org/moyers/moyersonamerica/green/glossary.html)을 참고하라. 피조세계 돌봄(Creation Care)와 사회적 행동을 위한 복음주의자들(the Evangelicals for Social Action)이라는 조직에 대한 자세한 정보는 www.creationcare.org/resources/declaration.php를 방문하라.

12 Cornwall Alliance for the Stewardship of Creation, "Open Letter to the Signers of 'Climate Change: An Evangelical Call to Action' and Others Concerned About Global Warming", 2, www.cornwallalliance.org/docs/Open_Letter.pdf.

13 "강제적 통치"(forceful rule)란 구절과 이론은 E. Calvin Beisner에 의해서 해설되고 있는데, 이는 Bill Moyer의 PBS 다큐멘터리 "Is God Green?"에 등장한다. www.pbs.org/moyers/moyersonamerica/green/index.html에서 참고하라.

와 상당히 효율적인 정치적 동맹을 형성하는 방식이다.14 그 공개 서신은 계속해서 말하기를, "우리는 잠재적인 지구 온난화에 대처하여 경제성장을 저해하는 것보다, 부분적으로 에너지 가격을 비싸지 않게 유지함으로써 경제성장을 촉진하는 것이 훨씬 더 지혜롭다고 믿는다."15

따라서 절대주의적 기독교의 도덕주의는 자기 꼬리를 뒤쫓는 강아지처럼 매우 공격적으로 무도덕적인 세속 경제를 뒤쫓아 제자리를 빙빙 돌고 있다. 그렇게 권위주의적 기독교와 세속적 상대주의는 지구의 인간과 비인간 주민들의 창조적 차이들에 대한 무관심을 서로 모방하고 반영하고 있다. 절대주의자the absolute와 방탕주의자the dissolute는 환원할 수 없는 신비 속에 담긴 이 세계의 의미성 위에서 하나의 용매처럼 함께 작용하고 있다. 그리고 그들 사이에서 우리는 지구의 수용능력이 말 그대로 붕괴dissolution되는 것을 목도하기 시작한다: 인간이 만든 [말그대로, 남자가-만든man-made] 종말을 향해 암적으로 "성장"하도록 강요받고 있는 창조세계.

하나님에게 솔직히

절대주의자와 방탕주의자의 현기증 나는 거울 놀이는 영혼과 지구에게 모두 자기-파괴적이었다. 하지만 우리들 대부분은 사실 상대주

---

14 "우리는 모두 뉴스 보도들의 행간을 읽어, 우리의 기업과 정부와 미디어(집단적으로 기업정치corporatocracy라 불리는 것)를 통제하는 개인들의 자기 잇속만 관심하는 선언들에 의해 얼버무려진 진실들(truths)을 들을 수 있기를 원한다." John Perkins, *The Secret History of the American Empire: Economic Hit Men, Jackals, and the Truth about Global Corruption* (New York: Dutton, 2007), 1.

15 Cornwall Alliance, "Open Letter", 3.

의자나 절대주의자로 자신의 입장을 표현하는데 그다지 편안한 편이 아니다. 이 입장들은 생각 있는 사람들이 통상적으로 지지하는 입장들 그 이상의 것들로서, 풍자만화나 유형들 혹은 문화적 분위기들이다. 어느 한 편의 입장으로 자신의 입장을 밝힐 수도 있지만, 이내 우리는 반대편의 입장에서 일단의 진리를 분별할 수도 있다. 그러나 이것이 그저 정돈 안 된 중용적 입장, 즉 무색무취의 온건주의로 슬그머니 입장을 취하라는 뜻인가?

그렇다 치자. 당신이 자기-비판과 탐구에 개방적이라 하자. 바울이 고린도교인들에게 보내는 편지에서 말하듯이, 최선으로 당신이 "이 보배를 질그릇에 가졌다"(고후 4:7)는 사실을 알고 있다고 하자. 기독교 운동이 점차 공적인 운동이 되어가면서, 바울 스스로는 "진리의 공적인 진술"[16]과 더불어 도래하는 교만의 위험을 근심하고 있었다. 예를 들어, 고대 신조들을 고려해보자. 그 고대의 문서들은 콘스탄틴 황제 이래로 승리주의에 젖은 초기 교회를 통합할 신앙(모델)을 제시해야만 하는 기독교 황제들의 압박 아래서 처음에 만들어졌다. 신조들은 신학을 압축적으로 표현한 의미 있는 공식이다. 신조들은 분명히 "신앙의 공적 진술"을 가능케 한다.

문제는 진리가 "그 신앙"으로 절대화될 때 도래한다: 예를 들어, "구

---

16 바울은 정체성을 드러내는 문제—즉, "하나님의 말씀"이 공적으로 빛을 발하도록 하는 문제—에 대해 숙고하고 있었다: "오직 진리를 나타냄으로 하나님 앞에서 각 사람의 양심에 대하여 스스로 추천하노라"(고후 4:2, 개역개정). 그러나 그는 이 목회 속에서 자아 팽창(ego inflation)의 위험을 인식하고 있었다: "우리는 우리를 전파하는 것이 아니라 오직 그리스도 예수의 주 되신 것과 또 예수를 위하여 우리가 너희의 종된 것을 전파함이라"(4:5). 그러나 물론 이러한 구별은 바울이 예상했을 방식들로 바로 자기-선언의 희생물이 되고 말았다. 바울의 저술이 이루어지던 시기, 즉 기독교가 하나의 살아있는 그러나 매우 공격받기 쉬운 운동이었던 때, 타인들을 억압하거나 심지어 예속시키려는 기독교적 선언의 언사들은 상상할 수 없는 것이었기 때문이다.

원받기를 욕망하는 자는 누구든지 무엇보다도 가톨릭 신앙을 지지해야만 한다. 만일 그 신앙을 신성불가침한 것으로 전심을 다해 지키지 않는다면, 그는 분명코 영원히 멸망하게 될 것이다"는 문구 속에서처럼 말이다. 신앙은 여기서 "인격들의 혼동 없이 혹은 실체의 나눔 없이"17 세 인격 속의 한 분 하나님에 대한 일군의 형이상학적 믿음들을 의미한다. 그러한 공의회의 진술들은 대개 위협들과 저주들, 혹은 "파문들"18을 아무런 제약 없이 담지하고 있었다. 예를 들어, "만일 누군가 성부와 성자와 성령의 한 본성 혹은 한 실체됨을 고백하지 않는다면… 그를 파문하라." 파문에 해당되는 전체 목록이 그 뒤를 따라 이어지는데, 모두 헬레니즘의 실체 형이상학과 더불어 가공된 신학의 "고백"을 요구한다.19 제도적 통일성은 방대한 분열들과 추방을 대가로 성취되었고, 그 영향은 오늘날까지 지속되고 있다.

진리는 동의해야만 하는 믿음으로 변질되었고, 그렇지 않으면 저주받고, 고발당하고, 추방된다. 질그릇은 쓰레기 더미로 던져지고, 제국의 설화석고로 만들어진 우아한 그릇으로 대치되었다. 그런데 그 우아한 그릇은 진리를 담고 있는가? 아니면 이전 세대의 진리-흐름이

---

17 이 아타나시우스 신앙고백은 *Creeds & Confessions of Faith in the Christian Tradition, Vol. I: Early, Eastern and Medieval*, ed. Jaroslav Pelikan and Valerie Hotchkiss (New Haven: Yale University Press, 2003), 676에 번역되어 있는 것을 가져왔다.

18 "Formulas of Concord — and of Discord"의 역사에 대한 예리한 비평을 위해서는 Jaroslav Pelikan, *Credo: Historical and Theological Guide to Creeds and Confessions of Faith in the Christian Tradition* (New Haven: Yale University Press, 2003)을, 특별히 186f를 참고하라.

19 콘스탄티노플 제2 공의회(553년)는 파문의 구조와 내용들을 상세하게 묘사한다: "1. 만일 누군가 성부와 성자와 성령의 한 본성 혹은 한 실체됨을 고백하지 않는다면… 그를 파문하라. … 2. 만일 누군가 하나님의 말씀의 두 탄생을 고백하지 않는다면… 그를 파문하라. 3. 만일 누군가 기적을 행하시는 하나님의 [말씀]이 고통당한 그리스도와 일체가 아님을 선언한다면… 그를 파문하라…." Pelikhan, *Creed & Confessions*, I: 201.

기독교 제국들에 편리한, 양도 가능한 무시간적 믿음들로 추상화된 것인가? 전통은 물론 걸러져서, 압축된 법전이 되어, 다음 세대로 전달될 필요가 있다. "전통"이란 "전달하는 것, 넘겨주는 것"을 의미한다. 그리고 그 역사적 수용과 전달이 없다면, 신학은 아무것도 제공할 것이 없다. 역설적으로 **전통**tradition이란 말은 어원적으로 반역treason이란 말과 한 쌍을 이룬다. 신학은 그 어느 쪽 의미로도 그의 가르침을 "넘겨줄" 수 있다.

절대적 진리의 주장은 신학적 **정직성**honesty을 가로막는 하나의 가장 큰 장애물이다. 바울은 이 위험을 이미 알아챈 듯하다. 기독교적 신정정치가 거의 상상 불가능했던 시절에 말이다.

그렇다면, 우리가 그 "보배"의 신비스러움을 인식했다고 치자. 고대의 신앙고백을 편안하게 암송하든지 말든지, 당신은 신앙을 절대적 지식과 혼동하지 않는다. 그러나 질그릇의 결함들에도 불구하고, 당신은 삶의 길을 주저하고, 모든 주장을 타협하고 단서를 달며, 모든 계시를 상대화하기 원하지 않는다. 확실성을 포기할 수도 있지만, 확신confidence은 필요하다. 당신은 목적성 있게purposefully 살아갈 수 있기를, 혼탁한 일상의 삶을 통해 피어나는 가치들과 통찰들의 힘을 소통할 수 있기를 원한다.

그렇지만, 이미 진리를 갖고 있는 사람들은 정직함을 참아낼 인내심을 거의 갖고 있지 않다는 사실을 주목해본 적이 있는가? 정직한 물음들과 의심들과 관찰들과 차이들을 감내할 인내심 말이다. 그들은 그이상 중요한 어떤 것도 배울 필요가 없다(고 생각한다). 물론 정직은 우리를 다시금 폭로와 의심의 길로 인도할 수도 있다 ─ 그 어떤 "진리의 공적 진술"도 더 이상 가능치 않은 막다른 골목으로 말이다. 만약에 우리가 그 어떤 입장의 진영으로도 합류하기를 원하지 않는다면 어떨 것인가? 만일 우리가 진리 없는 정직성도 그리고 부정직한 진리도 원치 않는다면 어떨 것인가? 우리는 어떻게 이 순환을 깨뜨릴 것인가? 신학은 —만일 그의 정체를 벗어나 과정으로 나아갈 수 있다면— 정말 도움이 될 것인가?

흔적들과 시험들

우머니스트 신학자 들로레스 윌리엄스Delores Williams에 따르면, "많은 흑인 여성들은 하나님이 전혀 길이 없는 곳no way에서 길을 만들어가도록 도와주셨다고 증언했다."[20] 왜냐하면 이미 기존하는 길, 혹은 미리 포장된 길이 없기 때문이다. 이는 전에 보장된 것들이 달아나는 위기에 놓였다고 생각하는 누구에게나 너무도 분명하다. 심지어 하나님으로부터 버림받았다고 느껴지는 위기에서 우리는 그렇다고 생각한다. 그래서 집단적 부정의가 초래하는 영속적 위기 아래에서 살아가는 사람들에게 이 사막을 헤매고 있다는 의식이 또렷하게 나타난다. 광야에서 겁에 질린 거대한 무리들을 책임지고 있는 모세에게: 전혀 어떤 길도 없었다no way! 변덕스런 의붓 가족[21]으로부터 쫓겨나 아들과 함께 사막에서 길을 잃은 하갈에게: 전혀 어떤 길도 없었다. 정말로, "마침내 노예로 묶여있던 집에서 자유롭게 풀려났던 때의 하갈과 이스마엘처럼, 아프리카계 노예 출신 미국인들은 전혀 길이 없는 곳에서 길을 만들어야 하는 과제에 직면해 있었다."[22]

---

20 Delores S. Williams, *Sisters in the Wilderness: The Challenge of Womanist God-Talk* (Maryknoll: Orbis, 1993), 6.

21 역자주. 요즘은 '의붓 가족'이라는 말 대신 '복합가족'이라는 말을 쓴다. 하지만 현대의 복합가족, 즉 전처 혹은 전남편의 자식들과 함께 하는 의미보다는 여기서는 일부다처제를 배경으로 의붓 가족이라는 말이 조금 더 맞는듯하다.

고통을 아는 사람들은 창조에 관한 진실에 보다 한 발 다가선다: 미래는 열려있다. 전도유망하게 열려있든, 걱정스럽게 열려있든 말이다. 길은 미리 펼쳐지지 않는다. 창조 그 자체는 과정 속에 있다. 앞으로 나아갈 우리 자신의 길은 아직 정해지지 않았다. 우리 앞에 누군가 지나간 길의 흔적이 전혀 없을 수도 있다. 때로 우리는 그저 신앙 가운데 앞으로 나아갈 수 있을 뿐이다: 말하자면, 용기와 확신 속에서 말이다. 그것은 망상적 확실성이 아니다.

과정은 계속 진행 중이다. 시험들과 시련들의 한복판에서도 삶은 계속 진행된다. 출애굽들은 일어난다. 그러나 모세처럼, 우리는 약속의 땅에 이르지 못할 수도 있다. 그 가능성이 모세를 무기력하게 만들지는 못했다.

"희망은 다음 발걸음을 내딛는 행위 속에"[23] 도래한다고 신학자 칼바르트는 말하면서, 종말에 대한 혹은 불멸에 대한 손쉬운 신앙을 완전히 버렸다. 세계대전들에 휩싸인 유럽의 파국적 투쟁의 한복판에서 그의 신학은 태어났다. 바르트는 나치즘의 공포들을 방지하지 못한, 자유주의 진영이나 보수적인 진영 모두를 포함한, 독일 기독교의 실패를 증언했다. 심지어 적은 수의 사람들이 결집한 고백교회 운동 Confessing Movement조차 그에 저항했는데 말이다. 그는 세속적 근대성과 죽음의 기계들과 타협하는 "종교"를 맹비난했다. 바르트에게 "신앙 faith"은 이 불경건한 동맹의 기저에 놓인 ―위에서 토론한 거울-놀이의 형태로서― 신학적 오만에 대립되는 것이었다.

그는 그대신 모든 신학은 "길 위에on the way" 있다고 주장했다: *theologia viatorum*. 신비 위에 있는 어떤 신학도 공감할 것이다. 그 길은

---

22 *Ibid.*, 193.
23 Karl Barth, *Church Dogmatics* IV, 3 (Edinburgh: T&T Clark, 1962), 938f.

"곧은" 길도 아니고, 그렇다고 매끄러운 말들로 이루어지는 것도 아니다. 신학은 하나님을 그의 대상으로 그리고 진리를 그의 속성으로 붙잡지—독일어로는 "움켜쥐다grasp"이다— 않는다. 그리고 다양한 상황들의 다양한 관점들이 우리의 필연적으로 유한하고 단편적인 역량들을 무한히 복잡하게 한다.

바르트 이후 수십 년 동안 신학은 완전히 뒤바뀐 영적 풍경들을

> 모든 신학은 길 위에 있는 신학theologia viatorum이다. … 그것은 망가진 사유와 언설이다. 신학은 그 유일의 대상과는 다른 관점으로 지향된 고립된 사유들과 진술들 속에서만 발전할 수 있다는 점에서 그렇다. 신학은 결코 하나의 체계를 형성하여, 그 대상을 이해할 수 없고 그래서 말 그대로 그 대상을 '붙잡을' 수 없다.
> _ 칼 바르트[24]

따라 굽이쳐 왔다. 여성 신학과 해방 신학은 상황이 신앙을 형성하고 훼손하는 복잡한 길들을 보다 선명하게 드러내 주었다(실제로 이 신학들은 바르트가 자신의 가부장적 상황에 대해 스스로 교묘한 논리로 포장하고 눈 감았다는 사실을 지적한다). 상황은 모든 사회적, 종족적–인종적, 성적 패턴들의 역사적 지형 내에서 이루어지는 상호작용을 의미하는데, 그 사회적 종족적 성적 패턴들이 우리의 시각을 형성하지만 대개 의식적인 믿음들로 가장되어 있다. 그리고 신학에서 상황context은 참으로 본문text과 **함께**with 있다:[25] 예를 들어, 기독교인들이나 유대인들 혹은 이슬람교인들이 자신들의 성서를 해석하는 방식은 상황적 요인들의 복

---

24 Barth, *Church Dogmatics* III, 3 [33], in *Church Dogmatics: A Selection with Introduction* by Helmut Gollwitzer (Louisville: Westminster John Knox, 1994), 82.

25 역자주. 영어의 context(상황)은 라틴어 어원으로 보자면 'con'과 'text'라는 말의 결합인데, 접두어 'con'은 '함께' 혹은 '더불어' 혹은 '같이'를 의미한다. 이런 맥락에서 켈러는 상황은 언제나 본문(text)와 함께 있다고 말하는 것이다.

잡한 상호작용에 영향을 받을 것이다 — 만일 해석적 입력요건들이 무시된다면 보다 더 혼동스러운 표현들이 난무할 것이다.

우리의 소박한 인간적 시각이라는 진흙은 이 상황적 요소들과 혼합되어 있다. 그 상황은 내용을 만지작거리고, 또 내용은 상호적으로 상황에 영향을 미친다. 좋건 싫건 간에 말이다. 이 상호작용으로부터 변화가 도래한다. 우리는 관계 속에 있는 존재들이기 때문에 우리는 언제나 되어가고 있다becoming. 변화는 불가피하지만, 필연적으로 더 나은 방향으로 이루어지는 것은 아니다: 삶 속에서 그렇듯이, 해석 중의 과정은 진보를 의미할 수도 혹은 아닐 수도 있다.

그렇게 우리는 **과정 속에 있는 신학**theology in process의 길을 떠난다. 종착지가 여럿으로 열려있는 과정, 어떤 고정된 목표를 향해 나아가지는 않지만 그럼에도 불구하고 목적지향적인 길 말이다. 이 길의 종착지들은 아직 존재하지 않는다: 그것은 진정으로 길 위에viatorum 있다. 종착지들은 바르트가 인식했었을 것보다 더 열려있다. 그 종착지들은 현실성들이 아니라, 가능성들을 의미한다. 신학은 결코 신앙이나 믿음과 동일하지 않다. 그러나 신앙으로 동기를 부여받아 우리의 모든 믿음을 그 상호작용적인 과정의 진화하는 시각으로 취한다.

진리-과정Truth-Process으로서 신학

과정으로서 신학은—모든 살아있고 숨쉬는 유기체처럼— 끝이 열려 있다. 그 자체로 신학은 폐쇄된 시스템이 아니라 신중한 윤곽을 담지한 시스템이다. 그러한 신학은 언제나 분주히 일을 한다. 그러나 이는, 절대주의자들이 두려워하듯이, "아무렴 어때"라는 식의 의미를 함의하는 것이 아니다. 많은 일들이 진행되지만, 어떤 일은 다른 일들보다 낫다. 더 나은 길과 더 나쁜 길 사이의 분별력, 전도유망한 방향들과 막다른 골목길 사이의 분별력은 결코 멈추지 않는다. 신학은 그 자신에 대한 신랄한 판단을 회피할 수 없지만, 궁극의 응징이라는 의미에서가 아니라 비판적이고 자기-비판적인 과정이라는 의미 맥락에서 그렇다.

"과정"이라는 바로 그 개념 속에는, "사법적 절차"라는 의미 속에 드러나듯이, 형식적 절차라는 낡은 의미가 반영되어 있다. 프랑스어로 과정proces은 계속적인 활동ongoing activity과 재판trial이라는 이중의 의미가 보존되어 있다. 이 용어는 남아프리카 공화국의 "진리와 화해 과정the truth and reconciliation process"을 통하여 새로운 공명을 얻는다. 이는 인종차별정책의 경악스러울 만큼 예측 불가했던 종료 이후 발전된 모델이다: 길이 없는 곳에서 길이 열렸다. 그 진리와 화해 과정은 국민을 치유하는 정의를 촉진하기 위해 진화했다. 이 과정은 공식 재판에 대한 대안, 즉 복수 없이 책임감을 추구할 수 있는 절차를 발명했다. 응징이 아니라 화해가 목표이고, 또 처벌이 아니라 진실을 말하도록 하는 것이 그 목적을 이루기 위한 수단이다. 남아프리카에서 진리와 화해 과정은 "가해자들에 의한 공개와 희생자들을 위한 공개 청문회의 공적 과정으로서… 나라가 그 억압적 과거로부터 평화스러운 미래를 향해 나아가도록 하려는 의도를 갖고 있는데, 미래에 예전의 적대자들이 사이좋게 일할 수 있을 것을 꿈꾼다."26 그 진리-과정들의 성공여부는 논쟁

---

26 Priscilla B. Hayner, "Same Species, Different Animal: How South Africa Compares to Truth Commissions Worldwide", in *Looking Back, Reaching Forward: Reflections on the Truth and Reconciliation Commission of South Africa*, ed. Charles Villa-Vicencio and Wilhelm Verwoerd (Cape Town: University of Cape Town Press, 2000), 33. 다음에서 인용되다: James L. Gibson, "Truth, Justice, and Reconciliation: Judging the Fairness of Amnesty in South Africa", *American Journal of Political Science* 46, no.3 (July 2002): 541.

적으로 남아있다. 특별히 지옥 같은 역사에 대한 신속한 해결책이 존재할 수 없다는 맥락에서 말이다.[27] 그러나 "진리 과정"의 정치적 은유는 계속적인 상호활동으로서 과정이라는 개념에 새로운 의미를 더해준다.

"모든 분쟁을 종결하는 그러한 진리인가?"[28] 역사가 계속되는 한, 오직 잠정적으로만 그러하다. 그러나 역사에 대한 재판들의 와중에서 우리는 비폭력적 투쟁의 전통들이 서서히 연합되는 것을 보곤 하는데, 그 투쟁들 속에서 진리는 무력으로 추출되거나 부과될 수 있는 것이 아니다. 과정으로서의 신학은 모든 수준에서 비폭력적 갈등 해결을 위한 —많은 자원들 중 하나로서— 자원이 된다. 우리는 상호작용의 열린 과정들 속에서만 우리 자신이기 때문에, 철저히 관계적인 신학을 요구한다. 이 관계주의는 언제나 마틴 루터 킹 주니어Martin Luther King Jr.가 "사랑하는 공동체beloved community"라 불렀던 것을 향하여 나아간다. 길 위의 신학theologia viatorum은 정의를 향한 투쟁을 포기함 없이 평화의 전망을 열어준다. 영적인 안녕과 공적 정직성의 민주적 행로들을 만들어내기 위해, 기독교 신학은 인종차별정책에 반대하는 투쟁뿐만 아니라 시민권 운동에서 보았듯이, 부당한 현상유지에 대한 그 어떤 기독교적 합법화에도 힘을 모아 반대해야만 한다. 그러나 이 반대against는 부정에 대한 부정이다. 신비 위에서 그리고 희망 안에서: 우리는 또 다른 발걸음을 내딛는다. 그럼에도 불구하고 사랑은 함정들로 가득 차 있다.

---

27 이후 진리와 화해 과정들은 전세계 2/3에 해당하는 여러 탈식민지적 상황들에서 전례가 되었다. Gibson, "Truth, Justice, and Reconciliation."

28 종교적으로 촉발된 영국 청교도 혁명(English civil war)을 염두에 두고 쓰인 허버트 Herbert의 시.

진리의 접촉

과정 중에 있는 신학에 대한 공적인 증언과 더불어 까탈스러운 내밀한 진리들이 포개진다. 리타 나가시마 브록Rita Nakashima Brock과 레베카 파커Rebecca Parker의 『재들의 잠언』(Proverbs of Ashes)에 나오는 초미의 순간을 예로 들어보자. 젊은 담임목사 레베카는 공부하는 중에 불쑥 들어온 루시아를 마주한다. 루시아의 남편은 가정폭력자이다. "20년 전 내 주임신부님을 찾아갔었어요. 지금껏 그의 조언을 따르려고 노력해 왔어요. 그 신부님은 내가 고난들 중에 기뻐해야 한다고 말했어요. 왜냐하면 고난들은 나를 예수에게로 더 가까이 데리고 가기 때문예요. 그분은 '예수는 우리를 사랑했기 때문에 고난당하는다'고 말했어요. '당신이 예수를 사랑한다면, 주먹질을 받아들이고, 예수가 십자가를 감당했듯이, 기꺼이 감당하시오'라고 말했어요." 그녀는 노력했지만, 이제 그녀의 남편은 아이들에게 폭력을 휘두르고 있다. "말해주세요. 신부님이 내게 말한 것이 사실인가요?"29

진리 물음: 그것이 문제다. 그것은 우리의 체현된 실존, 끔직스럽게 부딪쳐오는 실존 속에서 물질적 형상을 취한다 — 그리고 신학적 응답을 요구한다. 레베카는 잠시 멈칫했다. 그녀 자신의 관계론적 신앙, 즉 바울의 말로 "사랑은 모든 것을 참습니다"고 고백하던 신앙이 비틀거리고 있었다. "만일 루시아의 물음에 솔직하게 대답한다면, 나는 내 신학을 다시 생각해 보아야 했다."

---

29 Rita Nakashima Brock and Rebecca Ann Parker, *Proverbs of Ashes: Violence, Redemptive Suffering and the Search for What Saves Us* (Boston: Beacon, 2001), 21).

30 U2, "One", from the album Achtung Body (Island, 1991). 가사는 다음에서 볼 수 있다: www.u2.com/music/lyrics.php?song=81&list=o.

사랑은 사랑이라고, 사랑은 더 높은 법이라고 너는 말하지.
사랑은 사원, 사랑은 더 높은 법.
당신은 나에게 들어가자고 묻지만, 그러면 당신은 나를 기어가게 만들지.
그리고 나는 당신이 가진 것을 견디낼 수 없어. 당신이 가진 모든 것이 나를 아프게 할 때는 말야.

_ U2[30]

레베카는 대답한다. "'그건 사실이 아니예요. 하나님은 당신이 남편의 폭력을 받아들이기를 원하지 않으십니다'라고 나는 그녀에게 말했다. '하나님은 당신이 당신의 삶을 갖기를 원하시지, 포기하기를 원하시지 않으십니다. 하나님은 당신이 당신의 삶과 당신의 아이들의 삶을 보호하기를 원하십니다.' 루시아의 눈이 춤추듯 흔들거렸다."

레베카는 신학을 신학으로 대답했다. 그러자 모든 기독교적 사랑은 돌연 다음과 같은 의미가 되기를 멈췄다: 학대를 관용하라. 예를 들어, 사랑은 배우자의 질병, 짜증 나는 습관들 혹은 이따금의 성질머리를 참을 수 있을 것이다. 그러나 사랑은 다음과 같은 것을 의미하지 않는다: 가정폭력의 가해자가 학대를 계속할 수 있도록 하는 것. "네다른 뺨을 돌려주라"는 문제 많은 은유조차도, 맥락 속에서in context 읽으면, (기존의 생각과는 반대로 오히려) 더 많은 적개심을 불러일으키기라는 정반대의 의미가 된다: 그것은 부정의를 중단시키기 위한 전략이다. 사랑의 인내는 부정의의 회유가 아니다. 여성들의 운동이 눈을 뜨게 되면서, 모든 미래 신학을 위한 상황은 바뀌었다. 만일 "개인적인 것이 정치적인 것이라면," 가정폭력도 지구적 폭력도 회유될 수 없다. 함께-고난당하는-열정com/passion을 다루는 장에서 더 심도 있게 다루겠지만, 우리는 정의를 이루는 만큼, 평화를 이루고 사랑을 이룬다. 『재들의 잠언』의 저자들은 종교적으로 용인된 그러한 폭력의 사건들을 다수 이야기한다 ─ 기독교 신학에 종언kabash를 선언하기 위해서가 아니라, 기독교 신학에 책임을 묻기 위해서이다.

바로 그 일화 속에서 레베카는 강력한 진리-담론truth-talk을 사용했다는 점을 주목하자: 여기에 상대주의란 없다! 그러나 우리는 부여된 진리가 아니라 접촉한in touch 진리를 듣는다: 그것은 상호성 속에서 일어난다. 그리고 그것은 과정으로서 전개된다. 루시아가 스스로 진실을 말하고 증언했고 그래서 (그 진실이) 들려질 수 있었던 대화의 형태로 먼저 일어났다. 레베카에 의한 인정이 없었다면, 루시아의 삶의 진실은 일어나지 않았을 것이다. 그녀는 자신의 길 위에 있지 않았다. 여성 신학자 넬 모턴의 고전적인 문구로 표현하자면, 루시아는 "그녀 자신의 말이 들려지게 만들었다."[31] 루시아는 곧 집을 나와, 새로운 직업 교육훈련을 받았고, 새로운 일자리와 새로운 삶을 얻었다. 공식적인 법적 철차들이 동반되었다. 그녀의 남편도 마침내 도움을 받을 수 있었고, 그녀는 아이들과의 만남을 허락했다.

한 종류의 진리가 신부에 의해 대본으로 작성되었고, 이는 아주 실질적이고 파괴적인 효과들을 가져왔다. "예수는 우리를 사랑했기 때문에 고통당하셨다"는 명제는 "민주주의는 최고의 정부 형태이다"라는 말처럼 그 자체로 설득력 있는 주장이다. 그러나 그 진리는 그것을 발설하는 영의 상황에 달려있다고 나는 제안한다: 진리는 그것이 이름하고 있는 바로 그 사랑과 접촉하고 있는가? 살아있는 관계성들로부터 떼내어졌을 때(추상됐을 때), 심지어 신적인 사랑에 관한 명제라도 "나쁜 신앙으로" 인용될 수 있다. 그것은 공포를 자아내는 절대성으로 변질될 수 있다. 본문text과 맥락context으로부터 그러한 추상은 한 명제가 모든 삶의 상황에 일방적으로 다시 대입될 수 있도록 하고, 이는 모든 형태의 진리-언어가 담지한 유혹이고, 무엇보다도 신학의 유혹

---

31 Nelle Morton, *The Journey is Home* (Boston: Beacon, 1985), 128.

이다. 그것은 모든 무신론의 비료가 된다.

사도 바울은 "하나님에 관한 진리를 거짓말로 맞바꾼" 이들에 대해 경고했다(롬 1:25). 그런데 그런 거짓말은 아주 좋다. 왜냐하면 거짓말은 진리처럼 보이고, 진리처럼 들리기 때문이다. 그러한 맞바꿈이 신학이라는 표지 아래에서 일어날 수 있다! 그러한 영적 부정직은 ("그 사제는 자신의 의견을 갖고 있고, 나는 다른 의견을 갖고 있는데, 네 생각은 어떠니?"와 같은 형식에서 보이듯) 무사안일주의의wimp-out 상대주의로 대답될 수 없을 것이다. 이 경우, 그것은 자발적이고 확신에 찬 대항-진리counter-truth로 대답되었다. (어떤 때는 권력에게, 어떤 때는 권리를 빼앗긴 이들에게) 진리를 말할 수 있는 역량은 종교 전통들이 "증언" 혹은 "증거"라는 말로 의미하는 바이다. 우리는 다음 장에서 진리의 이 성서적 의미를 토론할 것이다.

레베카는 그녀가 이미 "소유한" 진리를 그저 표현하는 것이 아니었다. 그녀는 갖고 있지 않았다. 오히려 그녀 스스로 명확하게 들었던 진리는 사건event, 발생happening의 성격을 갖고 있었다: 그래서 그 진리는 그녀 또한 놀라게 만들었다. 그녀는 앞선 성직자처럼 진리를 말한다는 주장을 하지 않았다. 그럼에도 불구하고 그녀는 스스로 정직하게, 진실하게truthfully 말하고 있음을 느낀다. 레베카는 "진리의 접촉touch of truth"을 보여준다: 겸손하고, 일시적이며 치유적인 몸짓. 하지만 레베카의 신학적 진리-주장은 찾아와서 자신의 삶의 진실truth을 말할 수 있었던 루시아의 용기에 대한 응답 가운데에서만 일어났다.

접촉, 연결이 발생했다. 그리고 충만함이 우리의 황폐하고 공허한 공백들로 흘러들어온다. 그것은 우리를 옭아맸던 역기능적 절대들을 씻어내기 시작한다. 그러한 흐름의 진리는 고정된 공리들을 살아있는 관계로 대치한다. 그러나 이때 우리는 관계주의relationalism를 모든 관계성은 다 마찬가지로 좋은 것이라고 말하는 상대주의relativism와 혼동해서는 안 된다.

접촉은 본서가 관심하는 이 진-실함truth-fullness의 과정과 애무caress이다. 여기서 초점이 되고 있는 신학은, 즉 접촉 중인 신학은 길이 없었던 곳에서 길을 열어 가는 데 도움을 줄 수 있다. 그러나 그것은 그 과정 중에 우리 자신의 불확실성들을 앙등시킬 가능성이 높다. 접촉은 우리를 우리 삶의 혼돈과 대면하게 할 수도 있다. 예를 들어, 가학적인 가족 제도의 혼돈이 사회적으로 인정되는 결혼이라는 질서 아래 숨겨진 채 머무를 수 있을 것이다. 또 다른 규모에서, 전쟁에 의해 유발된 혼돈은 한 권력이 그의 질서를―"민주주의"라는 이름 하에서든 아니면 "하나님"이라는 이름 하에서든 간에― 타자들에게 부여하려는 시도로부터 유래할 수도 있다. 그리고 신학 자체에 의하여 자명하게 구성된 믿음 체계에 종속되어왔던 조심성 많은 사람들은, 일종의 붕괴dissolution, 즉 일종의 믿음의 위기를 겪지 않는다면, 이 절대적인 것들에 물음을 제기할 수 없다. 진리-과정은 불확실성이나 그의 혼돈을 제거하지 않는다. 진리-과정은 그 불확실성을 가시적으로 만들어, 더 살아있고 더 구원적인 **질서**order를 출범한다. 그러나 그것이 지지하는 진리처럼, 그러한 질서는 부여될 수 없다: 그것은 **창발해야**emerge만 한다. 그 질서는 과학자들이 현재 "자기-조직화하는 복잡성"이라고 가리키는 것, 즉 개방계의 비선형적 질서라 부르는 것과 닮았다. 붕괴dissolution의 혼돈은 창조의 진정한 재료가 될 수 있다. 이는 창조를 다루는 3장에서 제안될 것이다. 가학적인 신학적 절대주의자들에 의해 합법화된 방탕한 dissolute 윤리를 폭로하면서, 우리는 거울놀이를 박차고 나온다. 우리는 '아무래도 좋다anything goes'는 식의 **상대주의**relativism로 다가가지 않는다 ― 모든 것은 흐른다는 것을 인식하는 **관계주의**relationalism로 접근한다.

"하나님"을 부르기

하나의 열린 계open system로서 신학을 한다는 것은 무엇을 의미하겠는가? 통상 교회와 학문적으로 연결된 신학 분야는 "조직"(신학)으로 불리는데, 이는 교리들의 장엄한 건축, 즉 교리적 정신을 묘사하는 중세적 대성당을 암시한다. 이 분야의 고딕적 찬란함을 잃지 않고, 그 딜레마를 인식하도록 하자. 신학theology이라는 바로 그 말 자체가 학대받는 사람들의 고통으로부터, 우리의 친밀한 혹은 공적인 열정으로부터, 여기 지금 우리의 체현된 삶들의 모험들과 불운들로부터 우리의 눈길을 떼어내어, 위로 잡아끄는 듯해 보인다.

신학, 낡은 신조의 조각들이 우리의 마음을 통하여 반향된다: 전능하사 천지를 만드신 하나님 아버지를 내가 믿사오며, 그 외아들 우리 주 예수 그리스도를 믿사오니… 동정녀 마리아에게 나시고… 성서 이야기로부터 획득된 모든 생생한 이미지들. 그것들의 가족 유사성의 공명들이 의미 있고 필수불가결한 것으로서, 그 고색창연함 속에서 아름다운 것으로서, 총대주교적 직무수행으로서, 혹은 성인들의 통속적인 어린애 같은 향수로서 우리에게 떠오를 수도 있다. 하지만 그것들이 우리에게 갖고 있는 감정적 색조들이 무엇이든지 간에, 그것들은 사유의 폭넓은 체계들과 생생하게 살아있는 성서적 이야기들을 꽉 찬 추상으로 압축한다.

신학적 언어는 하나의 기묘한 혼합이다: 성서로부터 추출된 생생한 이야기적 특성들과 고대 그리스 철학 이래로 가장 우주적으로 확장된 관념들의 기묘한 혼합. 나는 이 혼합을 사랑한다. 그러나 이것은 복잡하다. 그리고 우리가 그의 복잡성을 무시할 때, 그것은 위험하다. 성서를 구성하는 풍성하고 어지러운 이야기들의 집합으로부터, 특정의 은유적 주제들이 고양되고, 반복되고, 일반화된다 — 성서 이야기 자체 내에서, 혹은 최소한 바울의 저술들 속에서 일어나기 시작한 추상화 과정은 그리스 스토아 철학의 영향을 받았다. 추상은 어느 반성적 과정에서도 필수적인 부분이다. 그러나 이 추상들을 수단으로 하여 이야기들이 대개 단순한 믿음의 명제들로 교리화되어 주입되어왔다. 이 추상들은 편리하다. 그러나 이 추상들은 은유와 역사와 철학의 복잡한 혼합을 너무 쉽게 가면으로 가려버린다. 실로 추상들은 은유를 허위-사실들pseudo-facts로 위장할 수도 있다.

이 은유들이 은유라는 사실을 망각할 때, 예를 들어 "전능하신 하나님 아버지"라는 은유가 저 위에 있는 독립체를 직접적이고 사실적인 방식으로 가리킨다고 생각할 때, 우리는 과정 철학자 화이트헤드Alfred North Whitehead가 "잘못 놓인 구체성의 오류the fallacy of misplaced concreteness"[33]라 불렀던 것을 범하는 것이다. 부성fatherhood의 이 구체적인 속성들은 유일신론적 가부장제의 맥락 내에서 생물학적 아버지들에 대한 구체적인 경험들을 지시하는데, 이 가부장제 속에서 "전능한almighty" 신은 물론 남성으로만 상상될 수 있었다. 잘못 놓인 구체성의 오류는 특정의 유한한 역사적 맥락으로부터 유래한 은유들의 구체성을 우리가 —더 나은 말을 찾지 못한 관계로— "신"이라 부르는 무한성

> 말들은 짐에 겨워
> 무리하고, 금이 가고,
> 때로는 파손된다.
> 그 긴장과, 놓침, 미끄러짐과 사라짐,
> 부정확한 붕괴 아래에서,
> 제자리를 지키지 못할 것이다,
> 조용히 머무르지 못할 것이다
> _ 엘리엇(T.S. Eliot)[32]

---

32 T.S. Eliot, "Burnt Norton", from "Four Quartets", in *Collected Poems 1909-1962* (New York: Harcourt, Brace & World, 1970), V, 180.

33 Alfred North Whitehead, *Science and the Modern World* (New York: Macmillan/ Free, 1967), 51f.

1장 ㅣ 신학 방법론 69

과 혼동하는 데 있다. 문자주의literalism는 이 오류를 가리키는 간단한 말이다. 문자주의는 신학을 단순한 의미들로 동결시켜 버린다. 의미는 부단한 진리-과정으로부터 흘러나오는 대신, 정체된 진리 상태 truth-stasis에 갇혀 버리고 만다.

하지만 신비는 그 자체로 절대적이지 않다. 그렇지 않다면 우리는 아무것도 말할 수 없을 것이다. 그리고 그것이 우리가 신학에서 온갖 종류의 은유들을 사용하는 이유이다: 우리와 신비의 관계를 실현하기 위해. 신비를 언어 속에 실현하기 위해: 하나님의 지혜를 신비 속에서 말하기 위해. 그러나 그러한 언설 속에서, 엘리엇이 말하듯, 말들은 "짐에 겨워 무리하고, 금이 가고, 때로는 파손된다." 성서는 부서진 말들로 어지럽혀져 있고, 그 말들은 새로운 의미들을 열어주고, 폐쇄된 시스템들을 부수어 열어준다. 성서는 은유, 수사, 비유적 표현, 우화, 시편, 기도문, 이야기로 넘쳐난다. ("예수 그리스도는 우리 주님이시며 구원자이시다"나 "나는 삼위일체 하나님을 믿는다"처럼) 성서에서는 보기 어려운 추상적인 믿음의 명제들이 폐쇄된 시스템 속에 고정되어 버릴 때, 오류투성이의 사실주의가 작동하기 시작한다. 그러면 명제들은 우리의 공유된 피조물적 삶의 구체적인 과정들을 영적으로 조명하기보다는 오히려 그것들로부터 우리의 관심을 돌려 버린다. 그렇게 되면, (그리스도, 주님, 구원자, 삼위일체 등과 같은) 은유들은 그들의 은유적 기능을 상실한다, 즉 열린 상호작용성을 상실한다. 왜냐하면 은유들은 정체상태 속에 있는 것이 아니라 과정 속에 있는 언어이기 때문이다.

은유들은 추상abstraction이 스스로를 절대적인absolute 것으로 만들 때 변하지 않는다는 진리들 속으로 파묻혀 버린다: (추상과 절대라는) 이 용어들은 라틴어 어원으로 볼 때 거의 동일한 것을 의미한다: 둘 다 "떠나감, 떼어냄"drawing away from, 즉 분리를 의미한다. 그 분리가 절대적일 때, 분리는 비가역적이 된다. 추상은 육체적 세계와의 상호성으로부터 자유롭게 된다. 따라서 절대적 진리는 어떤 다른 것과도 무관하고, 모든 상호의존성, 모든 조건들, 모든 취약성, 모든 열정, 모든 변화로부터 해제된다. 어느 정도 신학교육을 받은 이들은 고전적 유신론의 신 개념이 담지한 추상적 (그리고 놀랍게도 비성서적) 특징들을 알아챌수 있을 것이다.

그러나 만일 그 일종의 변화 없는 정체상태가 창조세계는 말할 것도 없고, 심지어 하나님(이라는 말)이 의미하는 것이 아니라면 어쩔 것인가? 만일 "하나님"이 시간과 그의 시험들을 불사신처럼 초월하여, 추상적인 하늘 위 저기에 계신 어떤 초–실체$_{super-entity}$를 의미하는 것이 처음부터 아니었고, 지금도 그럴 필요가 없는 것이라면 어쩔 것인가? 성서는 그런 개념을 갖고 있지 않다. 그의 은유들은 질적인 차이의 초월을 제안하는 것이지, 무감각적인 불변성의 초월을 말하는 것이 아니다. 그러나 물론 성서는 사실상 하나님에 대한 어떤 추상적 정의도 제공하지 않는다. 성서가 제시하는 듯한 (두 번 정도의) 경우들 중 하나는 이렇게 밝히고 있다: "하나님은 사랑이시라"(요일 4:16). 이것이 불변하고 무감각적인 아버지적 존재를 제안하는가? 혹은 그렇지 않다면 무한한 관계성의 신비를 제안하는가?

그렇지만 이 사랑의 은유들은 그 고갈되지 않을 상호작용성 속에서 이중으로 응고되어 버렸다: 한편으로 변화 없는 전능의 추상들 속에서 그리고 다른 한편으로 문자적으로 그리고 말 그대로 남성적인 인격의 고정관념들 속에서 그렇게 되었다. "그$_{He}$"는 당장 냉정한 거리감을 가지고, 주책스럽게 현존하는 것으로 등장한다(아울러 본서에서 남성 관사는 역사적 문헌 인용이나 현재시제의 아이러니의 경우에만 엄중히 사용될 것이다): 절대적인 남성적 무한이 사랑이라는 이름의 폭력적 개입들과 결합할 수 있다. 물론 어떤 이들은 아마도 저 위 하늘 위로부터 "내려와," 생일예복을 입고, "우리의 죄를 위해" 투지 있게 스스로를 희생한 후 즉시 다시 위로 전송된 신-인God-man의 대중적인 상투적 표현 배후에서 더 미묘한 의미들을 포착할 수도 있다. … 그러나 너무나 많은 수의 생각 있는 사람들이 초기부터 하늘에 존재하는 거물(the Big Guy in the Sky)에 너무 과도하게 노출된 탓에 평생 동안 '신-알레르기God-allergies' 반응을 보인다.

알레르기 반응은 소량의 본래 항원으로만 치유될 수 있다고 들었다. 다른 말로, 하나님(의) 담론의 문자주의들은 무신론에 의해서가 아니라 대안적 신학alternative theology으로만 치유될 수 있다. 그러나 세속주의자들을 위한 그러한 치료법이 신앙의 사람들의 필요와 무슨 상관이 있는가? 왜냐하면 신앙 공동체들은 자연스럽게 그리고 필연적으로 그들 자신의 전통적 율법으로 말할 것이기 때문이다. 그들은 비트겐슈타인이 "언어 게임"이라 부르는 것을 그들 자신의 고유한 문법과 소통규칙을 가지고 수행할 것인데, 이것이 가장 분명하게 드러나는 자리가 바로 예전liturgy이다. 그러나 이 공동체들의 구성원들이 그들 스스로 갖게 되는 의심들로부터 단절되어서는 안 된다고 필자는 확신한다. 그 의심들은, 세속적 상대주의라는 매질로부터 방어될 경우, 오직 심화될 뿐이다. 특별히 신앙 공동체들 가운데 지도자들과 사상가들의 경우, 그들이 이 알레르기 반응의 일부를 공유하고 있다는 사실을 알게 될 것이다. 좋든 싫든 간에, 그들은 세속 문화 속에 불가피하게 푹 잠겨 있다. 그 세속문화의 습관적 허무주의와 건전한 회의주의 모두 우리 자신의 일부이다. 우리 자신에게 솔직하기 위해서 그래서 우리 자신의 확신을 위해서, 말하자면 우리 증언에 대한 확신을 위해서 우리는 과정 속에 있는 신학 같은 숨돌릴 공간이 필요하다. 우리는 과정 중의 신학이 가져오는 모험과 안내가 필요하다. 이는 "하나님에 대하여 배우기"라 불리는 주일학교 식의 방법이 아니다. 그러나 이것은 과정 속에서 신성divinity을 분별하는 방법이다. 결론이 열린, 현장의 상호작용 과정 속에서, 과정의 신학은 스스로 결론을 열어놓고 상호작용하면서, "하나님"이라 부를 수 있을 과정과 상호작용을 분별한다.

안셀름은 신학을 "이해를 추구하는 신앙"(*fides quaerens intellectum*, "faith seeking understanding")이라고 고전적으로 정의했다. 이미 이해하고 있고 그래서 더 이상 탐구할 것이 없는 신앙은 신앙이 아니다. 그것은 정의상 더 이상 신학이 될 수 없다. 신학은 그 자체로 신앙이 아니라 탐구quest이다. 만일 우리가 탐구하기를 멈춘다면, 우리는 더 이상 그 길 위에on the way 있는 것이 아니다. 그때 이해를 추구하는 신앙은 "이해하는 믿음belief that understands"으로 변질된다. 그러면 믿음은 '추구하는quaerens'이라는 말의 뿌리를 폐쇄해버리고 마는데, 사실 이 '추구'라는 말로부터 물음question과 탐구quest가 유래한다. 신비 속에서 신성한 지혜를 말하면서, 신학은 인간의 언설 작업으로 머무른다. 신학은 신앙이나 믿음과 동일한 것이 아니라, 그것들에 대해 훈련받은 그리고 그와 상관된 성찰이다. 하나님은 부르시지만, 우리는 우리가 "하나님"이라 부르는 것에 대한 책임이 있다. 그리고 하나님은 우리를 바로 그 책임으로 부르고 계신지도 모른다!

경직화된 은유들의 절대주의자들과 단순한 거부의 방탕주의자들을 넘어 제삼의 공간에서 작용하고 있는 개방형 시스템의 신학이 신학 자체를 다시 신비 위로 올려놓을 수 있을까? 아니면 신학은 그 자체로 너무 많은 것을 상정하는 것인가? 탐구하는 신앙은 무엇을 이미 상정하고 있는가? 하나의 신학적 과정으로서 신앙은 어쨌든 당연히 하나님 안에 있다.

"하나님!" 신-론theos-logos, 즉 신-담론으로서 신학은 신앙의 도약없이는 첫 발걸음을 뗄 수 없다: 전체적인 체계를 갖춘 교리적 답변들로서가 아니더라도, 하나님이라는 **이름**이 이미 우리의 물음들을 형성하고 있는 담론으로의 도약 말이다. 그래서 결국 신-담론은 언제나 시작조차 하기도 전에 그 신비를 해결하는 것인가?

신비에 관하여 말하기

하나님이라는 바로 그 단어가 이름하는 신비를 위험에 빠뜨리는 일이 가능한가? 이천 년 그보다 더 전부터 GXD의 이름을 발음하지 않고, 대신 YHWH[34]라는 네 글자로 적는 관습이 이 역설에 대답을 했다. 다소 스스럼없이 표현하자면, 유대 전통은 일찍이 그 신비를 유쾌한 별명으로 부르기 시작했다: 이름할 수 없는 일자One는 하 쉠Ha Shem―"그 이름!"[35]―으로 불려진다. 천육백 년 전, 어거스틴은 이를 완벽하게 표현했다: *Si comprehendis, non est Deus* ― "만일 당신이 이해했다면, 당신이 이해한 것은 하나님이 아니다."[36] 그리고 8세기 전, 또 다른

---

34 본서에서 추후 첫 번째 증언/구약의 성서인용은 하나님의 특성을 이름하는 히브리어 본래의 용법을 유지하고자 한다. 참고. *The Five Books of Moses: The Schocken Bible, Vol.1,* trans. Everett Fox (New York: Schocken, 1995).

35 레위기 24:1에 근거해서, 정통 유대교 본문은 하 쉠(*Ha Shem*)을 이렇게 설명한다: "하나님의 이름을 헛되이 사용되지 않도록 하기 위해서 기도할 때나 축복기도를 실제로 암송할 때를 제외하고는 아도나이(주님)를 말하는 것을 삼가는 것이 관례적이다. 대화 중에 하나님에 대한 언급이 이루어질 때, 심지어 문장들을 인용할 때도, 하쉠(그 이름)이라는 용어가 대신 사용된다. … 하나님을 가리키기 위해 일반적으로 사용되는 다른 용어들은 다음과 같다: 하카도쉬 바루크 후(거룩한 분, 은혜로우신 분); 리본노 쉘 올람(우주의 주인); 아비누 쉐바 샤마임(하늘에 계신 우리 아버지)." Hayim Halevy Domain, *To Be a Jew: A Guide to Jewish Observance in Contemporary Life* (New York: Basic, 1972), 174.

수도사이며 위대한 신비가인 마이스터 에크하르트Meister Eckhart는 종교인의 수다스런 아는 척을 조용히 시키고자 노력하였다. "그리고 하나님을 이해하려고 노력하지 말아라. 왜냐하면 하나님은 모든 이해를 넘어서 계시기 때문이다."[38] 에크하르트는 "부정 신학"의 전통

> 그러니 침묵하고, 하나님에 관하여 수다 떨지 말라. 왜냐하면 당신이 그분에 대하여 수다를 떨 때, 당신은 거짓말들을 하고 있는 것이고 그래서 죄를 짓고 있는 것이기 때문이다.
> _ 에크하르트(Meister Eckhart)[37]

을 수행하고 있는 중이었다. '부정 신학'이란 하나님에 대한 지식의 어떤 추정이나 허위적 아는 척도 부정하는 신학의, 특별히 고전 신학 자체 내의, 한 전략이다. 왜냐하면 우리들처럼, 우리의 모든 개념들과 이름들은 유한하며, 피조물들이 사용하는 피조물적 언어로서, 피조물적인 경험에 전적으로 근거해 있기 때문이다 — 그래서 "하나님"이 이름하는 신비와는 철저하게 다르기 때문이다. 사실 **절대**라는 용어는 하나님에 대한 믿음을 증폭시키기 위해서가 아니라 모든 피조물들과 구별되는 하나님의 철저한 차이를 보호하기 위해서 사용된다 — 모든 "긍정적 속성들"로부터 분리된ab-solved 바로서 하나님의 철저한 차이 말이다. 그리고 바로 그 후에, 어거스틴과 에크하르트를 사랑했던 르네상스 초기의 추기경, 쿠자의 니콜라스는 이 전통의 급진성을 다음과 같

---

36 Augustine, Sermon 52, c.6, n.16, 다음에서 인용. Elizabeth Johnson, *She Who Is: The Mystery of God in Feminist Theological Discourse* (New York: Crossroad, 1992), 105.

37 Meister Eckhart, "Sermon 83: Renovamini spiritu (ep. 4.23)", in *Meister Eckhart: The Essential Sermons, Commentaries, Treatises and Defense*, trans. and with introduction by Edmund Colledge and Bernard McGinn (Mahwah: Paulist, 1981), 207.

38 Eckhart, "Sermon 83", 207.

이 표현했다: "그러므로 부정 신학은 긍정 신학에 너무나 필수적이어서, 부정 신학이 없다면 하나님이 무한한 하나님으로 경배되는 것이 아니라 피조물로서 경배된다. 그리고 그러한 경배는 우상숭배이다. 왜냐하면 부정 신학이 결여된 그러한 경배는 오직 진리 그 자체에만 속한 것에다가 하나의 이미지를 부여하기 때문이다."[39]

우리가 "하나님"으로 부르는 것은 문자적으로 — 아니다not. 부정 신학의 관점에서, 하나님에게 유일하게 적합한 이름은 무한the infinite이다: 순전히 부정적인 용어. 그러나, 스콜라적인 정교한 지식이든지 대중적인 종교성에서든지 간에, 신학은 무한을 우리의 유한한 이름들과 이미지들로 덧입히는 실수를 범하려는 성향을 영구적으로 갖고 있다. 그리고 이것이 우상숭배이다. 가장 기만적인 형태의 우상숭배는 진리를 거짓말로 만들어버리는 것이다: 우리는 그것을 신학숭배theolatry라고 부를 수 있을는지도 모른다.

신비주의란, 이 말 자체가 암시하는 바, 우선 특별한 경험들이나 비의적 은사들이 아니라, 신비에 일관되게 동조되어 있음을 의미한다. 모든 종교는 자신만의 신비적 전통을 갖고 있는데, 이는 말들이 침묵을 가리키는 자리, 즉 신비를 표현하는 언어를 말한다. 이 신비 전통들은 매우 언어적인 훈련들을 의미하는데, 이 훈련을 통해 신학은 스스로 그 자신의 신학숭배들theolatries을 검증하는 법을 배운다 — 이는 신학의 은유들 혹은 이야기들을 억제하기 위해서가 아니라, 신학들의 구상화, 즉 절대화를 억제하기 위해서이다. 이 (신비) 전통들은 알 수 없는 하나님—혹은 다른 (종교) 전통들에서 하나님이란 이름을 담지하

---

39 Nicholas of Cusa, "On Learned Ignorance", in *Nicholas of Cusa: Selected Spiritual Writings*, trans. and intro. by H. Lawrence Bond (New York: Paulist, 1997), I: 86, 126.

지 않는 것—에 대한 분별력을 함양한다. 2천5백 년 전 "길"을 이름하는 "도道"를 사유한 중국의 위대한 신비가 노자老子가 표현했듯이, 말하여질 수 있는 도道는 진정한 도가 아니다(道可道 非常道, 『도덕경』1장). 얼마나 영감을 받았든지 간에, 모든 언어는 유한하고 피조물적이다. 신비가들은 영감inspiration을 잘 탄다. 그러나 그들은 저 위의 어떤 사람이나 존재처럼 무한을 이름할 절대주의를 완고하게 부정하거나, 혹은 우리가 지금 말했듯이, 해체한다. 추상적이든 문자적이든 확실성을 가지고 하나님을 안다고 주장하는 절대주의 말이다. 신비가들은 신학을 그 본연의 자리에서 지킨다. 예를 들어, 신성한 지혜wisdom/Sophia의 풍성한 전통을 신학적으로 성찰하면서 엘리자베스 존슨Elizabeth Johnson은 어떻게 고전적인 부정의 방식이 현재 배타적으로 남성적인 하나님-이미지들에 도전하는 데 결정적인지를 보여준다: "인간들이 신성한 신비를 말하기 위해 사용하는 그 어떤 이름이나 이미지나 개념들은 전혀 그의 목표에 이르지 못한다: 하나님은 본질적으로 파악 불가능하다."[40]

그럼에도 불구하고, 유대교, 기독교 그리고 이슬람의 부정 신학자들은 하나님을 이름하기를 중단하지 않았다. 프란츠 로젠바이크는 이렇게 표현한다: "하나님에 관하여 우리는 아무것도 모릅니다. 그러나 이 무지가 하나님에 대한 무지입니다."[41] 이와 대조적으로, 이름할 수 없는 것을 이름하는 일이 담지한 도전은 신비에 대한 새로운 은유들이 출현하도록 자리를 청소하는 일처럼 보인다. 쿠자는 이 무지, 즉 자기 자신의 무지에 순진하지 않은 무지를 의도적 무지knowing ignorance라 불렀다: *docta ignorantia*. 신비가들은 지치지 않고 말할 수 없는 존재

---

40 Johnson, *Sho Who Is,* 117.

41 Franz Rosenweig, *The Star of Redemption,* trans. William W. Hallo (New York: Holt, Rinehart and Winston), 1971), 23.

를 말한다. 신성한 존재의 무한성은 가능한 이름들의 끝없는 다수성 multiplicity을 발생시킨다. 그래서 신비적 전통들은 그의 우상파괴적인 날카로움을 가지고 유한 안에 있는 무한의 신비를 우리 모두가 분별할 수 있도록 도울 것이다. 그것은 우리 경험의 어두운 끝 가에서 이따금 씩 끓어오르는 심연, 바닥을 볼 수 없고 무시무시한 심연과 같다. *Bullitio*, 즉 "거품이 넘치다"라는 표현은 신성이 세계로 흘러넘치는 것을 표현하기 위한 에크하르트의 말이다. 이 거품이 이는 가장자리에 서 신학은 그 자체로 거품을 부풀어 오르게 하면서, "신비 가운데 하나 님의 **소피아**지혜"를 ─불타는 혀와 겸손한 은유로─ 말한다. 그렇지 않 을 경우, 우리(신학자들)는 그저 입 다물어야 한다.

하지만, 정통 교단의 전통이든 대항문화적counterultural 흐름 속에서 든, 신비주의 전통들에서 하나님 (의) 담론God-talk은 금지되지 않았거나 혹은 금지하지 않는다. 그 신비가 매력을 발산한다. 그 신비의 애무caress 는 진리의 접촉 같다 ─ 가학적이기보다는 섬세하다. 그러나 신비가 이 해를 향한 투쟁을 억압하거나, 탐구를 차단한다면, 그 신비는 신비주의 화mystification가 되어버린다. 신비주의가 진리를 소수 엘리트의 이색적인 경험들로 제한한다면, 신비주의는 억압적으로 변질된다. 수다 떨기를 중단하라고 말할 때, 에크하르트는 그 누구에게도 침묵하라고 말하고 있는 것이 아니다. 칼 바르트도 그렇게 말하지 않았다. 비록 그는 전혀 신비가 아니라, 하나님의 말씀의 우렁찬 선포자이긴 하지만 말이다. 특별히 그가 변덕스럽게 신학을 "나이든 아내의 말더듬거림"[42]─파편 화된 언어로는 적절한 표현이다─에 비유할 때 말이다.

조용히 하라는 요청, 귀 기울이고, 명상하고, 혹은 주의를 집중하라 는 요청은 침묵의 명령이나 검열 명령이 아니다. 신학은 그의 말들 사

---

42 Karl Barth, *Church Dogmatics* II, 1, [38] in *Church Dogmatics: A Selection*, 84.

이에서 숨 쉴 공간이 필요하다 ─ 차라리 말들을 뱉어내는 것이 낫다! "침묵은 언어에 이분법적으로 대립된 상관물로 설정되는 것이 아니라, 오히려 언어의 중심을 표시하는 여백이다"[43]고 유대교 신비주의 전문가인 엘리엇 울프슨Elliot Wolfson은 적고 있다. 마치 호흡이 몸의 안으로 그리고 바깥으로 숨을 들이마심과 내쉼을 통해 접히듯이, 침묵은 언어의 안으로 그리고 바깥으로 접힌다. 히브리어와 그리스어 그리고 라틴어에서 영spirit은 문자 그대로 "숨"을 의미한다.

하지만 개신교는 특별히 침묵을 두려워해 왔다. 심지어 예배 속에서도 ─마치 침묵이 말씀을 집어삼키는 듯이─ 말이다. 서구 세계의 우리가 호흡하며 순간순간의 육화된 주의집중을 회복하기 위해 요가나 선 수행으로 눈을 돌려야만 하는 현실은 좀 기묘하다. 이와 같은 주의집중은 서구의 명상의 길들과 같은 것 속에 이미 함축되어 있(기 때문이)다. 명상적 기도는 잘 못 놓인 구체성에 빠져있는 우리 신학들 이면에서 그리고 그 신학들 너머에서 숨을 쉰다.

"우리를 숨 쉬게 하는 그러한 길 말이다."

매력적인 명제들

그럼에도 불구하고 신학은 일상적으로 "하나님에 대한 지식"으로 불려진다. 이 (신학에 대한) 정의는 삭막한 신학숭배의 냄새를 풍긴다고 생각한다. 그러나 모든 '론'(論, -ologies)들은 자신들만의 학문적 전통들과 역사적 텍스트들을 갖고 있는 지식 분야들이다. 지금 나는

---

43 Elliot R. Wolfson, *Language, Eros, Being* (New York: Fordham University Press, 2005), 289. 언어 외적인(extralinguistic) 표현들과 관련해서는, 바로 이 울프슨이 본 서의 표지에 실린 "Cruciform"을 감사하게도 사용할 수 있도록 허락해주었음을 알린다.

신학을 그로부터 예외로 만들고 있는 중인가?

그와 대조적으로, 내가 의문시하는 것은 바로 거만한 예외주의이다. 하나의 학술 분야로서 신학은 지식의 방대한 개요를 포괄한다 — 이보다 광대한 분야는 없다. 그러나 이것은 신학의 **수많은 텍스트들과 맥락들에 대한 지식**을 말하는 것이지, 그 지식들의 최고 상징인 **하나님**에 대한 지식이 아니다. 이 역사는 신학을 공부하는 누구에게나 중요할 것이고, 특별히 그 학생이 기독교 전통의 역사적 맥락 속에서 목회를 위한 공부를 하고 있다면 더 그렇다. 역사적으로 반-지성주의적, 근본주의적 혹은 "성서-신봉주의적" 목회는 신학에 대한 인내심을 갖고 있지 않으며, 더 나아가 대개는 신학을 다소 이단적인 것으로 간주한다. 그런데 이때 신앙과 명제적 믿음들—"근본들fundamentals"—의 동일시는 더욱더 절대적인 것이 되어버린다.

지금까지 계시되고, 사유되고, 이해되고, 재사유된 모든 것이 여전히 그리고 언제나 탐구하는 신앙을 위한 기본이고 배경이다. 이 중 어느 것도 진리에 덧붙이는 것은 없다. 만나처럼, 진리도 저장되거나, 냉장되거나 건조될 수 없다. 그것은 그 순간의 선물이고 관계의 은총이다.

다른 말로, 신학적 진리는, 얼마나 정확하든지 간에, 명제들로 포박될 수 없다. 그러나 진리는 또한 명제들 없이 일어나지도 않는다. 신학은 진리-주장들의 하나의 거대한 몸체로서, 이는 바로 지금 이 문장이 말하고 있는 것을 포함한다. 신학은 —그것이 탐구하고 있는 진리가 아니라— 변화하는 명제들의 집합을 포괄하는데, 이 명제 집합은 그 가장자리가 헤어지고 구멍이 나 있다. 그 명제들의 일부는 다른 명제들보다 더 매력적이고, 보다 치유적이고 보완적인 가능성들을 **제안**할 것이다. 제안한다는 것은 부과(강요)하는 것이 아니다. 초대하는 것이다. 명제는 억지로 끄는 논증이라기보다는 오히려 성적 매력과 같다:

우리는 명제화된다! 본서 5장에서 모든 순간 우리들 각자가 (스스로) 되도록become 이끄시는 하나님의 초대로서 신적 유혹the divine lure이라는 과정신학적 생각을 고려할 것이다. 실로, 우리는 본서에서 일부 핵심 명제들을 시험하고 있는 중이다 — 하나님의 창조, 권능 그리고 사랑과 같은 교회의 고대 교리적 지점들 속에 부호화된 명제들 말이다. 이 명제들은 **과정 중에 있는 교리들**(*doctrines in process*)이 될 것이다: 시험 중에 있는 그래서 움직이고 있는 명제들. 만일 이 상징들이 **지금**—흐릿한 향수를 느끼며 이미 포기된 최우선 계획(Plan A)을 되돌아보거나 또는 차선책(Plan B)으로 사후세계를 고대하도록 만드는 것이 아니라 바로 **지금**— 당신의 삶에서 가장 문제가 되는 것에 관하여 다르게 생각하도록 돕지 않는다면 그 상징들은 시험에 실패한 것이다.

그렇다면 신학은 진리-과정truth-process이지, 진리들의 집합이 아니다. 신학은 "신비 속에서 하나님의 지혜소피아"를 말하는 것이지, 결코 그 지혜(자체)가 아니다. 만일 신학이 당신에게 삶을 다르게 그리고 기쁘게 구현하도록materialize 돕는 부글거리는 과정이 아니라면, 그 신학의 명제들은 생명력을 상실한다. 신학의 은유들이 응결되고 또 깨지기 쉽게 변해버린 것이다. 당신의 신학을 물 위로 던져 버리시라.

그것(버려진 신학)이 되돌아올 수도 있다. 다양체manifold로 말이다.

과정신학

포스트모던이라고 불릴 우리 시대를 분명하게 특징짓는 것은 다수성multiplicity에 대한 의식이다. 지구촌을 초고속으로 여행하고 소통하는

---

44 John B. Cobb Jr. and David Ray Griffin, *Process Theology: An Introductory Exposition* (Philadelphia: Westminster, 1976), 29.

> 하나님과 관계됨(God-relatedness)이
> 란 경험의 모든 계기들로 구성된다. 이
> 는 그 계기의 자유를 제한하지 않는
> 다.… 바로 하나님이 그 실현되지 않은
> 기회들과 더불어 세계를 대면하게 함으
> 로써 자유와 자기-창조를 위한 공간을
> 열어주신다.
>
> _ 존 캅(John B. Cobb Jr.)과
> 데이비드 그리핀(David Ray Griffin)[44]

시대는 우리에게 무한한 문화적 종교적 차이들의 배치를 대면하게 만든다. 이 다원성은 누군가를 어떤 절대의 안전성으로 되돌려 보낸다: *nulla salvus extra ecclesiam* — "교회 밖에는 구원이 없다." 그리고 그 다원성은 선택들이 널려있는 지구촌 시장에서 다른 사람들을 탕진시킨다: 내가 사는 이 도시에서 당신은 월스트리트에서 일을 마치고 요가를 하러 가는 길에 드림캐처들,[45] 손으로 직접 그린 과달루페들, 통통한 플라스틱 부처들 그리고 네온 불빛이 반짝거리는 예수 등 이 모두를 한 가게에서 다 살 수 있다. 그러나 그 다수가 다양체가 되어, 함께 접히고folded, 관계 속에 놓이게 될 때, 제삼의 길이 전개된다. 이를 명제적으로 표현하자면: 관계성은 상대주의로부터 다원성을 구원한다. 참으로 그 명제는 어떻게 모든 명제들이 우리에게 제안하는지에 관한 어떤 것을 제안한다: 그 명제들은 선택들이 널려있는 난장판 가운데에서 새로운 관계성들을 가능하게 만들어준다.

관계적 신학의 관점에서 우주와 그 안에 살고 있는 우리 자신의 삶들의 다수성은 심오한 영적인 매력을 발휘한다. 다른 종교들을 알게 되는 것, 사회 정의를 위한 세속적 운동들에 참여하는 것—이것들은 긍정적인 신학적 활동들로 간주되는데—은 우리 자신의 신앙에 위협

---

45 역자주. 아메리카 원주민들이 좋은 꿈을 꾸게 해준다고 만든 장식으로서, 그물과 깃털 혹은 구슬 등으로 장식한 작은 고리 모양의 장식이다.

이 되는 것이 아니라, 오히려 신앙을 분명하게 해주고 또 풍성하게 해주기 때문이다. 다시금 말하지만, 오직 절대주의자의 기독교만이 자신과 다른 매력적인 길들을 대화 상대자들이 아니라 경쟁자들로 간주한다. 강건하고 살아있는 신앙은 다수의 가능성들에 직면하여 그 방탕함에 위협받는다고 느끼지 않는다. 그러나 다원주의는 유일신론적 전통들에게 가파른 학습곡선을 표상한다. 신학자 로렐 쉬나이더Laural Schneider가 "일자의 논리"라 부르는 것이 작동하여, 신성을 각 성서 전통들에 명백한 은유들과 현현들의 다양체로부터 떼어놓아 왔다.46 본서에서 우리는 다양한 종교들의 교차들과 차이들을 탐색할 수는 없다. 그러나 우리는 상대주의와 **분별력 있는 다원주의**discerning pluralism를 주의 깊게 구별할 것이다. 상대주의는 관념들의 잡동사니를 팔아먹으며, 방탕the dissolute을 향하여 미끄러져간다는 점에서 다원주의와 다르다.

다원주의는 건전한 관계주의relationalism와 함께 엮인다면, 제퍼슨적 관용 위에 구축되어, 그를 넘어간다. 다원주의는 우리로 하여금 참여하게 하면서, 우리가 이미 어떤 방식으로든 서로에게 영향을 미친다는 사실을 인식하게 한다. 우리는 싫든 좋든 상호 연결되어 있다interconnected. 이는 언제나 사실이었지만, 금세기 들어 이는 더욱 명백해졌다. 좋은 일이든 나쁜 일이든 간에, 그 어떤 피조물도, 히말라야의 은둔자나 그 사람 머리 위 1마일 지점의 산소 분자나 간에, 행성의 전체적 생명-과정에 의해 접촉되지 않은 피조물은 없다.

그 어떤 신학도 과정신학process theology이라 불리는 운동보다 더 일찍 혹은 더 낫게 우리의 철저히 관계적인 상호의존성의 진리를 포용한 적은 없다. 세계의 다수성들의 부딪힘 속에서 기독교 신앙을 향한 점증

---

46 Laurel Schneider, *Beyond Monotheism: The Multiplicity of God* (London: Routledge, 2007).

하는 위협을 감지하기보다는 오히려 과정신학은 한없는 선물을 인식했다. 캅과 그리핀이 적고 있듯이, 과정적 사유는 "하나의 이상으로서 독립성independence보다는 상호의존성interdependence에 우선권을 부여한다. 물론 과정적 사유는 상호의존성을 단순히 하나의 이상으로서가 아니라, 존재론적으로 주어진 특성으로서 묘사한다." 상호의존성은 우리의 가장 우애 깊은 공동체뿐만 아니라 우리의 상호적 취약성의 근원이기도 하다. "우리는 그것을 탈피할 수 없다. 그러나 우리는 이 사실을 기뻐 환호하든지 아니면 이를 비판하든지 할 수 있다."47 그리고 정확히 바로 이 우리의 상호의존성이 우리를 과정 속에 있게 하는데, 이 때문에 우리는 계속적으로 서로에게 영향을 미치고 서로 속으로 흘러 들어간다. "우리는 서로에게로 진입함으로써 서로에게 영향을 미친다."48 만일 세계가 상호작용들의 열린 과정이라면, 그것은 우리가 서로의 되어감에 영향을 미치는 방식에서 그리고 우리가 다면적인 영향들로부터 우리 스스로를 형성해가는 방식에서 선택권을 발휘하기 때문일 것이다. 우리는 우리의 과거에 의해 지워지지 않을 표식을 받았다. 우리는 영향을 받고 영향을 주는 과정을 탈피할 수 없다. 그러나 우리는 그 안에서 창조적 자유를 발휘할 수도 있다.

새로운 천년기의 시대에 점점 더 많은 수의 사람들에게 신학이 새로운 관심거리가 되고 있지만 이때 신학은 하나의 살아있고 관계적인 과정으로서, 차이에 민감한 신학을 말한다. 신학을 하나의 과정이라고 말하는 것은 신학 그 자체가 관계 속에서 그리고 접촉 속에서 전개된다고 말하는 것이다. 신학은 언제나 다수multiple였다. 신학은 언제나 미완이고 그래서 도상on the way에 있다. 그러나 과정이라는 은유는 이를

---

47 Cobb and Griffin, *Process Theology*, 21.
48 *Ibid.*, 23.

좀 더 강도 있게 표현할 뿐이다. "과정신학"이라 불리는 수십 년 이어진 전통이 있었기 때문이다.

과정신학은 화이트헤드의 우주론에 근거하는데, 화이트헤드는 20세기 초 수학자로서, 아인슈타인의 상대성 이론과 양자 불확정성으로부터 유래하는 완전히 새로운 통찰들을 우리가 살아가는 세계의 생생한 가치 감각과 연결하고자 철학자가 되었다. 철학의 최우선의 과제는 종교와 과학의 화해가 되어야만 한다고 그는 선언한다. 자연발생적인 상호작용들의 하나의 거대한 살아있는 개방적 네트워크로서 우주에 대한 그의 정교한 재사유가 과정신학이라 불리는 운동에 영감을 불어넣어주었다. 과정신학은 헨리 넬슨 와이먼Henry Nelson Wieman과 찰스 하츠혼Charles Hartshorne에 의해 일찍이 발전되었다. 존 캅John Cobb은 데이비드 레이 그리핀David Ray Griffin, 마조리 수하키Marjorie Suchocki 그리고 클레어몬트 과정 연구 센터와 협력하여 이를 하나의 체계적 신학으로 또 실천적 운동으로 만들었다. 이 생태적이고 다원주의적인 비전은 서구 세계의 핵심적 가치들과 상징들을 집단적으로 재사유하는 작가들과 교사들과 성직자들과 활동가들로 구성된 방대한 공동체를 포괄한다. 이 사상은 그뿐만 아니라 아시아 전역에 걸쳐 점점 더 많은 지지자들을 얻고 있다. 지금 읽고 있는 이 책은 과정신학을 향한 회심자를 찾지 않는다. 그러나 본서는 과정-관계적 우주의 신학적 정치적 그리고 생태적으로 풍성한 비전에 참여하고 있다.

과정으로서 신학이 하나님 (의) 담론의 과정에 관한 것뿐만 아니라 우리가 하나님이라는 이름을 통해 의미하는 것에 관하여 어떤 것을 제안하고 있다는 사실은 분명하다. 과정으로서의 신학은 신학적 절대성들을 절대적으로 부정하는 것은 아니다. 사실, 과정으로서 신학은 전혀 부정 신학과 연관해서 발전해온 것이 아니다.[49] 왜냐하면 과정으로서 신학은 신학적 은유들의 열린 체계를 긍정하기 때문이다. 과정신학자들에게, 영원하면서 또한 동시에 되어가는 중인 하나님은 살아있는 상호작용 과정이다. 다른 말로 표현하자면, 그 신비는 에로스, 흐름, 무제한적인 상호작용, 열린 결말들과 알 수 없는 기원들, 측량할 수 없이 무한한 구체화materialization의 은유들로 회자될 수 있을 것이다. 그러나 과정신학에서 하나님은 인격적 측면을 상실하지 않는다. 우주의 무한한 창조성은 화이트헤드가 "우주 내 신적인 요소"라 부르는 것에 의해 한계와 윤곽을 부여받고 또 관계성으로 이끌린다. 비인격적 무한성은 성서적 하나님의 상호인격적 은유들로 적절하게 다루어질 수 있다.

기도의 언어, 신비주의의 은유들, 세계의 경전들 등은 무한자the infinite와 친밀감을 나눌 수 있는 다양한 전략들을 제공한다. 신학은 그러한 관계 전략들 중 하나이며, 과정신학자들은 그 친밀감을 얻기 위한 전략을 교회 안에서 그리고 교회 너머에서 다시 살려내고자 한다. 이와 같은 신학은 우리가 이해를 추구하는 과정으로부터 우리 자신을 추상시키지 않고(떼어내지 않고) 이해하기를 추구한다. 양자역학의 이론처럼, 신학은 관찰자가 관찰하고 있는 것에 참여하고 있다는 사실을 인식한다. 우주의 과정 바깥에 설정된 그 어떤 신학적 관점도 단지 잘못 놓여진 구체성의 오류가 될 것이다. 과정 속에서 하나님을 분별한다는 것은 동시에 그 과정에 대한 우리의 참여를 분별하는 것을 의미한다: 사회적 개인들로서 우리의 참여, 즉 서로에게 참여하고 또 하나님에게 참여하는 개인들로서 우리의 참여.

우리 자신의 역사에 담지된 불확실성들의 한복판에서 우리는 이 신

---

49 조셉 브락켄Joseph Bracken, 롤랑드 파베르Roland Faber 그리고 필자는 과정신학을 부정신학과 근접한 방향으로 이끌어왔다.

50 Whitehead, *Science and the Modern World*, 201.

성divinity에 중요한 존재인데, 이 신성의 지혜sophia를 우리는 언급한다. 모든 피조물들을 함께 묶어주는 상호관계성들은 위험과 안정, 변화와 보존 모두를 제공한다. 과정신학의 하나님은 정체stasis에 저

사물들의 본성 안에 고유한 두 원리가 있다. … 변화의 영과 보존의 영. 이 두 영들이 없다면 그 어떤 것도 실재할 수 없다.
_ 알프레드 노스 화이트헤드50

항할 뿐만 아니라 또한 파편화fragmentation에도 저항한다. 왜냐하면 세계의 열린, 자기-조직적인 복잡성은 굳건한 결속들, 즉 생명의 길을 내고 의미를 지지하는 결속들을 통해서만 발전될 수 있기 때문이다. 예를 들어 경직시키지 않고 종교적 정통의 요소들을 보호하기를 바라는 이들은 혹은 인간의 필요와 자연적 변환들을 부정하지 않고 지구 환경을 보호하기를 바라는 사람들은 양극화의 뻔한 귀결들에 대한 거절을 감사히 받아들일 것이다. 제삼의 길은 신학에 이론과 실천 모두를 제공한다. 제삼의 길이 제시하는 분별력 있는 다원주의discerning pluralism는 살아있는 전통들이 영과 함께 하는 변화와 결합할 때 번성한다. 과정신학의 하나님은 분별력 있는 탁월한 다원주의자the discerning pluralist par excellence인데, 그가 성육신하는 상황을 바로 윌리엄 제임스는 "다원주의적 우주"라 불렀다.

그러한 길

20세기의 위대한 찬송가 가사 중에, "우리는 혼자가 아니다"라는 말이 있다: "그러므로 우리 감사를 드리자, 정의와 의지와 의식을 가지고 땅과 모든 살아있는 것들에게 '돌봄의 예배liturgies of care'를 드리자."51

---

51 Brain Wren, "We Are Not Our Own", in *The New Century Hymnal* (Cleveland:

신학은, 만일 살아있다면, 예배적 리듬과 돌봄을 표현한다. 하나의 무한한 과정에 참여하고 있는 유한한 순간들인 우리는 우리 자신의 개별적인 의미의 발명 그 이상의 어떤 것을 필요로 한다 — 심지어 우리가 구성적 과정을 탈피할 수 없다 하더라도 말이다. 어거스틴의 『고백록』에 나오듯이, 신학은 그 자체로 일종의 기도이다. 어거스틴의 신학처럼, 신학은 시와 논증과 인용들 그리고 의심들과 발견들로 가득 찬 기도를 호흡한다. 숨쉬는 텍스트, 그 독자들에게 숨쉴 공간을 남겨주는 본문. 명백히 하나님 이외에 훨씬 더 많은 독자들을 염두에 두고 쓴 기도.

전에 나는 길을 잃었으나, 이제 나는 찾았네: 그리고 여전히 나의 길을 찾고 있다. "우리에게 호흡을 주는 **그러한 길**" — 그 길은 또한 우리가 신비를 벗어나지 않도록 할 것이다. 정직하게 그리고 신비화하지 않고 신학을 한다는 것, 말하자면 "하나님의 지혜를 신비 가운데 말한다는 것"은 우리가 함께 감당해야 할 과정이다. 신학은 —만일 신학이 하나님 (의) 담론을 의미한다면— 우리에게 말씀하시는 혹은 우리를 통해 말씀하시는 하나님이 아니다. 신학은 하나님에 관한 우리의 이야기가 아니다. 하나님은 우리가 알 수 있는 대상들과 같지 않다. 우리는 성서와 전통의 하나님(의) 담론에 관하여 비판적으로 그리고 창조적으로 이야기한다. 그러나 신학은 그보다 더한 어떤 것을 의미한다: 신학은 신성divinity을 과정 속에서 분별하는 길이다. 그 과정은 이해를 추구하는 신앙의 과정이면서 또한 우리가 이해하기를 추구하는 과정이다.

신학은 내가 이미 소유하고 있어서, 당신에게 또박한 글씨로 적어

Pilgrim, 1995), #564. 드류대학교 예배학 프로그램 설립 10주년을 기념하며, 1987년에 작사되었다. Lyrics and melody by Wren, arranged by Fred Graham (Drew Theological School alumnus) for the hymnal version, copyright ⓒ 1989 Hope Publishing Company.

서 전달할 수 있는 그러한 진리가 아니다. 이 글이 전개하는 논증은 바로 진리는—무엇보다도 신학적 진리는— 가질 수 없다는 것이다. 그러나 다음 장에서 논증하듯이, 진리의 기표 아래 그리고 시험이라는 친숙한 현장 속에서 우리는 진리의 과정에 참여할 수 있다. "의지와 의식."

절대the absolute와 방탕the dissolute 사이에서 다짐the resolute이 일어난다. 선물처럼, 우리의 확신이 흘러나온다. 그리고 우리는 다음 발걸음을 내딛는다. 심지어 우리는 함께 탑승할 수도 있다.

우리는 이제 겨우 우리의 연결들을 만들기 시작했다.

2 장

절대주의와 상대주의의
이분법을 넘어선 진리
: 빌라도의 으쓱거림

모든 진리를 말하라 그러나 그것을 삐딱하게 말하라 — 돌고 돌아가는
성공은 우리의 나약한 기쁨이 보기에 눈부셔 보이지 않는다.
그 진리의 최고 놀라움….

_ 에밀리 디킨슨Emily Dickinson[1]

새 천년기로 접어든 초기, 우파 뉴스쇼들을 풍자하는 아주 인기 있
는 심야 코메디 패러디인 「콜버트 리포트The Colbert Report」는 그 첫 번째
방송에서 "진리스러움truthiness"이라는 말을 발표했다. 진리스러움은
"자신의 마음으로 아는 사람들"[2]에 속한다. 여기서 "마음heart"은 사랑을
의미하는 것이 아니라, 오히려 묻지 않는 그래서 물을 수도 없는 믿음
을 쥐어짜내는 느낌을 의미한다. 예를 들어, "… 이라크는 어떻게 생각
하지요? 만일 당신이 그에 대해 '생각'한다면, 아마도 전쟁을 위한 명
분에 몇 가지 허점들이 있을 것입니다. 그러나 사담 후세인을 끌어내

---

1 Emily Dickinson, "Tell all the truth but tell it slant", in *The Poems of Emily Dickinson: Reading Edition*, ed. R.W. Franklin (Cambridge: Belknap, 1999), 494.
2 Steven Colbert의 *The Colbert Report*, 2005년 10월 17일자 에피소드로부터 발췌. Wikipedia의 설명은 en.wikipedia.org/wiki/Truthiness 참조.

리는 일은 옳은 일이라고 느껴지지 않습니까?"

대니얼 부어스틴Daniel Boorstin은 현재 미국 문화를 보다 냉혹하게 진단하면서, "진리는 믿을 수 있음believability으로 대치되었다"3고 적고 있다. 조지 부시George W. Bush는 입장에 맞게 사실들을 바꿀 수 있는 그의 재능 때문에 "우리의 가장 포스트모던적인 대통령"이라는 명성을 얻었다: "재산세를 '사망세death tax'4라 불러라. 완화된 환경규제법안들을 청정공기 법으로 발표하라. 자연산림의 벌목 증가를 건전한 산림 조치the Healthy Forest Initiative로 불러 화재-방지 대책으로 홍보하라."5 하지만 절대적 진리들도 그와 동일한 근원으로부터 방출된다. 우리는 진리를 의견의 문제로 만들어버렸던 바로 그 미디어에 의해 ―경제성장, 테러리즘, 선, 악 그리고 하나님과 관련된― 과도하게 가공된 절대들의 변화무쌍한 환각적인 방사로 폭격당해왔다. 디킨스가 말하는 "삐딱한slant"과는 거리가 먼 "의견spin"은 똑바르게 말하는 진리인 척한다. (진정, 똑바름straightness의 정치는 현재 매우 분노하고 있다.) 첫 번째 장에서 우리는 절대와 방탕의 양극화가 어떻게 거울 놀이로 변질되는지를 일별해 보았다. 진지한 뉴스쇼가 사실상 어떻게 진짜인 척하는 가짜 뉴스쇼들이 되는지를 보여주는 코미디 쇼 뉴스가 진짜real 뉴스가 되는 미디어 메트릭스 속에서 믿을 수 있음의 거울 게임은 우리 모두를 현기

---

3 Daniel J. Boorstin, *The Image: A Guide to Pseudo-Events in America* (New York: Harper Colophon, 1964), 226; 이 인용은 Ralph Keyes, *The Post Truth Era: Dishonesty and Deception in Contemporary Life* (New York: St. Martin's, 2004), 3에서 재인용되었다.

4 역자주. 통상 '상속세'로 번역되기도 하는데, 맥락 상 '상속세'를 의미하기보다는 영어의 말 그대로 '죽음의 세금'이란 은유로 사용되고 있어 '사망세'라고 의역한다.

5 Ralph Keyes, *The Post-Truth Era: Dishonesty and Deception in Contemporary Life* (New York: St. Martin's, 2004), 183. 그러나 포스트모더니티는 이보다 나은 욕을 먹어야 한다!

증나게 만든다!

진리에 관하여 말한다는 것은 어떤 종류의 앎에 관하여 말하는 것이다. 그러나 우리가 정보로 꽉 차 있다 하더라도, 우리는 그저 사람에 불과해서, 최면에 걸린 듯이

> 이교도의 신앙은 결코 빌라도보다 더 가까이 진리에 다가가지 못했다. 진리란 무엇인가? 그리고 무엇으로 진리를 십자가에 못 박았는가?
> _ 쇠렌 키에르케고르[6]

아무것도 모르거나out of touch, 어긋나거나out of truth 하는 것 같다. 그렇다면, 우리가 그 진리를 말할 때, 어떤 종류의 앎이, 어떤 종류의 말하기가 신학적으로 관건인지를 숙고해보기로 하자. 성서적 아이콘들의 다양하고 논쟁적인 앙상블을 동반하여, 이제 열린 상호활동으로서 진리라는 물음을 파 들어가 보자. 본장에서 필자는 —만일 신학이 진리로 가득하다면truth-full— 그것이 가공된 진리processed truth의 문제가 아니라, 과정 중에 있는 한 진리a truth in process의 문제임을 주장할 것이다.

고문처럼 괴로운 진리

"진리란 무엇인가?" 그렇게 로마 총독은 자기 앞에 불려온 까탈스러운 유대인에게 격분하여 받아쳤다(요 18:38). 그는 최선의 물음을 물었다. 만일 그가 정말로 물어보고 있는 것이었다면 말이다. 이 물음은 도덕적 모순들과 종교적 극단주의자들에 익숙해진 사람의 사는 게 지긋지긋하다는 으쓱거림과 함께 언표된, 아마도 세계에서 가장 유명한 수사적 질문이 되었을 것이다. 제국의 세련된 대표자로서 본디오 빌라도를 그려주는 제4복음서(요한복음)의 모습은 다소 순수한 형태의 방

---

6 Søren KierKegaard, *A Kierkegaard Anthology*, edited by Robert Bretall (Princeton: Princeton University Press, 1947), 9.

탕을 대표한다.

"그는 이것을 말하고 난 후에"(왜냐하면 그러한 질문은 말문을 막는 최후의 카드로서 말하여지는 것이지, 묻는 것이 아니기 때문이다) "그는 다시 유대인을 향해 바깥으로 나가 말하기를, '나는 그에게서 혐의를 찾지 못하겠다.'" 그는 예수의 사법적 무고함을 알아차렸다. 신약성서학자 스티븐 무어Stephen Moore는 유대인을 향한 빌라도의 발표를 이렇게 의역한다. "당신들의 고발에도 불구하고, 나는 이 사람이 정치적으로 무해하다고 생각한다."[7] 요한이 묘사하는 빌라도는 합리적인 세계시민으로서, 지역 수준에서 강력히 창궐하고 있는 메시아주의들에는 별 관심이 없어 보인다. 적어도 그것들이 팍스 로마나pax romana라는 로마의 평화를 위협하기 전까지는 말이다. 그는 제국주의적 태도를 대변하는 상대주의자로서, 갈등하는 문화들과 이익들과 진리들 사이에서 판결을 내리는 데 익숙했다.

성전 지도자들, "그 유대인들"은 영리하게도 빌라도의 무마하려는 태도를 논박한다. 무어의 주석적 의역을 다시 한번 따라가 보자: "오히려 그와 반대로, 그는 제국의 현상 질서를 위태롭게 하는 자들이 받은 ·것과 같은 고통스러운 방식으로 처형되어야 마땅합니다. 그는 사실 황제에 대한 모욕 이상의 인물이며, 따라서 당신에게 더 심각한 위협이라서, 심지어 무장 반란폭도인 바나바보다 심각합니다."[8]

그래서 빌라도는 책임을 면하고, 그 십자가 처형의 죄과를 "그 유대인들"[9]에게 넘긴다. 그러나 자신이 생각하는 고전적 품위를 유지하느

---

7 Stephen D. Moore, *Empire and Apocalypse: Postcolonialism and the New Testament* (Sheffield: Sheffield Phoenix, 2006), 52.

8 *Ibid.*

9 (다른) 유대인들에 대한 요한의 복음서의 관계가 활용되는 방식들, 즉 반유대주의적 폭력에 대한 영속적인 변명거리를 제공하는 그 십자가 처형을 "그 유대인들"의 탓으로 돌리

라 벌였던 예수에 대한 잠깐의 변호 이후, 그는 "예수를 데려가 채찍질 했다"(19:1). 일부 학자들은 여기서 빌라도가 자신을 대신해서 지저분한 일을 해줄 다른 누군가를 데리고 있었음에 분명하다고 가정한다.[10] 그러나 요한은 "그 재판관이 이제 고통을 가하는 사람이 되어" 직접 채찍을 휘둘러 로마제국의 권력이 지닌 힘을 과시하도록 했다고 무어는 주장한다.[11]

성서는 그 본래의 살아있는 상황 속에서만, 말하자면 "편재하고, 불가피하고 또 압도적인 사회정치적 실재의 빛에서만, 즉 당대의 긴 시기 동안 다양하게 구성되고 실행되었던 제국, 제국주의 그리고 식민주의라는 실재의 빛에서"[12]만 이해될 수 있다. 이집트와 바빌론으로부터 그리스와 로마에 이르기까지, 이스라엘은 다수의 종족들과 그 신들과 어쩔 수 없이 공존하면서, 세계화하고 있던 문화들에 휩쓸려왔다. 제국의 질서는 그 보다 앞선 시대의 더 지역적인 혹은 더 부족적인 통

는 방식들에 대한 방대한 연구들이 존재한다. Raymond E. Brown, *An Introduction to the Gospel of John,* The Anchor Bible reference library, ed. Francis J. Moloney (New York: Doubleday, 2003)은 그러한 자료를 살펴보기에 좋은 출발점이다.

10 무어는 번역과 연관된 논쟁을 다음과 같이 잘 풀어 이야기한다. "그러나 마가복음의 논술보다 요한복음의 논술이 더 결정적으로 채찍을 총독의 손에 쥐어주는 듯이 보인다: '그런 후 빌라도는 예수를 데려다, 그를 채찍질했다'(*Tote oun elaben ho Peilatos ton Iesoun kai emastigosen* [19:1]). 그냥 진술을 그대로 받아들이면 안 될까…?" "피의자를 빌라도 본인이 직접 채찍질하는 보여주기 행사가 로마 공직자로서 그의 품위에 걸맞지 않는다. 그러나 아마도 요한복음의 저자가 로마 공직자들의 품위에 지나치게 관심하고 있는 것 같지는 않다…"는 반대의견이 있다. Moore, *Empire*, 56-57. 본서는 NRSV 번역에 의존하는데, NRSV는 그것에 관심을 기울이지만, 다소 덜 문자적인 번역을 선택한다. "그런 후 빌라도는 예수를 데려다가, 매질을 당하게 한다"(19:1).

11 *Ibid.*, 59.

12 Fernando F. Segovia, "Biblical Criticism and Postcolonial Studies: Toward a Postcolonial Optic", in *The Postcolonial Bible,* ed. R.S. Sugirtharajah (Sheffield: Sheffield Academic, 1998), 57.

일성들에는 어울리지 않는 다원주의를 요구했다. 유대인들의 완강한 개별주의particularism는 특별히 메시아 운동들의 반제국주의적 열기 속에서 분출되었을 때, 그 지역에서 로마제국의 안정성에 심각한 문제를 야기하였다. 그리고 이는 또한 그 지역의 특권층들에게 위협이 되었는데, 말하자면, 그 이래 식민지 통치나 신식민지적 의존성에 귀속된 모든 국가들에서 그랬듯이, 그 식민지 상황에서 제국의 대군주들과 공모하여 이익을 보고 있던 지배자 계층들을 위협하였다.

그렇다면, 빌라도 앞에 서 있는 이 난감한 인물은 그러한 상황 하에서 어떤 "진리"를 나타낼 수 있는가? 그는 정치적으로 반체제적인 상징 "메시아"에 대한 복잡하고 애매한 관계 때문에 거기 서 있었는데, 메시아는 왕실의 "기름부음을 받은 자the anointed"를 의미하는 히브리어의 상징으로서, 그리스어로는 **그리스도**christos로 번역된다. 이 메시아적 희망들의 정치적 실체가 번역에서 소실되어버린 듯하다. 그 정치적 함축들을 상기할 때만이 우리는 빌라도의 물음이 담지한 따가운 역설을 느낄 수 있다. 그 물음은 무관심의 다원주의를 압축적으로 요약한다. 그 물음은 사람들, 신들과 그리고 그 진리들의 차이들을 인식한다, 으쓱거림과 더불어. 빌라도의 으쓱거림은 그들이 "정치적으로 해가 없는" 상태로 머무르는 한 그들을 관용한다는 표시이다. 그러나 거기에는 불확실성이 있다. 그래서 수사적인 으쓱거림과 더불어 빌라도는 십자가 처형을 위해 넘겨주기 전에 예수를 고문했다.

요한복음의 채찍질은 로마의 사법적 고문 사례를 대표한다고 제니퍼 글랜시Jennifer Glancy는 주장한다. 고문은 당연한 절차였다. 『유스티니아누스 법전』(the Digest of Justinian)은 로마의 정책을 간결하게 요약한다. "고문torture이란 진실을 뱉어내도록 하기 위해 신체에 고통과 고뇌를 가하는 것을 의미한다."13 따라서 진리에 대한 무관심에 걸맞지 않은 전혀 다른 접근방식, 즉 진리와 그의 고백에 대한 다른 접근방식이 작동하고 있는 것처럼 보인다. 이 "진리"는 다른 사람으로부터 뽑아낼 수 있는 정보, 즉 그 벌벌 떨고 있는 살덩어리의 주체로부터, 그 고통과 저항으로부터 추출해낼 수 있는 어떤 계획일 것이다. 실로, 진실에 대한 관심으로 희생자의 고통에 초연할 수 있는 능력은 바로 당신이 우월하고, 합리적이고, 문화적인 사람이라는 표시가 될 것이다.

이 고통의 진리는 그 폭력적인 체현과 더불어, 접촉의 진리, 즉 진리의 접촉을 조롱한다. 그 고문당하는 진리 속에서 모든 것을 전체화하는 절대의 극단적인 예를 인식할 수 있을까? 위로부터 요구되거나 명령될 수 있는 진리의 모든 개념은 결국 고문을 통해 그 고백을 끄집어내겠다고 위협하지 않는가? 여기 이 땅에서든 아니면 나중에 지옥에서든 말이다. 그러한 "진리-체제truth-regime"(푸코)는 그 어떤 불확실한 조건들도, 그 어떤 삐딱거림slant도 허용하지 않는다: 단순한 예/아니오, 이것/저것의 명제가 요구된다. 그러나 빌라도의 현존에서 우리는 아직 종교적 절대주의와 국가적 절대주의를 결합시킨 권력을 소유했던 기독교 대심문관들의 수준에 있지는 않다. 로마 황제의 방임하는 손길 속에서, 그 절대적인 정치권력은 근대의 상대주의를 예견한다. "제국은 그 자신의 주장들을 진리에 제시한다. 현대에 탈식민지적 제국이 체현되는 형식에서 그렇듯이, 대개 은폐된 방식으로 이루어지지만 말이다"[14]라고 요르그 리거Joerg Rieger는 로마와 현대의 제국에 관해

---

13 Jennifer Glancy, "Torture, Truth, and the Fourth Gospel", *Biblical Interpretation* 13 (2005): 118 (Digest of Justinian, 48.10.15.41; cf. 48.1928.2). Moore, *Empire*, 60에서 재인용되었다.

14 "포스트모던적인 감수성들이 주도하는 문화적 풍토 속에서 진리에 대한 강한 주장들은 거의 없어졌지만, 그럼에도 불구하고 제국을 지지하고, 결코 토론에 열려있거나 의문시되지 않는 그래서 그저 통념적으로 받아들여지는 진리들이 존재한다." 따라서 리거는 결론짓는다. "이러한 상황에서 우리는 제국의 숨겨진 진리를 (그의 실재 얼굴을) 벗겨

적고 있다.

우리의 명백히 탈식민지적 상황 속에서 새로운 종류의 제국주의적 권력이 진리를 얻어내기 위해 고문을 할 수 있는 힘을 주장하고 있다. 아부 그레이브 교도소와 관타나모 수용소에서 우리는 빌라도와의 근사성을 감지한다. 그러나 수천 년간의 기독교의 시대가 용어를 바꾸었다. 그래서 우리는 최근의 "보다 진실스러운truthier" 시대에 도덕적으로 방임적인 "기업정치corporatocracy"가 신권통치적 충동을 갖고 있는 광범위한 기독교적 집단들과 공모하고 있는 것을 보아왔다. 그 미국 남부 스타일의 촌스럽게, 가공된 "마음" 아래 간신히 숨겨진 현재의 진리-체제는 모두가 함께 **마음을 다시 먹는 일**take heart—그래서 더 식견 있는 길을 분별해나가는 일—을 더욱 어렵게 만들고 있고, 그래서 그 일을 반드시 해내야만 하는 일로 만들고 있다. 그 길은 곧은 길이 아니라, 위험한 길임을 알게 될 것이다. "진리와 화해 과정"의 은유와 전략이 제안하듯이, 진리는 실로 하나의 과정으로서, 개연성 없을 것 같은 정의를 요구하는 과정으로서 과정 중(*en procès*)에 있다. 예수가 받았던 이 시험 속에서, 진리 그 자체는 혹은 그 (진리라는) 생각 자체는 시험받는다는 사실을 생각하게 된다.

요한복음의 증언들

그렇다면 빌라도의 궁전에서 심문받으며 고통스러워하던 인물은 무엇이란 말인가? 메시아주의로 과도하게 충전된 요한복음의 분위기

내야 할 필요가 있을 뿐만 아니라, 대안적 진리를 향한 추구에 착수해야 할 필요가 있다."
Joerg Rieger, *Christ & Empire: From Paul to Postcolonial Times* (Minneapolis: Fortress Press, 2007), 316.

속에서 우리는 그 인물이 발설했다는 주장, 즉 그 자신이 진실로 절대적 진리이다라고 말했다고 추정할 수도 있다. 빌라도가 큰 으쓱거림으로 상대주의를 표현한 것은 바로 예수의 절대적 진리-주장에 대한 반응이었다고 또한 우리는 추정해 볼 수 있다. 그러나 우리는 이해를 추구하는 것이지, 추정을 추구하는 것은 아니다. 따라서 몇 구절을 지나가며, 애초에 그 유명한 수사적 물음을 이끌어낸 것이 무엇인지 살펴보자.

"그래서, 네가 왕이냐?"라고 빌라도는 캐묻는다. 이 물음은 그저 수사적인 수준의 물음이었다. 우리 귀에 아주 익숙한 그 물음에 대한 대답에 새롭게 귀 기울여보자: "내가 왕이라고 당신이 말했다." 그렇게 제국의 경쟁자가 자신에게 투사하고 있는 것을 편향시키면서, 예수는 —다른 복음서들의 가급적 과묵한 증언이 아니라 오히려— 계속해서 말한다. "내가 이를 위하여 태어났으며 이를 위하여 세상에 왔나니 곧 **진리에 대하여 증언하려 함이로라**"(요 18:37a). 증언: 이 은유는 언어상의 활동으로서, 즉 증언testament에 적합한 활동으로서 진리를 의미한다. "**무릇 진리에 속한 자는 내 음성을 듣느니라**"(요 18:37b). 이는 그 자체로 증언으로서, 당장 비록 겸손한 모양새를 갖추었지만, 하나의 주장을 메시아적인 주장으로 만든다.

그가 주장하지 않은 것이 무엇인지 귀 기울일 필요가 있다. 예수는 다음과 같이 말하지 않았다: 진리에 속한 사람은 **진리를 듣는다**, 혹은 내가 진리를 말하고 있다는 것을 그들은 알아듣는다. 이는 더욱 신비스런 주장이다. 이러한 진리는 단순하게 **말해질 수 있는** 어떤 것이 아닌 듯 여겨지기 때문이다. 그것은 명제적 믿음이나 올바른 입장을 제안하지 않는다. 예수는 (많은 기독교인들과 달리) 진리를 **가졌다**고 주장하고 있지 않다. 진리는 하나님에 의해 만들어져, 무시간적 문장들로 계시되는 영원한 정보가 아니다. 예수는 진리가 그 누구에게 귀속되었다고 생각하지 않는 듯하다.

그러나 우리는 그 진리에 속할 수 있을 것이다. 우리가 이 복음서에서 어떻게 "영과 진리로 예배"하도록 초대받았는지를 곧 탐구해 들어갈 것이다. 혹은 "진리의 영" 안에 거하도록 초대받았는지를 말이다(요 14:17). 빌라도 앞에서 예수는 그 타자가 복종하거나 믿거나 혹은 인식하는 것을 묻지 않는다. 오직 "듣는다." 그에게 귀를 기울이라. 관계로 들어가라. 진리는 상호작용interaction인 듯 보인다: 상호-활동성inter-activity. 그것이 바로 예수가 내내도록 했던 일이다. 요한복음의 진리는 행위이다: "진리를 행하라facere veritatem"(요 3:21). 우리는 단지 그것을 알지 못한다. 우리는 그것이 일어나도록 해야 한다. 심지어 요한복음의 고등한 기독론 속에서조차 진리는 무시간적 혹은 추상적 절대를 의미하지 않는다. 동시에—같은 동전의 반대 면으로— 이 예수는 방탕과 더불어 제국주의적 거울 놀이를 하지 않을 것이다. 빌라도는 그(예수)가 "왕"이라는 칭호를 받아들이도록 만들 수 없었다.

사실 "진리"에 대한 요한복음의 강조점은 신약성서에는 새로운 것이다. 다른 세 복음서들에 묘사된 예수는 "진리"를 언급한 적이 거의 없는 반면, 요한의 복음서는 그 개념으로 빛을 발한다. 그를 증언하고, 그에게 속하고, 그를 행하고, 그에게 거하고, 심지어 예수의 경우 살을 입힌다enflesh: 요한은 진리에 다수의 은유들을 부여한다. 요한복음적 진리의 각 기호는 추상적 절대와 상당히 거리가 먼 사건 발생happening, 계시적 상호작용, 끝이 열린 길을 향한 발걸음을 촉발한다.

진리의 우물들

같은 성서 앞부분에서는 건조하고 먼지 쌓인 길가에 놓인 선조들의 우물가에서 이 관계적 공간이 부글거리며 열린다. 목이 바싹 마른 여행자는 그저 물을 원했다. 그러나 그 여인은 자신이 도구화되는 데 저항한다: "유대인인 당신이 나라는 여인에게 마실 것을 청하고 있으니 어쩐 일이요…?" 이 반문은 그의 주목을 끈다. 그는 이 여인의 이런 당돌함을 좋아했다. 하지만 진리-과정은 여기서 역시 시험의 성격을 갖는다. 비록 무척이나 점잖은 형식이지만. 만일 그녀가 예수를 이 첫 물음으로 시험했다면, 예수는 장난스럽게 예의를 갖추어 대답한다. "만일 당신이 하나님의 선물을 알았더라면 그리고 당신에게 '물 한 모금 주시오'라고 말하는 이 사람이 누군지 알았더라면, 당신은 도리어 그에게 청했을 것이고, 그는 생명의 물living water을 당신에게 주었을 것이오." "생명의 물"은 정체되어 있는 물이 아니라 오히려 흐르는 물이라는, 그래서 보다 더 신비스런 살아있음의 이중적 의미를 갖고 있다. 그 여인이 예수가 양동이를 갖고 있지 않음을 지적하자, 예수는 그 물을 방출한다. "영원한 생명으로 솟아나라"(요 4:14b).

이 은유의 돌연한 샘-솟음에 응답하여, 그 여인은 경계심을 내려놓고 솔직하게 그녀 자신의 삶을 보여준다. 지금 독자는 아마도 자신의 모든 남편들을 사망으로 잃음으로 인한 상상할 수 없는 고통을 그리고 그로 인한 저주와 사회적 주변화 그리고 마침내 혼인 불가 상황에 이르게 된 상태를 헤아릴 수 없을 것이다.[15] 그녀는 수치심을 드러내지

---

15 요 4:16ff. "의미심장하게도 그 여인의 혼인 이력의 이유는 주석가들의 관심을 끌었지만, 예수의 관심을 끌지는 못했던 것 같다. 예수는 그녀의 혼인 이력과 상태 때문에 그 여인에 대한 도덕적 판단을 내리지도 않는다. … 해석자들이 그 여인을 '다섯 번의 실패자' 혹은 (최근의 연구들에서 그랬듯이) '방종한 여인'으로 말할 때, 그 해석자들은 그 여인

않았고 또 예수도 그런 것을 원하지 않았다. 후대의 설교자들은 그녀의 삶을 놓고 도덕적으로 설교했을지 모르지만, 본문은 그런 시도를 전혀 하지 않고 있다. 그 어떤 죄가 아니라 바로 그녀의 솔직함이 그 목마른 랍비의 관심을 끌었다: 무모한 신뢰 속에 그녀가 말했던 것은 "진실이었다." 당대의 가부장적 맥락 속에서 이 상호작용은 전혀 일어나서는 안 되었을 것이다("예수께서 여자와 말씀하시는 것을 이상히 여겼으나" [4:27]). 하지만 이 장면은 성서의 제법 긴 대화들 중 하나에 속한다.

그 부적절한 상호관계 속에서 예수는 진리에 대한 철저히 이동적인 mobile 의미를 창시한다.16 진리는 살아 움직이는 물처럼 움직인다. 그 길은 진리-흐름truth-flow이다. 그 길은 종교의 영토주의, 즉 저 산 아니면 예루살렘, 나의 집단 아니면 너의 집단, 나의 교회 아니면 너의 사원, 모스크 아니면 요가 매트로 여기저기 고정된 예배의 영토주의로부터 뛰쳐나온다. "하나님은 영이시다"라고 그 우물가에서 예수는 공표한다(요 4:24). 이는 하나님에 대해서 성서에 나오는 오직 두 개의 정의적 명제들 중 하나이다. 또 다른 하나는 바로 "하나님은 사랑이시다"이다. 이 명제들은 우연히 상관된 제안들이 아니다. 이 명제들은 우리에게 긍휼compassion의 끝없는 우물을 제안하고, 그로부터 제안을 한다. 예수가 제안하는 영의 이 새로운 의미는 현지의 지역들과 실천들에 담지된 신적 현존을 부정하지 않는다. 오히려, 그 영은 신비를 하나의 장소

에 대한 그들 자신의 편견을 반영하고 있을 뿐, 성서 본문의 관점들을 반영하고 있지는 않다." R. O'Day, "John", in *The Women's Bible Commentary*, ed. Carol A. Newsom and Sharon H. Ringe (London: SPCK, and Louisville: Westminster John Knox, 1992), 296.

16 이 장면에 대한 보다 긴 성찰이 그리고 영, 진리, 선물 그리고 호혜성 개념들에 대한 성찰이 다음 책 속에 실려있다: Rosemay Radford Ruether and Marion Grau, eds., *Interpreting the Postmodern: Responses to "Radical Orthodoxy"* (New York: T&T Clark, 2006).

에 감금해버리는 얼빠진dispiriting 절대주의들에 저항한다. 영으로서 하나님은 이 모든 장소들 속에 계시고 또 그 어떤 곳에 담겨질 수 있는 분이 아니시다. 만나는 보존될 수 없다. 이 영을 예배할 누구든지 "영과 진리 안에서 예배"해야만 한다(4:24).

전치사 "in"은 계시적이다. 이 영의 공간—이 진리-공간truth-space—은 무엇인가? 분명코 항아리 안이나 집 안에서처럼 우리 스스로 안에서 찾을 수 있는 어떤 것이 아니다. "당신은 내 발을 넓은 자리에 두셨습니다"('내 발을 넓은 곳에 세우셨음이니이다'[개역개정 시편 31:8]). 위르겐 몰트만이 주석하듯이, "만일 하나님의 영이 피조된 존재들에게 수여되는 삶living을 위한 이 넓고 열린 공간으로 경험된다면, 그렇다면 사람들이 하나님의 영 '안에in' 산다고 선포하는 이 공간적 호칭들을 이해하고, 하나님을 공간적 '너비'로 경험하는 것이 어렵지 않을 것이다."[17] 이는 길을-지향하는 까탈스러운way-ward[18] 영이다. 그 영이 이동하면서, 살아있는 공간성은 방어되거나 침범당할 수 있는 영토들로 구성된 것이 아니라, 상호활동성의 과정으로서 구성된다. 그냥 아무런 상호작용적 과정이 아니라, 진리의 흐름이라는 성격을 지닌 과정 말이다.

과정신학은 우리가 우리의 관계성들 바깥에 존재하지 않는다는 사실을 보여주었다. 우리는 오로지 관계 속에서만 진정한 우리who we are가 된다. 우리는 네트워크 피조물들이다. 그러나 얼마나 자주 우리의 관계성들은 이 우물가의 대화가 보여주는 예기치 못한 솔직함을 발산

---

17 Jürgen Moltman, *The Spirit of Life: A Universal Affirmation* (Minneapolis: Fortress Press, 2001), 43.

18 역자주. 'wayward'는 '변덕스러운', '고집 센' 혹은 '종잡을 수 없는'이라는 뜻을 갖고 있지만, 켈러는 "way-ward"라고 적으면서 언어놀이를 한다. 지금까지 '진리'는 '길'이므로, 'way-ward'는 '길을 지향한다'는 뜻과 '변덕스러워 종잡을 수 없다'는 이중의 뜻을 동시에 함의하며, 이는 전통적으로 '영'(the Spirit)에 대한 신학적 정의와 절묘하게 부합한다.

하고 있는가? "영과 진리 안에서 예배"한다는 것은 우리가 관계성들의 세계 안에 존재한다는 것, 그러나 다르게differently 존재한다는 것을 의미한다. **가치있게worthily.** 예배worship라는 말은 옛날 영어 weorthscipe, weorth(worthy)로부터 유래하는데, 다음과 같은 뜻을 의미한다: "누군가에게 가치를 할당하다, 다른 사람의 존재를 존중하다." 선도적인 설교자이고 예배학자인 엘킨스는 "*Weorthscipe*는 우리의 삶들을 가치 있는 것으로서 지탱하는 관계들 속에 근거해 있다"고 가르친다.19 그러한 예배는 낯선 힘 앞에 비굴하게 무릎 꿇기가 아니라, 모든 참여자들에게 가치를 부여하는 친밀한 상호작용이다. 한 우물가에서 오랫동안 수치를 당해왔던 여인이 그 나눔 속에서 가치로 빛이 나고, 자신이 가치 있다는 사실을 알게 된다. 그리고 모든 가치의 무한한 근원을 언뜻 보게 된다. 우리의 서로에 대한 대개 날 서고 불만족스러운 관계들이 그것들을 넘어서 있는 의미와 접촉하게 된다. 우리의 제한된 네트워크들이 갑자기 무한히 그것들을 능가하는 것으로 열려지는 듯하다. 진리의 접촉은 우리의 상실들을 치유하지는 못할 것이다. 그러나 그것은 그 관계들을 열린 미래로 보상할 수 있다. 왜냐하면 그 미래는, 만일 그것이 진정으로 열려있다면, 모든 과정들이 일어나는 하나님에게로 열려있기 때문이다.

요한복음의 이야기는 절대주의와 방탕주의의 거울-놀이 너머로 나아가는 길의 흔적들을 드러낸다. 그 길은 내부로부터 샘솟는다. 그 길은 사이로 흐른다. 그 길은 외부로부터 불어온다. 그러나 이 진리는 소유될 수 있는 것이 아니다. **그 진리를 소유한다는 것은 그 진리를 잃어버리는 것이다.** 진리의 흐름은 이 본문 속에서 세계 내 성령의 운동

---

19 Heather Murray Elkins, *Worshipping Women: Re-forming God's People for Praise* (Nashville: Abingdon, 1994), 17, 122. 또한 chap.5, n.14도 참고하라.

이다. 영과 진리는 함께 우리가 소유할 수 없는 과정의 유동성을 이름하는데, 이는 명제들로도 실천으로도 신조들로도 기도로도 소유할 수 없다. 우리는 그 안에 속한다. 그러나 그것은 우리에게 속하지 않는다. 이 증언적 진리는 관계이며, 소유가 아니다. 그것은 길이지, 끝이 아니다. 그것은 가공된 명제가 아니라, 끝없는 과정을 위한 제안이다. 당신과 나는 심지어 지금도 그 과정에 참여하고 있지 않은가? 우리가 그것을 우리 안에서 그리고 우리 사이에서 **실현하기**를 중단할 때, 우리는 메말라가기 시작하지 않는가?

길이냐 벽이냐?

신학은 물음으로-추동되는 탐구이다. 그러나 그 탐구의 길들은 때로 사라진다. 때로 그 길들은 시험들이 된다. 솔직한 증언을 하려는 시도 가운데 우리는 우리 안에 그리고 우리 앞에 놓인 음성들에게 시험을 받고 유혹을 받을 것이다: 본디오 빌라도 같은 사람의 세련된 비웃음, 즉 으쓱거리는 어깨 짓의 시험을 받든지, 혹은 그 정반대의 몸짓, 즉 언제나 최고를 알고 있다고 거들먹거리는 온정주의의 몸짓을 받든지. 여러 힘들의 작용으로, 그 탐구는 직선으로 곧은 길을 따라갈 수는 없다. 만일 누군가 그 과정을 그래프로 그린다면, 그것은 고속도로라기보다는 굽이길 같아 보일 것이다. 그것은 큰 나선형 궤적을 그리며 과거 속으로 나아감으로서 미래로 향해 나아간다. (잠재적으로 트라우마를 담지한 한 여인의 개인적 과거사를 끄집어냈던 우물가의 만남처럼 말이다.) "우리를 자유롭게 하는 진리"에 걸맞게, 우리는 우리 과거의 형성적 영향력을 대면해야만 한다. 고통스럽든 그저 습관적이든 간에 말이다. 그렇지 않으면, 우리의 역사들은 우리의 '되어감'을 방해할 것이다. 따라서 요한은 사마리아 여인과의 만남 이야기를 깊은 되어감의 비유처럼 야곱의 우물가에 배치한다. 고대의 전통들은 여전히 살아있어서, 그것들의 진리들은 우리 안에서 여전히 심금을 울린다. 그 전통들이 새로운 교차문화적 가능성들로 변형되는 한에서 말이다. 과거는 영의 새로운 흐름을 막을 수도 혹은 지지할 수도 있다.

그러나 많은 기독교인들은 그 영의 새로움이 단지 그때만—과거에만— 새로웠다고 생각한다! 그들은 그 영이 우물의 물로부터 유대인들에게 불어왔다고 또한 믿을 수도 있다. 혹은 그 영이, 우리가 "거듭났을 때" 우리를 위해 다시 한번 새롭게 될 수 있다고 믿을 수도 있다. 그 구절('거듭나다')은 문자주의자 니고데모에 대한 요한복음의 이야기로부터 아마도 유래할 것인데, 그는 영으로부터 다시 태어난다는 은유를 조롱하고 있었다. 그러나 만일 "거듭남"이 단 한 번이라면, 만일 그것이 이전에 나는 진리를 갖고 있지 않았지만 이제 갖고 있다는 것을 의미한다면: 그러한 신학은 "가고 싶은 곳으로 [여전히] 불어가는 바람"(요 3:8)의 길을 가로막는 것은 아닌가? 이미 그 길과 진리를 갖고 있다고 생각하는 족속들은 더 이상 요한복음에 편만한 "진리의 영"을 찾지 않는다. 그들은 증거본문으로 "하나님의 말씀"을 갖고 있다.

예를 들어, "도"(道, the way)라는 은유를 기독교 절대주의자들은 사용해왔지만, 요한이나 빌라도는 상상할 수 없는 방식으로 사용했다. "내가 곧 길이요 진리요 생명이니"(요 14:6 [개역개정]). 이 구절은 '뭐하러 다른 종교들을 배우려고 수고해?'라는 반문에 대한 코드로 우리에게 얼마나 자주 인용되었던가? 예를 들어, 필자가 속한 교단의 선도적인 잡지에서 다음과 같은 말을 읽을 수 있다. "왜 우리가 가능한 다른 길들, 다른 진리들, 다른 삶들을 상상하려고 노력해야 하는가? 우리할 일도 양손 가득 차 있으니, 그저 예수를 따르는 데 집중하면 된다

."20 사실이다. 하지만 예수가 직접 '곧 길'이라 했던 그 길이 우리를 종교적 타자와의 상호존중적이고 사랑 충만한 대면으로 이끌고 간다면 어쩔 것인가? 우리는 이 "예수"의 이름으로 그 길을 막아버려야만 할까? 같은 맥락에서, "우리는 심지어 예수의 주장이 배타적이 아니라고 우기지 않는다. 오히려 그 배타적 주장이 그 범위에 있어서 포괄적 inclusive이라는 복음을 열렬히 공유한다."21

이와 유사한 논증들은 배타주의에 대한 유일한 대안이 상대주의로서, (여러) 길들 사이에 중요한 구별점들이 없다는 입장을 전제로 한다. 그리고 얼마나 온후하게 이 '복음'이 선포된다고 해도, 이 입장은 요한복음을 그의 함축적 논리를 위한 증거본문prooftext으로 사용한다: 이 "그리스도"에게로 회심하지 않는 그 누구나 저주받는다. 최소한 기독교적 무관심에 대해서 말이다.22

물론 우리 기독교인들이 바로 그 예수의 이름으로 그리고 우리의 배타적 '도'(道, Way) 안에 다른 길들을 "포괄"한다는 미명하에 벌인 수많은 십자군 전쟁들, 마녀 화형들, 정복들, 노예 만들기, 조직적 대학살들,23 유대인 대학살들을 통해 오래전에 우리의 순수함을 잃어버리

---

20 Bishop William H. William, "Preaching on the Way of John 14:6", in *Circuit Reader* 31, no. 3 (May-June 2007): 9.

21 Maxie D. Dunham, "The Exclusive Claim of Jesus: The Scandal of Particularity", in *Circuit Reader* 31, no. 3 (May-June 2007): 12.

22 종교간 대화(interreligious dialogue)에 대한 토론은 이 책의 범위를 넘어서는 일이다. 그래서 세계 종교들에 대한 기독교 신학의 개론적 이해를 위해 다음의 책들을 추천한다: Ariarajah, Marjorie Hewitt Suchocki, *Divinity and Diversity: A Christian Affirmation of Religious Pluralism* (Nashiville: Abingdon, 2003); Paul K. Knitter, *Introducing Theologies of Religions* (Maryknoll: Orbis, 2004); John B. Cobb, Jr., *Beyond Dialogue: Toward a Mutual Transformation of Christianity and Buddhism* (Eugene: Wipf and Stock, 1998).

23 역자주. 원문에는 pograms라고 적혀있는데, pogroms의 오타이다.

지 않았더라면, 그러한 격렬한 절대주의가 나쁜 소식만은 아닐 것이다. 최소한 기독교가 로마 제국의 종교가 되기 전까지, 기독교는 본문의 맥락과 상관없이 이 성서들을 인용할 만큼 위선적이 아니었다.

진리는 길이 아니라 벽이 된다: 내부 집단을 외부 집단으로부터 분리하기. 그리고 그 벽은 단지 종교들 사이에만 세워지는 것이 아니라, 각 종교들 내에, 기독교 내에 그리고 사실은 각 교단들 내부에(도) 세워진다. 그리고 이 벽을 정당화하는 데 요한의 복음서보다 더 많이 인용된 성서는 없다. 바로 이러한 이유 때문에 많은 기독교 학자들은 다른 세 복음서들의 증언과 괴리가 있는 요한의 고유한 예수를 조용히 포기한다. 그와 동일한 이유로 나는 요한을 그대로 돌려보내기를 거절한다.

기독교적 쉽볼렛

요한복음으로부터 '만'이 아니라, 통상 요한복음으로부터 유래하는 수많은 예수에 대한 인용들은 그 본문의 본래 맥락으로부터 추상되어, 편리한 반복을 통해 구원으로의 비밀번호로 변질되었다. 배제의 비밀번호를 상술하는 본래의 성서 이야기는 다음과 같다. "길르앗 사람이 에브라임 사람보다 앞서 요단강 나루턱을 장악하고 에브라임 사람의 도망하는 자가 말하기를 청하건대 나를 건너가게 하라 하면 길르앗 사람이 그에게 묻기를 네가 에브라임 사람이냐 하여 그가 만일 아니라 하면 그에게 이르기를 쉽볼렛이라 발음하라 하여 에브라임 사람이 그렇게 바로 말하지 못하고 십볼렛이라 발음하면 길르앗 사람이 곧 그를 잡아서 요단강 나루턱에서 죽였더라. 그때에 에브라임 사람의 죽은 자가 사만 이천 명이었더라"(삿 12:5-6). 여기서, 일상적으로 침묵하는 바, 안전이라는 편익이 정의를 이긴다. 빌라도 앞에서처럼, 거기에는 정당한 절차가 아니라, 단순한 양자택일과 사형선고만이 존재한다. 이 이야기는 유대 민족 형성 이전의 부족 이야기로서, 우리가 인간으로서 받아들여야만 하는 것을 너무나 솔직하게 예증한다. 게다가 우리의 집단적 과거의 경쟁적 잔혹함이 인가된 폭력의 형태로 계속 작동하게 될 것이다. 그러나 바로 이 배타적 언어의 은유, 외국어에 대한 은유 그리고 올바른 발음에 대한 은유를 우리는 이 이야기로부터 필요로 한다. 그것은 신학 자체가 범할 수 있는 언어적 폭력을 나타낸다: 기독교적 쉽볼렛Christian shibboleth이라고 부를 수 있는 것의 습관적 힘.

통상적으로 기독교적 쉽볼렛들은 성서로부터 증거본문을 형식적으로 취한다. "내가 곧 길이요 진리요 생명이니"라는 말은 최고의 기독교적 쉽볼렛으로 전용되어 왔다. 심지어 글자 그대로의 발음도 중요했다. "내가 곧 길이니"를 과민한 에고를 지닌 신적인 독재자의 거만한 억양으로 읽어라. 요점은 다음이 될 것이다. "나의 길 아니면 길은 없다." "만일 네가 우리 중의 하나가 아니라면, 만일 너의 신학이 외국적이고, 이질적이고, 이상하고, 너무 다르다면 너의 길은 **막다른** 길dead end이다."

쉽볼렛과 으쓱거리는 어깨 짓: 길을 향해 나아가는 출구를 막아버린다.

요한의 포도나무 가지들

하지만 진리과정에 대한 관심 속에서 우리는 요한복음 14장 6절처럼 그토록 영향력 있는 구절을 아주 다른 신학적 강조점을 가지고 해석하기를 주장해볼 수도 있을 것이다. 실제의 성서적 맥락에서 그 "길

way"은 자신의 죽음 예고로 인해 기겁한 제자들에게 예수가 건네는 안도의 말을 아름다운 은유로 표현한 것이다. 그리고 자신과 제자들의 관계는 자신의 죽음과 함께 끝나지 않을 것이라고 예수는 제자들에게 안심시킨다. 그들이 공유했던 진리-공간$_{truth-space}$은 새롭고 신비로운 차원들로 열려질 것이다: "가서 너희를 위하여 거처를 예비하면." 다시금 신비로운 영-공간이 존재한다. 그러나 이런 식의 대화는 자연스럽게 제자들을 공포스럽게 만든다. "주여 주께서 어디로 가시는지 우리가 알지 못하거늘 그 길을 어찌 알겠사옵나이까?"(요 14:5).

그 다음에 이어지는 구절의 유명한 대답은, 다르게 발음한다면, 전혀 배타주의자의 진리-주장이 아니다. 그 대답은, 다른 종교들은 말할 것도 없고, 다른 길들의 문제를 제기하는 것이 아니라, 길을 잃은 제자들의 두려움을 지적하고 있다. 예수는 말씀하신다. 그들이 예수 자신을 알고 사랑하기 때문에 제자들은 언제나 그를 알고$_{know}$ 있을 것이다. "앎$_{knowing}$"의 이 관계적 의미에서 말이다. 우리의 말, 의식$_{consciousness}$은 이 의미의 뿌리를 드러낸다: "함께-앎$_{with-knowing}$." 앎은 '더불어-아는 것$_{knowing-with}$'이고, '함께-앎$_{knowing-together}$'이며, 오직 이러한 앎만이 의식에 이른다.

요한복음에서 '나다$_{I am}$'라는 말은 하나님의 우주적 말씀으로서 로고스를 체현하는데, 그 말씀과 더불어 세계(우주)가 창조되었다. 이 말씀의 길 위에서 함께-알아가면서, 그들은 결코 길을 잃을 필요가 없다. 그들은 그들의 길을 알게 될 것이다. 이 구절은 맥락상 바로 몇 구절 전에 제시된 "새 계명", 즉 "서로 사랑하라. 내가 너희를 사랑한 것 같이 너희도 서로 사랑하라"(요 13:34)를 바꾸어 표현한 것이다. 다른 말로 표현하자면, 서로 사랑하면서 그들은 증언하게 될 것이다. 그들은 혼자가 아니며, 그들은 길을 잃지 않을 것이며, 그들은 예수와 최종적으로 분리되지 않을 것이다: 그들은 다음 발걸음을 내디딜 수 있을 것이다. 요한복음의 이 친밀한 관계성이 배타주의자의 쉽볼렛에 의해 불가피하게 지워진다. 성서의 그러한 출구 없는 배치는 그의 진리성truthfulness을 복음서의 맥락과 그리고 우리 자신의 독해 상황으로부터 떼어낸다abstract.

이 신비한 상호작용의 변함없는 힘, 즉 하나님과 예수 그리고 그리스도의 길을 따르는 모든 이들과의 이 뒤얽힌 상호의존성은 녹색의 은유를 통해 의미를 드러낸다: "나는 포도나무요 너희는 가지라"(요 15:5). 포도나무 덩굴은 모든 가지들을 넘어서 포괄하며, 그래서 그 가지들 중 어느 하나에 의존하지 않는다. 왜냐하면 포도나무는 그 가지들이 의지하고 거주하는 "거처place"이기 때문이다. 하지만 포도나무는 그 가지들이 없다면 죽는다. 이 "생명"의 상호작용적인 진리는 올바른 믿음의 쉽볼렛들과 아무런 관련이 없고, 오히려 살아있는 신앙과 전적으로 관련되는 것이다. 상호작용적으로 덩굴지는 '되어감'의 과정과 더불어 말이다.

관계 속의 진리: 신뢰가 담지한 위험

이 이야기들에 대한 신앙, 즉 듣고, 자신을 드러내고, 두려움을 대면하는 이 관계들에 대한 신앙은 우리로 하여금 신비 가운데 앞으로 발을 내디뎌 나가게 한다. 이 단계는 명제나 규정으로서 "믿음"이 아니라, 신약성서의 *pistis*, 즉 신뢰trust라는 의미에서 "신앙"이 될 것이다. 물론 신학은 신에 관한 언어God-language로서 (필자가 명제들 위에 명제들을 쌓아올리면서 하고 있듯이) 주장들을 펼친다. 그렇지만 신학은 신앙과 동일한 것이 아니다. 신학은 이해를 추구하는 신앙의 탐구이다. 그러나 만일 신앙이 신뢰를 의미한다면, 신뢰는 진리와 무슨 관계가 있을까?

진리truth와 신뢰trust는 "서약하다(약혼하다, pledge your troth)"라는 말에 나오듯이, 진리를 의미하는 고대어 형태에서 서로 밀접하게 연관된 단어들이다. "진리"는 그 어근에서 신뢰성trustworthiness의 계약, 결혼

> 정의가 뒤로 물리침이 되고,
> 공의가 멀리 섰으며,
> 성실이 거리에 엎드러지고, 정직이 나타나지 못하는도다.
> 성실이 없으므로,
> 악을 떠나는 자가 탈취를 당하는도다.
> _ 이사야 59:14-15

서약을 의미한다. 다른 사람에게 진실하다는 것은 곧 신뢰할만trusty하다는 것을 의미한다! 이 어근의 의미는 유럽적 어원들에만 고유한 것은 아니다. 실로, 히브리 성서(구약)에서 "진리"로 번역되곤 했던 개념들—emet, emunah—은 실제로는 "충실성"(성실, faithfulness) 혹은 "신뢰성trustworthiness"

을 의미한다. 예를 들어, 킹제임스 번역본의 시편 33:4에서 이 전이를 관찰할 수 있다. "왜냐하면 주님의 말씀은 올바르기right 때문이다. 그리고 그분의 모든 일은 신뢰 가운데in truth 행하여진다."[24] 이 번역이 전적으로 틀린 것은 아니다. 그러나 이 번역은 유럽 문화의 관습적 진리 개념인 인지적 올바름cognitive correctness의 의미를 강화시켜주고 있다. 『신개정표준판』(NRSV)[25]과 비교해 보자. "왜냐하면 야웨YHWH의 말씀

---

24 역자주. 개역개정판의 번역은 다음과 같다: "여호와의 말씀은 정직하며 그가 행하시는 일은 다 진실하시도다."

25 역자주. 우리나라 성서 번역에도 "개역한글", "개역개정", "새번역", "공동번역" 등의 다양한 번역들이 있지만, 영어 성경은 그보다 훨씬 다양한 번역본들이 존재한다. 하지만 일부 번역은 학문적 인용을 하기에 상당히 부적절한 어휘들을 담고 있어서, NCC(교회협의회) 산하 기독교교육 분과에서 주도하여 학문적으로 시대적으로 적절한 번역을 제공하기 위해 NRSV가 마련되었으며, 본래 American Standard Version(ASV)의 개정판인 Revised Standard Version(RSV)의 "새로운" 개정판이라는 의미에서 New

은 올곧기_{upright} 때문이고, 그분의 모든 일은 충실하게_{in faithfulness} 행하여진다." emet의 인지적인 내용은 충실성_{fidelity}에 부차적인 것으로 머물러 있다. 그렇다면 시편은 그 다음 구절로 의미있게 흘러간다. "그(분)는 공의_{righteousness}와 정의를 사랑하신다. 땅은 야웨의 확고부동한 사랑으로 가득찼다"(33:5). 진리와 정의는 우주적인 사랑 안에서 연결된다. 바로 이 셈어의 의미 꾸러미가, 혹은 보다 정확히 말해서 "충실하게"라는 구절이 요한의 복음서 저자가 **"진리 안에서"**(en aletheian)라고 표현한 것이다: in truth.[26]

이 용어들은 관계성에는 기준치가 높고, 인지에는 기준치가 낮은 용어들이다. 이 용어들이 인지적 의미를 갖는다면, 언어의 충실한 사용을 의미한다: "정직_{honesty}."[27] 더 많은 예들을 찾아볼 수 있다: "부끄러움 없이 걷고, 올바른 것을 행하며, 마음으로 **진리**(*truth, emet*)를 말

Revised Standard Version이라 하고, 약자로 NRSV로 표기한다.

26 요한의 복음서 안에서 진리(truth)는 헬레니즘의 영향에도 불구하고 여전히 유대적이다: 진리는 행해져야(to be done) 하고 증언되어야(5:33) 하고 그 안에 머물러야 (8:44) 한다; 진리는 해방한다(8:32); 진리는 참으로 말해질 수 있는데, 잘못된 가르침에 반하여서가 아니라 거짓말에 맞서 말해질 수 있으며(8:45f), 신뢰(trust)를 요청하며, "내가 너에게 말할 때 나를 믿어라"(8:54f)고 요청한다 — 진정한 믿음(true belief)이 아니다. 진리는 절대의 추상화를 결여한다: 진리는 스스로를 그의 관계들로부터 면제하지 않는다.

27 히브리 성서에는 진리를 가리키는 고유한 말이 없다. 진리를 가리키는 일반적으로 사용되는 말은 "일정한, 신뢰할만한, 영구적인, 신실한"을 의미한다. 무엇보다도 하나님은 진실하고/실재하며/신뢰할만한 분이시다(사 65:16; 예 10:10). 사람들은 하나님의 진리를 찾는다(시 25:5; 51:6; 86:11). 사람들은 진실되게(truly) 판단하도록 권면 받으며, 진리의 결여는 탄식의 대상이 된다(슥 8:16; 사 59:14-15). 보고서들과 예언들은 참일 수도 거짓일 수도 있다(왕상 10:6-7). 이 모든 예들 가운데서 강조점은 신뢰성(reliablility)에, 즉 어떤 것 혹은 사람이 시험을 이겨낼 것이라는 신뢰성에, 놓여 있다. 히브리인들에게 진리는 도덕적이고 관계적인 것이지, 지적인 것이 아니었다. 참조. Joanna Dewey, "Truth", in *The HarperCollins Bible Dictionary*, ed. Paul Achtemeier, et al. (San Francisco: HarperSanFrancisco, 1985/1996), 1179-180.

하는 자, 입술로 중상하지 않는 자"(시 15:2).[28] 이 "진리"는 올바른 믿음이나 교리 혹은 잘못된 믿음이나 교리와 하등의 상관이 없다. 또한 이 진리는 우리의 영혼 속에 각인된 어떤 영원한 진리verity도 아니다. 그것은 올바른 관계의 진리, 체현되어embodied 행해져야enacted 할 진리이다. 이 충실성은 명제들로 축약될 수 없다. 그러나 이 충실성은 우리의 언어를 변혁시킬 것이고, 실로 우리의 명제들을 변혁시킬 것이다. 신실성은 진리라는 장르 속에서 **신뢰할만한 언어**trusty language를 의미한다. 진실한 것은 곧 신뢰할만한 것이다is.

이 충실한 관계성의 진리로 우리는 걷고 말하도록 부름받았는데, 이 진리는 함께/앎con/sciousness, "knowing with"과 전적으로 관계된 것이며, 확실성과는 전혀 관련이 없다. 확실성certainty은 신앙을 장황하게 만들어버린다. 반 세기 전에 폴 틸리히가 주장했듯이, 신앙은 의심의 반대가 아니다. "만일 신앙이 어떤 것이 진실이라는 믿음으로 이해된다면, 의심은 신앙의 행위와 양립불가하다. 만일 신앙이 궁극적으로 관심하는 것으로 이해된다면, 의심은 그의 필수적인 구성요소이다. 의심은 신앙이 담지한 위험의 한 귀결이다."[29] 우리가 때로 의심하지 않는다면, 그것은 우리가 갖고 있는 확실성이지 신앙이 아니다. 틸리히가 "궁극적 관심ultimate concern"이라 부르는 것은 (하나님에 관한, 그리스도에 관한 진리-스러움 등과 같은) 단순한 믿음들을 우상처럼 숭배하는 우상숭배를 거절하며, 말하자면 이는 신학숭배theolatry를 거절하는 것이다. 우리가 궁극적으로 관심하는 것은 많은 이름들을 갖고 있을 것이다. 그의 신학은 "흔들리지 않는 사랑steadfast love"을 가지고, 포화된 행성 위에서

---

28 역자주. 개역개정: "정직하게 행하며 공의를 실천하며 그의 마음에 진실을 말하며 그의 혀로 남을 허물하지 아니하고."

29 Paul Tillich, *Dynamics of Faith* (New York: Perennial/Harper & Row, 1957/ 2001), 21.

길과 모험으로서, 위험성이 높지만 수익률이 높은 진리를 지지한다.

"진리 안에 있는 이단자들Hereticks in the Truth"

만일 이 신뢰할 수 있는 진리가 어떤 인지나 고백으로 축약될 수 없다 해도, 그럼에도 불구하고 그 진리는 앎의 한 길a way을 제시한다. 풍자된 진리스러움처럼, 신뢰할 수 있는 진리는 느낌에 대해 언급한다. 그러나 그것은 가짜 확실성들을 승인하기 위해서가 아니라 이해를 심화시키기 위해 마음을 사용한다. 신뢰할 수 있는 진리는 우리의 직관들, 열정들, 신체적 경험들 그리고 우리의 관계들에 깊이 의존하는 전일적 사유a holistic thinking를 요구한다. 심지어 그 진리는 그것들을 시험하고, 시도하고, 계속적으로 변화하게 하기도 한다. "진리 속에서" 전개될 신학은 그 자신을 "그 진리"와 더불어 혼동하지 않는다. 근대 이전의 절대주의자들의 저주들과 근대 세속주의의 '다름-아닌-바로-그것nothing-buts'들을 통해 자신의 길을 사유하면서, 신뢰할 수 있는 진리는 우리가 **비판적 충실성**critical fidelity이라 부를만한 것을 실천한다.

받아들여진 진리는 여행을 시작한다. 그 여행은 끝나지 않는다.

_ 다니엘 매과이어[30]

하지만 종교재판소 같은 형태에 더 가까운 종교는 절대적 진리의 이름으로 계속해서 맹목적인 신앙을 요구한다. 이교heresy라는 고발은 사고를 빨리 닫게 만드는 길이고—그래서 정직을 닫아 버리고— 그리

---

30 Daniel C. Maguire, *A Moral Creed for All Christians* (Minneapolis: Fortress Press, 2005), 141.

고 신앙을 닫아버리는 길이다. 17세기 위대한 개신교 시인 존 밀턴John Milton은 흥겨운 역설을 담아 다음과 같이 적고 있다: "한 사람은 그 진리 안에서 이단자일 수도 있다. 만일 그가 오직 그의 목사님이 그렇게 말씀하셨기 때문에 혹은 교단이 그렇게 결정했기 때문에 그 외 다른 이유 전혀 없이 어떤 것들을 믿는다면, 비록 그의 믿음이 참일지라도, 그가 고수하고 있는 바로 그 진리는 그의 이교가 된다."[31] 교리적으로 올바른 "이단자"는 미리 만들어진prefabricated 진리들에 만족한다. 가공된 진리는 어떤 집단의 입회자격을 위한 쉽볼렛shibboleth이다.[32] 가정들을 실증적 의미로 시험하는 것은 혹은 추정된 진리들로 시험하는 것의 실증적 의미는 —이단재판이 아니라 공정한 재판으로서— "다른 이유들"을 제공하는 훈련으로서, 즉 비판적 사유를 실천하는 훈련의 일부로서, 밀턴이 살던 근대 초기 영국에서 중시되던 훈련이었다.

진리-과정은 짜증스러울 수 있다. 신학에 들어간다는 것은 언제나 논쟁argument에 들어가는 것을 의미한다. 기독교 신학은 플라톤 철학의 비판적 대화의 실천으로 형성되었다. 그 비판적 대화는 무엇이 참되고, 실재하고, 선한 것인지에 대한 장대한 논쟁들을 활성화시켰다. 그리스 철학은 예수의 유대인 추종자들이 그들의 성서로 윤색된 가르침을 제국을 통하여 전달하던 언어였다. 그리스-로마 제국의 세련된 철학 학파들 사이의 논쟁들이 기독교 신학의 원형이 되었다. 더 추상적인 그리스적 추론은 성서적 논증들의 특징인 관계적 대면들과는 다르다. 그러나 그것들은 무관하지는 않다. 아브라함은 소돔과 고모라에 관한 예외들을 만들어내기 위해 하나님과 성공적으로 논쟁했다: 그는 훌륭한 이유

---

31 John Milton, *Milton: Areopagitica*, ed. John W. Hales (Oxford: Dover, 1921), 90, quoted in ibid., 141.

32 Maguire, *A Moral Creed*, 141.

들을 제시했다. 정직한 논쟁들은 관련된 특정한 신앙을 추정한다. 심지어 그 논쟁들이 신뢰성의 경계들을 시험할 때조차도 말이다.

예를 들어, 욥의 드라마는 그의 신학적 상담자들과 벌이는—그리고 그들을 통하여, 하나님과 벌이는— 하나의 긴 논쟁이다. 36장이 지나가는 동안 욥은 분노에 고뇌하는 충실성을 가지고 자신의 **정직**할 권리를 주장한다. "나의 호흡이 아직 내 속에 완전히 있고 하나님의 숨결이 아직도 내 코에 있[는 한], 결코 내 입술이 [거짓, falsehood]을 말하지 아니하며 내 혀가 [속임수를 발설하지] 아니하리라" (27:3-4). "너희 거짓을 머금은 회반죽들이여"(13:4)[33]라고 욥은 하나님의 경건한 변론자들에게 말한다. 하나님은 마지막에 그 변론자들에게 무뚝뚝하게 "너희들은 나에 관해서 무엇이 옳은지를 말하지 않았지만, 나의 종 욥은 말했다"(42:7)[34]고 말하면서, 거짓말처럼 욥에게 동의한다. 하지만 그 변론자들이 말하고 있던 것은 완벽하게 정통적인 것으로 들린다: "하나님은 악을 행하지 아니하시며… 사람의 행위를 따라 갚으사" 등등(34:10b, 11a). 그러나 욥의 변론자들의 경건한 쉽볼렛에게가 아니라 바로 욥의 분노하는 불신에 대해서 야웨는 응답하신다. 그의 상처들 때문에 분출된 모든 격노 때문에 욥은 성서에서 가장 긴 하나님의 연설을 듣는 영광을 누린다. 하나님은 "폭풍우 가운데서"(38:1) 대답하실 것이다. 우리는 뒤에 이어지는 장들에서 그 폭풍우의 창조적 혼돈을 다시 검토할 것이다.

영은 바람이 불어치는 수사와 폭풍이 몰아치는 듯한 대면을 고무할

---

33 역자주. 개역개정에는 "거짓말을 지어내는 자"로 되어 있는데, 퀠러가 사용하는 버전의 문구는 whitewash라는 단어를 사용하면서, 거짓말로 위선을 부리는 자들이라는 의미가 강하다.

34 역자주. 개역개정 번역은 "너희가 나를 가리켜 말한 것이 내 종 욥의 말 같이 옳지 못함이니라"라고 되어 있다.

수도 있다. 우리는 논쟁이 어떻게 우리의 관계들 속에서 차이의 폭풍우들을 방출할 수 있는지 알고 있다. 하지만 유대인 학교에서 유대인들은 토론을 경건의 근거로 실천한다: "유대인의 교육은 벳 미드라쉬(bet midrash)라 불리는 시끄럽고, 열띤 홀 안에서 이루어지는데, 거기서 학생들은 2~3명씩 짝을 이루어 앉아, 큰 소리로 읽고 토론하기를 주고 받는다."[35] 만일 본문의 해석이 검증과 논쟁을 요구한다면, 그 해석은 단지 본문에게뿐만 아니라 서로에게 매우 높은 수준의 충실성을 전제한다. 기독교인들은 불신과 불편을 내려놓고 논쟁하는 것이 아니라, 오히려 더 큰 불신과 불편을 가지고 논쟁한다. 기독교 왕국의 가족 간 다툼은 일상적으로 폭력, 영구적인 분열 그리고 전쟁으로 치달았다. 많은 가정들에서 그렇듯, 우리는 어떻게 충실하게 달라져야 하는지, **신뢰할만하게 논쟁하는지**를 알지 못한다. 이는 우리가 진리는 이미 받아들인, 확정된 단일한 어떤 것이라 생각하고 시작했기 때문인가? 우리가 관점의 차이를 양자택일의 막다른 골목으로 혼동하지 않은 것인가? 우리가 영의 열려진 세력장forcefield을 향해 공포증phobia을 키워온 것은 아닌가? 영은 요한에 따르면 예수의 죽음의 여파가 일으키는 모호한 부재 가운데 "보내진" 분으로서, 순풍처럼 비가시적이고 파악하기 어렵다. 그 영이 "모든 진리로 인도할 때", 그것은 다른 종류의 현존, 말하자면, 예수의 인용들이다. 우리들이 일으키는 소음의 한복판에서, 영은 "보다 우물거리는 현존, 내적인 길라잡이, 흔히 없는 듯이 그 근원을 드러내지 않는 여전히 작은 목소리"[36]라고 신학자 필

---

35 "따라서 본문들은 두 가지 의미에서 '상호작용적'이다. 우리가 큰 소리로 본문을 공부하고, 토론하고, 숙고할 때, 읽기가 생생하고 대화적이라는 점에서 그리고 우리가 동료들에게 말하는 방식에서 말이다." Barry Holtz, *Introduction to Back to the Sources: Reading the Classic Jewish Texts*, ed. Barry Holtz (New York: Summit, 1984), 18-19.

립 클레이튼은 적고 있다. 영은 이유들을 대신하는 것이 아니라, 그 이유들을 찾도록 우리에게 영감을 불어 넣는다. 영은 다른 상황에서는 신실한 발언들이었을 명제들을 의심하도록 우리를 이끌 수도 있다. 한 사람의 솔직한 증언이 다른 사람의 진리스러운 쉽볼렛이 된다. 그 신비는 우리의 신비화가 아니라, 우리의 비판적 충실성을 요구한다. 우리는 영의 순풍과 폭풍을 억압할 수 있다. 그러나 그렇게 되면 우리는 그저 우리의 배타주의에 감금되거나 상대주의로 도망할 뿐이다. 신비는 진리-과정을 열어줄, 사적이고 공적인 용기를 필요로 하는데, 그 과정 속에서 우리는 비폭력적으로, 심지어는 열정적으로, 다를 수 있다. 흔히 폭력을 회피하기 위해 가족들, 공동체들, 교회들, 정부들 모두는 일상적으로 권위와 경계에 대한 이의제기를 막아버린다. 그러나 그렇게 되면 폭력은 불가피하게 된다. 이의제기는 마땅한 이유들을 갖고 있을 수도 혹은 없을 수도 있지만, 통상 이의제기는 들려져야 마땅하다. 어깨의 으쓱거림이 아니라 말이다. 그렇지 않으면, 진리-과정은 정체된 진리truth-stasis가 된다. 왜냐하면 "진리 가운데 있는 이단자들heretics in the truth"은 너무나 자주 자신들의 정통성을 강요해왔기 때문이다.

진리인가 공포terror인가

"진정한 기독교의 가르침은, 예수가 말했듯이, 아주 단순하고, 명쾌하며 모든 사람들에게 명백하다"고 한 세기 전에 레프 톨스토이는 적어주고 있다. "그러나 사람이 우리 모두가 교육받은 그래서 하나님의

---

36 Philip Clayton, "In Whom We Have Our Being: Philosophical Resources for the Doctrine of the Spirit", in *Advents of the Spirit*, ed. Bradford E. Hinze and D. Lyle Dabney (Milwaukee: Marquette University Press, 2001), 201.

진리로 우리에게 전달되어온 기만으로부터 자유로울 때만이, 그 가르침은 다가갈 수 있고 단순하다." 기만falsehood이라는 말로 그가 의미하는 것은 창조로부터 종말까지 6천 년의 역사를 말하고, 동정녀로부터 하나님의 아들의 초자연적인 출생에서 절정에 이른 각본이다: "미신들과 성직자들의 사기가 뒤섞인… 총체적인 재탕." 물론 톨스토이는 응고된 이미지들에 반발하는 것이지, 살아있는 은유들에 대응하는 것이 아니다. 만일 신앙이 그것들을 "믿는 것"을 의미한다면, 그것은 복음the gospel을 닫아버릴 것이다. 50세가 넘어서야 겨우 진지하게 성서를 읽기 시작한 톨스토이는 복음을 참으로 단순하게 정의한다. **"우리가 다른 사람들이 우리에게 행하기를 바라는 대로, 다른 사람들에게 행하라."**[37] 비폭력에 대한 그의 글들의 맥락에서 황금률은 개인적이고 정치적인 적합성을 발산한다. 그 실천적—실천가능한— 단순성의 황금률은 복잡성이 증가하는 상황 속에서 생명을 유지할 것 같다. 그것은 진리의 공격성들을 바로 절단하고, "믿음"을 시험하고, 혹은 오히려 이를 매개로 해서, 황금률은 그 진리를 과정 속에 둔다.

필자가 이 (저술) 구상을 시작했을 때, 기독교의 모든 전체화하

> 건전한 교리가 유용한 공포(terror)와 결합하여, 진리의 빛이 오류의 어둠을 쫓아버릴 뿐만 아니라 또한 공포의 힘이 나쁜 습관들을 깰 수 있을 때, 내가 언급했듯, 우리는 다수의 구원에 환호한다.
>
> _ 후안 기네스 데 세풀베다[38]

---

37 "Letter to a Non-Commissioned Officer", in _Tolstoy's Writings on Civil Disobedience and Non-Violence_ (London: Peter Owen, 1968), 166f.

38 세풀베다(Juan Ginés de Sepúlveda)는 "원주민들에 대한 전쟁"을 주창하고, 원주민의 동의와 상관없이 "신세계"에 대한 카스티야의 지배를 옹호했던 16세기 선도적 인물이다. 이하 문헌에서 인용되어 맥락에 맞게 강력히 표현되었다. Luis N. Rivera, _A Violent Evangelism: The Political and Religious Conquest of the Americas,_ Foreword by Justo L. González (Louisville: Westminster John Knox, 1992), 220.

는 진리를 파괴할 수 있는 힘을 발휘할, 최소한 진리에 관한 하나의 성서적 정의definition가 있을 것이라고 생각하고 있었다. (해체는 언제나 내부의 욥이다!) 이를 위해 제4복음서로 돌아가 보자. "진리를 알지니 진리가 너희를 자유롭게 하리라"(요 8:32 [개역개정]). "앎"이라는 것은 여기서 아담이 이브를 알아보았을 때 보내는 윙크와 같은 것으로 흔히 인식되는 성서적 관계주의를 담지한다. 만일 진리가 우리를 자유롭게 하는 것이라면, 그렇다면 우리는 진리를 그의 **해방하는 효과들**에 의해 인식해야 한다. 이탈리아의 철학자 지안니 바티모Gianni Vattimo는 이를 힘차게 다음과 같이 표현한다. "우리를 자유롭게 할 진리는 바로 우리를 자유롭게 하기 때문에 참이다. 만일 그 진리가 우리를 자유롭게 하지 않는다면, 우리는 그것을 내버려야 마땅하다."39 바로 여기에 진리는 올바른 명제임을 주장하는 어떤 개념에도 얽매이지 않을 수 있는 진리에 관한 명제가 있었다. 왜냐하면 이 명제는 진리에 관한 어떤 주장도 그의 살아있는 효과에 의해 시험받아야 한다고 주장하기 때문이다. 진리는 그것이 참이 되지 않는 한 진리가 아니다. 우리를 자유롭게 함으로써 말이다. 아마도 이 한 구절이 진리에 관하여 안정된 진리를 제안하는 것 같다. 바로 한 명제가 그 자신의 명제주의를 해체한다: 그 명제는 바이러스를 검사하듯이, 쉽볼렛을 검사한다.

이 구절에 대해서 쓰기 시작했던 바로 그 날, 나의 배우자가 영화 한 편을 빌려왔는데, 내가 보았으면 했던 영화란다: 〈브라질〉, 조지 오웰의 1984를 음산한 익살로 1985년 영국으로 묘사한 영화다.40 어두운 초현실의 런던에서 우리는 (오웰의 "진리부Ministry of Truth"를 반향하는)

---

39 John Caputo and Gianni Vattimo, *After the Death of God,* ed. Jeffrey W. Robbins (New York: Columbia University Press, 2007), 45.

40 Terry Gilliam's *Brazil* from Embassy International Pictures [Brazil Production Company], released in 1985.

"정보부Ministry of Information"라 불리는 미래적 고딕식의 고층빌딩 내부에 있음을 알게 된다. 이 건물에는 정부의 "정보 복구" 센터가 들어서 있는데, 정보 복구는 심문과 고문을 완곡하게 표현한 말이다. 시민들에 대한 고문은 "테러리스트들"과의 끝없는 전쟁 중에 필요한 일이다. 입구에 파시스트 스타일의 동상이 악몽스럽게 수백 피트 높이로 서 있다. 카메라가 그 기단으로 옮겨가고, 우리는 거기서 다음 문구를 읽는다: 진리가 너희를 자유롭게 하리라.[41]

내 마음이 철렁 가라앉는다. 그렇게 내가 생각한 자기-해체적 명제도 가라앉는다. 심지어 이 해방의 신실한 제안조차도 제국적 진리-체제의 상징 문구로 변할 수 있었다. 이것은 영화제작자의 냉소주의가 아니었다. 요한복음 8장 32절은 사탄적 자기-의로움과 더불어 이단 재판과 심문들에서 그리스도의 이름으로 줄곧 인용되었다. 잠시 나의 구상은 비틀거린다: 강력한 진리-담론은 모두 공포의 쉽볼렛으로 활용될 운명을 짊어지는가? 고문의 정당화가 심지어 지금도 "하나님의 진리로 전가"되지 않는가? 상대주의는 결국 유일하게 솔직한 출구인가? 풍자는 절대주의를 상대화한다relativizes. 풍자는 절대주의의 엄숙한 진리 주장들을 진리스러움으로써 폭로한다. 그리고 〈콜버트 리포트〉[42]처럼 그 효과는 냉소적인 것이 아니라 윤리적이다. 공산주의의 몰락 이전에 〈브라질〉은 검증되지 않은 서구의 민주주의적 자본주의가 갖고 있는 파시스트적 변형의 성향을 예언적으로 경고하고 있었는데, 이 변형에 기독교적 코드가 합법성을 제시해주고 있었다. 또 다른

---

41 역자주. 켈러가 인용하는 요한복음의 문구는 "will"을 사용해서 진리가 우리를 자유롭게 할 것이라는 서술형인 데 반해, 영화 〈브라질〉의 이 문구는 "shall"을 사용해서 우리가 진리를 통해 우리를 자유롭게 해방해야만 한다는 뉘앙스를 풍긴다.

42 역자주. 〈콜버트 리포트〉(The Colbert Report)는 스티븐 콜퍼트 사회로 진행되는 미국의 심야 뉴스풍자 토크쇼이다.

장면에서 시위자들은 영화음악으로 크리스마스 캐롤 소리가 높아지는 동안 "그리스도를 위한 소비자들"이란 문구가 적힌 플래카드를 내걸고 있다.

그것은 단지 "진리는 광장에서 비틀거린다"는 것이 아니라, 진리가 그 자리에 의기양양하게 세워져 있다는 것이다. 우리는 그 괴로운 딜레마로부터 진리-과정 자체를 지나는 것 말고는 출구를 찾지 못할 것이라고 생각한다.

육신 속에 그리고 진리 안에

고문의 체제들은 진리를 요구한다. 그리고 만일 어떤 진실이라도 듣는 일이 일어난다면, 그저 어깨를 으쓱거릴 따름이다. 진리는 우리가 말하거나 믿기 때문에 우리를 자유롭게 할 명제가 아니다. 그것은 네온사인으로 빛나는 계시가 아니라 (무언가를) 드러내는 조명이다. 진리는 우리로 하여금 요단강을 건널 통행권을 보장하는 쉽볼렛이 아니다. 그것이 안전한 항구로 가는 통행권이든 천국으로 가는 통행권이든 말이다. 그러나 그 강의 흐름 속에 우리 스스로를 맡기고 나아갈 때, 우리는 진리를 그의 해방하는 효과들 속에서 인식하게 될 것이다. 자유롭게 하는 요한복음의 진리는 우리가 행하는, 즉 우리가 만들어가는 진리이다. 그 진리는 우리의 복잡한 관계

> 빛이 어둠에 대립되는 방식 대신 혹은 앎이 무지에 대립되는 방식 대신, 진리는 신비를 포기하지 않고… 결코 전체주의적이지도 않고, 결코 권위주의적이지도 않고 혹은 교리적이지도 않은 빛이다. 그러나 그 빛은 두 주체 사이에서 서로에게로 환원되지 않는 빛이다.
>
> _루이스 이리가라이[43]

---

43 _Ibid._

성들이 경쟁과 억압과 폭력을 넘어 숨을 쉬고 번성하는 공간을 창출한다. 영spirit 안에서 그리고 진리 안에서.

"만일 우리 문화가 회피할 수 없고 넘어설 수 없는 실재로서 타자의 신비를 그 스스로 안에 수용할 수 있다면", 프랑스 철학자 루이스 이리가라이Luce Irigaray가 주목하듯이, "거기서 진리와 윤리의 변화된 경제와 더불어 새로운 시대의 사유가 열릴 것이다."[44] 그 "타자"는 언제나 상호호혜적으로 자아the self이다. 그 변화된 "진리의 경제" 속에서 대상들의 이원성은 영을 통하여 무한히 다수the multiple로 열려진다. 여기서 행동주의activism는 영성의 대립적 등가물이 아니라 그의 진동하는 보완물이다.

말로 빼곡한 명제적 과정으로서 신학은 서서히 진리의 활동주의를 지지하는 법을 배우고 있다. 현대 신학자 마크 월리스Mark Wallace 는 "영의 증인"으로서 "수행적 진리performative truth"라는 유익한 관념을 발전시켰다. 영의 증인은 제4복음서 요한복음에 나오는 진리의 증언적 성격을 반향한다. 왈라스에 따르면, "신학적 진리-구성truth-making의 목표"는 "자아와 타자를 변혁하고 풍성하게 하는 방식으로 세계와 더불어 함께 아파하는 연대compassionate engagement"[45]를 가능하게 하는 것이다. 진리-과정의 열린 상호활동성은 정확히 이 연대 속에서 흐른다. 진리를 수행한다는 것은 우리의 실재를 변혁하는 것이다. 우리는 추후에 가능할 것의 실현 속에서 긍휼compassion의 신학적 의미를 성찰할 것이다. 함께-고난당하는-열정com/passion으로서 함께-느끼기와 함께/알아가기con/sciousness로서 '함께-앎knowing-together'은 불가분리한 상호작용

---

44 Luce Irigaray, *To Be Two* (New York: Routledge, 2001), 110.

45 Mark Wallace, *Fragments of the Spirit: Nature, Violence, and the Renewal of Creation* (Harrisburg: Trinity International, 2002), 67f.

속에서 함께 공모한다.

위에 언급했던 구절을 그 본래의 맥락에서 고려해보자. "… 너희가 내 말에 거하면 참으로 내 제자가 되고, 진리를 알지니 진리가 너희를 자유롭게 하리라"(요 8:31-32). 여기에 값싼 은총은 없다: 만일 자유롭게 되고자 한다면, 우리는 **끈질겨야**(*persist*) 한다. 참으로 여기에 다짐이 있다. 이 진리를, 이 관계성을 지속한다는 것은 어떠한 증언도 시험하는 비판적 충실성critical fidelity을 요구한다. 진리는 그의 상황을 초월하는 것이 아니라, 그것을 변화시킨다. 제자도의 증언적 진리라는 요한복음적 의미는 히브리 성서의 선례를 따른 것이다. "당신의 *emet*진리로 나를 이끄시고 또 나를 가르치소서… YHWH야웨의 모든 길들은 확고부동한 사랑과 *emet*이다…"(시 25:5, 10). 다짐에 찬 사랑은 궁극적 관심의 성서적 패러다임이다. 진리-길은 우리 세계**로부터** 해방이 아니라, 그 세계 안에서 해방이다.

빌라도 앞에서 언급했던 "나의 나라는 이 세계에 대한 것이 아니다"라는 말은 그렇다면 어떤 의미인가? "세계"라는 말은 여기서 피조세계, 우주를 의미하는 것이 아니라 현재 상황status quo으로서 세계, 즉 고문하는 권력을 통해 구축된 제국을 의미하며, 바로 그 권력 앞에 예수는 서 있다. 요한복음의 증언, 즉 "이 세계에 대한 것이 아니라 이 세계 속에" 있다는 것, 즉 "그토록 세상을 사랑했던" 분에 대한 증언 속에 있다는 것은 곧 우리가 추구하는 제삼의 길을 의미한다: 피조세계로부터의 망상적 면제delusional absolution도 아니고, 세계 그 자체와의 방임주의적 동일시dissolute identification도 아니다. 그것은 다짐하며 되어가기의 길(the way of resolute becoming)이다.

"과정으로서 진리"라는 기호 아래, 우리는 진리 자체라는 개념의 몇 가지 변곡들을 고려해보았다. 신뢰로서—emet(진리 혹은 충실성)의 길에 응답하는 신뢰로서— 진리는 증언을 위태롭게 할 위험을 감수할 수 있도록, 우리가 알고 있는 진리를 시험하는 위험을 감수할 수 있도록 우리를 열어준다. 요한복음의 드라마는 제국의 무관심한 으쓱거림 앞에서 비록 취약할지라도, 정신은 살아있는 육신의 진리를 수행한다. 그것은 구원의 쉽볼렛을 제공하지 않는다. 그리고 또한 두려움과 복종속에서 붕괴되기를 거절한다. 그 드라마는 그의 증언 속에, 즉 때로는 사소하고 대체로 편향적이지만 언제나 구체적인in touch 증언 속에 고집스럽게 존속한다. 그것은 길을-지향하는-까탈스런 과정을 열어주는데, 그 안에서 우리는 우리의 "불안한 기쁨infirm delight" 속에서 의식적으로, 지성적으로 그리고 함께 계속 나아가도록 초대받는다. 앞으로 나아가기 위해 우리는 창세기Genesis라 불리는 모든 과정들의 본문과 맥락으로 이제 우회하여 되돌아간다.

3 장

과학 시대의 창조론

: 이 물고기가 되라

우주는 우리의 모든 꿈들보다도 더 풍성하게 그 끈질긴 되어감의 과정
속에 있다.

_ 스튜어트 카우프만[1]

물고기의 은혜

3세기 후반 대중적으로 널리 알려진 한 신학자는 창조 이야기의 물
같은 심연에 대해서 설교하고 있었다. 그는 첫 번째 창조 이야기의 한
구절을 리듬감 있게 반복하고 있었다. "물들은 살아있는 것들을 만들
고, 그래서 살아있는 것들이 태어났다"(창 1:20).[2] "물고기를 따라하라"
고 그는 선포했다. 비록 이 피조물은 힘의 질서에서, 먹이사슬에서 혹
은 피조세계의 위계질서 상에서 높은 자리를 차지하고 있지는 않지만,
"그것은 당신들에게 기적으로 보여야 마땅하다." 암브로시우스 감독

---

1 Stuart Kauffman, *Investigations* (Oxford: Oxford University Press, 2000), 139.
2 역자주. 본래 개역개정의 번역은 "물들은 생물을 번성하게"로 번역되어 있는데, 켈러가
  인용하는 성서는 두 문장으로 나뉘어 있어, 영어 원문의 인용을 번역한다.

은 그 물고기를 혼돈의 한복판에서 벌이는 우리의 모든 투쟁들에 대한 은유로 삼았다.

> 그(물고기)는 바다 속에 있고, 파도들 위에 있다. 그 물고기는 바다 속에 있고, 물의 넘실거림과 더불어 헤엄친다. 바다 위에 폭풍이 휘몰아치고, 바람이 비명을 지르며 난립하지만, 그 물고기는 헤엄친다. 그 물고기는 물과 바람에 집어 삼키어지지 않는다. 왜냐하면 그는 헤엄치는 데 능숙하기 때문이다. 여러분들에게 이 세계는 바다이다. 그의 조류들은 불확실하고, 그 파도들은 깊으며, 거기의 폭풍들은 맹렬하다. 그리고 당신들은 **이 물고기가 되어야만 한다.** 그래서 세상의 파도가 당신들을 집어삼키지 못한다.[3]

세상이라는 거친 바다 속에서, 그 물고기는 가라앉지 않는다. 그것은 그 물고기의 원리이다. 그 예측할 수 없는 바다 한복판에서 그 물고기는 은혜 가운데 헤엄친다. 암브로시우스는 우리를 위해 그 비유를 발전시켜 말하기를, "바다가 여러분들을 은혜로 재생시켜야 한다는 것은 예정된 사실이다." 만일 이게 필자의 설교였다면, 필자는 다음과 같이 계속 나갔을 것이다: 심지어 삶이 평온하게 흐르고, 그의 리듬이 흥겹게 유지되는 때조차도, 불확실성의 흐름들이 내 삶을 통해 일렁인다. 근심의 파도들이 나의 관계들 혹은 나의 책무들의 한복판에 결집되고 있는 폭풍을 경고한다. 폭풍우가 잦아들 수도 있다. 혹은 불어 닥칠 수도 있다. 그 폭풍우는 개인적일 수도 있고, 직업적일 수도 있고

---

3 Peter Cramer, *Baptism and Change in the Early Middle Ages, c.200-1150* (New York: Cambridge University Press, 1993), 69. 강조는 필자의 것이다. 이 이야기를 필자와 더불어 나누어준 리타 나카시마 브록(Rita Nakashima Brock)에게 감사를 전한다.

혹은 정치적일 수도 있다. 혼돈의 역류가 매 순간을 끄잡아 당긴다. 나는 그 혼돈을 무시하려고 노력해야 하나, 제어하려고 노력해야 하나, 아니면 도망치려고 노력해야 하나.

그 대신 만일 우리가 엄습해오는 파고들을 직접 뚫고 헤엄쳐나가기를 배우는 것은 어떨까? 이 물고기의 은혜fishy grace는 심연의 괴물들이 모습을 드러낼 때 재앙을 가져오는 폭풍들만을 위한 것은 아니다. 만일 우리가 보다 차분한 바다에서 수영하는 법을 연습한다면, 사납게 일렁이는 폭풍우들을 뚫고 헤엄쳐나갈 준비를 할 수도 있다. 암브로시우스에게 대양의 재생능력은 자궁 모양을 본뜬 고대 세례반4으로 압축된다. 그의 설교는 세례식 때 이루어졌다: 당시에는 아기의 이마에 물을 뿌리는 의식이 아니라, 엄격한 훈련 과정에 뒤따른 영적 거듭남의 예식이었다. 그러나 이번 장에서 세례 자체를 주목하기보다는, 창세기 1장의 우주적 컨/텍스트con/text, 즉 모든 발생과 재생이 전개되는 창생genesis에 초점을 맞출 것이다. 그 고대의 이야기는 조직신학의 선적인 전개를 위한 출발점을 구성하는 데 충분히 자연스럽게 여겨진다.

우리는 다소 '길을-지향하는-까탈스러운wayward' 과정을 추구하고 있다. 그러므로 우리는 겨우 이제—그러나 충분히 빨리— 우주와 그의 창조를 서술하는 고대 증언에 대한 지금의 물음에 이르게 되었다. 그 창세기 본문 속에 "태초에", "하나님이 말씀하셨다", "보시기에 좋았다", "하나님의 형상으로"라는 말들은 우리가 누구인지에 대한 서구인들의 상상력에 깊이 배어있다. 그러나 우리는 또한 심연의 물들로 인해 불안해한다. 질서 있는 세계를 출현하게 한 깊은 혼돈에 대한 신비적 심상이 지금까지는 신학에서 아주 사소한 역할을 감당해왔었는데, 그 이유는 곧 분명해질 것이다. 하지만 그 심연의 혼돈은 창세기 이야기에서 주요

---

4 역자주. 세례용 물을 담은 큰 주발.

한 역할을 감당한다: 평범한 관점으로는 보이지 않는 역할을 말이다! 성서에 대한 비판적 충실성을 가지고 또 우리가 우리의 공유된 실재에 대하여 깨달을 수 있는 가장 진실된 앎과의 씨름을 통해서, 우리의 진리 -탐구는 창세기 1장에 대한 이 독해 가운데 구성된 해석을 시험한다. 왜냐하면 그 시원적인 물들 속에 보물처럼 숨겨진 열쇠는 단지 **우리가 누구인지**who we are에 대한 것만이 아니라 **우리가 어떤 사람이 되어가는 지**who we are becoming에 대한 열쇠이기 때문이다. 창생genesis이라는 바로 그 말은 문자적으로 '되어감becoming'을 의미한다는 사실을 상기하자.

"과정 중에 있는 창조creation in process"라는 제목 하에서 우리는 잃어버린 혼돈의 신비를, 창세기가 반영하고 변주하고 있는 이방의 생생한 창조 신화인 밝은 어둠luminous dark과 그것이 맺고 있는 관계를 그리고 창세기 속에서 종의 출현을 재해석하기 위한 장치로서 "자기-조직화하는 복잡성"이라는 현대의 과학적 은유를 잠시 차례대로 숙고해볼 것이다. 우리의 여정은 "은혜의 바다 전경"에서 끝날 것이다. 그러나 "하나님의 형상"이 담지한 양성화된bi-gendered 이미지와 "지배"를 말하는 본문의 생태적 의미를 대면한 후에야 멈출 것이다.

바닥이 보이지 않을 만큼 깊은 심연, 즉 창세기 1장 2절의 **테홈** (tehom)에 대한 해석에서 관건은 신비 그 자체이다. 그래서 되어감의 신학theology of becoming은, 과학적이든 신학적이든 간에, 우리 지식의 문자화들에 저항하고, 우리 피조물들의 함께-알아가는 의식, 우리의 창조성 그리고 우리는 창생집단체genesis collective이기 때문이다. 피조세계의 대변인들spokespeople로서 우리의 책임감을 주장한다.

무로부터의 창조인가 허무주의인가?

물고기의 은혜는 물의 혼돈을 탈출하는 데 있지 않고, 그의 흐름들과 더불어 헤엄쳐나가는 데 있다. 그러한 은혜는 (절대자처럼) 물을 초월하지 않으며, (방탕자처럼) 익사하지도 않는다: 유연하게 헤엄쳐나아가는 우리의 작은 물고기는 다짐the resolute의 아이콘이다! 만일 우리가 이 대양적 은총을 실천하고자 한다면, 우리는 여기서 신학적으로 길과 통로를 열어야 할 필요가 있다. 암브로시우스가 이미 고대의 창세기적 상징들을 통해 자신이 살아있는 상황에서 설교하고 있었다면, 우리도 또한 그 태초의 혼돈의 흐름들을 바로 우리의 현재current[5] 요소로 읽어야 할 것이다.

다른 말로, 혼돈chaos—우리 실제 삶 과정의 난기류, 불확실성, 폭풍우 그리고 심연들—은 모두 창세기의 심연, 즉 테홈(tehom)을 가리킨다. 그리고 히브리 사람들을 포함하여 많은 고대인들의 상징적 체계들에 따르면, 바로 그 자궁처럼 움푹 들어간 혼돈으로부터 우주 그 자체가 태어난다. 창세기의 첫 번째 창조 이야기는 또한 정경으로 구별되는 성서 그 자체를 영원히 낳고 있는 중이다.

이 창조 이야기는 오랫동안 두 종류의 해석적 절대주의로부터 고초를 겪어왔다. 암브로시우스적 비유와 달리, 문자주의적 해석들은 그 창조 이야기를 다소 원시적인 사이비 과학으로 환원시킨다. 그렇게 되면, 창조 이야기는 세속 과학에 대한 모든 형태의 종교적 전쟁을 보조하는 이야기로 전략한다. 그것이 단지 천문학의 시공간을 폐품으로 폐

---

5 역자주. 켈러는 혼돈의 흐름들(currents)과 현재의(current) 구성요소를 표현하면서, current라는 단어가 명사로 사용될 때와 형용사로 사용될 때 의미가 다른 점을 매우 재치 있게 사용하고 강조하고 있는데, 번역에서는 이 재치를 살릴 도리가 없어 각주로 언급만 해둔다.

기처분하는 6일 창조설이든 신-다윈주의의 환원주의에 저항하고자 노력하는 보다 정교한 "지적 설계" 캠페인이든 간에 말이다. 하지만 그러면서 그 이야기는 미국 정치의 근본주의와 동맹하게 된다.

성서적 문자주의를 넘어서 신학 일반은 그 본문을 절대적인 무로부터 하나님이 세계를 창조한 증거로 해석한다. 분명히 무로부터 창조(creatio ex nihilo)는 그 본문에 대한 그리고 우주에 대한 하나의 가능한 해석이다. 신구약 모두 창조를 신적인 언설을 통해 묘사하기 때문에 정적이거나 순환적인 창조가 아니라 우주의 극적인 시작을 말하고 있다. 창조의 완전한 새로움과 우발성이 —영원히 죽어있는 물질로부터가 아니라 창조로서— 목적 없는 우주로부터 폭발하여 나온다. 하지만 신학은 통상 무로부터의 창조라는 해석이 허무주의에 대한 유일한 대안이라고 추정한다.

그러나 해석의 역사 속에 어떤 미심쩍은fishy 무언가가 존재한다! 왜냐하면 우리는 성서학자들로부터 무로부터의 창조 교리가 그 본문 자체의 글자들 속에서는 근거를 갖고 있지 않다는 사실을 배웠기 때문이다. 그 대신 성서는 다양한 형태의 다소 신비스러운 과정을 이야기한다: 물 깊은 혼돈으로 알려진 심연으로부터의 창조 이야기. 심연으로부터 창조 이야기는 단 한 번의 창조행위를 주장하는 위로부터의 절대주의자들에 대한 —그리고 기계론적 환원주의를 주장하는 방탕주의자들에 대한— 하나의 대안을 고취한다. 끝이 열린 창조 과정이라는 제삼의 길이 미리 가공처리된 창조라는 가정에 저항하는 가운데 출현한다. 이 교리에 대한 대안을 **심연으로부터 창조**(creatio ex profundis)[6]

---

6 심연으로부터의 창조 논쟁을 전체적으로 살펴보고, 더 상세한 전거들을 참고하려면 다음 책을 보라. Catherine Keller, *Face of the Deep: A Theology of Becoming* (London: Routledge, 2003).

라 부를 수 있을 것이다.

만일 우리가 이 장에서 심연으로부터 창조를 하나의 드라마로 성찰한다면, 대폭발과 모든 것들, 결코 멈추지 않는 것, 그 우주의 광대함이 우리의 모든 순간으로 방울방울 떨어져내릴 것이다. 신학적 전통이 인지하듯이, 그 시원적 창조성은 고집스럽게 지속한다: **계속적 창조**(creatio continua). 그러나 우리의 특정한 신학이 이 계속적 창조성으로부터 우리를 소외시킬 수도 있고 혹은 적극적으로, 즉 상호작용적으로 그 계속적 창조에 참여할 능력을 우리에게 부어줄 수도 있을 것이다. 창세기의 첫 장을 무로부터의 절대적 기원에 대한 보고서로서 덮어버릴 수도 있다. 그 장은 단지 과학이 등장하기 전 시대의 무지로 무시될 수도 있다. 그런데 그 대신 우리가 그 장을 거의 하나의 비유처럼 펼쳐 열어, 지금 과정 중에 있는 우리 삶을 위한 예상치 못했던 의미들을 암시하는 것으로 본다면 어떨까? 암브로시우스가 제안하듯이, 창생과 재생의 물들, 창조와 새로운 창조의 물들은 불가분리하다. 모든 시작은 다시-시작beginning-again이다. 과도하게 활용됨에도 불구하고 빈약하게 이해된, 그래서 지속적으로 문자화되어 해석되고 그래서 비난을 받아온 우리는 불쌍하게 잔뜩 시달린 본문, 즉 모든 시작의 본문과 다시 시작한다.

장엄한 혼란

성서의 처음 구절들을 다시 읽어 내려갈 때, 하나님과 창조에 관하여 배워왔던 모든 것들을 괄호 치려고 노력하라. 거기에는 무nothingness가 있었던 것이 아니라, 어떤-것으로-말할-수-없는-어떤 것이 많이 존재하고 있었다.

① 엘로힘Elohim이 하늘과 땅을 창조하기 시작했을 때 ② 땅은 토후 바보후tohu va bohu였고, 어둠이 **테홈**(tehom)의 얼굴 위에 있었고, 루아흐ruach는 수면 위에서 박동하고 있었다 ③ 그때 엘로힘이 거기에 빛이 있으라 말씀하셨다….

제2절은 프랑스의 유대인 번역자이자 주석자인 라쉬Rashi가 천 년 전에 쓴 글 중의 한 구절이다. "이 구절은 '나를 해석하라'고 외쳐대고 있다."7 통렬하다. 그 본문은 해석되기를 울부짖으며, 후대에 "해석학hermeneutics"이라 불릴 것의 도래를 요청하고 있다. 창세기 1장 2절은 아주 절실하게 열려있지만, 그 절절함이 인지되기는 어렵게 되어있다.

만일 "땅the earth"이 존재한다면, 그것은 단지 하나의 잠재적 행성적 에너지로서, 즉 생명이 거주할 수 없는 조건으로서 그럴 뿐이다: **토후 바보후**(tohuvabohu). 그 구절은 때로 "황량하고 공허하다"고 번역되지만, 오히려 "황량하고 야생적wild"이라고 번역하는 것이 더 나은데, 왜냐하면 그의 의성어적 운율 때문에 그리 번역되었기 때문이다. "그 최소한의 과잉, 시초적 반복, 즉 그 혼돈의 바다 위로 다가오는 시원적 여명을 상술하는 것은 간단하다. 그것은 메아리이다"라고 한 프랑스의 과학 철학자는 카오스 이론을 생각하면서 적고 있다. "언어들은 그것을 다양한 방식으로 명확하게 표현하기를 좋아한다. 토후-보후tohu-bohu 혹은 브로우하하brouhaha."8 프랑스어 사전들은 토후보후라는 단어를 기재하고 있는데, 프랑스 엄마들은 아이들이 그런 말을 한다고 꾸짖는다. 히브리어의 장난스러운 시적 반복이 그 의미의 본질일 것이

---

7 *Ibid.*, 114.

8 Michel Serres, *Genesis*, trans. Genevieve James and James Nielson (Ann Arbor: Univerisity of Michigan Press, 1995), 118.

다. 왜냐하면, 우리가 새로운 물리학으로부터 배우는 바, 물질은 기초적으로 리듬이다. 실제로, 초끈 이론은 "전자현미경적 풍경은 미세한 끈들로 가득 차 있다고 제안하는데, 그 끈들의 진동하는 패턴들이 우주의 진화를 절묘하게 구성한다."[9] 그 땅 **토후바보후**는 왜 그런지 그 이유를 아직은 찾지 못한 운율을 암시한다. 그리고 그것은 바로 그것이다, 시작.

2절에 등장하는 세 번째 은유쌍 속에서 루아흐 엘로힘*ruach Elohim*, 하나님의 영/호흡/바람이 박동한다. 욥기의 폭풍 같은 회오리바람과 요한복음에 등장하는 영, 즉 진리 안에서 불고, 살아있는 물로서 흘러 넘치는 영을 기억하자. (흔히 "움직였다" 혹은 "위에 머물다"로 번역되는) 히브리어 *mrḥpt*는 바닷새의 약동하는 날개짓처럼, 호흡의 진동처럼 혹은 대양의 출렁거림처럼 다소 영-리듬*spirit-rhythm*을 내포한다. (일부 학자들은 '진동하다*vibrate*'라는 동사는 그의 자력적인 운동성을 가리키는 의미 범위들을 통해서 가장 잘 포착된다고 제안하고 있다.[11]) 자연 속에서 흐름이란 단지 연속적으로 유연한 운동의 기능이라기보다는 오히

> 창세기에 대한 주의 깊은 독해는 무형 태성, 공허, 어둠, 심연 혹은 물들을 악(evil)과 관련시키지 않는다. … 창조 이야기는 탄생 이야기, 즉 땅과 여자와 남자를 포함하여, 그 피조물들의 출생에 관한 이야기이다. … 그러므로 야생성, 즉 자유로운 자연적 성장은 그 모든 삶들의 일부이다.
>
> _ 카렌 베이커-플레처[10]

---

9 참고. Brain Green, *Elegant Universe: Superstrings, Hidden Dimensions, and the Quest for the Ultimate Theory* (New York: Norton, 1999), 135.

10 Karen Baker-Fletcher, *Sisters of Dust, Sisters of Spirit: Womanist Wordings on God and Creation* (Minneapolis: Fortress Press, 1998), 25.

11 신명기 32:11과 예레미야 23:9의 해석에 근거하여 폰 라트(Gerhard von Rad)는 "진동하다"(vibrate)를 mrḥpt의 적절한 번역이라고 증명한다. *Genesis: A Commentary*, rev. ed. (Philadelphia: Westminster, 1972), 49.

려, 산소 공급을 일정하게 유지하는 호흡의 들숨과 날숨처럼 혹은 혈액의 흐름을 지속적으로 유지하는 심장의 맥박과 펌프질처럼, 또는 대양의 흐름을 유지하는 파도들의 출렁거림처럼, 맥동의 기능에 더 가깝다.

바로 그 대양—후일 그리스어 abyssos, 즉 혼돈으로 번역된 대양적 심연인—이 테홈과 같은 시원적 은유를 제공한다. 그러나 물들은 또한 절묘한 조율 속에서 영이 진동하는 마임mayim, 즉 더 현실적인 바다를 의미하기도 한다. 시는 우리의 과장된 명제들과 신학적 추상들보다 더 효과적으로 그 시원적 리듬과 동조한다. 혹은 음악이 그렇다: 구스타프 말러의 교향곡 3번의 도입에서 장대한 창조 이야기가 음악으로 펼쳐지는데, 바로 베이스 음의 섬뜩한 진동이 창조를 최소한의 몸짓으로 나타내고 있다.[12]

이 간략한 본문 속에는 물에 대한 놀라운 복잡성이 담겨있다. 그 영(적)-물들spirit-waters, mayim이 테홈(tehom), 즉 심연의 더욱 어두운 물들로부터 흘러나오는 듯 보인다. 이 물들의 어떤 물줄기도 그 심연 위에서 나뉘어져 만들어진 땅의 대해들과 동일시되지 않는다. (땅의 대해는 그 심연이 둘로 나눠진 부분들로서 밤하늘의 어둠과 대양들의 알처럼 생긴 혹은 자궁처럼 생긴 어둠에 대한 고대의 우주상의 일부이다.) 이 물들은 시원적 혼돈, 즉 형태를 갖추고 있지 않으며 그래서 측량불가능한 잠재성의 무한을 의미하는 시원적 혼돈이라는 당시 널리 퍼져있던 신화를 표현한다. 그러나 우리가 어떻게 그것들을 해석하든, 물질의 **토후보후**(tohubohu)와 심연의 물들은 어떤 텅빈 **무**nihil를 제안하지 않는다.

---

12 참조. 제이슨 스타(Jason Starr)의 다큐멘터리 영화 *What the Universe Tells Me: Unraveling the Mysteries of Mahler's Third Symphony* (Video Artists International, Inc., 2004). 필자도 거기에 출연하여 한 마디 거들고 있다.

창세기의 사제 문서가 보여주는 우주론적 직관이 원초적 무지에 기반한 것으로서, 현대 과학에 의해 정체가 폭로되고 그래서 현대의 근본주의가 변호해주기를 그저 기다리던 문서가 아니라면, 그 문서는 신학적 과학theoscience이라기보다는 오히려 신학적 시학theopoetics이다. 그런데 그렇기 때문에 그 문서는 실제 우주에 관하여 아무 것도 말하지 않는 것인가? 우리는 두 개로 나뉜 심연처럼 종교 이야기들을 과학적 소재들로부터 분리해야만 하는가?

과학이 그 자체로 현대 환원주의로 웃자라나기 시작했다는 점을 기억하면, 얼마나 불필요하게 시간을 낭비하고 있는지. "이야기?"라고 말하며 생물학자 스튜어트 카우프만Stuart Kauffman은 반문한다. "분명히 이야기는 과학의 소재가 아니다. 난 그렇게 확신하지는 못하겠다. … 만일 이야기가 과학의 소재가 아니라 우리가 어떻게 우리의 항시 변화하는 삶들을 만들어가는지를 말하는 것이라면, 그렇다면 이야기가 아니라 과학이 변해야만 한다."[13] 왜냐하면 과학 속에서 모든 것이 추론될 수는 없기 때문이다. 포스트모던적 양식 속에서 과학은 자신을 상대적으로 안정된 은유들로 만들어진 모델로 인식하고 있는데, 바로 그 은유들의 진동하는 토대 위에서 엄밀한 가설들과 시험가능한 추론들이 만들어지는 것이다. 과학 또한 신비 위에on the mystery 있다. 과학적 환원주의자들은 종교적 절대주의자들과 마찬가지로 이러한 패러다임 전환으로 인해 어려운 시기를 겪고 있다. 만일 우리가 고대의 성서 이야기들을 사이비-사실주의적인 원시 과학으로 착각하지 않는다면, 만일 우리가 그 이야기들로부터 단순한 교리들을 추상해내지 않는다면, 우리는 이 고대의 이야기들이 담지한 해석적이고 영감적인 힘이 난국을 헤쳐나가는 우리의 투쟁 속에서 다시금 제 역할을 감당하게 할

---

13 Kauffman, *Investigations,* 119.

수 있을 것이다.

창조의 상실된 혼돈

우리는 근대 이전에 쓰인 창세기의 시를 마치 근대 이후 (포스트모던) 과학의 직관적 배아를 담고 있는 것처럼 읽을 수도 있다. 우리는 여기서 예를 들어 창세기 이야기에서 카오스 이론을 위한 영감을 읽어 낼 수도 있다. 왜냐하면 지난 수십 년간 바로 그 카오스 이론의 수학과 과학 속에서 서구는 "혼돈"chaos의 의미를 깨닫기 시작했는데, 반복적인 비선형 과정으로, 순수한 무질서가 아니라 오히려 대안적 질서의 의미로, 말하자면 마치 나뭇가지의 분기들이나 나선형 소용돌이의 운동, 은하의 나선운동처럼, 예측불가능하게 전개되지만 조직성을 갖추고 일어나는 과정으로 이해하기 시작했다. 프랙탈 알고리즘의 반복은 동일성의 예측가능한 연속성을 소묘하는 것이 아니라, 차이와 더불어 일어나는 반복의 리듬을 그려준다. 프랙탈적 "자기-유사성"self-similarity 은 각 부분들 속에 감싸여진 전체 혹은 소우주 속의 대우주처럼 서로 다른 규모들에서 전개된다. 그래서 프랙탈 알고리즘은 나선형 소용돌이의 회오리바람을 기하학적으로 포착 가능한 것보다 더 정확하게 포착한다. 프랙탈 알고리

> 지구와 같은 행성은 별로부터 쏟아지는 에너지를 한껏 받는데, 그 별의 에너지가 행성의 전체 표면을 개방적이고, 산란적인 시스템으로 만든다. 지구 표면의 모든 생명은 이 에너지를 사용하여, 평형상태로부터가 전혀 아니라 혼돈의 가장자리에서 스스로를 유지한다.
>
> _존 그리빈[14]

---

14 John Gribbin, *Deep Simplicity: Bringing Order to Chaos and Complexity* (New York: Random House, 2004), 120.

즘은 잎의 잎맥들이 가지들의 형태를 복제하는 방식을 모델화하고 또 작은 가지들과 함께 있는 큰 가지는 나무의 형태를 반복한다. 혹은 유사하게 바위들, 산꼭대기들 그리고 전체로서의 산세는 각각 다른 규모들에서 벌어지는 패턴의 반복이다.

카오스 수학의 알고리즘들은 어떤 형태 없는 무질서를 소묘하는 것이 아니라, 흐름의 복잡한 형태들, 그 흐름의 유동성이 정확히 말하기엔 너무도 복잡하여 선적인 공식들로는 포착해내기 어려운 형태들을 묘사한다. 그 알고리즘은 우리의 폐와 호흡기 시스템의 분기하는 패턴들 속에서 되풀이된다. 카오스 이론가들은 브로콜리의 상부, 인구 성장-패턴 혹은 호쿠사이Hokusai의 유명한 그림 〈파도the Wave〉에 이 원리가 소묘되어있다고 생각하는데 이 그림에서 거대한 파도의 곱슬거리는 거품의 각 방울은 그 자체로 작은-파도micro-wave이다. 그래서 아마도 그 **테홈**(tehom) 혹은 시원적 혼돈의 진동하는 세력장으로부터 일어난 창조라는 개념은─정확히 시적 은유로서─ 우주 자체의 한 리듬과 한 진리를 표현한다.

혹은 우리가 최근의 천체 물리학에서 우주에 편만한 그리고 실로 우주를 바깥으로 밀어내는 신비스러운 새로운 "암흑 에너지"dark energy 에 대해서 들을 때, "심연의 얼굴 위에 떠 있는 어둠"에 대한 고대의 직관과 공명하고 있다는 데 놀라게 된다. 그러한 공명은 내버려두면 스스로 반복을 공명하게 된다. 이 공명들은 스타일과 역사와 의도 면에서 도저히 공통의 표준으로 비교될 수 없는 실천들인 과학과 신학 분야의 구별을 붕괴시키는 위협으로 등장하지는 않는다. 오히려 그 공명들은 치유적 효과를 발하는 학제간 대화를 독려한다. 종교와 과학 간의 대화는 여전히 발전 중이지만, 거기에는 언제나 그에 대한 예상 형식들이 존재한다. 예를 들어, 존 웨슬리 같은 위대한 종교개혁자는 그를 따르는 목회자들이 과학, 당시에는 "자연철학"이라 불리는 것을 지속적으로 따라잡을 것을 주장했다. 그는 목회자들이 스스로 다음과 같이 묻도록 지도했다. "나는 자연철학을 이해하는가? 만일 내가 거기에 대해 깊이 있는 이해를 하고 있지 못한다면, 나는 그의 일반적인 근거들을 소화하고 있는가? 나는 그레이브산드, 케일, 아이작 뉴턴 경의『프린키피아』를 그의 "빛과 색에 관한 이론"과 더불어 섭렵하고 있는가? 그러기 위해서 나는 수학적 지식을 얻기 위한 기초적인 노력들을 경주하였는가? 유클리드의『초등기하학』의 기초를 숙달하고 있는가? 내가 그 정도가 아니라면, 내가 여전히 초보자라면, 학교를 졸업한 이후 나는 무엇을 하고 있었던가?"15

하지만 과학의 감수성들과 신앙의 언어 사이에는 하나의 심연이 남아있다. 신학은 이 소통 붕괴의 책임을 과학적 환원주의에 돌려 책망할 수만은 없다. 이 대립은 초자연주의의 영적 질병의 증상이기도 하다: 물질로부터 영을 분리하려는 시도. 그렇기에 앞에서 언급한 바, 종교적 절대주의자는 세계에 방탕한 효과를 만들어낼 수 있다: 접촉을 벗어나 있는 진리. 신학이 단순한 공허로부터 창조/발생을 주장할 때, 이는 우리가 매 순간 우리의 현실적 삶들을 살아가는 체현embodiment을 무nothingness에 가까운 것으로 표현할 수 있다. 물질성은 가치가 비어있는 것이 되어, 육체의 유혹들과 썩어가는 육신들의 표면보다 조금도 더한 것이 아닌 것이어서, 가급적 접촉해서 오염됨 없이 건너가야만 하는 어떤 것이 되어버린다.

---

15 웨슬리가 그의 "성직자에 대한 연설"에서 철학과 과학의 중요성에 대한 중요성을 강조하고 있다는 사실을 필자에게 알려준 웨슬리 전공 신학자 톰 오드(Tom Oord)에게 감사를 전한다. Thomas Jay Oord, "Types of Weslyan Philosophy: The General Landscape and Personal Research Agenda", *Weslyan Theological Journal* 39, no.1 (Spring 2004): 156-157.

범재신론panentheism

하지만 그 책의 사람들에게 창조와 인간과 비인간 자연들의 선함은
타협불가능한 가치이다. 그것은 어떤 초자연적 희망과 교환될 수 없
다. 기독교의 핵심 교리, 성육신은
세계 속에 하나님의 체현embodiment
을 축하한다. 그리고 히브리인들
의 창조 이야기는 영이신 하나님
(God the Spirit)이 자신이 창조하
지 않은 물들의 얼굴 위에서 친밀
하게, 정감적으로 박동하고 있는
것으로 묘사한다. 새롭게 창발하
는 우주의 유동성은 되어가는 세

> [하나님]의 선하심은 그의 모든 피조
> 물들과 그의 축복받은 모든 작품들을
> 온전히 채우고, 그것들 안에서 끊임없
> 이 넘쳐 흐른다. … 하나님은 내가 보
> 는 선한 모든 것이고, 모든 것이 가진
> 선함은 하나님이다.
> _ 노르위치의 줄리안[16]

계(a becoming world)의 과정이다. 되어감/창생(becoming/genesis)
의 신학에서 물질은 영에게 중요하다. 영은 물질이 되고 그래서 중요
하다matters[17]: 영은 살을 입는다. 영은 단지 단 한 번의 성육신의 문제가
아니라 언제나 어디에서나 일어나고, 또한 언제나 다르게 일어나는 살
입음enfleshment의 문제이다.

이것이 바로 하나님은 세계의 영, 즉 anima mundi라는 기독교 신비
주의적 의미로 웨슬리가 다시금 돌아가고자 하는 것의 함의이다. "하나

---

16 Julian of Norwich, *Showings,* trans. Edmund College and James Walsh, and
   preface by Jean Leclercq (New York: Paulist, 1978), Long Text, chap. 5 and
   chap.8, 184, 190.

17 역자주. 원문은 Spirit *matters*라고 간략하게 되어 있지만, '영이 중요하다'는 의미보다는
   바로 앞 문장에서 '물질이 영에게 중요하다'고 언급한 맥락에서 '물질이 된다'는 말을 삽
   입했다.

님은 모든 사물들 안에 계시고, 그래서… 우리는 모든 피조물들을 거울 삼아 창조주를 보아야만 한다." 이 만유-현존으로부터 웨슬리는 신학 적일 뿐만 아니라 생태적인 추론들을 끄집어낸다: "우리는 그 무엇도 하나님으로부터 분리된 것으로 사용하거나 간주하기를 경계해야 한 다. 즉 무를 그렇게 사용하는 것은 일종의 실천적 무신론이 아닐 수 없 다."18 유사하게, 과정신학과 유사성을 갖는 전통들 속에서 우주는 "하 나님의 몸"으로 이름되기도 한다.19 이는 ("모든 것은 신적이다"라는) 범 신론에서처럼, 영이신 하나님을 세계의 몸과 동일시하려는 것이 아니 다. 사실 과정신학은 "범재신론panentheism"을 말하고, 이는 "모든 것은 하 나님 안에 존재한다"는 고전적 관념을 되찾아오기 위함이다. 이러한 철 저한 성육신주의는 물질세계와 신성한 신비와의 구별을 축소하는 것 이 아니려 오히려 그 양자 사이의 끝없이 열린 상호작용을 강화한다.

복음주의적 기독교의 녹색화에 관하여 취재한 빌 모이어스Bill Moyers 의 다큐멘터리20에 보면, 아팔라치안 지역의 교회 여성이 "산꼭대기 제거"라 불리는 석탄-추출 과정에 반대하는 시위에 참석하여 발언하 는 장면이 나온다. 주변경관 전체에 대한 이 탐욕스런 파괴를 하나님

---

18 존 웨슬리(John Wesley)의 세 번째 설교문, "우리 주님의 산상수훈에 관하여"("Upon Our Lord's Sermon on the Mount")는 다음에서 인용되었다. John B. Cobb Jr., *Grace and Responsibility: A Wesleyan Theology for Today* (Nashville: Abingdon, 1995), 50.

19 하나님의 몸으로서 우주라는 은유의 주요한 발전을 참고하려면 Sallie McFague, *The Body of God: An Ecological Theology* (Minneapolis: Fortress Press, 1993)을 참고하 라. 그 이전의 발전은 Charles Hartshorne, *Omnipotence and Other Theological Mistakes* (Albany: State University of New York, 1984)를 참고하고, 이후의 개념적 발전에 대해서는 Catherine Keller, "The Flesh of God: A Metaphor in the Wild", in *Theology That Matters: Ecology, Economy, and God*, ed. Darby Kathleen Ray (Minneapolis: Fortress Press, 2006)을 참고하라.

20 Bill Moyers, *Is God Green?*, www.pbs.org/moyers/moyersonamerica/green/.

의 창조에 대한 신성모독으로 비난한다. 그러나 우리는 그녀의 선언을 들으며 흠칫 놀라게 된다: "땅은 하나님의 몸이다."[21]

자연과학과의 대화들뿐만 아니라 환경적 영성 혹은 생태신학은 우리 시대의 문제들과 신학을 다시금 결합시키기 위해 등장하는 방식들의 예증들이다. 당장 활용하고 있는 물질은 일종의 둔탁하고 불명료한 재료로서, 생명이 없고 느낌을 갖고 있지 않은 실체이기 때문에 우리가 원하는 대로 우리의 컴퓨터 같은 두뇌를 활용하여 조작할 수 있다는 생각으로부터 우리 문화를 각성시킬 수 있을까? 우리 삶의 물질성들—아원자적 에너지와 천체물리학적 에너지의 신비들 속에서, 육신과 기분들의 미묘함, 사회적 역할들의 형성, 자원의 분배, 지구의 수용 능력 위기, 교회의 성례전 등—은 우리의 진정한 영(혼)이 담긴spirited 상호작용들을 시사한다.

우리의 생각을 넘어서서

심연의 얼굴 위에: 신학을 위한 심오한 잠재성 그 자체가 우리를 대면하고 있다. 심연의 완전한 어둠은 어떤 이들에게는 신비롭고, 또 다른 이들에게는 공포를 자아낸다. 사실 많은 신학자들이 이 혼돈을 악그 자체로 동일시해왔다. 칼 바르트는 심연을 무the nothingness로 해석하였는데, 그 무를 향해 하나님은 완전한 창조의 행위로 원초적인 "거절"no을 말씀하셨다고 이해했다: 그들(심연) 위에서, "심지어 엘로힘Elohim의 영조차 뭍을 찾지 못하는 망망한 혹은 불모의 대양 위를 맴돌거나 웅크리고 있는 새처럼… 완전한 무기력에 빠지는 저주를 받았다."[22] 바르트는 창세기 1장 2절을 이방종교의 어머니-여신 형상에

---

21 *Ibid.*

대한 풍자로 읽었다. 하지만 대부분의 유대인과 기독교인들은 그 구절을 다르게 읽었는데, 즉 우주적 시초들에 대한 존엄한 예배의식 속에 담지된 하나의 신비한 접층fold으로서 해석했다. 대부분의 신학적 유산들 속에서 그 어두운 심연의 물들에 대한 성스러운 영의 관계는 전혀 위협적이지 않았던 것처럼 보인다.

어거스틴은 그의 스승 암브로우스처럼 심연을 세례 신학으로 전개한다. "이것은 태초부터 '물들의 얼굴 위에 움직였던' 영이시다. 그 영은 물 없이 활동할 수 없을 뿐만 아니라, 물도 영 없이 활동할 수 없기 때문이다."24 어거스틴의 심상 속에서 창세기의 흐름은 창조와 세례 사이를 움직여 나아가기 때문에, 창세기는 창조를 우주적 특이성 혹은 기원으로서 표현하는 것이 아니라 오히려 계속적인 창조 과정으로 언급한다. 바람 같은 영과 살아있는 물의 기본적 상호작용이 하나의 전체로서 창조 발생

> 당신의 전능한 날개를 펼치사 혼돈 위에 품고 계시며 당신의 생명을 방만한 심연 속으로 불어넣어 주셨습니다. 당신의 활력 넘치는 원기가 주입되고, 무의 자궁으로부터 하늘과 땅과 존재하는 모든 것을 만드셨습니다.
>
> _ 찰스 웨슬리23

과정에 배어들고 또 모든 새로운 창조의 과정에, 모든 생명의 재생 과정에, 모든 새로운 시작에 배어든다. 우리는 우물가의 여인 이야기 속

---

22 Karl Barth, *Church Dogmatics* III, 1, 41.2 (Edinburgh: T&T Clark, 1960), 107.

23 Charles Wesley, "Hymn to the Holy Spirit", 28 (1976) from *Hymns of Petition and Thanksgiving for the Promise of the Father*. 더 상세한 정보를 위해서는 Michael Lodahn, *God of Nature and of Grace: Reading the World in a Wesleyan Way* (Nashiville: Abingdon, 2003), 9f.

24 Augustine, "On Baptism vs the Donatists", in *Nicene and Post-Nicene Fathers*, vol. I, ed. and trans. Philip Schaff and Henry Wace (Grand Rapids: Eerdmans, 1980), XXII.18.

에서 그 "살아있는 물"처럼 재생력을 일견한다.

우리의 설교로 돌아가자. 우리가 새로운 시작을 할 때—아마도 음습한 꿈들을 꾸던 밤이 지나고 방금 일어났거나 혹은 생각을 봉인하는 주술을 깨고 글쓰기를 시작했다거나 혹은 외로운 시간들을 다 보내고 사랑을 시작한다거나 혹은 엄청난 상실을 겪고 난 후 다시 살아갈 때 등— 우리는 어두운 물들을 대면해왔다. 그러나 이것들이 악evil인가? 아니면 그것들은 다소간 좀 더 애매모호하고, 혼란스럽고, 난폭해서, 훼손된 과거들을 따라 여전히 미발달된 잠재성들과 더불어 밀려오는가? 어거스틴이 타락한 세계라 불렀던 것에서 그렇듯이, 거기에는 악이 혼재되어 있을 것이다. 그러나 그 모든 혼란스런 위험이 동반된다 해도 그 테홈적 심연이 악은 아니다. 창조 과정의 열린 상호작용은 우리를 고난과 악에 노출시킨다. 또한 위대한 선에도 노출시킨다. 그리고 때로 그 양자 간의 차이를 말하기 위해서는 상당한 분별력이 요구될 것이다. 그런 일은 엄청난 정신을 필요로 한다. 우리는 언제나 우리의 생각 너머에 있다.

하지만 영은 우리의 물들 위에서 계속 움직여 나아간다. 루아흐, 이호흡하고, 박동하고, 부유하는 영—어쨌든 우리의 영이지만, 어떤 면으로 '우리'보다 더 우리 같고 동시에 우리보다 더 타자 같은 영—이움직이고 있는 것을 우리는 느껴 왔는가? 그 리듬 속으로, 그 창조적 잉태를 위한 포용 속에 잠겨 들어간 자신을 느껴본 적이 있는가? 그 위험과 약속의 진동 속에 잠긴 자신을 말이다. 그렇다면, 이 창조의 은유는 그 어둠 속에서 불투명한 것도 아니고 그의 광휘 속에서 네온처럼 빛이 나는 것도 아니다.

빛나는 어둠

　신비주의 전통에서 어둠과 빛의 상호작용은 또 다른 강도를 덧입는다. 그것은 궁극자에 대한 우리의 언어 속에서 일어나는 무지unknowing와 앎knowing 간의 상호작용을 상징한다. 우리의 신학 속에서 말이다. 하나님과 우주에 대한 급진적 직관들을 지니고 있었던 15세기 신비주의자 쿠자의 니콜라스Nicholas of Cusa는 최신의 수학과 과학 연구들에 뒤처지지 않았던 박식가였다. 우주에는 중심이 없다고 선언한 바 있는 그는 지구가 아니라 태양이 중심에 있다고 그저 주장한 코페르니쿠스와 갈릴레오보다 앞서 있었다. 한 세기 후, 반종교개혁의 다소 반동적인 시대의 흐름 속에서 조르다노 브르노Giordano Bruno는 우주의 "수축된 무한contracted infinity" 속에서 하나님의 무한과 편재성에 대하여 유사한 생각을 보다 화려한 수사력을 동원해 지지했다는 이유로 화형에 처해졌다. 쿠자의 관점에서 하나님에게 문자적으로 적용될 수 있는 유일한 술어는 부정적 "무한자the negative 'infinite'"뿐이라는 사실을 1장에서 언급한 바 있다. 이 부정 신학의 전통에서 어둠은 악이 아니라 신비

> 부정의 신학에 따르면, 하나님 안에서는 무한 이외의 어떤 것도 발견되지 않는다. 결과적으로, 부정 신학은 하나님이 세계 안에서나 혹은 도래하는 세계 안에서나 알 수 없다는 것을 주장한다. 왜냐하면 무한한 빛을 파악할 수 없다는 점에서 모든 피조물은 어둠이고, 하나님은 오직 하나님 자신에게만 스스로를 알게 하시기 때문이다.
>
> _ 쿠자의 니콜라스[25]

---

25 Nicholas of Cusa, "On Learned Ignorance", in _Nicholas of Cusa: Selected Spiritual Writings_, trans. and introduction by H. Lawrence Bond (New York: Paulist, 1997), 127.

로서, 그럼에도 불구하고 우리를 부르고, 그 자신에 대한 어떤 것을 우리에게 드러내고, 우리의 응답을 초대하는 미지the unknowable의 공간이다. 닛사의 그레고리Gregory of Nyssa도 2세기에 비슷하게 적고 있다. "그러므로 모세의 지식이 자라남에 따라, 그는 어둠 속에서 하나님을 보았다고, 즉 그는 신적인 것은 모든 지식과 이해를 넘어서 있다는 사실을 그때 알게 되었다고 선포했다. 왜냐하면 모세는 어두운 구름에 다가갔고, 거기에 하나님이 계셨다고 본문은 말하고 있기 때문이다."26 부정 신학negative theology이라는 말을 만들어냈던 위偽-디오니시우스Pseudo-Dionysius는 한 시에서 하나님을 "빛나는 어둠the luminous darkness"27으로 부른다.

자신들의 저술들 속에서 이들은 의도적으로 신비 위를 거닐며 경건한 모험을 추구하고 있었다. 창조론의 관점에서 그들은 무로부터의 창조라는 정통 교리를 직접적으로 문제 삼을 수 없었다. 그러나 우리는 이제 다음과 같이 물어볼 수 있을 것이다. 피조되지 않은 "심연의 얼굴 위에 피어난 어둠"은 신성의 끝을 알 수 없는 무한인가? 아니면 유한한 피조물들이 전혀 알 수 없는 심연은 막연한 암시, 즉 우리의 가장 빛나는 능력이 망각으로 자취를 감추는 의식의 경계에서 수집된 암시에 불과한가? 아니면 우리의 추론이 붕괴하고, 우리의 확실성이 사라지고, 우리의 인지회로가 과부하가 걸려 날아가는 곳인가? 그래서 쿠자의 니콜라스는 부정 신학에 관하여 다음과 같이 적고 있다. "신학이 다가갈 수 없는 빛으로 경배하는 이것은 어둠에 반대되는 물질적인 빛과 같은 것이 아니라, 가장 단순하고 무한한 빛이며, 그 안에서 어둠은 무

---

26 Gregory of Nyssa, *The Life of Moses* (Mahwah: Paulist, 1978), 9.

27 Pseudo-Dionysius, "The Divine Names", in *The Complete Works* (Mahwah: Paulist, 1987), 109.

한한 빛이 된다. 그리고 이 무한한 빛이 우리의 무지의 어둠 속에서 빛을 발하지만, 그 어둠은 그 빛을 파악할 수 없다."[28] 우리의 무지의 어둠은 죄가 아니라 불가피한 한계이다.

그래서 주석적으로 우리는 "심연의 얼굴 위로 피어난 어둠"을 또 다른 계기에 엘로힘Elohim이 빛으로부터 구별한 그 어둠으로 읽어낼 수도 있을 것이다. "하나님이 빛과 어둠을 나누사"(창 1:4; 개역개정). 다른 말로 표현하자면, 본래적인 어둠은 또한 본래적인 빛인데, 어둠과 빛 모두를 담고 있는 심연 혹은 더 정확히 표현해서 그런 구별 자체를 초월하는 심연이다. 그것은 다름 아닌 "빛나는 어둠luminous darkness"이 될 것이다. 그것은 광대한 우주에 대한 그림과 같은데―말하자면 광대한 어둠― 그를 통해 빛-에너지의 비가시적 파장들이 출렁인다. 오로지 확실한 도구를 가지고서만 혹은 우리의 태양처럼 은하계의 이웃하고 있는 별들 속에서만 그 빛은 구별될 수 있을 것이다. 그러나 창세기는 이 어둠으로부터 태어난 빛에 대하여 천문학적인 기술을 하고 있는 것이 아니라 신학적 시학theopoetics을 추구하고 있다.

여전히, 이렇게 반박할 수 있을 것이다. 왜 하나님은 빛은 좋으시다good고 부르시고, 어둠은 그렇게 부르지 않으셨는가? 이는 곧 어둠은 성서적으로 악이라고 말하는 바르트가 이 점에 대해서 옳았다는 것을 입증하지 않는가?

필자는 왜 그렇게 생각해야 하는지 모르겠다. 엘로힘 하나님은 그 빛을 보고 기뻐 외치신다. 그 빛은 새로운 것, 새로운 질서의 전개, 이 우주의 언어적 설명이다. 어떻게 이 표현이 그 어둠으로부터 도래한 함축적 질서, 신비스러운 잠재성을 나쁜bad 것으로 만드는가? 그 자궁으로부터 사랑하는 마음으로 가로챈 아기가 "선하기" 때문에 자궁

---

28 Cusa, "On Learned Ignorance", 125f.

은 그냥 악한 것인가?

게다가 우리는 분명코 "어두운"이라는 형용사를 기꺼운 마음으로 "악한"이라는 형용사와 동의어로 사용할 수 없다. 우리의 영적 전통들이 담지한 빛-우월주의light-supremacism는 백인-우월주의를 강화해왔고, 그래서 어두운 색조의 피부를 영적인 어둠, 즉 혼돈과 악으로 연상시키도록 조장해왔다.[29] 우리는, 예를 들어, 파시즘과 전체주의 그리고 우리 세계가 드러내는 얼굴의 매끈한 초국가적 균일화가 초래한 전대미문의 질서정연함 속에서, **질서**order를 담지한 밝고 하얀 악들을 간과해왔다. 기업정치corporatocracy가 아시아와 아프리카 그리고 남아메리카에 걸쳐 백색 미white beauty라는 우상들을 세우고 있다. 따라서 유색인들은 —인간 피조물의 체현이 담지한 다양한 농도를 간직한 채— 그들이 결코 조화시킬 수 없는 신체적 이상들을 내면화하게 된다: "완전하지 않아, 전혀 하얗치 않아." 그렇게 억지로 부여된 질서가 창조의 진정한 과정과 신비를 위반한다. 신비주의의 깊이 있는 질문들은 우리가 맺어가는 살아있는 관계들의 표면 위에 등장한다. 진리는 우리의 바로 그 피부 위에서 접촉한다. 영이 물질이 된다Spirit matters.[30]

자궁들과 전사들에 관하여

우리는 심연the deep의 얼굴을 읽고 있다. 우리는 그 고대 주름들의 트레이서리 무늬를 접촉한다. 히브리어 **테홈**(tehom)의 셈어 상관어는

---

29 "빛 우월주의"와 인종적 구성의 관계에 대해서 더 자세한 내용은 "Docta Ignorantia: Darkness on the Face (pne choshekh)", in Keller, *Face of the Deep*, 12장을 참고하라.

30 역자주. 평범하게는 '영이 중요하다'는 의미가 되지만, 본서에서 켈러는 'matter'라는 동사를 '물질화하다'라는 뜻과 동시적으로 사용하고 있어서 의역한다.

수메르어의 **티아마트**(Tiamat)인데, 이 또한 소금물, 심연, 혼돈을 의미한다. 테홈과 티아마트 모두 문법적으로 여성형 명사이다. 그러나 가장 오래된 창조 서사「에누마 엘리쉬the Enuma Elish」가 기록된 설형문자 속에서 티아마트는 아주 상당히 여성이다. 그녀는 한 전통에서 위대한 어머니the Grand Mother, 창조주-여신으로 숭앙되는데, 히브리인들은 아마도 바빌론 포로기 시절에 대면했을 것이다. 태초 이전에 티아마트는 그녀의 물을 자신의 짝 압수Apsu, 즉 "심연abysss"과 섞는다. 그 결합을 통해 신들의 발생이 촉진된다. 그녀는 유체 매트릭스로서, 그 안에서 새로운 생명이 발전한다. 이야기가 진행되면서, 이윽고 그 자녀들이 시끄러운 야단스러운 제삼 세대를 낳는다.

이제 말썽이 시작된다(기원을 말하는 대부분의 이야기들이 일종의 "타락fall"을 어떻게 이야기하는지 흥미롭다). 압수는 이 시끄러운 손주들을 죽이고 싶어한다. "낮에는 내가 쉴 수가 없고, 밤에는 잠을 잘 수가 없습니다. 그 녀석들을 파멸시켜 버릴 것입니다. … 그리고 난 후 우리 잠 좀 잡시다!" 고뇌에 찬 티아마트는 항변하면서, 그녀의 이야기를 적고 있는 작가의 문화와 날카롭게 갈등을 일으키는 비폭력의 길을 들려준다. "왜 우리가 우리 스스로 낳은 것을 파괴해야 합니까? 그들의 태도는 참으로 매우 골치 아프지만, 그래도 우리는 온후하게 받아들입시다."[31] 압수는 자신의 계획을 그대로 밀어붙인다. 손주들이 압수를 먼저 죽인다. 신화적-임상적 우울증의 소동이 지나간 후, 티아마트는 분노에 사로잡히게 된다. 악마 같은 필체를 전개하면서, 에누마 엘리쉬의 시인은 그녀를 순수한 악의 상징으로 변용시킨다: 완전한 좌천이다. 모든 실재의 사랑하

---

31 "Enuma Elish", in Alexander Heidel, *The Babylonian Genesis: A Complete Translation of All the Published Cuneiform Tablets of the Various Babylonian Creation Stories* (Chicago: University of Chicago Press, 1951), I. 37-43, 19.

는 어머니가 심연의 괴물로 변한 것이다.

악이 이제 처음으로 여성성과 동일시될 수 있게 된 것이다. "네가 두려워하는 것은 그저 여성적인 것에 불과하다"고 위대한 전사의 신 마르둑Marduk은 동료들에게 빈정거리며 말한다. 왜냐하면 그 동료들은 그녀와 대면하는 것을 두려워하고 있었기 때문이다. 그는 그들의 공포를 성공적으로 조작하여, 티아마트를 시원적 테러리스트로 짜맞춰 넣고 그녀를 살육한다. 그런 후 그는 피 흘리는 그녀의 시체로 만든 우주를 지배하는 자리에 올라선다. 다른 말로, 창조는 모친살해의 작업이다. 그러나 마르둑은 창세기를 반영하는 순서대로 세계를 만들어낸다. 결국 창세기 1장의 본문은 바빌론 포로기와 그것이 유대인들에게 의미했던 모든 상실감에 대한 반응으로 구성되었다. 바빌론의 통치자들은 마르둑의 성육신들로서 추앙되었다. 바빌론의 도시-국가는 호전적인 제국의 구성을 위한 패러다임이 되었지만, 그 시인은 창조의 패러다임을 파괴를 통해 지어냈다.

본문들의 평행을 전제로 할 때, 우리는 창세기의 **테홈**을 티아마트에 대한 암시로, **엘로힘**을 **마르둑**에 대한 암시로 읽어낼 수 있을까? 성서학자들은 이사야서와 시편들에 등장하는 전쟁의 신 모티브들에 근거하여, 성서적 하나님은 폭력을 통하여 창조하신다는 것을, 혼돈은 악이라는 것을 그리고 하나님은 무로부터가 아니라, 때로 레비아탄으로 불리는 바다괴물과의 투쟁으로부터 창조하시고 대속하신다는 것을 변호한다.32 따라서 일부 유대교와 기독교 해석자들은 창세기 1장 2절에서 살해에 의한 창조의 재연을 분명하게 발견하게 된다. 그렇다면 이는 잃

---

32 Bernard Batto, *Slaying the Dragon: Mythmaking in the Biblical Tradition* (Louisville: Westminster John Knox, 1992); Jon D. Levenson, *Creation and the Persistance of Evil: The Jewish Drama of Divine Omnipotence* (Princeton: Princeton University Press, 1988).

어버린 혼돈의 신비인가? 그것은 피비린내 나는 가부장적 전사의 신화를 반영하고 있기 때문에 은폐되어야만 하는 것인가?

분명코 심연과 그의 괴물들을 악마화시키는 성서 본문들이 존재한다. "주께서 주의 능력으로 바다를 나누시고 물 가운데 용들의 머리를 깨뜨리셨으며 리워야단의 머리를 부수시고…"(시 74:13-14 [개역개정]). 이는 바빌론의 침략에 대한 정치신학적인 신랄한 대응이다. 이처럼 두려움으로 가득 찬 대응은 완벽하게 인간적이다. 시편 기자는 바빌론의 시인들이 또한 소망하듯 모든 존재들 중 가장 강력한 힘, 즉 전쟁의 신 the Divine Warrior의 강력한 팔이 도래하여 구출해주기를 소망했다. 우리가 두려워하는 모든 것으로부터 우리를 구원하기 위해서 말이다. 저 바깥의 제국이라는 적들로부터 그리고 내부의 개인적인 위협들로부터 말이다. 우리의 빛이 그늘에 가리어지는 것에 대한 두려움, 경계들을 위반하고 범주들을 비집고 나와 벽장으로부터 몰래 스며들어오는 것에 대한 두려움, 바다의 그녀가 갑자기 우리의 연약한 확신을 엄습할 수도 있다는 것에 대한 두려움 말이다. "여성적인 것the female thing"에 대한 두려움. 너무 깊고 너무 유동적인 모든 것들에 대한 두려움._우리는 이 두려움을 **테홈공포증**(tehomophobia)이라고 부를 수 있을 것이다.

시초의 여성적인 물들은 은유적으로 자궁의 염수를 반복해서 표현한다. 그리고 서구의 영웅적 전사-기풍은 우주적 모친살해에 기초해 있다. 물론 히브리인들은 고대적 문화 환경의 가부장을 반영하고 흉내냈다. 성서적 유일신론은 불가피하게 하나님을 남성으로 만들었을 뿐만 아니라, 전사로서의 신이라는 주제가 성서 속에서 여성혐오주의자의 형태로 되풀이되도록 만들었다. 그 전사로서의 신은 기독교 종말론 속에 등장하는데, 거기서 바빌론의 공포 티아마트는 바빌론의 창녀로 변형되어 등장한다. 따라서 구원은 "더 이상 바다를" 동반하지 않는다.

로빈 모르간_{Robin Morgan}의 페미니스트 시구, "나는 괴물이다/그래서
자랑스럽다"33는 다양한 형태의 용들을 살육하는 위대한 전사들, 신
들 혹은 남자들에 대해서 들을 때마다 내 마음 한편에서 찬송처럼 흘
러간다. 그래서 창세기 1장의 본문이 모친살해는 말할 것도 없고 폭력
에 대한 암시조차 풍기고 있지 않다는 사실은 대수롭지 않은 것이 아
니다. 그렇기에 거기에는 아마도, 바르트가 의도했던 것과는 다른 의
미에서, 이방 신화에 대한 어떤 조롱이 담겨있는 것 같다. 사제 문서의
이야기는 폭력에 의한 창조라는 제국주의적 모델에 대한 풍자로 읽혀
질 수 있는데, 그 폭력이 이스라엘에게 그러한 공포들을 초래했기 때
문이다. 본문은 그 야만적 질서를 정당화하기 위해 혼돈을 악마화하는
그 어떤 이데올로기에도 소신 있게 맞선다. 그래서 창세기 안에는 수
면의 혼돈이 어떤 악을 의미하지 않고, 그래서 높은 곳에서 무미건조
하게 통치하는 선한 신이 정복해야 할 악이 존재하지 않는다. 그 혼돈
은 오히려 세계의 자궁에 보다 더 가까워 보인다. 따라서 욥기의 폭풍
우 속 하나님이 그 동일한 장면으로 되돌아온다.

바다가 그 모태에서 터져나올 때에 / 문으로 그것을 가둔 자가 누구냐?
/ 그 때에 내가 구름으로 그 옷을 만들고 / 흑암으로 그 강보를 만들고
(욥 38:8, 9).34

유사하게, 위대한 창조의 시인 시편 104편은 대양을 찬양한다: 괴

33 Robin Morgan, *Monster* (New York: Random House, 1970). 다음에서 재인용:
Catherine Keller, *From a Broken Web: Separation, Sexism, and Self* (Boston:
Beacon, 1986), 47.

34 Stephen Mitchell, *Into the Whirlwind: A Translation of the Book of Job* (Garden City:
Doubleday, 1979), 83.

물 레비아탄은 "하나님의 놀이동무"로 칭송되는데, 거기서 "위대한 바다 괴물"은 창조주에게 기쁨의 근원이 되고 있다. 이는 창세기 1장 23절에 "그 바다 속에 가득 찬" 모든 행태의 물고기들만큼 놀랍다. 이 성서적 대항문화는 혼돈을 낭만화하지 않는다. 그러나 창세기 1장처럼, 그 폭풍우처럼, 성서의 대항문화는 심연의 물고기가 누리는 은총을 찬양한다. 우리는 이 대안적 감수성을 테홈애착증tehomophilia이라 부를 수 있을는지도 모른다. 신성 자체의 깊이들이 뒤섞인 생명의 깊이들을 포용하면서, 우리는 끝없이 열린 창조성에 참여한다. 우리는 더 이상 어떤 절대적 권력의 응결된 질서 속에 웅크려 앉아, 그 창조로부터 구원되기를 기다리고 있지 않다. 우리는 우리 동료 피조물들과의 상호작용하는 과정으로 부름받았다. 그리고 우리를 앞으로 나아오도록 부르시는 분과 더불어 상호작용하는 과정으로 부름받았다.

창조와 유전학

이미 태초에 우리는 우리 세계들에 대하여 책임을 지라고 부름받았다. 그 이야기 속에서 우리는 창조주의 형상 안에서 창조성의 공동협력자collaborators로 창조되었다. 하지만 이 창조 안에서의 협동은 오로지 인간적인 것만은 아니다. 그와 대조적으로, 무엇보다도 땅과 바다가 거기에 거주할 종들의 싹을 피우도록 혹은 낳도록 부름받았다. 땅과 바다 모두 생명을 만들어내라는 하나님의 초대에 응답-할-수-있는response-able[35] 존재들로 묘사되었다. "땅은 풀과 씨 맺는 채소와 각기 종

---

35 역자주. '응답할-수-있는'으로 번역한 response-able은 '책임감 있는'을 의미하는 responsible과 발음이 같다. 역시 켈러의 언어적 유희이지만, 번역에서는 잘 살아나지 않는다. 독자들이 읽으면서 유념하기 바란다.

류대로 씨 가진 열매 맺는 나무를 내라"(창 1:11). 그리고 식물들의 구체적인 모든 종류들이 그렇게 반복적으로 생명을 만들어내면서, 이 짧은 예전적 장을 압도하기 시작하는데, 줄곧 그렇게 반복된다. 그보다 훨씬 긴 「에누마 엘리쉬」가 창조세계의 식물상과 동물군에 대한 어떤 언급도 결여하고 있고, 그래서 별들과 행성들에 대

> 그 과잉된 몸짓이 바로 창조의 소재이다. 우선 창조의 과잉된 한 몸짓 이후, 우주는 계속해서 오로지 과잉성들 만을 다루면서, 공허의 영겁 아래로 복잡성들과 거대한 것들을 내던지면서, 언제나 신선한 활력으로 과잉된 낭비를 풍성하게 쌓아올렸다. 그 전체 쇼는 처음부터 불에 타오르고 있었다!
>
> _ 애니 딜라드(Annie Dillard)[36]

한 언급으로부터 인간들에 대한 언급으로 바로 건너뛰는 것은 분명코 우연이 아니다. 인간들은 홀로 등장하여, 신들의 노예가 되도록 피조되었기 때문이다.

"그리고 하나님 보시기에 좋았더라"(창 1:13).[37] 그 결과물들에 대한 하나님의 기쁨이 여기서 직감적으로 드러난다. 비록 하나님의 제안들이기는 했을지라도, 후대에 "말씀"이라 불리는 혹은 더 추후에 "유혹lure"이라 불리는 내용이 모두 예측가능한 열매를 산출하는 것은 아니었다. 하나님은 그것이 좋았다고 본 것이지sees, 좋다고 말씀하신 것은says 아니었다. 놀라움의 요소, 즉 어떤 새로운 것에 대한 실제적 지각의 요소가 신학적으로 거의 지각되지 않았다. 그 후, "물들은 생물을 번성하게 하라… "(1:20). 그러자 그 물들은 그렇게 하였는데, 그 신비스러운 물들이 동물들을 만들어내라는 명령에 응답하면서 그렇게 하

---

36 Annie Dillard, *Pilgrim at Tinker Creek* (New York: HarperPerennial, 1985), 9.
37 역자주. 개역개정 성경에는 1장 13절이 아니라, 12절로 되어 있다. "그리고"는 개역개정에는 등장하지 않아서, 역자가 켈러의 인용을 그대로 따라 번역하였다.

였다. 그리고 그것은 정말 좋았다. 다시 한 번 땅은 낳았다, 생물적 다양성 그 이상의 사랑스럽고 반복적인 목록들과 더불어 이야기되면서 말이다. 그리고 그것이 창조가 피조물들의 상호-창조적인 행위를 통하여 일어난 방식이다: "… 그 물들은 하나님과의 상호창조적 활동성 속에서 춤을 춘다."[38]

만일 우리가 전지하고 박식한 보고서 찾기를 그만둔다면, 본문 속에서 생물학자들이 "창발emergence"라고 부르는 것에 대한 유사-진화론적인 직관을 분별할 수 있을 것이다. 다양한 개체군들이 그들이 출현한 땅과 바다 속에서 번성한다. 땅과 바다는 초-유기체들super-organisms로 등장하여, 땅을 근대 생물분류학의 특징들인 작동기제들의 단순한 총합보다는 오히려 하나의 단일하고 복잡한 생태계ecosystem로 간주하는 20세기 가이아 가설을 예감하게 한다. 땅과 바다는 온전성과 반응성을 갖춘 창조적 피조물들이다.

하나님은 함께 연주할 앙상블을 불러내는 작곡가이신가? 앙상블들의 앙상블? 엘로힘은 예술을 불러일으키신다. 마치 다수의 솔로들과 지속적인 합주들을 지닌 그래서 기초적인 테마들에 점점 더 복잡한 반복악절들을 덧붙여가면서, 깊이들을 울려나가는 재즈 앙상블의 음악처럼 말이다. 시원적 테마들은 $E = mc^2$과 중력법칙처럼 이 우주의 법칙이나 로고스를 표현하는 것처럼 보인다. 그렇다면 생물학이 발생할 때, 유전자를 구성하는 네 핵산들을 대표하는 문자들인 ACGT는 시원적 테마로 들린다. 이 네 기본 분자들 위에서 벌어지는 변이들이 (수치와 구성상 침팬지와 가까운) 인간 게놈을 구성하는 약 3만 개의 유전자들로 확장되어, 측량할 수 없는 생명의 다양성을 기록한다. 과학 작가 매트 리들리Matt Ridley가 "태초에 말씀이 있었다!"[39]고 감탄하지 않을 수 없

---

38 Baker-Fletcher, *Sisters*, 25.

었던 것도 놀랄 일은 아니다.

요한복음 1장 1절의 로고스logos는 창세기의 엘로힘의 발언들을 반영하면서, 여기서 유전자들에 대한 은유가 된다. 만일 ACGT가 그 자체로 시원적 테마여서, 우리 피조물들이 집단 수준에서 의식의 이면에서 그것들을 바탕으로 반복악절을 연주하고 있는 것이라면, 그것은 또한 신적인 말씀으로 비유가능한 은유 아닌가? 여기서 창세기와 유전학은 하나가 된다. 하지만 오직 환원주의적 과학만이 결정론적으로 프로그램된 게놈을 상상하면서, 끝없이 열린 상호작용성을 폐쇄시켜 버릴 것이다. 리들리가 『양육에 의한 본성Nature Via Nurture』이라고 적절한 제목을 붙였듯이, "유전자들은 꼭두각시 인형을 조작하는 사람이나 청사진이 아니다. 그것들은 유전형질의 운반자에 불과한 것도 아니다. 유전자들은 살아있으며 또한 적극적이다. 그것들은 서로 켰다 껐다를 반복한다. 그것들은 환경에 반응한다."[40] 우리의 유전자들은 우리의 잠재성을 명령할 뿐만 아니라, 발달의 경험들이 가져다주는 영향력들을 흡수한다. 유전적 생물학이거나 사회적 환경의 다름-아닌-바로-그것-주의와는 반대로, 우리의 체현된 삶은 열렬히 관계적인 과

---

39 "태초에 말씀이 있었다. 그 말씀은 그의 메시지로 바다를 개종시켜, 스스로를 중단 없이 영원히 복사했다. 그 말씀은 화학물질들을 어떻게 재배열하는지를 발견하여, 엔트로피의 흐름 속에서 거의 요동이 포착되지 않도록 하여, 그 물질들을 살아있게 만들었다. 그 말씀은 행성의 지표면을 먼지 자욱한 지옥 같은 상태로부터 신록이 우거진 낙원으로 변형시켰다. 그 말씀은 마침내 꽃을 피워, 인간 두뇌라 불리는 잡탕 기계를 만들어낼 만큼 충분히 재간이 넘치게 되어, 말씀 그 자체를 발견하고 인식할 수 있게 되었다." Matt Ridley, *Genome: The Autobiography of a Species in 23 Chapters* (New York: HarperCollins, 1999), 11.

40 리들리는 계속해서 말하기를, 유전자들은 "자궁 속에서 몸과 두뇌의 구성을 유도할 수도 있었지만, 그 후 유전자들은 —경험에 반응하여— 거의 즉각적으로 그들이 만들었던 것을 해체하고 재구성하기에 착수한다." *Nature Via Nurture: Genes, Experience & What Makes Us Human* (New York: HarperCollins, 2003), 6.

정이다.

요한복음 1장이 창세기 1장을 반복 연주하듯이, 말씀이 없었다면 "그 어떤 것도 존재로 도래할 수 없었다." 본문은 그 말씀이 그가 취한 모든 것이라고 주장하지 않는다! 땅과 바다와 진화 과정의 모든 다른 피조물들의 상호적-창조성co-creativity이 없었다면, 이 특별한 세계는 만들어질 수 없었을 것이기 때문이다. 그렇다고 하더라도 우리는 과학적으로가 아니라 신학적으로 말하면서, 창조자에 대한 피조물로서 우리의 관계를 상상하고 있다.

자기-조직화하는 창조

말씀하시고, 부르시고, 의도적으로 창조하시는 신에 대한 은유는 분명히 설계하는 지능이라는 생각을 함축한다. 그렇다면 우리는 "지적 설계intelligent design, ID"의 신학에 사실상 연루되는 것인가? 지적 설계의 대변자들은 우주와 생물들의 복잡성이 자연선택과 같은 무작위적 과정이 아니라 오로지 어떤 지적인 원인에 의해서만 설명될 수 있다고 주장한다. 과학적 논증들을 만들어가려는 시도 속에서 그들은 명시적인 신학을 회피하는 한편, 제일 원인이라

> 모든 사물들의 창조적 지혜가 경이롭고 형언할 수 없는 조화들을 세웠고, 그에 따라 모든 사물들은 일치 혹은 우정 혹은 평화 혹은 사랑 속에 혹은 모든 사물들의 연합이 어떤 식으로든 지시할 수 있는 방식으로 함께 도래하게 된다.
>
> _존 스코투스[41]

---

41 John the Scot (Joannes Scotus Eriugena), *Periphyseon = On the Division of Nature*, trans. Myra I. Uhlfelder and summaries by Jean A. Potter (Indiannapolis: Bobbs-Merrill, 1976), 137.

는 고전적 의미에서 "신"이 당연히 설계자라고 말한다. 그들이 다음과 같이 선언할 때, 필자는 사실상 지적 설계의 지지자들에 동의한다. "우리는 무작위적 돌연변이와 자연선택이 생명의 복잡성을 설명할 능력을 갖고 있다는 주장에 회의적이다. 다윈 이론의 증거에 대한 주의 깊은 검토가 독려되어야 마땅하다."[42] 우연과 자연법칙으로 생명을 환원해서 보았던 1950년대 식의 신-다윈주의는 신학적 대화-중단자 conversation-stopper이다. 하지만 리들리가 제안하듯이, 그러한 환원주의 또한 생물학에서 점차 주변으로 밀려나고 있다. 게다가, 1장에서 수고스럽게 전달하고자 했듯이, 신학적 절대의 주장을 다시 펴는 것이 환원주의적 방종[43]에 대한 최선의 대응은 아니다.

지적 설계의 제안자들은 하늘 위에 앉아 우주의 구조와 과정을 계획하고 감독하는 창조자-신이라는 낡은 그림을 투사한다. 그러한 창조주의는 너무 신인동형론적이다. 그것은 피조물들이 서로 간에 그리고 창조주와 더불어 일으키고 있는 자발적인 상호작용을 설명하지 못한다. 지적 설계론은 전지하고 일방적인 섭리에 의해 전달되는 초자연적인 종합 계획이라는 생각을 재기입하고 있다. 많은 생각 있는 신앙인들에게 그 이론이 신뢰성이 전혀 떨어진다는 것은 차지하고, 그러한 신적 능력에 대한 관점이 담지한 문제스러운 도덕적 전제들은 다음 장의 주제가 될 것이다. 지금으로서는 하나님에 대한 그의 군주론적인 관점과 더불어 지적 설계론은 생명이 실제로 출현하는 복잡성, 즉 자기-조직화하는 복잡성을 고려할 수 없다는 사실을 지적하는 것으로

---

42 참고. the Discovery Institute/Center for Science and Culture at www.discovery.org/csc/.

43 역자주. dissolute는 '방탕'과 '방종'의 의미를 모두 함의하기 때문에 켈러는 이를 매우 효과적 수사로 활용하나, 번역어에서는 두 단어가 구별되어 그 뉘앙스를 살리기 어렵다. 문맥에 따라 방탕과 방종이라는 단어 모두를 사용한다.

충분하다. 그러한 신학은 과정 중에 있는 창조세계보다는 미리 계획된, 미리 가공처리된 창조세계를 제공한다.

과학과 종교 분야의 한 학자는 생명을 낳으라는 위의 신적인 명령들을 성찰하면서, 하나님은 자기-조직화하는 시스템들을 통하여 계속적으로 창조하신다는 사실을 제안한다. 비선형 시스템들에서 복잡성과 질서의 창발을 다룬 일리야 프리고진Ilya Prigogine과 스튜어트 카우프만Stuart Kauffman의 작품에 근거하여, 아이언 바버Ian Barbour는 하나님은 "구조화하는 원인structuring cause"으로 행위하시면서, 피조물들이 행위할 수 있는 가능성들의 범위에 영향을 미친다고 제안한다. 많은 사람들은 그의 신 이해를 "자기-조직화하는 과정의 설계자designer of a self-organizing process"44로서 공유한다. 혹은 신적인 로고스 혹은 소피아(지혜)라는 성서적 은유들에 특권을 부여하여, 화이트헤드가 자신이 생각하는 과학과 종교의 철학적 화해 속에서 신으로 고려하고 있는 것에 대한 고대적 직관을 표현할 수도 있을 것이다: 각각의 출현하고 있는 사건 계기에게 "시초적 목적initial aim" 혹은 "유혹lure"을 제공하는 질서와 새로움의 근거. 우리는 지적 설계Intelligent Design보다는 창조적 지혜에 관하여 말할 수 있을 것이다. 지혜는 질서를 부여하는 것이 아니라 자기-조직화하는 복잡성을 요청한다.

> 주께서 하신 일이 어찌 그리 많은지요
> 주께서 지혜로 그들을 다 지으셨으니.
> _ 시편 104:24

직선적인 설계자-우주에 대한 여느 비전과는 대조적으로 창조세계는 창세기에서 하나님의 유일한-수행으로 묘사되지 않는다. 우리는 거기서 우주적 협동의 과정을

---

44 Ian G. Barbour, *When Science Meets Religion: Enemies, Strangers, or Partners?* (San Francisco: HarperSanFrancisco, 2000), 164.

읽을 수 있을 뿐이다. 사물-같은 창조세계가 아니라 복잡한 상호작용적 과정이 요구된다. 우리는 이를 창생 집단체genesis collective라 부를 수 있을 것이다. 차이화differentiation의 진정한 모체인 신비스러운 **테홈**(tehom)으로부터 창발하면서, 피조물들은 유아들처럼 점점 엄마로부터 타자가 되어 관계성을 형성해 나아간다. 그러나 결코 완전히 분리되지는 않는다. 창생genesis은 도래하면서 증식하고 있는 피조물들의 세대들을 수반한다. 그렇게 모여진 협동은 하나의 리듬으로서 우주적 예전cosmic liturgy을 전개한다. 신적인 유혹, 피조물적 즉흥성 그리고 신적인 수용 ─ 오, 좋다!

질서, 즉 생물학자들이 "자기-조직화하는 복잡성"이라고 부르는 것의 수준이 새로운 수준에 도달할 때, 혼돈의 위험도 마찬가지로 새로운 수준에 이르게 된다! 그러나 우주 안의 창조성─유기적 다재다능함으로의 진화적 도약─이 "혼돈의 가장자리에서" 출현한다고 복잡성 이론이 가르쳐주고 있기 때문에, 이 위험 또한 창조적 지혜를 표현한다. 창생genesis에서 요청된 창조는 장식적 질서decorative order라는 그리스어적 의미에서 코스모스kosmos이다. 그러나 고전적이고 대칭적인 미학과 달리, 이 코스모스는 흐름들과 파동들, 붕괴들 그리고 놀람들의 예술이다. 훈련된 즉흥성이 피조물들 속에서 요청된다 ─ 이는 엄청난 위험을 동반한다. 창생genesis은 고정되고 정착된 코스모스가 아니라, 제임스 조이스James Joyce가 재치있게 "카오스모스chaosmos"라고 이름을 붙였던 것에 보다 가까운 어떤 것을 이름한다. 형상 없음과 형상, 혼돈과 질서, 창발과 붕괴의 상호작용 속에서, 과정신학이 "신적인 유혹divine lure"라고 부르는 것 속에 담긴 가능성들이 현실을 발견한다. 따라서 창생 집단체genesis collective는 매 순간마다 그 모든 상실들의 한복판에서 계속해서 출현한다.

남성적, 여성적 그리고 수다스러운

문득 눈에 익숙한 피조물이 펄쩍펄쩍 뛰어오르며, "난 어때?"라고 외치는 모습이 내 곁눈질에 보인다. 이 피조물이 언급되는 것을 삼가해왔다. 왜냐하면 이 피조물은 여태껏 창조의 모든 토론을 지배해왔고, 통상 종자류와 물고기류와 과일류 그리고 기어다니는 류와 엉금엉금 걸어다니는 류의 것들을 그냥 지나가지 못한다 — 나도, 나도, 나도! 인간. 글쎄, 좋다. 우리의 신학적, 우주론적 그리고 생태학적 주의 지속시간을 확장하려는 관심 가운데에서조차, 필자는 더 이상 우리에 대한 토론을 미룰 수 없을 것 같다.

시초의 예술은 인간의 창조에서 새로운 수준에 도달한 것으로 ('우리에게'라는 말을 덧붙여야만 할 것 같다) 보인다. 왜냐하면 우리는 자의식적인 창조성을 가지고 창생 집단체의 자기-조직적 복잡성에 참여할 수 있기 때문이다. 자의식self-consciousness은 우리에게 주어진 선물이자 저주이다. 자의식은 우리를 우리 자신들—나-나-나—로 채우고, 그럼으로써 하나님의 형상imago dei을 상쇄해버릴 수 있다. 즉 우리가 창조주와 공유하는 피조세계의 다수성에 대한 의식을 상쇄해버릴 수 있다. 그래서 바로 여기서 인간 역사의 그 모든 고통스런 자기-모순들이 시작된다: 우리를 우리 자신들 속에 얽어매는 자기-조직화하는 복잡성.

창세기의 창조 이야기 자체는, 즉 그 짧은 장은 인간의 자기-조직화에 엄청난, 참으로 자기-모순적인 충격을 안겨다 주었다. 예를 들어, 그 동일한 짧은 텍스트가 사람들 사이에 성적 평등의 가능성과 비인간 종들의 착취, 심지어는 멸종의 가능성을 담지하고 있다.

하나님이 이르시되 우리의 형상을 따라 우리의 모양대로 우리가 사람

[아담]을 만들고 그들로 바다의 물고기와 하늘의 새와 가축과 온 땅과 땅에 기는 모든 것을 다스리게 하자 하시고, 하나님이 자기 형상 곧 하나님의 형상대로 사람을 창조하시되 남자와 여자를 창조하시고(창 1:26-27).

이 "우리의 형상대로"라는 스쳐 지나가는 언급, 교리적으로는 '이마고 데이imago dei'로 알려진 언급은 성서 속에서 인간의 정체성을 규정하는 표현으로는 가장 큰 영향력을 미친 표현이다. 우리를 의미하는 아담adam─인류─은 땅, 즉 아다마adamah로부터 유래하는데, 우리는 땅과 하늘의 창조자 엘로힘의 "형상 속에서" 피조되었다. 사람은 올바로 번역하자면 다음과 같다: 땅에 사는 것earthling. 소박한 인간 흙덩어리humble human humus. 그러나 땅에 사는 것이 어떻게 몸을 갖고 있지 않으며 따라서 성sex이 없는 것 그래서 언제나 비가시적인 어떤 것의 형상 속에 도래할 수 있는가? "비가시적 하나님의" 가시적 "형상"?(골 1:15). 성육신은 "두 번째 아담", 즉 첫 번째 아담이 잘못되었던 것을 교정하려는 이미지로 상상된다. 특별히 그것이 "나-나-나"라는 외침 속에 갇혀버렸을 때 말이다. 그 방해물에 대해서 우리는 전형적인 남성 에고와 여성적 의존성, 즉 분리적인 아담과 용해적인soluble 이브 간의 차이를 고려해볼 수도 있을 것이다. 만일 제삼의 길이 "연결적 자아connective self"의 방식이라면, 이는 우리의 체현된 상호작용embodied interactivity을 다시 상상할 것을 요구한다.[45] 성육신은 정확히 말하자면 우리의 육체성을 통하여, 우리가 모든 다른 피조물들과 공유하는 물질성을 통하여, 즉 우리가 많은 피조물들과 공유하는 성sexuality을 통하여 우리를 구원

---

45 분리적 자아와 용해적 자아 그리고 연결적 자아 개념들에 대한 소개는 Keller, *From a Broken Web*에 잘 나와있다.

한다. **구원**의 반대말은 **저주**가 아니라 **낭비**이다. 인간이라는 실험은 오랫동안 스스로를 낭비하는 위험에 있었다. 어떤 "성육신"이란 개념이 일어나기 전부터 이미 작용하고 있던 신적 체현divine embodiment의 신비를 낭비할 위험 말이다. 심연the deep으로부터 우주의 물질화는 무한의 자궁으로부터 우주적 몸의 탄생으로 읽혀질 수 있다. 하나님의 몸으로서 우주는 하나님의 형상 안에서 우리의 창조를 더욱 더 설득력있게 만든다. 그러나 더 이상 신비롭지는 않다. 왜냐하면 우리는 피조물들과 동떨어져서 하나님을 분별할 수 없기 때문이다. 하나님은 바로 그 피조물들 안에서 편재적으로, 무한히 현재하시기 때문이다. 만일 우리가 욥처럼 "이제 내 눈은 당신을 봅니다"(42:5)라고 말할 수 있다면 그것은 아마도 폭풍우가 우리의 신인동형론적 투사들로부터 눈을 깨끗하게 만든 후일 것이다. 우리가 보는 것은 바로, 나머지 피조세계이다. 왜냐하면 우리의 분별할 수 있는 전적인 능력은 피조물적이기 때문이다. 신성divinity을 분별하는 것은 피조세계로부터 분리될 수 있는 어떤 것을 보거나 듣는 것이 아니다. 그러한 분리는 오직 신학적 추상에 의해서만 이루어진다.

그럼에도 불구하고, 우리의 능력의 일부는 언어이다. 책의 사람들을 위한 인간 창조성의 시원적 장르는 의심의 여지 없이 언어이다. 그래서 우리에게 하나님의 말씀하심이란 곧 하나님의 창조하심이다. 엘로힘 하나님은 우리를 "그들"과 유사하게 창조하셨다. 그렇다. **엘로힘**Elohim이란 단어는 사실 **엘로흐**eloh, 즉 하나님의 복수형이다. 한 분 하나님이라는 개념은 많은 신들을 점차 그 자신 안으로 접어넣고 있다. 그러나 점진적으로 말이다. 걱정이 많은 해석자들은 이 "우리"를 천사들의 공의회로 혹은 삼위일체의 선취로 말을 맞추려 했다. 그런데 (비록 일자 안에 다자의 신비로 우리를 묶어두고 있을지라도) 문법적 복수가 그 형상imago

의 가장 중요한 순간에 기입되었다: "우리… 만들자…." 그 왕다운 위엄의 우리는 히브리적 용법이 아니다. 창조주를 가리키는 이 "우리"는, 한참 후대의 삼위일체가 제안하듯, 하나님은 **단순한 한 분**simple이 아니라 오히려 **다수적 일자**multiple One라는 것을 제안한다. 다수성은 하나의 복잡성으로 함께 접혀진 하나의 다수이다. 신적 다수성divine multiplicity은 창조주 속의 복잡성을 암시하는데, 이는 과정신학의 선조격인 윌리엄 제임스William James가 "다원적 우주pluralistic universe"라고 불렀던 것으로 전개된다. 여기서 엘로힘은 후일의 보다 상투적인 유일신론을 지배하게 될 "일자의 논리"에 여전히 저항한다. 테홈적 창조신학은 이 다수성의 비옥한 신비를 두려워하기보다는 오히려 축하한다.

이 신적인 다수-일자Many-one의 형상 속에서 우리 인간들은 그저 아무런 사람인 것이 아니다! 우리의 다수성은 우리의 성적인 차이를 통하여 확증된다. 그 텍스트는 각 인간 존재가 아이를 낳을 것을 요구하지 않는다. 창세기 1장은 동성애혐오적이 아니라 테홈공포증적tehomo-phobic이다. 그 본문은 다른 동물들처럼 성적으로 증식하는 종을 기술한다. 우리를 구별시켜주는 독특성은 우리의 생식적 장치들이 아니다. 우리의 고유성은 바로 이것이다: 즉 그 우리-하나님의 형상 속에서 우리는 권력이나 지위의 차이 없이 남자와 여자로 피조되었다는 사실. 다시금 강조하자면, 그 본문은 바빌로니아의 여성혐오적 서사에 맞서는 것처럼 보인다. 바빌로니아의 서사 속에서는 그러한 평등이 선포되지 않기 때문이다. "페미니스트인 성서 독자들에게, 인간됨being hu-man의 본성과 하나님의 본성에 대한 언급보다 더 흥미롭고 간결한 언급은 존재하지 않는다."[46] 일부 사람들이 첫 번째 장을 두 번째 창조

---

46 Susan Niditch, "Genesis", in *The Women's Bible Commentary*, ed. Carol A. Newsom and Sharon H. Ringe (Louisville: Westminster John Knox, 1992), 13.

이야기, 즉 여성에 대한 곤란한 관점을 담지한 에덴동산 이야기로 붕괴시키려고 노력한다 해도, 창세기 1장의 메시지는 명확하게 성-평등주의적으로 남아있다.

땅을 정복하라?

동시에 그 동일한 본문은 엄청나게 반-생태적인 규정을 전송하는 듯이 보인다. 두 성genders은 모두 땅을 "채우고 제압하기 위한"(히브리어 동사는 kabash이다!) "다스림"을 승인받았다. 그 다스림dominion은 지배domination에 대한 보증으로 읽혀져 왔다. 그것은 바로 땅과 그 구성성분들에 대한 우리의 개발을 정당화하는 가장 중요한 쉽볼렛47이다. 그것은 창세기에서 "하늘들"이라 불렸던 상층대기를 과열시켰던 우리의 행위를 합법화하는 비밀번호이고, 이는 다른 종들을 —사용하지 않는다는 의미에서가 아니라 소비해버린다는 의미에서— 파멸시킨 행위를 포함하는데, 그 소비 속도는 전체 종 집단들을 소비하는 속도로 진행되어왔으며, 그래서 아마도 수십 종씩 거의 매일 멸종되어간다.

창세기 1장의 이야기에 대해서 이보다 더 위대한 조롱이 있을 수 있을까? 다스림의 명령이 다른 땅의 피조물들에 대해서 우리가 원하는 대로 마음대로 하라는 것을 의미한다는 유언비어가 상투적으로 무제약적인 지구적 성장의 경제학을 지지한다. 이는 첫 장에서 언급했던 기업정치corporatocracy이다.48 여기서 다스림의 종교적 절대가 무도덕적

---

47 역자주. 사사기 12:5-6에 등장하는 이야기로부터 유래되는데, 이에 대해서는 2장에 이미 언급된 바 있다. 사사 입다는 에브라임 사람을 가려내기 위해 '쉽볼렛'이라는 발음을 시킨다. 그들은 히브리어의 쉰(sh)을 사멕(s)로 발음하기 때문이다. 쉽볼렛을 십볼렛으로 발음한 에브라임 군사 42,000명이 죽임을 당했다.

48 "The Cornwall Declaration on Environmental Stewardship",

인 기업적 탐욕의 세속적 방종과 합류한다. 예를 들어, 많은 복음주의자들이 피조세계의 돌봄을 포용하기도 하지만, 남침례회 연맹은 이산화탄소와 그 외 배출가스들에 대해 정부가 부과하는 법적 한계치를 "매우 위험한" 것으로 거절하는 선언문을 내걸고 있다. 왜냐하면 그 한계치들이 상업분야와 전세계적인 "경제적인 거대한 난국들"의 국면에서 정부의 간섭으로 이어질 수 있기 때문이다.[49] 그런데 그 연맹은 도리어 포식자적인 행태를 보이며 주요한 경제적 역경들을 야기하고 있는 다국적 기업체들global corporations의 경제 정책들을 지지한다. 앞에 언급된 콘월 선언문 속에서 알 수 있듯이, 이 모순은 종교적 절대주의가 어떻게 도덕적으로 방탕한 탐욕과 융합될 수 있는지를 보여준다. 이 반-환경주의는 이 순간 특별히 극적이다. 왜냐하면 그것은 더 보수적인 복음주의 기독교인들의 녹색화를 향한 추세를 중단시키고자 시도하고 있기 때문이다.[50]

이 착취적이고, 극단주의적인 지배가 창세기의 저자가 생각하고 있던 것일 수 있을까?

글쎄, 그렇지 않다면, 왜 "다스림"이라 했을까를 의아해할 수도 있

---

www.stewards.net/CornwallDeclaration.htm.

49 Associated Press 이야기를 인용하자면, "남침례교 결의문은 지구 온난화의 전적인 책임들이 인간들에게만 있는 것은 아니다라고 말한다," in *the Christian Daily Mail*, June 14, 2007, www.dailymail.com/story/Life/2007061460/Southern-Baptist-resolution-says-humans-not-entirely-to-blaim-for-global-warming/.

50 이 결의문은 86명의 복음주의 지도자들이 서명한 지난해의 선언문과 대비를 이루는데, 작년 선언문(2006)은 인간이 유발한 기후 변화는 실재이며, 온난화로 인한 기온변화의 귀결들은 수백만 명의 사람들을 죽음으로 몰고갈 것인데, 그 죽음에 직면한 대다수는 "지구촌에서 가장 가난한 우리의 이웃들"임을 말하고 있기 때문이다. 복음주의적 기후 기획(Evangelical Climate Initiative)과 그것이 촉구하는 "행위로의 부름"(Call to Action)에 관하여 더 많은 정보를 얻고자 한다면, www.christiansandclimate.org/statemetn를 방문하라.

을 것이다. 나의 오랜 선생이자 기독교 생태 운동의 예언자인 존 캅_{John} Cobb은 이 물음 앞에서 미소를 짓는다. "맞아요, 이것은 우리가 어떻게 든 복종해왔던 성서의 유일한 명령입니다!"[51]고 그는 말한다. 분명히 사제 문서의 저자는 뼛속 깊이 각인된 지배의 패턴을 가지고 확장하고 있던 제국들의 맥락에서 적고 있었다. 도심 바깥 지역에 서식하던 뱀 들과 늑대들과 그 외 다른 포식자들에 대한 지속적인 두려움들에도 불 구하고, 인간들은 이미 지배적 종으로 확고하게 자리잡고 있었다. 그 래서 그 본문의 목적은 창조의 정점에 있는 존재라는 걸 사람들에게 우쭐하게 하고, 그래서 하나님이 그토록 "좋다"고 생각한 야생의 것들 을 파괴하도록 독려하기 위한 것이었을까? 글쎄, 오직 인간들만이 "아 주 좋았다"라고 반-환경주의자들은 대답했다. 그에 대한 대답은 아쉽 다. 그건 성서가 말하는 것이 아니다. 성서는 말하기를, "하나님이 지 으신 그 모든 것을 보시니 보시기에 심히 좋았더라"(1:31). 우리 인간 들만이 아주 좋았던 것은 아니다. 우리는 아주 좋은 창생 집단체_{genesis} collective의 일부이다. 실제로 과잉되게 인용되곤 했던 우리의 다스림의 선언에 바로 뒤이어 잘 인용되지 않는 본문이 있는데, 그 본문은 다른 동물들처럼 우리도 모든 종류의 식물을 먹을 수 있다고 공표하고 있 다. 창세기 1장에서 언급하는 우리의 다스림은 엄격히 말하자면 채식 주의인 것이다!

어떻게 창세기 1장의 다스림이 이 재능있고 **호전적인 땅의 것들**_{earth-lings}에게 책임감을 불러 일깨우는 것 이외에 다른 것이 될 수 있을까? 우리의 다스림의 "권리"는 정확히 **책임 있는 돌봄**을 의미하지 않는가? 그러나 우리는 또한 창조성, 새로움, 과잉, "풍성한 생명"으로 초대받

---

51 John B. Cobb Jr., *An American Empire?: Globalization, War and Religion*을 주제로 Drew Transdisciplinary Theological Colloquium III 기간 중 있었던 대화 중에서.

지 않았는가? 분명히 그렇다. 그렇다면 생명을 사랑하는 지혜는 비도
덕적인 탐욕으로 추동되는 생산성에 근원적으로 반대하는 창조성으
로 우리를 부르지 않을까? 하나님의 형상 속에서 우리의 창조성이 어
떻게 창조의 협동적 과정 자체에 대한 본받기 이외의 다른 것을 의미
할 수 있는가? 창조적 지혜는 우리가 세계를 구원하기를 돕기 원할 것
인가 아니면 낭비하기를 원할 것인가? 창조주의 형상 속에서 우리는
창조적 응답-능력response-ability[52]으로 초대받았다. 이 능력은 인간적 그
리고 비인간적 타자들에 대해 감사의 관계 속에서 응답하는 능력을 의
미한다. 그저 의무적으로 응답하는 것이 아니라 창조성의 흐름 속에서
그리고 은총의 아름다움 속에서 가치 있게resourcefully 응답하는 것 말이다.

은총이라는 바다의 풍경

많은 것들을 생각조차 못하고 잃었고 또 회복불가능하게 잃어왔다.
우리는 우리의 그 많은 상실들을
깊이 애도하며, 그래서 우리 스스
로가 상실되지 않도록 할 것이다.
이미 창생genesis의 생식성을 애도
함 속에서 되어감의 흐름이 시작
된다. 테홈(tehom)의 역류는 고

> 한 방울의 물방울 속에 하나님의 전체
> 대양이 나에게로 흘러들어온다 ─ 어
> 떻게 이럴 수 있을까라고 말한다.
> ─ 안겔루스 질레지우스[53]

---

52 역자주. response-ability는 발음이 responsibility와 거의 같다. 즉 켈러는 책임감이
   라는 단어의 핵심의미를 반응-능력으로 해석하면서, 이렇게 풀어 놓은 것이다. 일종의
   언어유희라 할 수 있을 것이다.

53 "Sag an, wie geht es zu, wenn in ein Tröpfelein/ In mich, das ganze Meer, Gott,
   ganz und gar fließt ein?"(IV. 153). Angelus Silesius, *Cherubinischer Wanders-
   mann* (Einsiedeln: Johannes, 1980), 38. 필자의 번역.

통스러울 수 있다. 새로운 시작의 견인력은 상처에 모욕을 더하는 것처럼 보일 수도 있다: 우리의 얼굴에 그저 죽은 가능성들을 가지고 문지르는 것이 아니라 잃어버린 가능성들, 즉 일어날 수도 있었지만, 일어날 수 없었던 가능성들을 가지고 문지르는 행위 말이다.[54] 그 물들은 검은 얼굴을 하고 있다: 우리는 신비스럽게도 다시 우리 자신에게 비추어진다, 기형스럽게 그리고 소용돌이치면서. 우리는 우리의 심연들로부터 존재한다. 신앙은 "너는 네가 되기 원하는 그 무엇이든지 될 수 있다"는 것을 의미하지 않는다. 세계는 우리의 굴$_{oyster}$이 아니다. 세계는 우리의 대양이다.

신학은 여기서 그리고 저기서 심연의 얼굴을 우리 생명을 위한 혼돈의 가장자리로서 분별하기 시작하고 있다 — 그저 시작하고 있을 뿐이다. "바다 풍경의 휘황찬 가능성들을 회복하는 것, 그 바다의 신비의 가장자리에, 그의 비극적 측면들을 망각하지 않으면서, 거주하는 것은 성례전적 시학의 은혜로운 가능성들을 경험하는 하나의 길이다." 그래서 신학자이자 생태운동가인 매리 그레이$_{Mary Grey}$는 부활절 철야제의 순간, 즉 해가 떠오르는 (그래서 아들이 떠오르는, sun/son) 순간, 부활을 상징하는 촛불이 세례반$_{baptismal font}$ 속으로 거부감없이 잠겨지는 순간을 성찰한다: 여기서 전통은 "혼돈의 물의 심연들이 담지한 다산의 약속들"[55]을 상실하지 않았다.

불확실성의 넘실거림과 상실의 격랑이 일렁이는 한복판에서 우리

---

54 "하나님의 결과적 본성은 세계에 대한 그의 판단이다. … 그것은 구원받을 수 있는 그어떤 것도 상실하지 않는 다정함의 판단이다." Alfred North Whitehead, *Process and Reality: An Essay in Cosmology* (New York: Free, 1978 [1929]), 346.

55 Mary Grey, *Sacred Longings: The Ecological Spirit and Global Culture* (Minneapolis: Fortress Press, 2004), 97.

56 Karen Baker-Fletcher, "Ha Shem", *Ecospirit: Religions and Philosophies for the Earth*, ed. Laurel Kearns and Catherine Keller (New York: Fordham University

는 우리에게 **좋은**good 가능성을 분별할 수 있을까? 수많은 잠재성들이 결국 물 속에서 죽고 말았다. **심연으로부터의 창조**는 여전히 미심쩍다.57 **무로부터**ex nihilo가 그의 절대적 손아귀를 느슨히 풀어놓을 때, 모든 것을 통제하는 섭리라는 도그마 또한 그의 힘을 상실하는가? 다음 장은 신적 권력에 대한 물음과 재구성을 탐구할 것이다.

만일 세계가, 암브로시우스가 설교하듯이, 거대한 대양이라면, 생명은 여전히 창조적 위험으로 존재한다. 만일 우리가 그 빈곤하고 탐욕스러운 에고를 펼쳐, "그것이 하는 대로" 내버려둔다면 말이다. 영과 진리 속에서 그것은 우리만을 위한 헤엄이 아니라, 심지어 지금 우리를 잉태하고 출산하는 심연 속에서 우리를 인도해 나아갈 수도 있다. 창생genesis의 과정 속에는 결코 재생을 멈추지 않는 관대함이 존재한다.

> 하쉠
>
> ....
>
> 피조세계가 지류로부터 만까지 그리고 만으로부터 대양까지 끊임없는 탄원으로 신음하는 동안
> 그리고 바람들은 예언한다
> 그 빈약한 회개를
> 그처럼 불경한 제물을
> 비밀스런 물들의 비웃는 듯한 기억을
> 환희로 일렁이며
> 심연들 위에 떠 있는 영
> 땅을 만나
> 바람과 사랑으로 춤을 추는
> 위로부터
> 헐떡거림
> 그리고 박동
> 탄생의 첫 번째 외침이 울릴 때까지
> 알파와 오메가
> 따라서 하쉠은 말씀하신다.
> _ 카렌 베이커-플레처56

---

press, 2007), 538의 마지막 구절들로부터 발췌.

57 역자주. 'fishy'는 '비린내 나는' 혹은 '미심쩍은'을 의미하는 말로 쓰이지만, 본래 어원적 의미는 '물고기스러운'이라는 뜻이다. 본 장의 제목이 '이 물고기가 되라'임을 상기한다면, 켈러가 이 단어를 가지고 또 하나의 언어 놀이를 보여주고 있음을 알게 된다.

그리고 너는 이 물고기가 되어야만 한다. 그러면 세상의 파도들이 너를 집어삼키지 못한다.

4 장

폭력과 혐오 시대의
하나님의 전능성 재고찰
: 전능성을 넘어서

하나님의 능력은 그가 영감을 주는 예배이다

_ 알프레드 노스 화이트헤드[1]

힘이 번쩍이다

회상장면 1: 점심 휴식시간에 심심함을 달래기 위해 라디오를 켰
다. 국립공영방송 NPR의 프레쉬 에어Fresh Air 프로그램에서 테리 그로
스Terry Gross는 대통령 기도팀Presidential Prayer Team의 책임자인 존 린드John
Lind를 인터뷰하고 있었는데, 이 대통령 기도팀은 뉴욕 맨하탄의 쌍둥
이 빌딩 붕괴 사태에 대응하여 태동된 인터넷 활동조직이다.[2] 이들의
주 임무는 대통령을 위해 기도하는 것이다. 대통령이 압박감을 이겨내
고 지혜와 힘과 지도력을 지켜나갈 수 있도록 기도하는 것이다. 좋은
생각으로 들린다. 하나님이 이 대통령을 선택했다고 믿느냐는 질문을

---

1 Alfred North Whitehead, *Science and the Modern World* (New York: Macmillan/Free, 1967), 192.
2 www.presidentialprayerteam.org.

받자, 잠시 머뭇거렸다(대통령 기도팀은 자신들이 당파적이라는 사실을 부인했다).3 "예"라고 그는 대답했다. 부시 대통령은 이 위기에 적합한 사람이다. 계속 추궁을 당하자, 그는 그들이 또한 이 대통령의 재선을 위해서도 기도한다는 사실을 인정했다. "만일 다른 후보가 선거에서 이기면 어떻게 하시겠습니까?"라고 그로스는 묻는다. "그것도 또한 하나님의 의지일까요?" "네, 하나님의 의지는 하나님의 의지입니다."4

회상장면 2: 20세기 오래전으로 되돌아가서. 그때 나는 14세였다. 수업 시간들 사이 쉬는 시간에 나는 훨씬 나이가 많은 학교 오빠랑 잠시 걷고 있었다(아마도 그때 그는 거의 17세였던 것 같다!). 나는 그의 우울한 감성에 이끌렸다. 그래서 내가 출석하고 있던 미국감리교회 청소년 그룹에 그가 관심을 갖고 참석하도록 종용했다. 매주 모이는 토론 그룹이 정말 재미있다고 그에게 말했다. 우리는 하나님과의 관계 그리고 그 외 여러 가지에 대한 이야기를 나누고 있었다(아마도 나는 곧 다가올 건초 피크닉5을 염두에 두고 있었던 것 같다). 그는 내 말을 끊고 폭발했다. "내게 하나님에 대하여 이야기하지 마! 내 여동생은 9살 때 죽었어. 끔찍했어. 그 아이는 백혈병을 갖고 있었고, 계속 그 때문에 고통스러워했어. 만일 하나님이 존재한다면, 어떻게 그 하나님은 이런 일이 벌어지도록 할 수 있지?" 그는 발을 쿵쿵거리며 대답도 기다리지 않은 채 먼저 갔고, 나는 어쨌든 아무런 대답을 갖고 있지 않았다. 그렇게 건초 피크닉을 위한 계획은 어그러졌다.

---

3 역자주. 당시 미국 대통령은 조지 부시(George W. Bush)였다.
4 John Lind, interviewed by Terry Gross, Fresh Air, NPR, October 19, 2004, www.npr.org/templates/story/story.php?storyID=4116619.
5 역자주. 건초를 실은 트럭이나 마차를 타고 떠나는 젊은이들의 소풍.

전능성의 논리

이 두 신학적 장면들이 공통으로 갖고 있는 것은 무엇일까? 양 장면들 모두 비극적 고난에 대한 응답들이다. 그러나 린드와 나의 예전 학교 오빠는 정확히 정반대 관점들을 서로 지지하고 있었다. 한 관점은 공적인 관점이고, 의심의 여지없이 유신론적이다. 다른 관점은 개인적이고, 경험적이고, 무신론적이다. 대통령을 위한 기도팀은 하나님이 통제하신다는 관념을 강조한다: 무슨 일이 일어나건 그것은 변함없는 하나님의 영원한 의지이시다. 그래서 일어나는 일에 영향력을 행사하시도록 그저 하나님에게 기도하는 것뿐이다. 두 번째 관점은 그 모순을 파악한다. 이 관점은 실망에 가득 차, 하나님을 전적으로 단념한다. 그러나 이 두 번째 관념이 단념한 하나님이 기도팀이 기도하는 하나님과 그렇게 동일한 하나님일까?

대통령 기도팀은 교회와 국가의 분리원칙에 대한 점증하는 위협을 대변한다고 테리 그로스는 근심했다. 하지만 인터넷을 기반으로 모이는 이 기도 모임은 공립학교에서 기도하기를 요청하지는 않았다. (이 경우에) 필자는 헌법적 문제들에 대하여 근심하지 않는다. 내 마음을 흐트러트린 것은 바로 신학이었다. "하나님의 의지는 하나님의 의지이다"—반론의 여지가 없는 동어반복이다—는 말은 어떤 일이 일어나건, 그것은 하나님이 그것을 의지하셨기 때문에 일어난다는 자명한 논리를 전제한다. 이 논리 속에서 **의지한다는 것**to will은 원인을 초래한다to cause는 것과 같다. "그럼 하나님은 모든 선거 결과들에 책임이 있으십니까?"라고 테리 그로스가 묻기를 바랐다. 대답은 분명히 "예"일 것이다. 그렇다면 1933년 독일의 선거결과들도 마찬가지로 그런가? 논리는 명확하다: 히틀러는 하나님의 선택이어야 했다. 9.11 공격은? 하나님의 의지는 하나님의 의지이다. 그러한 신학적 절대주의가 전적으로 정치적 행동을 고취한다는 것은 놀라운 일이다. 그 "분"[6]은 변화하지 않으시고 또 완전한 통제력을 갖고 계시다는 것을 전제로 말이다. 그 "분"은 애초 우리가 일어나지 않기를 기도하는 고난을 야기하신 것 아닌가?

내 나이 많은 급우에 관해서 말하자면, 그는 이 신-논리theo-logic를 공유했다. 그러나 쓰디쓴 절망이 담긴 신랄한 시선에서 말이다. 과거 신앙의 방종은 여전히 파란만장하게 진행 중이다. 그의 물음—어떻게 하나님이 그러실 수 있는가?—은 당시 나를 침묵시켰다. 그러나 그 물음은 깊은 곳에 자리 잡았다. 마치 나는 여전히 그 물음에 대답하려고 노력하고 있는 듯하다. 그때 이후로 필자는 그 질문을 여러 다른 형태로 여러 번 들어왔다. 아마도 독자도 그러리라 생각한다. "왜 저에게?" "내가 무슨 잘못을 했다고… 이런 일을?" 고난의 혼돈은 너무나 또렷한 질문을 계속해서 도발한다. 어떻게 선한 신이 나쁜 일들이 일어나도록 하실 수 있었는가? 혹은, 더 가혹하게 표현하자면, 그런 일을 일으키셨는가?

대통령 기도팀의 경우에 우리는 신학적 절대주의의 표준 논리를 인식할 수 있을 것이다. 두 번째 경우에는 세속적 방탕의 공통 근거를 인식할 수 있을 것이다. 그러나 이제 독자들은 그러한 이분법적 대립들을 의심스럽게 바라볼 수 있게 되었기를 바란다. 왜냐하면 그 양측 모두 결국 동일한 신-논리theo-logic를 함께 공유하고 있는 것으로 볼 수 있기 때문이다. 유신론과 무신론은 모두 하나님의 의지가 일어나는 모든 일을 설명할 수 있을 것이라고 가정한다.

---

6 역자주. '그 "분"'은 켈러가 "He"로 표기한 말의 번역이다. 그 남자가 직역이겠으나, 우리 말의 '그 남자'와 영어 대문자 "He"하고는 뉘앙스의 차이가 있어 '그 '분''으로 번역하였다.

위에 언급된 두 개의 회상은 모두 어떤 종류의 하나님을 드러내고 있는가? 대답은 간단하다. 공동 예식문의 말씀에 따르면, 이 하나님은 "권력과 권능의 주님the Lord of power and might"이시다.7 이 하나님은 전능의 신-논리 속에서 왕좌에 앉아있다. 이것은 유일신론들 가운데서 볼 수 있는 주변적 논리가 아니다. 그것은 많은 이들―신자와 불신자들―이 "하나님"이 의미한다고 생각하는 것에 무척 가깝다. 하나님의 전능은 흔히 어떤 일도 하나님의 마음대로 할 수 있는 힘을 의미하는 것으로 간주된다.8 그 개념은 "자유의지"라는 약간 근대적인 느낌을 가미하면서, 부드러워지고 애매해진다. 왜냐하면 우리는 우리가 결단하는 매 선택에서, 즉 커피에 우유를 넣을 것인지 혹은 이 명제와 더불어 논쟁할 것인지 등의 선택에서 우리의 자유를 가정하기 때문이다. 사실 기도라는 활동은 하나님에게 새로운 방식들로 관계할 수 있는 자유를 전제하고, 그 새로운 관계 속에서 하나님은 새로운 방식들로 응답할 자유가 또한 주어진다. 물론, 보통의 경우, 일어나는 모든 일을 하나님의

---

7 "권력과 권능의 주 하나님"은 미사 때 (이사야 6:3에 근거한) 찬미가의 영어 표준 번역의 일부이다:

Sanctus, Sanctus, Sanctus,

Dominus Deus Sabbaoth;

Pleni sunt caeli et terra gloria Tua.

Hosanna in excelsis.

『공동 기도서』(the Book of Common Prayer)에는 다음과 같이 번역되어 있다: "거룩, 거룩, 거룩, 권력과 권능의 주 하나님 / 하늘과 땅은 당신의 영광으로 가득 차고 / 높은 곳에서 호산나." 흥미롭게도 "Sabbaoth"는 "힘과 권능"이 아니라, 라틴어로 자신의 영광으로 하늘과 땅을 채우시는 하나님에 대한 기술이다. 전거를 찾는 데 도움을 준 앤 야들리 학장 (Dean Anne Yardley)에게 감사를 드린다.

8 이 논리에 대하여 참고가 될 만한 설명을 위해서는 다음을 참고하라. 그 설명에 따르면, "어떤 신학자들은 신적인 주권을 너무 강조해서, 하나님을 변덕스런 독재군주와 같은 어떤 것으로 만들어버렸다." John Macquarrie, *Principle of Christian Theology* (New York: Scribner's 1966), 189.

의지에 의해 일어난다는 믿음과 그 자신들이 가정하는 자유의지 사이의 모순을 기독교인들은 인식할 기회를 갖지 못한다. 거기에 질문을 제기하는 것은 대개 삶이 깨지는 경험을 요구한다. 더구나 위기가 진행 중일 때, 주의 깊은 성찰은 좀처럼 용납되지 않는다.

냉철한 머리의 신학자들은 그 문제를 하나의 신-논리theo-logic로 틀 지어왔다: 만일 하나님이 전능하시다면, 하나님은 나쁜 일이 일어나지 않도록 방지하실 수 있으셨을 것이다. 그렇다면 하나님은 선하지 않으신 것인가? 아니면 하나님은 전능하지 못하신 것인가? 혹은 하나님은 존재하시는가, 아니면 존재하지 않으신 것인가? 이 세 물음은 사실상 하나를 묻는다: 이 물음들은 신정론theodicy이라는 고전적 문제로 묶여지는데, 이 용어는 3세기 전 철학자이자 수학자인 고트프리트 라이프니츠Gottfried Leibniz에 의해 만들어졌다: 세계의 악은 선한 신의 존재와 양립불가능하다는 비판에 대한 응답으로 구상된 "하나님의 정당화" 담론.

신정론의 삼단논법은 다음과 같이 진행된다: A. 신은 전능하시다 — 신의 의지와 무관한 그 어떤 것도 일어나지 않는다. B. 신은 선하시다 — 모든 피조물들을 위해 오직 선한 것만을 의지하신다. C. 악한 일이 일어난다 — 진짜로 나쁜 일 말이다. 이 일이 일어나지 않았더라면 창조세계는 더 나은 곳이었을 것이라고 생각될 만한 나쁜 일. D. 그러므로, 신은 존재하지 않는다.

그러나 물론 이 삼단논법의 배후에 놓여있는 물음들은 단순한 지

> 하나님이라는 말이 계속해서 들려진다. 그의 죽은 자녀들의 침묵도 그렇게 계속 들려진다.
>
> _ 엘리 비젤[9]

---

9 Elie Wiesel, *Ani Ma'amin: A Song Lost and Found Again*, trans. Marion Wiesel (New York: Random House, 1973), 105.

성적 훈련에 불과한 것이 아니다. 마치 고난의 문제가 올바른 믿음으로 해결될 수 있다는 듯이 말이다. 이 문제는 역사상 가장 명확한 문체로 서술된 베스트-셀러 속에 서술되어 있는데, 바로 랍비 해롤드 쿠쉬너Harold Kushner의 아들이 겪었던 고난, 즉 그 아들이 겪어야 했던 감당할 수 없는 불치병의 고난으로부터 불거진다. 쿠쉬너는 바로 『왜 착한 사람에게 나쁜 일이 일어날까』(When Bad Things Happen to Good People, 창출판사, 2014)의 저자이다. 이 문제는 반대로도 작동할 수 있는데, 필자의 개론 수업 시간에 한 학생이 다음과 같이 짓궂게 물었다. "왜 나쁜 사람들에게 선한 일이 일어납니까?" 이스라엘 사람들은 이 엄청난 문제의 양면성을 말로 표현했다. 그것은 욥기의 어두운 시가의 영감이 되었고, 수천 년 후 유대인 대학살을 주제로 하는 문헌들의 영감이 되었다.

이 장에서 우리는 신적인 능력이라는 기호 아래 고난suffering이라는 고전적 신학적 문제를 성찰한다. 어떻게 전능하고 선한 신이 그토록 불공정한 고난이 일어나도록 하실 수 있는 것인가? 우리는 욥의 폭풍우 속의 환상, 하나님의 전능성에 대한 칼빈의 교리 그리고 하나님의 약하심이라는 바울의 개념을 참조하면서 본 장에서 신정론의 물음을 제기할 것이다. 그러나 우리를 구원할 힘이 없는 신에게 어떤 선한 것이 있을까? 사람들은 의구심을 갖는다. 개입하여 사태를 바로 잡을 수 없는 취약하고, 감성적인 신에게 왜 기도를 드려야 할까? 우리는 신정론의 문제를 제기하지만, 트라우마의 열기가 살아있을 때가 아니라 성찰이라는 나무 그늘 아래서 그 문제들을 제기할 것이다. 왜냐하면, 비록 신학이 고난의 문제를 "해

> 주의 폭포 소리에 깊은 바다가 서로 부르며 주의 모든 파도와 물결이 나를 휩쓸었나이다.
>
> _ 시편 42:7

결"할 수 없다 하더라도, 어쩌면 신학은 우리 눈 속에 들어있는 또 다른 신학적 들보를 제거함으로써 고난을 완화시킬 수도 있기 때문이다. "하나님의 의지는 하나님의 의지이시다"와 같은 악의 없는 신학적 쉽볼렛들은 고난을 더 악화시킬 수 있고 또 악화시켜왔다. 고난의 인간적 원인들을 제기하는 수준을 넘어서서, 그 쉽볼렛들은 희생자들을 비난하는 경향을 보여왔다. 그러한 신학적 명제들은 고난을 덜어줄 잠재력을 지닌 관계들의 영향력을 탈취하고 또 고난을 강화시키는 관계들에 동기를 부여해왔다. 그렇기 때문에 우리의 신학적 분별력은 힘의 신학적 의미를 시험하는 과정을 거치지 않고서 진척될 수 없다.

충돌하는 파도들

창조의 파도들은—언제나 불확실하고 언제나 위험하지만— 때로 우리 삶에서 감내할 수 없는 폭력으로 부풀어 오른다. 테홈(tehom)은 홍수가 된다. 현 천년기 초기의 (동남아시아의 쓰나미, 허리케인 카트리나 등) 자연재해들에 대한 경험들 속에서 신화 속의 홍수는 소름끼치는 문자주의의 얼굴을 보여주었다. 신앙은 혼돈의 물을 불러왔다. 그 물은 돌아가지 않을지도 모른다. 충격과 방향상실 그리고 불신의 느낌이 유신론자들로 하여금 동시에 묻게 만든다: 하나님은 분명코 그러한 비극을 의지하지 않으며, 원치 않는다? 혹은 — 왜? 왜 이 모든 헤아릴 수 없는 끔찍한 참상들을? 모든 피조물들을 창조하시고 부르시는 하나님은 저 위협하고 충돌하는 파도들 속에서도 마찬가지로 **어떻든** 존재해야만 한다.

어떤 불가해한 이유로 하나님이 우리의 비극을 야기하고 있다고 생각하면, 이러한 고난이 덜어지는가? 아마도 어떤 사람들에게는 그럴 수 있다. 하나님의 시험이거나 벌이라고 생각할 때, 최소한 그들에게는 의미가 있다. 그러나 많은 사람들에게 모든 불운, 혹은 모든 재난 혹은 비극의 닥침은 분노로, 즉 우주적 부정의의 소외감으로, 사실상 신의 배반이라는 야릇한 느낌으로 점철된다. 많은 사람들은 이 모순에 직면하여 그저 감각을 상실한다: 이 비극을 야기한 바로 그 신이 그들이 예배하는 하나님인지 미심쩍어한다. 그들이 구출을 위해 기도드리는 바로 그 신 말이다.

이 무감각 속에서 비통함은 억압된다. 당뇨병의 이른 엄습으로 유명을 달리한 젊은 동료를 추모하는 장례식에 앉아서 말없이 치밀어 오르는 울분을 억제하고 있던 때를 기억한다. 이런 낭비가 없다. 이 사람은 빈곤으로 황폐화된 뉴어크 지역에서 엄청난 교육 프로젝트들을 이끌던 재능있는 학자이자 선생이었다. 나를 격분시킨 것은 하나님이 아니었다. 내가 재직하고 있는 신학교의 예배당에서 장례예배를 진행하던 목사였다. 그는 "우리의 친구는 더 행복한 곳으로 부름받았습니다"라고 읊조렸다. "만일 우리가 신앙을 갖고 있다면 우리는 슬프지 않습니다." 이 선포에 흠칫하던 직계가족들―그들은 슬퍼하고 있었다―을 보았다. 그렇게 비통은 신앙의 이름으로 질식사하였다. 신앙의 쉽볼렛.

이 슬픔에 대한 거침없는 억압은 산상수훈에서 선포되는 팔복을 정반대로 부정한다. "애통하는 자는 복이 있나니 그들이 위로를 받을 것임이요"(마태 5:4). 비통함이 흘러나오도록 용납되고 그래서 공유되고 그래서 위안을 찾을 수 있을 때에 주어질 이 위로가 그 진부한 신학적 몸짓으로 인해 폭력적으로 차단되었다. 슬픔과 상실 자체를 두려워하는 성직자들은 이 반-팔복적인 태도를 가르칠 경향이 가장 농후하다. 아마도 그들의 신학은 이 악의 없는 기독교인들을 신정론에 얽어 가두어 둘 것이다.

하지만 성서 전통은 그러한 싸늘한 두려움을 가르치지 않는다. 팔복의 말씀 훨씬 이전에, 성서는 풍성하고 다양한 시편의 말씀들을 제공하는데, 거기서 시편들은 슬픔과 불안과 당혹감과 심지어 —흔히 하나님을 향한— 분노까지도 열정적으로 표현하고 있다. "왜냐하면 당신은 나의 피난처 되시는 하나님이시기 때문입니다. 당신은 왜 나를 버리셨습니까?"(시편 43:2).[10] 경건의 모양으로 억압된 소외alienation 속에 사로잡히기보다는 대놓고 하나님에게 화내고 탄원하는 것이 낫다. 그러면 아마도 감정emotion의 흐름 속에서 —결국 감정은 흐름a motion 아닌가— 새로운 관점이 돌파될 수 있다. 하나의 진리(의)과정이 일어날 수 있다. "여호와여, 어느 때까지니이까, 영원히 노하시리이까"(시편 79:5)는 그러한 공통의 외침이다. 이 외침은 우리 삶과 역사에 대한 하나님의 인과적인 강렬한 참여를 가정한다. 그러나 그 참여는 일방적인 인과관계로서가 아니라, 양방향 간 설득이 중요한 계약적 관계로 읽힌다. "우리를 도우소서, 우리의 구원의 하나님이시여…"(시편 79:9).

성서의 신앙은 한 분이신 하나님, 창조의 주님에 막대한 힘을 집중한다. 이전에 신적이고 자연적인 힘들의 다수성들에 배분되었던 힘들이 점차 유일신론의 한 분 하나님으로 집중된다. 신학자들은 모든 것을 통제하는 힘의 교리를 거기서 발견하고자 했는데, 그 힘의 개념이 그들이 갖고 있던 믿음들의 기초를 형성했기 때문이다. 하지만 성서에는 전능성에 대한 공식적 교리는 없다. 성서적 전통들은 후대의 추상관념으로 포장되어, 하나님은 무슨 일이 일어나든 모두 결정하신다는 것을 함축해야만 했다. 그렇지 않다면, 히브리 성서의 고유한 윤리적 특성이

---

10 역자. 개역개정판 성서는 "주는 나의 힘이 되신 하나님이시거늘 어찌하여 나를 버리셨나이까"로 되어있지만, '피난처 되시는 하나님'과 '힘이 되신 하나님'은 뉘앙스의 차이가 있어, 켈러가 인용하는 영어성경 본문을 문자적으로 번역하였다.

어떻게 출현할 수 있었겠는가? 우리는 우리의 행위들에 대해서 하나의 사람으로서 혹은 하나의 백성으로서 스스로를 책임질 수 없다. 만일 그 행위들이 모든 것을 결정하는 섭리에 의해 결정된다면 말이다.

많은 이름을 가진 신과 더불어 발전해온 복잡한 관계에 대한 이야기들이 있는데, 이것들은 힘에 관한 추상적 명제들로 환원될 수 없다. 사실, "전능자the Almighty"라는 직함은 전능성을 곧장 성서의 신에게 귀속하는 행위의 유일한 근거인데, 오역mistranslation이다. 앞에서 언급했듯이, 문제의 그 이름은 엘 샤다이(El Shaddai), 즉 "젖가슴이 있으신 분" the Breasted One이라는 뜻이다. 물론, "무한한 어머니the infinite Mother"로서 하나님의 흔적은 히브리인들에 의해 지워졌지만, "젖가슴과 자궁의 축복"과 함께 하는 그녀에 대한 기억은 성서의 정경에서 완전히 제거되지 않았다.[11] 그럼에도 불구하고, 전능자the Almighty는 후대의 교리적 상상력이 빚어낸 허구이다.

히브리적 감수성에 더 중요했던 것은 신적인 결정론이 아니라 신적인 부름과 인간의 응답-능력response-ability의 과정이었다. 우리는 테홈으로부터의 창조, 즉 우리 자신의 깊은 실재들에게 소리치는 무한한 심연으로부터의 창조 속에서 이미 이야기된 비대칭적이지만 상호적인

---

11 "그리고 샤다이(Shaddai)가 거듭해서 기원하고 있는 축복들을 되돌아 본다면, 그 축복들은 열매 맺음과 생식에 관한 것들이다. 하나님은 무한하신 어머니로 간주되어, 위의 젖가슴들(the Breast Above)과 아래 자궁(the Womb Below)으로부터, 양육하는 비를 부어주시는 하늘들로부터 그리고 새로운 생명들을 출산하는 깊은 대양으로부터 축복들을 쏟아 부으신다"(참조. 창 28:1). Rabbi Arthur Waskow, "The Breasted God: A Word of Torah for the Portion 'Vayechi'", www.shalomctr.org, 3 Jan 2007. 물론 하나님/야웨에게 건네지는 엘 샤다이(El Shaddai)를 둘러싼 번역은 무척이나 부정확하다. 어원적으로, 몇 가지 예만 들어보자면, 젖가슴, 산, 영과 연관된 이 용어의 의미론적 가능성들은 살아있고 열려있는 해석을 촉구한다. 참조. Ludwig Koehler and Walter Baumgartner, *The Hebrew and Aramaic Lexicion of the Old Testament IV*, trans. and ed. M.E.J. Richardson (Leiden: Brill, 1999), 1416-1422.

신뢰함의 관계를 관찰한 바 있다. … 그럼에도 불구하고, 이방의 숙명
론을 향한 유혹, 즉 일어난 모든 일은 신들 혹은 모이라_moira_, 즉 운명의
의지라거나 아니면 우리의 고난은 무엇이든지 간에 이전에 잘못된 행
실들에 대한 처벌이라는 믿음을 붙들고 싶은 유혹이 일신교의 형식들
로 스며들었다. 그리고 한 분 하나님이 무자비하고, 모든 것을 결정하
는 독재자처럼 보일 때 다른 여지는 없다. 그래서 성서의 솔직함이 그
대로 살아있는 범위에서 우리는 끝없이 파도처럼 이어지는, 그 신앙의
충돌과 위기들을 목격한다. "내 하나님이여, 내 하나님이여, 어찌 나를
버리셨나이까"(시편 22:1). 이 절망을 표현하는 시편의 문장을 십자가
상의 예수는 가장 극적으로 인용한다. 그러나 예수보다 수 세기 앞서,
다름 아닌 욥기를 기록한 시인이 그 전능성-물음을 완전히 위기로 몰
아붙였다.

욥기의 레비아탄의 현현

사면으로 나를 헐으시니 나는 죽었구나
내 희망을 나무 뽑듯 뽑으시고(욥 19:10).

시인은 ―하나님이 동역자 사탄과 벌인 내기의 오래된 전설을 인용
한 후― 욥으로 하여금 거대한 정의의 물음들을 묻게 하고, 하나님이
대답하시라는 거의 불가능한 요구를 하게 한다. "부르짖으나 응답이
없고 도움을 간구하였으나 정의가 없구나"(욥 19:7). 욥의 친구들은 그
의 분노를 차분한 설명으로 잠재우려 노력하기에 앞서 모든 자녀를 잃
고 만 욥과 함께 한 주일 동안 애곡하면서 앉아 있었다(이는 우리 문화에
서 친구에게 해줄 수 있는 최선의 것 이상의 공감이다). 그리고 친구들은 그

의 고난들이 선善을 위한 것임을, 즉 욥이나 혹은 그의 자녀들은 죄를 지었음에 틀림없다는 것을 납득시키고자 노력하였다. 왜냐하면 "죄 없이 망한 자가 누구인가?"(욥 4:7). 아마도 욥은 응당 자신이 받아 마땅한 일을 저질렀다는 사실 자체를 깨닫고 있지 못한지도 모른다. 욥의 친구들도 그런 논리에 익숙했다: 우리는 선의의 "위로들"을 들어왔다: 그건 하나님의 의지이십니다; 하나님은 하나님 자신을 위해서 어린 수지를 데려가셨습니다. 하나님은 당신이 감내할 수 있는 것 이상의 고통을 주시지 않으십니다. "그렇다면, 하나님이 정확히 당신이 받아야 할 만큼을 당신으로부터 거두어가신 줄 알라"(욥 11:6b).[12] 욥은 반박한다. "너희는 다 재난을 주는 위로자들이로구나 / 헛된 말이 어찌 끝이 있으랴. [무엇이 너로 하여금 그렇게 이야기하도록 도발하는냐]"(욥 16: 2b-3, 인용되는 영어성경 문구에 맞게 역자 일부번역).

욥의 드라마는 충격적으로 신학적 정직성을 무대로 올려놓는다. 여기에 믿음의 쉽볼렛을 해체하는 믿음직스러움trustfulness이 있다. 슬프게도 대부분의 그리스도인들은 결코 욥기를 읽지 않는다. 그들은 그저 피상적으로 주일학교 수준에서 사탄이 하나님과 벌인 내기와 끝까지 신실함을 지킨 욥이 받은 보상 이야기를 들을 뿐이다. 그러나 그것은 책의 저자가 구성 장치로서 채택한 오래된 민간설화일 뿐이다. 그것은 일부 사람들이 욥의 비극적 코미디라 부르는 저자의 시적 풍자를 위한 문학적 장식을 제공한다.[13] 사실인즉, 주일학교식으로 회람되는 욥은

---

12 켈러가 인용하는 NRSV 본문과 개역개정 번역의 뉘앙스가 크게 달라 NRSV 본문을 번역한다.

13 참조. J. William Whedbee, *The Bible and the Comic Vision* (Cambrdige: Cambridge University Press, 1998), and *Comedy in the Bible*. 이것들은 다음에서 재인용되었다. Catherine Keller, *Face of the Deep: A Theology of Becoming* (New York: Routledge, 2003).

실상 욥이 의문시하고 있는 신학을 대변한다!

욥의 가슴 저리게 격렬한, 때로 웃기게도 슬픈 요구, 즉 하나님이 직접 오셔서 자신을 서면으로 변론하라는 욥의 요구에 하나님은 그 어떤 자기-변론적인 신정론을 제시하지 않는다. 그럼에도 불구하고 욥은 대답을 받는다. 그런데 어떤 형식으로? 하나님의 말씀은 회오리바람폭풍우 속에 도래한다. 이는 영의 또 다른 현현인데, 이를 우리는 창세기와 요한복음에서 본다. 맹렬한 바람으로서 지혜는 욥이 당한 불행들에 책임을 지지 않는다. (민속 설화 이야기에서처럼 하나님이 그의 불행에 책임이 있다고 가정하면서) 욥은 하나님의 전능한 통제력에 사법적 소원을 제기하지만, 그 지혜는 결코 그러한 전능한 통제력을 인정하지 않는다. 그 폭풍우로부터 들려오는 목소리의 이미지는 권능을 지닌 분이 부당하게 자신에게 이러한 일을 행했다는 욥의 율법적인 논쟁을 날려버리는 듯하다. 욥은 사악한 자를 처벌하기 위해 역사와 자연의 재난들을 사용하시는 하늘의 주권자에 대한 믿음을 전제한다.

다른 말로, 그 폭풍우 속에 계시된 신성한 신비는 욥기 주인공의 신인동형론적인 인간중심적 투사들과 아무런 관련이 없는 것처럼 보인다. 거세게 몰아치는 창조의 시 속에서 신성한 음성은 전체 우주에 대한 책임, 즉 하늘과 땅의 구체적인 천문학과 생물학의 복잡한 지혜를 주장한다. 하지만 사람들의 삶 속에서 일어나는 어느 구체적인 사건에 대한 책임을 지지 않는다. 만일 그 환상이 창조 이야기의 거대하고 맹렬한 확장을 열어나간다면, 기상학에서 회오리바람들은 복잡계가 혼돈의 가장자리에서 일으키는 프랙탈적 증폭을 예증할 따름이다. 폭풍우 속의 계시는 길들여지지 않은 창조, 즉 기후패턴으로부터 타조의 날개에 이르기까지 우주의 야생적인 것들을 칭송한다. 그러나 비인간들의 창조세계의 복잡성에 대한 창조자의 희열이 부당한 인간 고난의 물음에 어떻게 대답할 수 있는가?

분명코 차분한 위로를 주고 있지는 않다! 하나님의 자기-계시의 장엄한 휘날레는 무엇을 제공하는가? 다름 아닌 거대한 바다 괴물 레비아탄이다. "내가 그것의 지체와 그것의 큰 용맹과 늠름한 체구에 대하여 잠잠하지 아니하리라"(욥 41:12). 그리고 야웨의 억제되지 않은 열정이 가득 찬 30절이 이어지는데, 거기에는 심지어 테홈적인 환희가 엿보이기도 한다. "깊은 물을 솥의 물이 끓음 같게 하며 바다를 기름병 같이 다루는도다"(욥 41:31). 이 욥기의 정서에 영감을 받아 『모비딕』을 쓴 허먼 멜빌Hermann Melville은 다음과 같이 주석한다. "레비아탄이 그 본문일 때, 법률적 사례가 달라진다."[14] 그래서 하나님의 선하심에 대한 욥의 격정적인 도전에 대한 답은 이렇다: 혼돈의 괴물! 이 테홈-친화적인 장대한 계시는 과정(중의) 신학에 어떤 실마리를 제공해야 하는가? 이는 창조세계의 비인간적 구조 자체 속으로 짜여 들어가 있는 우리의 상실, 유한성, 피조물적 취약성에 대하여 어떤 것을 말하려고 노력하고 있는 것인가?

이것이 폭풍우의 진리인가? 즉 "세계(의)바람의 영"이신 하나님은 우리의 고난을 의도하지 않으셨다는 것, 그러나 하나님은 하나의 세계, 즉 살아있고, 회오리치며 열려있는 시스템의 세계를 의지한다는 것?[15] 세계는 **바로** 이 창조세계로 일어났는데, 이 실재 세계는 태어나고, 먹고, 모험하고, 기뻐하고 또 죽는 유한한 피조물들로 이루어진 세계이며, 또한 변화와 상호의존성의 세계인데, 그 안에서 고난은 불가피하다. 하지만 이 창생 집단체genesis collective는 너무도 맹렬히 살아 있

---

14 Hermann Melville, *Moby-Dick*, Norton Critical Edition, ed. Harrison Hayford and Hershel Parker (New York: Norton, 1967), 378.

15 "세계-바람"(world-wind)라는 문구를 비롯해 많은 창조적 표현들을 덧붙여준 부편집자 던 마틴(Dhawn Martin)에게 감사를 드린다.

어서, 심지어 혹은 바로 정확히 그의 혼돈 속에서 살아있어서, 새로운 생명 또한 언제나 일어나고 있는 중이다. 그러므로 심지어 욥처럼 비극적으로 상처를 입은 사람에게조차도 새로운 삶이 일어날 수 있다. 이는 그가 그 자신의 경험이 전해주는 난폭한 진리를 경건하게 억제하기를 거절하고, 슬퍼하고 분노하며, 삶의 의미를 대면했기 때문에 가능했을 것이다. **심연으로부터**(Ex profundis).

칼빈의 끔찍한 결정Decretum Horribile

어떤 사람들은 시를 매우 다르게 읽는다. 그들은 레비아탄에서 욥을 향한 최종적인 위협을 듣고, 하나님의 전능성을 확증한다. 봤지, 전능한 창조의 주로서 나는 심지어 바다의 괴물도 복속하였으니, 네 입을 조심해라, 보잘것없는 얼간아. 칼빈은 바로 이 후자의 해석을 추구하는 사람들 중 하나였다. 칼빈은 「욥기」가 전능성에 대한 증언으로서 교훈을 전하고 있는 것으로 생각했다. 그러나 그는 무비판적으로 「욥기」의 위로자들의 편을 들면서, 결국 야웨 하나님이 부적격한 것으로 간주하는 신학을 후원하고 말았다.16 여기서 하나님의 능력에 대한 칼빈의 일반 교리를 고려해보자. 그의 법률가적 정신은 문제의 핵심으로 곧장 달려든다. 그래서 우리가 전능성의 논리를 밝혀내도록 돕는다.

그에게는 바로 **신적인 섭리**divine providence의 의미가 관건이다. "어떤 사람이 강도들로 인해 혹은 야수들로 인해 봉변을 당한다거나, 급작스

---

16 따라서 칼빈은 (데만사람) 엘리바스(Eliphaz)를 인용하면서, 마치 그것이 계시인 듯이 다룬다. "하물며 악을 저지르기를 물 마심 같이 하는 가증하고 부패한 사람을 용납하시겠느냐"(욥 15:16). John Calvin, *Institutes of the Christian Religion*, I, xii, 1, ed. J.T. McNeill, trans. F.L. Battles (Philadelphia: Westminster, 1960), 755.

런 강풍으로 바다에서 난파된…" 경우를 상상하라고 칼빈은 적는다. 어떤 다른 사람이 "사막을 방황하는 곤경 속에서 도움의 손길을 발견한 경우, 혹은 풍파에 흔들리다 항구에 도달한 경우, 혹은 기적적으로 아슬아슬하게 죽음을 모면한 사람의 경우"를 상상하라. 그가 "육체적 이성carnal reason"이라 부르는 우리의 평범한 상식은 이상의 어떤 경우든 그 결과를 "행운"으로 돌릴 것이다. 이는 우리가 요행 혹은 우연성이라 부르는 것이다. 그런 후 그는 행운이 기독교인에게는 부적절한 설명이라고 생각하는 이유를 충분히 근거 있게 설명한다. "머리카락의 모든 수도 헤아리시는 그리스도의 말씀(마 10:30)으로 가르침을 받은 사람은 그 이유를 찾기 위해 보다 더 멀리 바라보고 또 모든 사건들은 하나님의 비밀스런 계획에 의해 통치된다고 생각할 것이다."[17]

칼빈은 섭리의 온전한 힘을 벗어나는 어떤 것도 허용치 않을 것이다. 그의 관점에서 보자면, 기독교 전통의 대부분은 빈약한 설명들의 잡탕이었다: 한 컵 분량의 우연성과 한 파인트 분량의 자연법과 약간의 인간의 자유를 넣어 잘 섞은 전능성. "하나님은 전능하신 것으로 여겨진다. 하지만 그것은 그 하나님이 실제로 개입하실 수도 있었지만 결국 다 그만두고 태만하게 앉아 계시거나 혹은 자신이 이전에 부여한 자연 질서가 계속 이어지도록 전반적인 자극을 유도하시고 계시기 때문에가 아니다." 혹은 본래적으로 창조하시고, 자연법칙으로 유지하시는 분으로 환원되는 것도 아니다. 오히려, 칼빈은 말하기를, 하나님은 전능하시다 불린다. "왜냐하면 섭리로 하늘과 땅을 통치하시면서, 하나님은 **모든 것들을 제어하셔서, 그 어떤 것도 하나님의 생각이 없이는 일어날 수 없기 때문이다.**"[18] 그것은 기독교인들이 선택할 수 있는

---

17 *Ibid.*, I, xvi.2, 198-199.
18 *Ibid.*, I, xvi.3, 200. 필자의 강조표시.

방안들 중 가장 철저한 관점이다: 하나님은 인간들의 결정들을 포함하여 일어나는 모든 것들을 결정하시고 계시다. 인간의 자유는 칼빈에게 애초부터 고려할 가치가 없었다. 그는 전능성이 무엇을 의미하는지에 대하여 바로 알고 있었다. 법률가적인 완고함을 가지고 있던 칼빈은 일관성이 없고 여전히 통념적 수준의 타협책들을 대번에 날려버려, 신앙인들이 한편으로는 하나님의 통제력을 가정하면서, 다른 한편으로는 우연과 선택 모두에 대하여 이야기하게 내버려두지 않았다.

복음은 하나님이 설계하시고 이후에는 무관심한 우연성에 맡겨져버린 우주와는 아주 다른 어떤 것을 제안하고 있다고 칼빈은 주장한다. 마태는 작은 열매들에게 이르기까지 각각의 피조물들에게 최상의 관심을 갖고 계시는 하나님을 가르치고 있다! 맥락상, 칼빈은 근대 초기 유럽의 사상가들 사이에서 인기를 얻고 있던 이신론deism에 반대하고 있었다. 이신론의 하나님은 시계제작자 하나님으로서, 우주라는 기계를 만들어, 작동하시게 한 후, 그저 내버려두시는 분이시다. "모든 할 일을 단번에 마치신 잠깐의 창조자로 하나님을 만들어버리는 것은 냉혹하고 삭막할 것이라고" 칼빈은 설득력 있게 항변한다. 그 대신 그는 "우주의 시초에서뿐만이 아니라 그 이후 계속되는 과정에서도 동일하게 빛을 발하고 있는 신적인 능력의 현존을" 보기 원한다.

여기까지 그는 상당히 훌륭한 성서신학을 전개하고 있다. 되어감becoming의 신학 또한 이 "빛"을 계속 분별한다. 이 신학은 우주가 냉혹하다는 것을 인정하지 않는다. 칼빈은 마태복음 10장을 적절히 인용하면서, "신앙은 더 깊이 뚫고 나아가야 마땅하다"고 주장한다. 하나님의 힘은 우주와 그 법칙들을 시초에 만들어놓는 데서 고갈되지 않는다. 오히려 "그가 만드신 모든 것을 심지어 작은 참새 한 마리에 이르기까지 유지하고, 양육하고, 돌보신다…"(참조. 마 10:29).[19] 무관심이 아니라, 복음서는 차이에 대한 철저하고 계속적인 관심을 제안한다. 폭풍우 속의 환상에서처럼, 창조세계는 —그 모든 물질적 구체적인 사항에 이르기까지— 창조주에게 **중요하다**matters. 그리고 창조세계는 하나의 과거 사건으로서가 아니라 현재적 관계로서 중요하다.

그런데 이 모든 것에 충만한 돌보심에 마음이 따뜻해짐을 경험하는 바로 이 지점에서 칼빈의 논증은 본격적인 전능성의 논리를 전개한다. 바로 그 동일한 성서 구절로부터, 그는 "모든 성공은 하나님의 축복이고, 불행과 역경은 그의 저주이다"[20]라고 추론한다. 이는 잠깐 지나가는 과장된 수사가 아니다. "한 방울의 비도 하나님의 명확한 명령 없이는 떨어지지 않는다는 사실은 분명하다"[21]고 주장하면서, 그는 의심이나 예수회적 의미의 미묘함들의 여지를 전혀 남겨두지 않는다. 오히려 보다 더 철저하게 밀고 나아간다. 하나님은 인간의 모든 행위들의 원인이시고, 이는 악한 것들조차 포함한다. 왜냐하면 "사람은 하나님의 비밀스런 명령에 의하지 않고는 어떤 것도 이룰 수 없고, 그래서 그들은 그분이 자신의 비밀스런 방침으로 이미 스스로 선포하고 결정한 것을 제외하고는 그 어떤 것도 생각하고 이룰 수 없"[22]기 때문이다. 그렇다. 비밀, 칼빈 자신을 제외한 모든 사람에게 그것은 비밀이었다.

하지만 "그리스도의 입술로 가르침을 받"은 우리들 중 일부는 이 결정론이 스스로 반대하고 있는 이신론만큼이나 "냉혹하고 삭막"하다고 생각한다. 우리의 선택들이 섬뜩하게도 우리가 창조되기 전에 이미 이루어졌다면, 우리는 어떻게 성장하고 번성할 수 있을까? 만일 칼빈의 관점이 참이라면, "그것은 인간의 책임감에 대한 어떤 믿음도 전적인

---

19 *Ibid.*, I, xvi.1, 197-98.

20 *Ibid.*, I, xvi.8, 207.

21 *Ibid.*, I, xvi.5, 204. 필자의 강조표시.

22 *Ibid.*, I, xviii.1, 229.

허튼소리로 만들어버릴 것이다"[23]라고 신학자 존 맥쿼리는 적고 있다.

그러면 문제의 복음이 실제로 제시하는 것은 무엇인가? 참새의 가르침이 수록된 두 복음서의 이야기들을 조율하는 것이 이 경우 핵심이다. 마태복음의 참새 이야기는 결말이 열려있다open-ended. "참새 한 마리도 너희 아버지와 상관없이 땅에 떨어질 수 없다." 누가복음의 이야기는 이것이 무엇을 의미하는지에 대해서 보다 구체적이다. "심지어 그들 중 한 마리도 잊혀지지 않는다"(눅 12:6). 만일 모든 머리카락과 참새가 하나님에게 "셈하여질" 수 있다면, 이는 모든 피조물이 헤아려질 수 있다는 것을 의미한다. 모든 사람은 소중하다. 하나님은 떨어져 계시지 않는다, 하나님은 함께 하신다, 하나님은 기억하신다. 그래서 하나님은 (무언가를) 야기하시는 것이 아니라 알고 계시다고 일컬어진다.

의식적이con/scious[24] 된다는 것은 곧 함께-아는 것to know - with이라는 사실을 상기하라. 예수의 하나님은 증언witness이고 곧 함께-함with-ness이다. 즉 예수의 하나님은 우리와 함께 계시면서, 창조세계를 친밀하게 신경 쓰고 계신다. 전능성에 대하여 칼빈이 제시한 증거-본문은 이 사실을 전달하는 데 실패한다. 오히려 그 본문 자체는 편재성omnipresence을 떠올리게 하며, 그래서 특별히 한정된 편재의 의미를 전달한다: 미래가 아니라 현재에 대한 앎. 이 성서적 "앎"이란 객관적 인지가 아니라 오히려, 우리가 그 앎을 포용한다는 것을 전제로, 우리를 불안으로부터 해방시키는 양육을 의미한다. 우리는 들판의 백합들처럼, 공중의 새들처럼 될 자유가 있으며, 궁핍하고 탐욕스런 에고ego로부터

---

23 Macquarrie, *Principles*, 224.

24 역자주. consciousness는 con + scious + ness의 부분들로 어원적으로 분리되는데, '-ness'는 명사형을 만드는 접미사 부분이고, 'con'은 함께 혹은 더불어를 어원적으로 의미한다. 그리고 '-scious'는 science라는 말의 어원으로부터 더불어 유래하는데, 어원적으로 '앎'을 가리킨다.

해방되어 활기차게 현재할 수 있게 자유롭게 되었다. 이 신성divinity은 인간과 인간-아닌 존재들을 포함한 피조물들을 **사랑**하고 계시다. 우리를 **통제**하고 계시는 것이 아니다.

이 사랑 때문에 **우리는 하나님의 섭리**를 어떤 성/패와 단순하게 동일시하는 것에 **저항한다.** 피조물을 향한 하나님의 돌보심이 뿜어내는 광휘가 인간의 선택들에 대한 복음의 판단기준이다. 그래서 만일 누군가 **돌봄**care이 아니라 **배려없는**careless 착취의 정책들을 "성공적으로" 영속화시키고 있다면—새들과 그 동료 피조물들의 안녕well-being을 위한 돌봄이 아니라 지배의 정책들을 영속화시키고 있다면— 그것은 정확히 말해서 하나님의 의지가 아니다. 이것은 하나님의 의지를 행하지 않는 **실패**인 것이다. 그리고 이 정책들을 바꾸지 못한 우리의 실패 또한 하나님의 의지가 아니라 우리 자신의 실패이다.

그래서 바로 여기가 칼빈주의자의 전능성 논리가 담지한 설득력이 붕괴하는 자리이다. 왜냐하면 만일 하나님이 모든 대학살들을 포함해서 실제로 모든 사건들의 결과들을 도출시키고 계시다면 이게 무슨 돌봄인가? 그것은 사랑이라는 용어로부터 모든 의미를 소거해버린 통제를 의미할 것이다. 참으로 칼빈에게 대부분의 인간은 심지어 창조되기 전부터 "영원히 저주받도록 운명지워졌다." 하늘은 그래서 영원한 대학살의 암운이 드리워있다. 순수한 칼빈주의적 관점의 하나님은 (그 본래적 의미에서) 내가 다른 피조물들을 향한 돌봄을 시행하든 혹은 그들에게 죄를 저지르든 간에 저주를 내리지 않는다. 이러한 인간적 행위들은 어쨌든 간에 모두 하나님의 섭리이다. 거기서 어쩔 수 없이 "이중예정double predestination"의 교리—칼빈이 **끔찍한 결정**decretum horrible 이라고 고백했던 가르침으로서—가 따라 나오게 되는데 이는 창조세계에 앞서 누가 구원받을지와 누가 저주받을지를 영원토록 결정하시는 주님을 전제한다. 대부분의 기독교인, 사실대로 말하자면 대부분의 칼빈주의자는 이 모든 것에 앞서 처리된 폐쇄적인 구원의 공포를 대수롭지 않게 여길 수 있다지만, 그럼에도 불구하고 이 이중예정 교리는 사랑이라는 성서적 가르침을 억누르는 절대적 힘을 부여받았다.

일단 신적인 완전-통제 교리가 고정되면, 신적인 사랑이라는 성서적 개념과 죄라는 개념 모두 토대가 허물어진다. 사랑과 책임감 개념은 자유 개념과 그의 열린 상호작용 과정 개념의 제거와 더불어 함께 도산한다.

죄와 권력

물론 칼빈이 죄 때문에 우리가 잘못되기를 의도한 것은 아니다. 그는 인간 의지의 "전적인 타락total depravity"에 대하여 규탄한다. 그는 "원죄"라는 강력한 개념을 보강코자 하였다. 그 개념은 어거스틴을 충실히 따른 개념인데, 어거스틴은 그보다 천 년 앞서 우리 모두는 지옥에 떨어질 운명의 무리들, 즉 massa perdita라고 주장했었다. 죄로 인한 인류의 오염, 즉 창생 집단체genesis collective 전체의 오염을 말하는 성서적 지표들이 존재한다. 만일 우리들 중 하나가 죄를 범하면, 그 죄는 그 한 사람을 통하여 우리

> 죄는 억제된(폐쇄된) 행위가 아니라 상호의존적인 세계 속에서 연장된 사건이다. … 창조에 대한 반역은 인간을 죄인들로 만들어버리고, 그래서 심지어 하나님도 그 영향들을 감지한다.
>
> _마조리 수하키[25]

---

25 Marjorie Hewitt Suchocki, *The Fall to Violence: Original Sin in Relational Theology* (New York: Continuum, 1994), 45, 162; 마조리 휴잇 수하키/김희헌 역, 『폭력에로의 타락: 원죄에 대한 관계론적 신학의 새로운 이해』 (서울: 동연, 2011).

모두에게로 전해진다(롬 5:12). "아담"은 "흙의 사람"으로서 그리고 "이브"는 "생명의 어머니"로서 우리 종의 가족적 관계성을 상징한다. 전통적으로 죄는 하나님으로부터의 분리로서 정의되는 바, 이는 우리가 우리 자신에게로 몰입하게 되는 망상적 조건, 즉 curvatus in se[26]를 의미한다. 우리는 과정신학자 마조리 수하키를 따라, 창조자를 거역하는 죄는 곧 피조세계를 향한 우리의 폭력 속에 모습을 드러낸다고 주장할 수도 있을 것이다. 그녀는 죄의 개념을 "하나님에 대한 반역"으로만 이해하는 데 반대하는데, 죄에 대한 그러한 이해는 우리 서로를 향한 책임을 지워버리기 때문이다.[27] 이러한 죄 개념은 공동체에 대한 그리고 창조세계에 대한 우리의 관계로부터 하나님을 떼어낸다abstract. 대개 본성상 성적인 범죄인 종교적 비행으로 "죄" 개념을 추상화하는 것은 우리를 서로로부터 보호하려는 성서적 노력들을 왜곡한다. 죄를 "창조세계에 대한 반역의 폭력"으로 정의함으로써, 수하키는 과부와 고아와 이방인과 가난한 자를 향한 정의를 강조하는 예언자 정신을 회복한다. 바로 우리 서로에 대한 망상적 분리 속에서 우리가 하나님으로부터 분리되는 것이 문제 되는 것이다 ― 바로 그 하나님에게 이 분리 망상은 문제가 된다. 왜냐하면 그 하나님의 형상 속에서 우리는 서로를 향한 책임감을 공유하기 때문이다.

이 문제를 비유로 풀어보자. 유치원에서 사소한 티격태격이 일어난다. 불량한 친구 하나가 자기보다 작은 어린이를 다치게 했고 또 모든 어린이들이 소동에 빠져, 물건들을 집어 던지고, 소리 지르고, 발로 차고, 물어뜯는다. 훌륭한 유치원 선생님이 관심하는 것은 무엇일까?

---

26 역자주. 어거스틴이 인간의 근원적 소이를 표현한 말로서 *curvatus in se*는 "자기 자신 안으로 굽은" 인간을 의미한다.

27 *Ibid.*, 16.

아이들이 **선생님**을 상처 나게 하는 것?

답은 자명한 듯하다. 그리고 물론 아이들이 서로를 다치게 한다면, 이 또한 선생님을 마음 상하게 할 것이다. 하나님과 우리의 관계에 대하여 말하는 것이 우리 서로를 향한 관계로부터 동떨어진 것으로 생각된다는 것은 공허한 일이다: 하나님을 사랑하라. 그리고 이웃을 너 **자신처럼** 사랑하라. 우리는 철저히 상호의존적이기 때문에 우리는 서로에게 감당할 수 없을 만큼 취약하다. 우리는 서로의 힘power 속에 존재한다. 그러나 힘이 지배를 의미하지는 않는다. 힘은 영향력의 흐름 속에 구체적으로 현현하는데, 말하자면 너의 경험 속으로 내가 흘러 들어가고, 나의 경험 속으로 네가 흘러들어와, 우리가 의식적으로 그리고 무의식적으로 서로에게 영향을 미치는 것을 의미한다. 우리는 힘을 영향력의 에너지로 규정할 수도 있다. 그래서 힘은 인간적일 수도 비인간적일 수도, 친절할 수도 파괴적일 수도 있다. 힘은 인과적 영향력이 작용하는 과정이다. 관계성 속에서 힘의 흐름은, 그 관계가 얼마나 비대칭적이든지 간에, 전적으로 일방적일 수만은 없다. 우리가 우리 사이에 흐르는 힘을 남용할 때, 우리의 필요와 탐욕 속에서 그 에너지의 경로들을 우리가 집단적으로 담합하여 왜곡할 때, 힘의 남용은 "7대에 이르기까지"[28] 스스로를 영속화시키는 질병이 된다. 남용은 남용을 낳는다. 그리고 이 상호의존성 속에서 힘은 우리 자신들의 가장 내밀한 영역들과 가장 공적인 영역들로 흘러들어간다.

우리들 자신의 그 어떤 부분도 전통적으로 죄라 불리는 질병과 접촉하지 않고 순수하게 남아있지는 않다. 세린 존스Serene Jones는 칼빈의

---

28 역자주. 여기서 구체적으로 "7대"가 언급된 이유를 켈러는 미국 인디언의 민간설화의 구절을 따온 것이라고 이메일로 답했다. 7대란 우리의 행위가 미래 세대에 미치는 범위를 의미하며, 그래서 우리의 책임이 7대에 이르기까지 유효하다는 것을 의미한다. 물론 켈러는 이를 문자적으로 믿고 인용하는 것이 아니다.

전적 타락이라는 개념을 다음과 같은 포스트모던적 사유를 따라 성공적으로 변론한다: 우리는 사회적으로, 문화적으로 구성된 피조물들이기 때문에, 우리의 어느 부분도 우리 종의 집단적 죄로부터 영향을 받지 않은 채 남아있을 수 없다. 우리의 본질은 그 어느 것도 순수하게 남아있지 않다.[29] 폭력적인 영향력은 간인격적interpersonal, 인격내부적intrapersonal 그리고 인격횡단적transpersonal인 전체 시스템을 감염시킨다. 노예를 소유했던 내 가족의 유산, 인종차별주의, 소유권의 의미, 그의 상실에 따른 씁쓸함 등은, 예를 들어 내가 그것이 무엇인지에 대한 어떤 의식을 갖기 전에, 이미 나에게 영향을 미쳐왔고, 나의 욕망과 습관들을 형성해왔다. 바로 이런 이유 때문에 종교개혁가들이 철저화시켰던 바울-어거스틴의 전통에서 죄는 "원래적original"이고, 어떤 의미에서 유전되고 또 집단적이다. 그러므로 바울에게 그리스도의 몸이라는 은유는 인간적 질병에 대한 해독제가 되는데, 그리스도의 몸 안에서 "우리는 서로의 지체들"이라는 사실을 인식하게 되기 때문이다(엡 4:25).

어거스틴이 강력하게 논증했듯이, 심지어 나의 나쁜 의지를 치유하려는 나의 의지조차도 너무나 나빠서 치유과정을 시작할 수조차 없다. 그러나 나는 그럼에도 불구하고 나의 삶에 책임이 있다. 그리고 다른 사람들에게 응답하는 치유자가 되도록 부름받았다. 바로 이 지점에서 칼빈주의는 그 자체로 치유가 필요하다. 인간의 전적 타락이라는 개념은 전통적으로 모든 것을 예정하신 하나님의 엄격한 자비에 대한 전적인 의존을 나타내는데, 하나님의 예정이란 우리의 타락과 그로부터 구원받을 사람들의 이름들 모두를 이미 예정하신 전능하신 주권자

---

29 참고. Serene Jones, *Feminist Theory and Christian Theology: Cartogrphies of Grace*, Guides to Theological Inquiry (Minneapolis: Fortress Press, 2000).

를 의미한다! 그래서 놀랍게도 회개와 변상과 변혁을 요구하는 성서적인 죄의 의미가 이 철저화된 죄 개념에 잡아먹히고 말았다. 철저화된 죄 개념이 강조하는 바는 우리의 폭력의 습관들로부터 치유되도록 우리 인간 종을 부르는 데 있지 않고, 하나님의 전지전능한 섭리를 정당화하는 데 있었다. 칼빈은 인간의 자유를 하나님의 전능성 개념을 위해 희생하고 말았다. 힘을 잘 사용하거나 남용할 수 있는 우리의 역량이 최강의 주님이시며 우주의 절대적 지배자라는 이미지에 집어삼켜졌다. 이 반민주적 논리에 추동되어, 철학자 들뢰즈는, 많은 무신론자들이 그러했듯이, 하나님을 "파시스트 하나님"이라 불렀다.

칼빈은 바로 신정론의 문제를 해결한다. 하나님의 선하심은 더 이상 하나님의 능력에 모순되지 않는다.[30] 왜냐하면 그 선하심이 조용히 힘으로 대치되어 왔기 때문이다.

하나님은 감시 망루에 올라앉아, 무감하게 전세가 역전되기를 기다리고 계시지 않는다는 점에서 칼빈은 옳았다. 하나님은 거기, 즉 모든 사건의 한복판에 계신다. 그러나 칼빈은 어떤 사건에 참여한다는 것은 곧 그것을 통제하는 것이라고 가정했다. 맞다. 복음서의 하나님은 모든 참새들을 기억하시고, 머리카락을 모두 세고 계신다. 그러나 만일 하나님이 내 머리카락이 희어지게 만드시거나 내 남편이 쓰러지도록 하신다면, 복음은 복된 소식이 되지 않는다. 이는 그 외 다른 모든 일에도 마찬가지이다. 하나님은 여러 법칙들과 종들로 가득 찬 헤아릴 수 없을 만큼 풍성한 우주를 자기-조직화하는 복잡한 시스템들로 불러일으키셨다고 생각될 수도 있다. 우리는 이러한 하나님이 그 시스템

---

30 전능성 개념의 문제에 대한 고전적인 설명과 칼빈에 대한 탁월한 분석을 위해서는 다음을 참조하라. David Ray Griffin, *God, Power, and Evil: A Process Theodicy* (Louisville: Westminster John Knox, 2004), chap. 10, "Calvin: Omnipotence without Obfuscation", 116-30.

이 번성하기를 의지하셔서, 그들 자신의 유한하고 육체적인 자유를 보호하도록 하셨다고 상상할 수도 있다. 이 하나님은 꼭두각시-피조물들로 가득 찬 가짜 우주에서는 아무런 소용이 없을 것이다. 이 하나님은 우리의 자유를 요청하신다. 그리고 뒷장들에서 토론할 것이지만, 우리의 선하거나 악한 결정들에 또한 취약하시게 된다. 왜냐하면 힘은 상호작용적인 과정이기 때문이다. 영향력은 비대칭적일 수 있지만 어쨌든 언제나 상호적이다. 우리가 무엇이 되든지 간에 그것은 신성 속에서, 영적으로 그리고 진리 안에서 울린다.

탓하거나 책임지거나?

필자가 주장하는 것은 바로 하나님의 전능성에 대한 관습적 논리는 기껏해야 하나님의 돌보심에 대하여 결함투성이의 비전을 제공할 뿐이라는 것이다. 이 논리는 피조물을 무력하게powerless 만들면서, 하나님을 전능하게 만든다. 따라서 우리는 아담의 죄 탓을 하고 있는 우리 자신을 보게 된다. 책임을 지지 않고 말이다. 구원을 위해 우리가 이렇게 저렇게 할 수 있는 것은 아무것도 없다. 그런데 복음서는 그 반대를 제안한다: 세상의 모든 과거의 죄를 위해, 그것이 얼마나 나를 감염시키고 또 나의 영을 아프게 했든지 간에 나는 탓하지 않고, 책임을 진다. 나는 "아담처럼" 앞선 사람들의 죄들을 책망해야 하는 것이 아니다. 나의 선조들이 발전시킨 억압의 시스템, 노예 소유, 중독, 재능의 낭비 그리고 이유 없는 반항 등의 죄들을 내 경우로 탓할 필요는 없다. 그러나 나는 부정의의 집단적 구조들을 인식하고, 더 나은 미래를 위해 나의 유산들을 활용하고, 삶을 낭비하는 것에 저항하고 또 삶을 구원하는 일에 참여할 책임이 있다. 나는 영으로 응답할 능력이 있다.

하지만 개신교는 정적주의quietism를 고양하는 대신, 방대하고 애매모호한 세속적 활동을 자극했다. 칼빈과 그 외 종교개혁자들은 서구 근대성의 여명이 밝아오는 시대에 저술하고 있었다. 당시는 유럽적인 '힘에의 의지will to power'가 세상으로 방출되고 있던 참이었다. 막스 베버의 저 유명한『개신교 윤리와 자본주의 정신Protestant Ethics and the Spirit of Capitalism』은 특별히 독일어권, 네덜란드어권, 영어권 세계들에서 일어난 자본주의적 경제의 폭발적 발전과 칼빈주의자들의 도심지 모임 센터들의 상관성을 추적해주고 있다. 이 무슨 역설인가. 바로 하나님의 일방적인 은혜에 대한 강조가 제조업과 소득에 대한 개신교적 강조점을 딱 맞게 부각시키고 있었다.

라인홀드 니버Reinhold Niebuhr는 필자가 공부했던 신학교에서 수학한 신실한 칼빈주의자였는데, 그는 우리의 번영이 하나님이 우리를 편애하시는 것에 대한 증거라고 믿는 청교도적 칼빈주의를 일종의 도착된 칼빈주의라고 경고했었다. 20세기 미국의 가장 공적인 신학자인 그는 반세기 전 이미 우리에게 "무고함의 가식our pretensions of innocency"을 벗어버려야만 한다고 혹은 우리 자신의 메시야적 제국주의가 담지한 종말론적 귀결들을 대면해야만 한다고 경고했었다.[31] 소위 아메리카 제국이 영 제국의 폐허로부터 일어나, 경제적으로 군사적으로 유례없는 힘을 지구적으로 발휘하는 모습을 그는 목격하고 있었다. 그래서 그런지 칼빈주의적 신정정치를 부르짖는 근본주의자의 목소리에 그 제국주의적 반향의 효과가 여전히 결부되어 있는 것은 우연이 아니다. 인간의 권력적 충동들을 자제하기보다는 오히려 그 반대로, 모든 것을 통제하는 전능성의 구축이 그들을 부추겨왔던 것 같다. 구원의 문제와

---

31 Reinhold Niebuhr, *The Irony of American History: The Position of America in the World Community in Light of Her History* (New York: Scribner's, 1952), 50-51.

연관된 무기력함은 탐욕스런 세속적 권력을 추구하도록 만든 것 같다.

니버는 그러한 칼빈주의에 정면으로 맞섰다. 그는 "(악한 자에게나 선한 자에게나 동등하게 내리는 햇빛과 정의로운 자와 부당한 자 모두에게 내리는 비의 비유가 묘사하듯이) 그 은혜를 입은 자들의 덕스러움이나 흠결들에 당장의 관심을 두지 않고 작용하는 신성한 능력의 은혜"를 확증하는 칼빈주의를 포용하였다. 그리고 그는 하나님의 무조건적인 자비를 감사한 마음으로 수용하는 행위가 "특정한 인간 상황과 역사적 상황에 직접적으로 상관된 특정한 신적인 행위들을 대표하는 것으로 둔감할 때"[32] 어떻게 쉽사리 감사에서 자기-만족으로 타락해가는지를 보여주었다. 다른 말로, 그 감사의 수용이 전능성의 논리로 대치될 때 말이다.

복음을 손상하지 않고 "하나님의 능력"을 주장할 방법이 최소한 지금의 미 제국 시민들에게 현재 존재하는가?

신정론의 문제에 대한 서두의 진술로 되돌아가보자. 만일 하나님이 세상의 도덕적 의미로 선하신 것이라면 그리고 만일 하나님이 문자 그대로 모든 것을 통제하고 계신 것이라면 그리고 세상에 진짜 악이 존재하는 것이라면, 이 하나님은 존재하지 않는다는 결론이 도출된다.

기독교가 말없이 하나님의 **선하심**을 포기할 때, 동성애와 낙태와 같은 비복음적 주제들을 둘러싸고 동원되는 우파 종교인들이 예증하듯이, 기독교는 강력한 일치력을 획득한다. 그러는 동안 민주주의를 지향하는 사람들은 "하나님"을 계속해서 포기한다. 그리고 중립적 입장의 기독교인들은 그 모순에 혼란스러워하며 표류한 채, 효과적인 대안을 제시할 능력을 갖추지 못할 것이다. 대부분의 유신론자들은 사실상 절대적 의미의 전능성을 믿지 않는다. 그럼에도 불구하고 진지한

---

32 *Ibid.*

신학적 대안없이, 그들은 전능한 신과 자신들이 관계하고 있다고 공상한다. 그렇지만 그 신은 가장 불경한 악한 일들을 방지하기 위해 **개입할 수 있었지만**, 통상 그렇게 **하지 않으셨던** 신이다. 이 불합리함을 은폐하기 위해 그들은 신비에 호소한다. 좋다. 그러나 필자가 단지 말하고 싶은 것은 신비는 더 빨리 시작할 필요가 있다는 것이다. (전능성과 같은) 결정적 속성들의 가정 속에서 말이다.

만일 모든 것을 통제하시는 전능성의 망령을 그냥 놓아주면 어떨 것인가? 만일 우리가 황제 하나님, 꼭두각시 인형 조종자 하나님, 철두철미한 관리자 하나님, 독재자 하나님 혹은 가장-지혜로운-아버지 하나님을 상실한다면 어쩔 것인가? 그러면 우리는 아마 우리의 최선의 희망들에 합당한 선과 더불어 그리고 정의를 향한, 모든 생명의 소생을 향한 우리의 욕망에 합당한 선과 더불어 남겨질 것이다. 그럼에도 불구하고 이 꿈들이 실현될 것이라는 보장은 없다. 이러한 하나님은 어떤 장점이 있을까? 우리는 우리의 즐거움에 기뻐하고 우리의 비탄에 고통 받는, 그러나 그로부터 우리를 구원해 줄 수는 없는, 우주적 배려와 더불어 남겨진 것인가? 이 약한 하나님이 전능한 하나님보다 성서적인 통찰에 더 부합하지 않는가?

아마도 "힘"과 "약함"의 대립 자체가 잘못된 것인지도 모른다. 무능impotence은 칼빈주의적 전능성 개념에 대한 유일한 대안이 아니다. 되어감의 신학theology of becoming은 열린 지혜 속에서 제삼의 길을 분별한다. 불확정성과 그의 복잡한 결정들의 한복판에서 대안적 힘의 지혜sophia가 서서히 우리의 함께/앎con/sciousness 속으로 도래한다.

가시 돋친 고백

고린도의 공동체와 나눈 서신 왕래의 말미에 바울은 위험한 고백을 한다. 그가 받았던 계시들은 매우 "예외적인 성격의" 것이라서, 비록 자랑하고 싶었을지라도, 그는 그저 "진실을 말하고" 있었을 것이다(말하자면, 자랑스러운 겸손을…). 그러므로 그는 말한다. "너무 자만하지 않게 하시려고 내 육체에 가시…를 주셨으니"(고후 12:7). 그럼에도 불구하고, 그는 자신을 위축시키는 이 "가시"가 무엇인지를 드러내지 않는다. 그는 이 "사탄의 사자"가 제거되기를 반복적으로 기도했다고 말했다. 오늘날 일부 기독교인들이 자신들의 동성애적 충동이 제거되기를 고통스럽게 기도하는 방식을 누군가는 떠올릴 수도 있다. 여기서 암시된 "가시"의 본성을 들춰볼 필요는 없다. 그에게 최종적으로 도래하는 대답은 그 어떤 "이해"도 거절한다. 그리고 이는 모든 과정 중의 신학에게 중요한 단서를 제공한다.

"주님"이 그에게 말씀하셨다고 그가 들었던 것은 이것이다: "내 은혜가 네게 족하도다. 이는 [능력이] 약한 데서 온전하여짐이라"(고후 12:9). 어떤 번역본들은 "왜냐하면 나의 능력이 약함 속에서 완전

> 그러나 진정으로 성스러운 하나님의 신성은 예수나 그의 하늘에 계신 아버지에 의한 마법의 연출이나 또는 성부가 내세에서 그를 위한 보상을 주고, 도래할 세상에서 이 로마 병사들이 마땅히 받아야 할 죗값을 치르게 할 것이라는 은밀한 희망으로 표현되지 않는다. 신성(divinity)은 오히려 그의 진정한 죽음과 굴욕이 세상에 맞선 투쟁 속에서 일어난다는 것, 힘을 넘어서 일어난다는 것이다….
> — 존 카푸토[33]

---

33 John D. Caputo, *The Weakness of God: A Theology of the Event* (Bloomington: Indiana University Press, 2006), 43.

해지기 때문이다"고 되어있다. 그래서 바울은 말하기를, "그러므로 도리어 크게 기뻐함으로 나의 여러 약한 것들에 대하여 자랑하리니 이는 그리스도의 능력이 내게 머물게 하려 함이라." 이는 바울 자신의 육체적 약함과 신적인 약함 간의 평범치 않은 상관성이다. 그럼에도 불구하고 이 약함은 강함의 반대를 의미하지 않는다. 그와 반대로, 그 신성한 음성은 신적인 힘이 이 **약함을 통하여** "완전하게 되고" 열매를 맺는다는 것을 암시한다. 힘의 표준 모델에 대한 해체가 여기서 펼쳐지고 있는 듯이 보인다. "기독교의 도착적 핵심은 약한 힘이 되는 데 있다"[34] 고 존 카푸토는 공감하며 적고 있다.

신적인 취약성divine vulnerablity이라는 말로 표현하기 어려운 직관을 이해하기 위해, 바울은 곧장 십자가로 나아간다. "그리스도께서 약하심으로 십자가에 못 박히셨으나 하나님의 능력으로 살아 계시니"(고후 13:4a [개역개정]). 바울이 시도하고 있는 것은 무척 쉽지 않은 연합이다: 그 자신의 도발적인 육체와 십자가에 달린 예수의 육체 사이의 연합. 그리고 원치 않는 유혹에 대한 취약성이든 혹은 괴로운 죽음에 대한 취약성이든 육체의 취약성은 없어지기를 바랄 수 없다는 것이 요점이 될 것이다. 그러나 우리의 취약성들에 대한 정직한 포용은 그 취약성들을 힘을 부여하는 근원으로 바꿀 수도 있다. 왜냐하면 그 약함은 우리의 강함에 가까이 놓여 있는 것 같기 때문이다. 예를 들어, 우리의 무질서는 우리의 창조성에 가깝게 놓여있거나 혹은 우리의 무감함은 우리의 결단력에 가까이 놓여있다. 만일 바울이 권면하는 자기 자신과의 정직한 싸움이 수행된다면, 우리를 수치스럽게 만드는 약함은 새로운 종류의 힘을 담지한 실험이 될 것이다. 우리의 최악의 취약성은 개인적 방탕의 자리가 되기보다는 오히려 무한한 상호작용의 개시가 될

---

34 *Ibid.*, 46.

수 있다.

신적인 취약성이 던져주는 메시지가 절대적이고 감정 없는 통제의 우상을 깨부순다고 해서, 약함과 수동성을 이상화하지는 않는다. 그러한 이상화는 부정의한 고난의 패턴 속으로 우리를 떨어뜨릴 뿐일 것이다. "고난은 그 자체로 가치가 있다거나 혹은 하나님은 본질적으로 약하시거나 무력하셔서 이를 본받아야 할 모델로 붙들어야 한다는 식으로 하나님의 고난을 서술하는 것은 평등함과 온전한 인간성을 쟁취하기 위한 여성들의 투쟁을 옭아매던 덫이다…"35라고 엘리자베스 존슨은 경고한다. 1장에 기술된 레베카 파커의 학대적 기독론에 대한 이야기를 통해서 우리는 이를 살펴본 바 있다. 이는 또한 온전한 인간성을 쟁취하기 위한 남자들의 투쟁도 마찬가지로 덫으로 옭아맨다는 데 나는 동의한다. 왜냐하면 그것은 또한 남자들 자신의 때로 가장된 상호의존성에 대한 취약성을 요구하기 때문이다.

"약함 속에서 완전하게 되는 힘(혹은 능력, power)"은 전능성도 그렇다고 무능성도 아니다. 바울은 성육신적 취약성incarnational vulnerability이라는 새로운 생각을 표현하느라 애쓰고 있는 중이다: 인간의 육신에 참여하시는, 그래서 우리 인간의 모든 감수성과 고통 속에 참여하시는 하나님이라는 생각. 그 요점은 하나님이 고통을 야기하시거나 심지어 의지하신다는 것이 아니다. 나치의 감옥에서 디트리히 본회퍼는 이 통찰에 다가섰고, 그래서 "세상의 처분에 맡겨진 하나님"36으로서 십자가에 달리신 그리스도 속에 현현하시는 하나님의 약함에 관하여 적고 있다. 심지어 우리의 취약성이 우리의 고통의 자리가 되는 가장 끔찍

---

35 Elizabeth A. Johnson, *She Who Is: The Mystery of God in Feminist Theological Discourse* (New York: Crossroad, 1992), 253.

36 Dietrich Bonhoeffer, *Letters and Papers from Prison* (New York: SCM, 1971), 164.

한 상황 하에서조차 힘을 북돋아 주는 사랑, 부활하는 생명을 경험하는 것이 불가능한 것이 아닐 수도 있다. 용기 있는 맞섬의 한 양식으로서 비폭력의 가르침—결코 순교를 추구하는 것은 아니지만 때로 그것을 감수할 것을 마다 않는 비폭력의 가르침—은 상징적으로 마하트마 간디, 마틴 루터 킹 주니어[37] 그리고 오스카 로메로의 삶 속에서 예증된 바로서, 취약성의 이 힘이 올바로 조직되었을 경우에 담지한 정치적 잠재력을 암시한다. 약함 속에서 완전해지는 힘은 용기 있게 취한 입장 때문에 구성원을 잃은 회중에 속한 힘인지도 모른다. 힘의 열린 상호작용은 변화가 혼돈의 가장자리에서 일어난다는 것을 의미한다. 희망은 제아무리 작은 것일지라도 그의 다음 단계, 즉 영의 변곡점으로 나아간다. 이는 압도하는overpower 힘이 아니라 힘을 북돋는empower 힘이다.

배신당하다Double Crossed

물론 어떤 십자가의 신학은 성자 아들의 고통과 죽음을 원하시는 성부 아버지의 유령을 상기할 수도 있을 것이다. 그 "정의"를 향한 욕망이 오직 핏값으로서만 충족될 수 있는 아버지 말이다.[38] 그렇다면

---

37 *Martin & Malcolm & America: A Dream or a Nightmare* (Maryknoll: Orbis, 1991)에서 제임스 콘(James H. Cone)은 마틴 루터 킹 주니어와 말콤 엑스를 분리하지 말도록 경고한다. 그렇지 않다면 마틴 루터 킹의 예는 강함이 아니라 오히려 약함에 대한 초대장이 된다. 그러나 이는 마틴 루터 킹의 이상들 때문이 아니라, 사회운동들에서 폭력적 힘 대 유순한 무기력이라는 거짓된 이분법의 부담 때문이다.

38 예수가 우리를 위한 대리인으로서 고난당하는 보상적 대속의 희생 전통에 대한 주요 도전들은 다음의 연구들을 참고하라. Rita Nakashima Brock, *Journey by Heart: A Christology of Erotic Power* (New York: Crossroad, 1991); 그리고 Delores Williams, *Sisters in the Wilderness: The Challenge of Womanist God-Talk* (Maryknoll: Orbis, 1995). 그렇다면 독자는 여기서 과정신학(process theology)이라 불

다시 한번 황제와 그 처형집행자들의 의지가 하나님의 의지로 착각된 것이다. 그러한 신학은 그 자체로 빌라도처럼 어깨를 으쓱할 뿐이다. 이런 신학은 "약함 속에 완전해지는 힘"이라는 바울의 신학을 오독하여, 우리의 약함과 예수의 십자가형은 단지 하나님의 주권적인 힘에 대한 우리의 전적인 의존성을 논증한다는 의미로 이해한다. 기독교인들은 예수가 죽기를 선택하고, 하나님이 자신의 죽음을 바란다고 생각하고 상상하도록 배워왔다. 혹은 예수는 전적으로 그 무엇보다 십자가 위의 하나님"이시며" 그래서 일련의 고난들을 겪은 것이라고 배워왔다. 우리는 가시 면류관을 지배를 상징하는 제국의 왕관으로 혼동한다. 약함 속에서 완전해진 그 힘은 단지 약한 척 가장한 힘이 되어버렸다. 기독교 왕국은 위험하게도 그리고 반복적으로 신성의 전선들과 지배의 전선들을 교차 교배해왔다. 그래서 우리는 그 전선들 속에 뒤얽히게 되었다. 왜냐하면 지배는 복음 자체와 충격적으로 상반되는 목적들이기 때문이다.

로마 황제의 기독교 개종과 관련하여, 알프레드 노스 화이트헤드는 "보다 심층적인 우상숭배", 즉 이방 다신론의 우상숭배를 능가하는 우상숭배에 관하여 적고 있다. 이 말은 "하나님을 이집트와 페르시아와 로마 제국 지배자의 이미지로 만드는 일"을 의미한다. 이 우상숭배의 효과 한 가지를 지적하면서, 화이트헤드는 그 우상숭배로부터 귀결된 교리, 즉 "자신의 명령으로 세계를 존재하게 하고 그의 부여된 의지

리는 것의 기원을 거의 알게 된 셈인데, 그의 선도적인 대표주자들은 사그러들어가기만 했던 그 갈릴리 사람의 겸손이라는 불씨를 다시 살리기 위해 부채질하고 있다. 그의 하나님은 지배보다는 "유혹"(lure)을 통해 작용하시는데, 그렇기 때문에 지배의 프로젝트들을 용인할 수 없었다. 데이비드 레이 그리핀(David Ray Griffin)은 이를 강제력으로부터 설득력으로의 전이라 불렀다 — 아주 탁월한 민주주의적 기술이라 불릴 만하다.
39 Johnson, *She Who Is*, 270.

> 지혜-하나님(Sophia-God)은 임파워먼트(empowerment)의 신비로서 고난당하는 이들과 연대한다. 도덕적 분노, 망가진 피조세계에 대한 관심 그리고 정의를 외치는 공감과 더불어 하나님의 함께 아파하는(compassionate) 사랑의 힘이 세계의 고통으로 진입하여, 그것을 내부로부터 변혁한다.
>
> _엘리자베스 존슨[39]

로 세계를 복종시키는 초월적 창조자"라는 교리는 "기독교[와 이슬람]의 역사 속에 비극을 불어넣은 오류이다"라고 말했었다. 그때 서구적 자기-인식의 위대한 순간이 도래한다: "교회는 전적으로 시저에게 귀속된 속성을 하나님에게 부여했다."[40] 십자가는 여전히 검the sword으로서 휘둘러진다. 복음은 계속해서 배신당한다.

하나님은 십자가 위에 예수와 함께 거기에 계셨다. 그것은 분명하다. 하지만 선을 이루기 위해 그 잔혹한 수단에 의지하시는 분으로서가 아니다. 그와는 다른 자격으로 함께했다: 예수 안에서 그가 고통당하는 것을 함께 고통당하시는 분으로서 거기에 있었다. 인간 조건의 참상을 온몸으로 느끼며 또한 그 폭력의 기제 자체 앞에서 인간 조건의 무력함을 그대로 느끼며 거기에 있었다. 우리의 감수성과 지능과 희망을 속 깊이 느끼며, 이 악으로 넘겨졌다. 그렇지만, 그럼에도 불구하고 인류를 향한 사랑을 느끼고 있었다. 그리고 이 하나님은 가능하다면 언제나 악으로부터 선을 이루어내도록 유혹할 것이다. 그것을 가능케 하는 것은 하나님의 의지로 우리의 의지를 독실하게 조율하는 일일 것이다.

그래서 되어감의 신학theology of becoming은 게세마네 동산에서 드려진 예수의 기도에 비추어, 십자가상에서 예수의 약함을 분별한다. "이 잔

---

40 Alfred North Whitehead, *Process and Reality: An Essay in Cosmology* (New York: Free, 1978 [1929]), 342.

을 내게로부터 거두어주소서." 그는 **정말로** 죽고 싶지 않았다. 그는 여전히 **고통스럽게** 어떤 다른 결과, 어떤 다른 길이 가능할 수도 있기를 희망하고 있었다. "그러나 당신의 뜻대로 이루소서"라는 말은 다음과 같은 말이 아니다: 주님, 만일 당신이 내가 죽기를 원한다면, 그리하소서. 나를 맘대로 하소서. 그 대신 우리는 그것을 다음과 같이 읽을 수도 있다: 무슨 일이 일어나든지 간에, "나의 의지가 아니라 당신의 의지가 이루어지소서"(눅 22:42). 이 임박한 공포로부터 빠져나올 다른 좋은 길이 없다면, 나로 하여금 사랑으로 그 길을 따라가게 하소서. 만일 우리의 은신처가 발각되었다면, 만일 이번에는 이 운동을 배신함이 없이 내가 탈출할 수 없다면, 그렇다면 나의 고난이 헛되지 않게 하소서. 나로 하여금 어쨌든 당신의 뜻을 실현하게 하소서, 내 죽어가는 과정과 죽음을 통해서. 이 악으로부터 선이 만들어지도록 하소서.

십자가를 승리의 상징으로 왜곡함으로써 우리는 부활의 상징을 오작동하게 만든다. 왜냐하면 그럼으로써 우리는 또한 죽음을 부정하기 때문이다. 우리는 유한성을 감당할 수 없도록 만드는 그 부정의 앞에서 우리의 공포를 억압한다. 그래서 우리는 그 공포가 풀려나는 수난절, 선한 금요일the Good Friday, 그 선한 비통함을 차단한다. 그렇기 때문에 우리는 힘을 북돋우는 능력empowering power의 계시를 차단하는 전능성(개념)과 더불어 남겨진다. 그러나 인간적으로 가능해 보이는 것을 넘어선 사랑의 나래를 통해서만—약함 속에서 이루어지는 힘의 실현을 통해서만— 십자가는 부활로 대치될 수 있다. 삶과 죽음 사이의 교차횡단 속에서 새로운 생명의 길이 열릴 수 있다. 이는 약함을 이상화하는 것이 아니다. 이것은 약함 안에서, 취약성 **속에서** 작용하는 힘의 계시이다. 우리는 죽임을 당할 수 없는 열정을 그 순간 알아본다. "사랑은 죽음만큼 강하다"(아가서 8:6). 우리는 죽음을 우회할 수는 없지만, 그 고통을 이겨낼 수는 있다.

그대로 두시는 하나님 God of Letting Be

우리는 여는 물음에 대한 대답을 거의 시작조차 못했다. 취약한 하나님의 장점은 무엇인가? 우리의 바람을 들어줄 수 없는 신의 장점 말이다. 위르겐 몰트만이 "십자가에 달리신 하나님"이라고 불렀던 하나님의 장점? 돌이킬 수 없이 열린 개방성, 불확정성 그리고 자유의 우주를 불러일으키는 하나님의 장점? 그런 다음 그 모든 것을 우리와 함께 (임마누엘) 경험하시는 분의 장점? 욥과 바울이 고대로부터 들려주는 음성들은 각자의 끓어오르는 심연에서 실마리들과 암시들과 계시들을 제공한다. 신비 위에서 on the mystery.

제삼의 길을 통해 가능한 진리, 관계 속에서 되어감의 길은 대안적인 신-논리 theo-logic 에 의존한다: "약함 속에서 완전해진 힘"은 전혀 "약하지" 않을 수 있다. 혹은, 더 정확히 말해서, 그 힘은 외부적 힘—예를 들어 무도덕한 본성의 힘이나 비도덕적인 제국의 힘—의 기준들에서 보자면 약하다. 그렇다면 우리는 더 이상 "잘 통제하시고 계신" 하나님이 아니라 "통제를 벗어난" 우주를 상상해야 할 것이다. 우리는 난공불락의 힘도, 무기력한 취약성도 경배하지 않는다. 하나님의 의지는 더 이상—무슨 일이 일어나든지— 혼동되어서는 안 된다. 일어난 일의 대부분은 불확정성과 우연과 자연법칙과 인간의 자유가 복잡하게 결합되어 일어나며, 그것들이 지구 위에서 생명을 구성한다. 그 복잡한 영향력들 안에서 신적인 영향력을 분별하는 일은 다음 장의 과제가 될 것이다. 지금으로서는 끝없이 열린 상호작용이 부모가 자녀의 자유를 보호하는 방식으로 사랑하는 신에 의해 보호될 것이라는 정도로 말을 마무리하는 것으로 충분하다.

한 친구가 엄마로서 그녀가 배운 과정을 기술한다. "난 내 아이들을 통제하려고 노력한 적이 전혀 없어. 애들이 너무 많아서 그럴 수 없었어. 2년 사이 세 아이를 가졌는데, 그래서 아주 처음부터 (말하자면 첫날부터) 통제 자체가 가능하지 않다는 게 너무 분명했어. 애들 사이로 비집고 들어가 아이들이 노는 것을 통제하려고 노력하는 대신, 그 아이들과 그대로 함께 있을 수 있는 다른 방식에 이르러야 했어." 그래서 그녀는 친구들을 초대해, 아이들이 함께 놀 수 있게 하고, 또 혼돈에 올라탔다. 그런데 그녀가 관찰한 것은 다음과 같다. "만일 45분간 네다섯 명의 아주 어린 아이들이 밀치고, 어지르고, 들쑤시고 다니도록 그대로 둘 수 있다면—서로를 해치지 않고 또는 집을 손상하지 않는다는 기본원칙을 부여한 채—, 만일 그들이 겪어야만 할 과정들이 무엇이든지 그 아이들이 스스로 겪도록 그저 그대로 두면, 아이들은 함께 하고 싶은 어떤 것을 떠올려. 아이들은 거의 세 시간 정도 서로 긍정적으로 재밌게 몰입할 수 있는… 어떤 게임, 프로젝트, 상상에 이르게 돼. 모든 아이들이 말이야."[41] 심지어 그녀는 맘껏 자기 책을 읽을 수 있는 시간을 가질 수도 있었다.

이 이야기는 혼돈으로부터의 창조에 대한 보잘것없는 비유이긴 하다. 이 이야기는 통제하지 않는 사랑을 묘사한다. 부모들 그리고 사랑의 관계 속에 있는 모든 이는 누구나 그대로 두어야to let be 한다. 훌륭한 선생들과 목회자들과 지도자들은 그렇게 한다. 그렇게 엘로힘은 빛이 있도록 "그대로 두지let be" 않았던가? 맥쿼리는 "그대로 두기letting be"를 그저 혼자 내버려두는 것보다는 훨씬 긍정적인 어떤 것으로 정의한다:

---

41 Kathryn Rickerts, 현재 GTU에서 박사학위 논문을 거의 완성해가는 중, 2002년 7월 개인적 서신왕래.

"존재를 가능하게 하기enabling to be, 존재할 힘을 북돋기empowering to be, 혹은 존재로 데려오기bringing into being."42 따라서 우리의 "그대로-두기letting-be"의 경험은 "궁극적인 그대로-두기"의 비유로 소용이 있을 수도 있다. 사랑은 통제하지 않는다. 사랑은 되어감becoming의 공간을 연다. 그 공간은 보호용 경계선이 없지 않으며, 규칙들이 없는 것도 아니다. 건전한 부모는 단지 관대한 것이 아니라, 오히려 공정성, 협동 그리고 창조적 발전의 이상들을 계속 가르친다. 이 공간은 걷잡을 수 없는 무질서도 강제로 부과된 질서도 포괄하지 않는다. 이 공간은 혼돈의 가장자리에서 열리지만, 심연의 나락으로 추락하지 않는다. 이 공간은 관계들의 자유로운 놀이를 뒷받침한다. 그리고 부모와 아이들 모두의 욕구들을 만족시킨다. 이 통제하지 않는 돌봄은 아이들이 그들 자신의 "복잡한 자기-조직화 시스템"을 구축하도록 힘을 부여한다. 최소한 잠정적으로!

만일 우리가 우리의 비유를 한 걸음 더 나아가 펼쳐본다면, 우리가 바라는 상호작용은 개인적인 "나와 나의 하나님" 관계가 아니라 더 온전한 사회성으로 펼쳐지는 사랑이다. "나의 이름으로 모인 두세 사람들." 창생 공동체성 속에서 사태들은 위험천만하고, 소란스럽고 지저분하다. 그러나 새로운 질서가 혼돈으로부터 계속해서 출현한다. 그리고 그 평형상태들은 영원히 지속되지 않는다. "사랑은 결코 끝나지 않는다"(고전 13:8).

필자가 지금까지 무엇이 하나님이 아닌지 혹은 무엇을 하지 않으시는지를 주로 주장해왔던 것은 이것이 부정 신학의 표지이기 때문이다. 부정 신학은 전능성과 같은 그러한 개념들에 의한 신학적 통제로부터 열린 탈/폐쇄적(계시적, dis/closive) 자유를 추구한다. 하지만 선한 어

---

42 Macquarrie, *Principles*, 103.

머니와 같은 그러한 은유들은 탈문자적임에도 불구하고 확증적인 주장들을 전개한다. 우리가 (예를 들어 자녀들의 발달보다는 자신의 권위주의적인 질서에 더 관심을 갖는 엄격한 아버지 모델처럼) 나쁜 부모 역할의 모델을 줄곧 이상화해왔기 때문에 대안적 부모 역할을 말하는 은유들이 활약할 필요가 있다. 그러나 하나님의 사랑을 부모의 사랑으로 비유하는 것은 문제가 없지 않다. 부모 비유는 의인화된 그래서 (사람을) 어린이취급하는 이미지를 끌어들이는데, 그 비유 속에서 지배의 상징이 거의억제되지 않는다. 엄마가 다행히 개입해서, 철수가 영희를 다시는 때리지 못하도록 할 수 있다.

하나님은 그러지 않으시는 듯하다. 이는 하나님은 그럴 수 없으시다는 것을 의미할까? 하나님은 그저 우리의 자유를 간섭하지 않기로선택하신 것인가? 하나님의 선하심과 전능하심을 유지하면서 소위 자유-의지를 변증하는 입장은 그 중간적 입장을 견지한다: 하나님은 악을 허락하셨지만, 그 악을 야기하시지는 않으셨고, 그래서 우리에게자유의 여지를 남겨주셨다. 이 입장은 칼빈이 거세게 반대를 촉구하던냉정한 이신론에 가까운 입장이다. 그러나 이 합리적인 입장을 견지하는 사람들은 통상적으로 하나님을 대신해서 이따금 특별한 혹은 기적적인 개입을 행사할 것을 또한 주장한다. 그렇다면, 왜 하나님은 그 선거를 약간 조작해서, 히틀러가 선거에서 지도록 하시지 않으셨는가?혹은, 말 나온 김에, 내 친구의 어린 딸에게 발병한 백혈병을 치유하시지 않으시는가? 혹은 애초부터 그 나쁜 유전자를 삭제하시지 않으셨는가? 아니면 해로운 유전자들을 모두 다 삭제하시지 않으셨는가?

자유의지 변증은 일관성 있게 주장될 경우에만 작동할 수 있다. 그러나 그러기는 무척 어렵다. 하나님이 우리의 자유를 위해 악을 "허용"했다고 말하는 것은 곧 하나님이 그 어느 때고 개입하실 수 있었다는 것과, 역사가 증명하듯이, 그러시지 않기로 선택했다는 것을 의미한다. 따라서 하나님은 (자발적 관계들에서만 가능한 도덕적 선을 위해) 인간의 자유를 지켜주시지만, 이따금 개입하실 수 있고 또 그러신다. 그렇다면, 왜 그 수십억 명의 생명들이 그 선하심을 전혀 경험하지 못한 채 희생되어야만 했던 것인가? 비록 이 자유의지를 옹호하는 신정론적 입장에 공감하는 바가 있지만, 그럼에도 불구하고 필자의 생각에 이는 하나님 자신의 자유의지에 대한 너무 의인화된 개념일 수밖에 없다. 마치 하나님이 세계를 아주 섬세하고 꼼꼼히 운영하시는 것과 더 자율적인 우주를 설계하는 것 사이에서 선택을 고민하시는 듯이 말이다. 그러면, 심지어 그분이 자율적인 우주를 선택했다 해도, 이따금 간섭하시기를 선택하실 것이다.

만일 통제하지 않는 것이, 즉 그대로 두자_{let be}는 것이 신의 선택이라면, 그렇다면 아마도 우리는 이 선택을 우리가 "하나님"이라 부르는 존재의 진정한 의미로 이해해야만 할 것이다: 우주의 핵심에 놓여있는 그대로-두자_{letting-be}. 아니면, 창세기 1장이 시적으로 포착하고 있듯이, 새로운 우주를 시작하든지. 그리고 이 하나님의 창조할 자유는 피조물들의 응답하는 자유에 의존한다: 심연의 얼굴 위로 흘러들어오는 영향력들의 포개짐과 겹쳐짐.

전능성에 대한 대안은 위험을 감수하는 관계성의 상호작용 속에 놓여 있다. 이 대안은 피조물들을 냉혹하지만 자율적인 이신론적인 공허 속으로 던져 넣지 않는다. 이 대안은 그들을 계속해서 부르고, 초대한다. 과정신학의 언어로 이 대안은 피조물들을 집단적으로 그리고 개인적으로 자기-실현을 향하여 "유혹한다." 하나님의 능력은, 만일 그것이 응답할-수-있는_{response-able}[43] 힘을 의미한다면, 타자들에게 응답하

---

43 역자. 여기서 켈러는 "책임 있는"을 의미하는 responsible이라는 단어를 풀어서

도록 **힘을 불어넣는다**empower. 그들의 자유 속에서 말이다. 하나님의 의지는 실로 하나님의 의지이시다! 그러나 **의지**will라는 용어는 "자발적"이라는 의미의 기원인 *voluntas*라는 단어로부터 유래하는데, 이는 통제를 의미하는 것이 아니라 **욕망**desire을 의미한다. 즉, 하나님이 원하시는 것wants 말이다. 그의 원하시는 것, 그의 욕망하시는 것은 결정적 요소를 갖는데, 그럼으로써 미리 앞서서 이 우주를 위해 가능한 것을 한정한다. 그리고 이 한계들 내에서 토라와 계약과 구원의 전체 장치는 하나님의 뜻이 이루어지기를 추구할 것임을 시사한다, 이 땅 위에서. 그러나 원한다는 것은 야기한다는 것to cause과 동일한 것이 아니다. "당신의 뜻이 이루어지소서"는 만일 우리가 전능하신 하나님에게 '편한 대로 하십시오. 그리고 하시려는 것이 무엇이든 마음대로 하십시오'를 그저 말하는 것이라면, 언급할 이유가 전혀 없다. 우리는 풍성한 생명을 향한 하나님의 욕망을 방해하기보다는 만족시키길 바라며 기도한다.

그렇다면 어떤 의미에서 이 신적 과정이 **강력한** 것인가? 신적 과정은 아마도 심지어 전-능하다고all-powerful고 불렸을 것이다. 만일 성서적 하나님을 표현하는 언어가 다음과 같은 의미에서 필수불가결한 듯이 보인다면 말이다: 하나님은 선한 신, 곧 창조세계의 선함을 양육하고 거기서 기쁨을 찾는 신이 가질 수 있을 혹은 갖기를 원했을 수 있을 "모든 능력all the power"을 갖고 계시다. 그러나 이 힘은 사물들이 무로부터 일어나도록 명령하고 그래서 무화(無化)의 위협 아래서 그들을 통제하는 일방적인 힘이 아니라는 것이 여기서 요점이다. 그 힘은 전적으로 다른 종류의 힘, 즉 **질적으로 다른 힘**이다. 지배가 이상으로 간주되는 곳에서는 약해 보이는 힘 말이다. "약함 속에서 완전해지는 힘"이

---

response-able(응답할-수-있는)이라고 표현하고 있음을 유념하자.

란 은유는 강제적인 힘에 대한 어려운 대안을 파악할 수 있도록 시도한다: 아주 취약한 능력으로부터 흘러나오는 전염적 영향력. 2천 년 후 우리는 그의 실현에서 제한적이지만 집단적인 진보를 이루어냈다. 설득을 강압보다 선호하고, 돌봄을 최고의 공공적 강함으로써 평가하는 사회 민주주의의 실험들. 아마도 성 평등성과 비폭력적 자녀양육의 실험들 또한 여기저기서 우리의 은유적 대안들을 저장하고 발전시켜 나가고 있다.

자녀들을 지혜 안에서 양육해나가는 성령 하나님. 자신이 기뻐하는 자녀들을 그대로-두시는 지혜 하나님. 수 세기 동안 영향력을 발휘하는 어떤 진리를 완전한 약함 속에서 증언하는 증언의 말씀 하나님. 우리의 분노, 절망, 비탄을 흡수하면서 우리의 신학적 투사들을 불어 날려버리고, 우리의 눈을 새롭게 뜨게 만드시는 폭풍우의 음성 하나님. 우리를 가장 존엄하고 가장 사랑받는 참여자들로서 부르는 창조세계의 빛나는 아름다움을 우리는 언뜻 본다.

악의 잿더미로부터 선을 불러일으키시는 분, 우리의 협동을 요구하지만—실제로는 명령하지만— 그러나 강제할 수 없는 선을 요청하시는 분. 우리의 응답을 가능케 하는 힘. "오직 이 하나님만이 사랑의 하나님이시다. 왜냐하면 사랑은 바로 정확히 말해서 그의 자기-내어줌과 그대로 두기이기 때문이다." 그러한 하나님은 자신이 맞이할 위험을 감수하고 창조세계 속으로 자기-내어줌을 감행한다: "사랑이 (그대로-두기의) 위험 속에 스스로를 더욱더 노출하면 할수록, 사랑은 존재를 수여하며 더욱더 성취감을 느낀다.…"[44]

신정론의 거짓된 논리를 깨뜨려 열어젖히기 위해, 우리는 사랑 없는 힘의 절대주의에 굴복하지 않을 것이다. 우리는 무능한 사랑의 상

---

44 Macquarrie, *Principles*, 235.

대주의들로 분해되지도 않을 것이다. 제삼의 길은 무엇이 될 것인가? 만일 사랑과 힘이 신의 본성 안에서 서로 모순되는 것이 아니라면, 바로 거기서 우리는 필요한 단서를 찾게 된다. 신비 위에서on the mystery, 절대적 힘은 정확히 사랑의 힘이 될 것이다.

5 장

감시와 통제 시대의 열정(Passion)으로서 사랑

: 에로스와 아가페의 이분법을 넘어 모험을 감행하기

● 통제 속에서 아니면 사랑 속에서?
● 원수와의 사랑: 겁쟁이들을 위한 사랑이 아니다 ● 죄와 사랑
● 과정 중의 하나님: 유혹과 호응 ● 일어나라, 나의 사랑
● "보이지 않는 끌림들": 법과 사랑 ● 에로스와 아가페 사이에서

나의 괴로움은 크고, 사람들은 모른다.

그들은 내게 잔혹하다. 왜냐하면 그들은 나를 말리고 싶어하기 때문이다.

사랑의 힘들이 나에게 촉구하는 모든 것들을 하지 말도록 말이다.

그들은 이해하지 못하고, 나는 그들에게 설명할 수 없다.

그래서 난 나대로 살아내야만 한다.

사랑이 나의 영혼에 조언한 것, 바로 이 안에 나의 존재가 있다.

이러한 이유로 나는 나의 최선을 다할 것이다.

_ 하데비치[1]

신적 전능성이라는 표준 개념에 대한 신학적 대안은 사랑의 힘이라고 앞 장은 제안했다. 그렇다면 사랑의 달콤한 감성과 열정적인 파괴성에 대해서는 무엇이라 말할 수 있을 것인가? 과도하게 조작된 그런 개념 속에서 우리는 어떤 강점을 찾을 수 있는가? 품질보증을 요구받

---

1 "The Noble Valiant Heart", in *Hadewijch: The Complete Works,* trans. and intro. Mother Columbia Hart, Classics of Western Spirituality (Mahwah: Paulist, 1980), 185.

고 할리우드화된 문화가 사랑의 신학적 은유를 어떻게 진솔하게 배태해낼 수 있을 것인가? 사랑의 힘이, 심지어 (콜트란을 인용하자면) 지고의 사랑Love Supreme이 담지한 힘일지라도, 어떻게 파괴의 세력에 저항하고, 힘없는 이들에게 힘을 부여하고 또 미약한 이들이 대담하게 나설 수 있도록 할 것인가?

어쨌거나, "사랑"을 생각할 때, 서로 연관성 없는 친밀한 이미지들의 콜라주가 내 마음속 화면을 가로질러 깜박거린다. 불어오는 젊음의 열정들, 달콤한 확신들과 뒤섞여 낭비되는 열심들, 너무 취약하면서 너무 고집 센 나 자신의 탐욕스럽고 빈궁한 자아의 망령들이 나와 다른 사람들에게 상처를 입힌다. 그러면서 그 성장하는 "나"의 격동 속으로 손을 뻗쳐, 나로 하여금 영적인 어떤 것, 사랑할 만한 어떤 것을 접하도록 해준 이들을 생각한다. 평화 캠프에서 나보다 나이가 많았던 리더는 동기들로부터, 너무 열정적이고, 너무 진지하고, "무겁"다는 이유로 따돌림을 당했다고 느끼며 울고 있던 나를 찾아왔다. 그는 하나님의 미소를 머금은 채 말했다. "네가 무겁다고 생각하는 누구나 새털처럼 가벼운 사람일거야, 그렇지?" 그리고 그 선배의 사랑의 선물을 나는 그 즉시 신뢰로 받아들였는데, 이는 아주 순간적이면서 동시에 가장 오래 지속되는 힘들로 자라났고, 그 성장 능력에 감사하게 된다. 나 홀로 고립되어 있었으면 결코 나오지 않았을 능력 말이다….

나는 "최선을 다"했을지도 모른다. 그러나 나 자신의 사랑(의)과정2 속에서 신성을 인식하지는 못했을 것이다. 이 사랑의 은유적 깊이에 다가가기 위해서 우리는 현재 시점 아래 깊이 내려간다.

말 그대로 잠시 우리의 시대를 완전히 벗어나, 13세기 초 흥미로운

---

2 역자주. 켈러는 love-process라고 표현했는데, 여기서 '-' 표시가 우리말로 "(의)"의 효과를 갖는다고 생각해 우리식 표현으로 바꾸었다.

신학 선생인 하데비치Hadewijch로 돌아가 보자. 우리의 갈지자 여행은 빈번히 기독교의 다양한 과거 속으로 엮어들어간다. 이 중세 사랑의 신비주의 속에서 여성들은 먼저 신학적으로 목소리를 내기 시작했다. 그리고 우리는 이 특별한 음성 속에서 아주 깜짝 놀랄 만큼의 시적 생생함을 느낄 수 있다. 그리고 이 장의 후반부에 전개될 과정신학의 사랑의 비전에 대한 선례를 보게 된다.

하데비치는 플랑드르 지방 베긴회 수녀들 중에서 환상가이면서 시인이었다. 베긴수녀회는 중세의 여성운동으로서 금욕 공동체를 형성하여 모여 살았지만, 베일이나 은둔 그리고 교회의 감독 등을 거절했다. 그녀가 말하는 사랑은 생기발랄한 감성도 아니고 다정다감한 환상도 아니다. "사랑은 우리에게 와서 위로한다. 그녀는 떠나가고, 우린 무너진다. 이것이 우리로 하여금 모험을 떠나게 한다."3 그녀의 시들은 열정적으로 부단히 이 사랑의 기쁨들과 아픔들을 추구한다.

"사랑의 힘들이 나에게 촉구하는 모든 것들." 강제하지 않으나 촉구하는 이 힘들, 그토록 긴급하게 촉구해서 이 재능있는 신비가가 당대의 교회 교부들과의 관계를 엄청난 위험에 빠질 위험을 감수하도록 만든 이 힘들은 무엇인가? 그녀가 자신의 "존재", 즉 영과 자아에 대한 그녀의 의미를 발견한 이 "위로"는 무엇인가? 이 시 속에서 위로자인 "사랑"은 그녀가 좋아하는 하나님의 이름이다. 하데비치는 문법적으로 여성명사 Minne를 사용했는데, 이 단어는 플랑드르 지방에서 여성에 대한 존중이라는 새로운 문화가 궁정식 문화와 결합하여 만들어낸 표현양식이다.4 물론 페미니즘은 이 시대적 상황 속에서 전혀 언급되

---

3 *Ibid*., 175.

4 하데비치는 대략 현재 벨기에에 해당하는 지역에서 12세기 후반부에 일어난 사랑 신비주의(love mysticism)의 가장 중요한 대표자라고 말할 수 있다. 그 사랑 신비주의는 아주 분명한 여성적 현상이다. "사랑"이라는 용어(minne)가 암시하듯이, 이 사랑 신비주의는

지 않았다. 하지만 그녀가 광범위한 여성적 의인화들과 더불어 은유적 여성성을 강조할 때, 우리는 그녀의 언어가 감행하는 모험을 주목하지 않을 수 없다. 그녀 당대의 여성들에게 이처럼 진부하지 않은 방식으로 자아의 여성적 강점을 표현하는 그러한 열정적인 언어의 사용 자체가 이미 어떤 식으로든 신학적 절대주의에 대해 도전을 표명하는 것이었다.

"사랑의 광야에 감히 도전하는" 누구나 "사랑을 이해할 것이다: / 그녀의 찾아옴, 그녀의 떠남"이라고 그녀는 적고 있다. 이 사랑Love은 대중적 로맨스나 경건한 감성들이 갖고 있는 그 어떤 우상들도 산산히 부수어버린다. 그것 혹은 그녀는 파악하기 어렵고, 은둔적이고 심지어 때로는 잔혹해 보여서, 우리를 "황량한 사막에서 길을 잃게" 만든다. 그래서 하데비치는 용기를 권면한다. "오 영혼이여, 피조물이여 그리고 고상한 이미지여, 모험을 강행하라!"5 이는 신학에서 전례 없는 운동일 것이다: 하나님의 형상 속에 있는 우리 인류의 이름으로, 우리는 다른 사람에게 군림하거나 고요하고 냉정한 경건에 안주하지 말고, 모험을 감행할 권한을 부여받는다? 불확실한 여행을 무작정 벌이라고? 불리한 기회들을 잡으라고? 그녀는 우리가 본서 3장에서 토론했듯이, 창세기 1장 28절의 고상한 평등주의를 조용히 재활용하고 있는 듯이 보인다. 그러나 위반적인 여성성을 넘어서서, 그녀는 기독교 전통 속에서 아주 자주 망각된 심오하고 격동하는 창조성을 창조론으로부터 회복한다. 만일 우리가 사랑스럽게amorously 창조하는 분의 형상 속에서, 혼돈이 없지 않게, 창조되었다면, 그녀는 우리를 인간답게 만

"여기 이 땅에서 하나님과의 연합이 사랑의 관계성으로 살아진다: 하나님은 사랑으로 그를 만나러 나오는 이에게 하나님 자신이 사랑(Love, Minne)으로 경험되도록 하신다"는 것을 상상한다, *Ibid.*, xiii.

5 "Daring the Wilderness", *Ibid.*, 231. 강조는 필자의 것.

드는 열정을 직관한다.

이 하나님의 형상imago dei과 이 모험의 영 속에서, 바로 그 시는 우리에게 배겨낼 것을 촉구한다: "언제나 끝까지 유지하라 / 사랑 안에서." 방탕과 절대 사이에서, 다짐resolute이 다시금 그 끝에 출현한다. 이 다짐은 프랑스어 coeur로부터 유래하는데 대담성을 표현하는 말로서, "심장"을 의미하는 heart로부터 유래하는 "용기courage"라는 말의 어원이 암시되기도 한다. 용기와 사랑의 연관성은 그다지 눈에 띄지 않는다. 그러나 우리는 여전히 "용기를 내라"(즉 심장을 움켜쥐어라, take heart)는 관용어를 사용한다. 그것은 단지 사랑한다는 것은 위험의 요소를 언제나 담지하고 있다는 것을 의미하는 것이 아니라, 그러한 위험을 감수할 용기는 심장을 취한다는 것을 의미한다: 용기는 사랑을, 열정을 전제한다. 오직 사랑Love 안에서만 우리는 사람으로서 우리의 잠재성을 실현한다는 것을 하데비치는 함의한다: 그 사랑의 광야 속에서만 우리는 진정으로 **존재하게 된다**come to be. 그것은 우리가 창조와 신적인 힘의 재구성 속에서 검토해왔던 창조적 과정의 적극적 의미에서 "그대로 존재하는가let-be"? 그것은 사랑 자체를 위한 제삼의 길을 제안하는가? 사랑 없는 성적 정복욕에 의해 방탕하게 표현되는 에로스가 아니며, 성스러운 에로스라고는 전혀 상상도 못하는 도덕주의적 "사랑"도 아닌 제삼의 길?

흥미롭게도, 그녀의 신학적 시학의theopoetic 저술들 어느 곳에서도 그 베긴회 수녀는 그녀가 말하는 사랑Love을 그 어떤 종류의 사랑Love에 대립하여 놓지 않는다. 그녀는 신적인 사랑, 실로 하나님이신 사랑Love과 그보다 낮은 사랑, 즉 우리를 촉구하고, 흔들고 또 파탄시키는 사랑들Loves 간의 깔끔한 경계선을 긋지 않는다. 그것은 사랑Love 자체이며, 어쨌든 그것은 우리의 모든 사랑함 속에서 그리고 그 사랑의 행위를 통하여 우리를 향해 부르고 있다: 인간 개방성의 희망과 비탄과 매우 위험한 취약성 속에서 그리고 그것들을 통하여 말이다. 사랑을 고집한다는 것$_{to\ persist\ in\ Love}$은 사랑이 결코 두 사람 간의 관계에 제한될 수 없다는 것을 배우는 것이다. 비록 사랑이 거기에 머무른다는 것을 인정할지라도 말이다. 하데비치에게 이 사랑$_{Love}$은 온전히 신적이며 그리고 온전히 인간적이다. 하지만 그녀는 시인으로서 적고 있는 것이지, 결코 학자로서 글을 쓰고 있는 것이 아니다. 그녀는 교리적인 정의들을 제공하지 않는다. 누군가를 열정적으로 사랑했던 사람은 누구나 그녀의 시에 매혹될 것이다. 이것은 교리적 공식의 신앙이 아니라 모험적 되어감$_{adventurous\ becoming}$의 신앙이다.

"오 능력있고, 놀라운 사랑$_{Love}$, 경이로 모두를 정복할 수 있는 당신이여!"6 사랑 신비주의의 성서적 원형, 즉 「아가」에 대한 간략한 독해를 통해 더욱 강렬해질 테지만, 사랑이 기독교적 우선성으로 간주될 때, 어쨌든 이 분위기에서 우리는 과정 중의 신학$_{theology\ in\ process}$이 "신적인 힘$_{divine\ power}$"을 통해 무엇을 의미하는지를 고려해볼 것이다. 그런데 관건이 되는 이 사랑은 놀랍도록 첨예하고, 심지어 정치적인 면을 보여주고 있다. 열정이라고 음역되는 사랑의 기호 아래서 우리는 또한 과정신학이 전개한 더 명시적인 생각을 떠안을 것이다. 화이트헤드의 "신적인 유혹$_{the\ divine\ lure}$"이라는 개념을 발전시킨 존 캅의 "하나님의 창조적 사랑"이라는 개념이 피조물적 열정과 신적 열정 간의 상호작용을 분명하게 표현하도록 해줄 것이고 또 그 두 열정들이 신학적으로 더욱 거대한 신적인 되어감의 모험 속에 우리가 배치할 수 있도록 용납해줄 것이다.

---

6 "Defense of Love", *Ibid.*, 178.

통제 속에서 아니면 사랑 속에서?

신학에서 사랑은 당장 신적인 것, 즉 신성 그 자체에 대한 **관계성**을 이름한다. 사랑은 하나님의 인격적인 얼굴과 힘을 계시한다. 그래도 여전히 물음이 제기된다. 만일 사랑이 영향력의 발휘를 의미한다면, 어떤 종류의 힘이 "사랑의 힘들forces of love" 속에서 시적으로 암호화되어 있는 것인가? 사랑은 언제나 신적 능력에 대한 모든 교리를 약화시키는 것처럼 보인다. 신적 능력의 기준이 **통제**control인 한에서 말이다. 앞 장에서 분석한 바대로, 독재자의 힘은 사랑하는 파트너나 부모의 힘보다 엄청나게 그리고 분명하게 큰 것으로 나타난다.

그렇다면 어떤 힘이 신적인 힘을 표현하는 데 더 적합한 상징이 될 것인가? 전체적으로 성서는 쉬운 대답을 제시하지 않는다. 지배의 겁박하는 이미지들과 사랑의 서정적인 기원들이 구약과 신약 모두에 혼동스럽게 뒤섞여있다. 그러나 그것은 신적인 힘의 은유들을 내버리면 된다는 식의 문제가 아니다. 그것은 신학적 우선성의 문제이다. 그렇기에 우리는 더 나아가 물어야 할 것이다. 사랑은 힘에 의해 판단되는가? 아니면 힘은 사랑에 의해 판단되는가?

복음서의 기준에 이르게 되면, 대답은 명백하다. 신약성서는 결코 "하나님은 힘이시다"라고 말하지 않는다. 신약성서는 "하나님은 사랑이시다"(요일 4:8)라고 말한다. 그러므로 기독교인들이 하나님에게 돌리고 있는 힘은 사랑의 기준을 충족해야만 한다. 심지어 우리가 "기독교적 사랑"이라고 부르는 것의 높은 기준이라 할지라도 말이다. 그 역은 참이 아니다. 만일 신적인 힘이 과정 중에 있다면, 사랑은 그 자체로 힘을 그리고 힘에 대한 모든 이미지들을 재판한다. 그것은 힘이 그를 상쇄할 사랑을 필요로 한다거나 신적인 지배의 엄격한 군주적 권력이 사랑의 복음에 의해 부드러워지고 보완된다는 것이 아니다. 그것은 오히려 사랑이 하나님의 힘, 에너지, 영향을 미치는 스타일이라는 것을 의미할 것이다. 그러나 이 주장을 강하게 밀고 나가면, 이내 다음을 의미하는 것으로 순식간에 변형될 수 있다: 하나님이 우리에게 행하신 것은 무엇이든지 우리 자신의 선을 위한 것이다. 마치 엄격하지만 사랑스런 아버지가 내리는 처벌처럼 말이다. 그렇다면 우리는 우리가 시작한 곳으로 되돌아오게 된다. 우리는 다시금 사랑을 힘에 의해 정의하고 있는 것이다. 사랑에 의해서 힘을 정의하는 대신 말이다. 힘이 우선권을 가질 때, 사랑은 그에 가장 걸맞는 상태로 남는다: 하나님은 한순간 엄하게 쓰나미를 일으킨 다음, 다른 순간 생존자들을 친절하게 위로할 수도 있다.

보험 회사들과 달리, 과정 중의 신학은 지진들과 허리케인들을 "하나님의 활동들"로 읽지 않는다. 그것은 하나님이 우주의 광대하고 위험천만한 모험 속에서 유혹한 창조의 복잡한 자기-조직화 시스템들의 부작용들일 것이다. 무한하시고, 모든 곳에 계시고, 시편 기자에 의하면, 심지어 스올sheol의 지하세계에도 계시는 신은 또한 쓰나미 속에서도 현재하신다. 그러나 필자가 바라는 바, 앞의 장에서 분명하게 논증했듯이, 칼빈과는 반대로, 한 사건 **내에 있다**는 것은 그것을 **일으키는** 것과 동일한 것이 아니다. 하나님의 의지는 사건들의 표면들을 판독할 수 없다. 신적인 사랑(의) 힘7은 궤도를 우아하게 돌면서 생명을 양육하는 그리고 지각판과 모든 것들을 돌보는 지구의 계속적인 역량 속에서 분별될 수 있을 것이다: "태양과 다른 별들을 움직이는 그 사랑."8 아주 다른 방식으로 그 신적인 사랑(의)힘은 재난이 벌어지고 난

---

7 역자주. "love-force"이라는 표현의 "-"를 "(의)"라는 표현으로 바꾸었다.
8 Dante Alighieri, *Divine Comedy: Paradise*, in Dante Alighieri's *Divine Comedy*,

후 낯선 이들을 돌보는 인간적인 순간에 분별될 수도 있다. 그러나 하나님은 그들을 돌보도록 우리에게 강요하기보다는 지구가 돌거나 흔들리도록 할 것이다.

원수와의 사랑: 겁쟁이들을 위한 사랑이 아니다

사랑의 힘을 신학화하는 문제에 이르면, 우리는 힘을 마주하는 전능성의 문제가 아니라, 사랑을 마주한 감수성의 문제에 직면한다. 기독교적인 사랑은 적갈색 머리카락 다발들과 촉촉한 눈망울들을 흘리면서, 도전이 아니라 희생양을 암시하듯 뺨을 돌려대는 빅토리아 시대의 예수를 떠올리게 할 수도 있다. 그 기독교적 사랑은 비인간 우주로부터, 야생의 영역들로부터, 즉 사물들의 **혼돈-속-질서**tohuvabohu와 **바다괴물-레비아탄**leviathan으로부터 하나님을 분리하는 것처럼 보인다. 모든 일을 초래하시고 일으키는 전제군주적인 주님의 모습과 함께 하는 칼빈주의적 단호한 전능성 개념은 일종의 어두운 대위점을 제공하는지도 모른다. 그러나 무능impotence과 전능omnipotence의 이미지들은 상보적이어서, 우리를 위해 자신의 아들 성자를 죽음으로 내보내는 냉정한 아버지가 성부 하나님이라는 특정한 시나리오를 함께 지탱해주고 있다. 인과적 전능성은 그리스도의 수난이라는 표준적 해석에 의해서도 효과적으로 완화되지 않는다.

"사랑의 힘들"은 신학을 위한 또 다른 길, (전통적인) 기독교적인 길 못지않은 다른 길을 제시한다. 사랑의 힘들은 전능성도 아니고 무능성도 아니다. 사랑의 힘은 강력하지만 직접적으로 이 재난이나 저런 재

Vol.5, Paradise, trans. Mark Musa (Bloomington: Indiana University Press, 2004), canto XXXIII, 145.

난을 "일으키지" 않으며 또한 재난으로부터 직접 구출하지도 않는다. "촉구하고urge" "권고하는counsel" 힘을 암시하는 하데비치는 과정신학을 예견한다. 그 사랑의 힘들이 담지한 매력은 우리로 하여금 대안적 힘을 분명히 이해하도록 도울 것이다. 그 힘의 매력은 "**살아있는 모든 것을 쥐고 흔든다.**"9 이 표현은 "신적인 유혹the divine lure"을 예견하는데, 이에 대해서 잠시 후 살펴볼 것이다. 실로, 그것은 그리스도가 받았던 것과 같은 고난의 수난을 암시할 뿐만 아니라, 에로스의 욕망하는 힘을 열정적으로 암시한다. 아울러 화이트헤드는 신적 에로스the divine Eros의 은유를 20세기에 다시 도입해준 바 있다.

하데비치의 사랑 신비주의는 매혹적이다. 왜냐하면 그것은 우리가 에로스적 사랑을 연상시키는 자연의 맹렬한 힘인 물의 범람을 상기시켜 주기 때문이다: 사랑은 그 친밀성에서 무한하여, 몸으로 체험된 경험들과 감각적 느낌들의 전 범위를 포용한다. 그러나 우리가 그 사랑을 복음의 금욕적인 윤리로부터 분리해낸다면, 그 신비적 에로스를 오해하게 된다. 그리고 같은 동전의 반대 면으로, 우리가 그 사랑을 그의 근원적인 열정으로부터 갈라낸다면, 기독교적 사랑을 오해할 수도 있다!

하나님의 사랑에 대한 가장 최고의 복음적 아이콘보다 더 근원적인 elemental 아이콘: 하나님의 형상 안에서 사랑을 실천하는 것은, 우리가 알고 있듯, 태양과 비처럼 타자를 향해 흐르고, 비추고, 흘러넘치는 것이다. 비록 이것이 원수에 대한 사랑을 말하는 복음의 위대한 명제이기는 하지만, 그 태양 빛의 광휘나 생명을 풍성케 하는 강우 속에는 자기를 희생양으로 삼거나self-victimizing 자기-학대적인masochistic 것은 전혀 없다. "나는 너희에게 이르노니 너희 원수를 사랑하며 너희를 박해

9 "Old in Love", *Hadewijch*, 202. 강조는 필자의 것.
10 James Baldwin, *No Name in the Street* (New York: Dell, 1972), 194.

하는 자를 위하여 기도하라. 이같이 한즉 하늘에 계신 너희 아버지의 아들이 되리니 이는 하나님이 그 해를 악인과 선인에게 비추시며 비를 의로운 자와 불의한 자에게 내려주심이라"(마 5:44-45). 우리는 니버가 칼빈주의의 최선을 강조하기 위해 이 구절을 인용하고 있음을 알고 있다. 이 구절은 무력함을 전하지 않으며, 정녕 통제력을 말하고 있지 않으나, 그럼에도 불구하고 분명히 어떤 종류의 힘을 전달해 주고 있다. 근본적 흐름에 대한 이중의 이미지는 우연히

아프리카계 미국인이 된다는 것 혹은 미국 흑인이 된다는 것은, 아주 조금 과장하자면, 어떤 식으로든 존중받거나 변호 받을 수 없는 문명— 즉 그들을 강요하고, 실로 끊임없이 공격하고 비난하는 문명—의 일부가 되어 있는 자신을 절감하는 사람들의 상황에 존재한다는 것 그리고 가장 열정적인 사랑을 큰 소리로 외치며, 나라가 새롭게 되기를 소망하며, 그것을 존중할만하고 가치 있는 삶으로 만들어나가려는 사람들의 상황에 존재한다는 것을 의미한다.

_ 제임스 볼드윈[10]

일깨워진 것이 아니다. 그것은 참으로 근본적인 흘러가는/힘$_{in/fluence}$,[11] 즉 유입과 삼투를 떠오르게 한다.

사랑의 그러한 밖으로 흘러넘침$_{outpouring}$은 위험천만한 것이다. 우리는 미지의 것으로, 예측 불가능한 것으로 흘러 들어간다. 왜냐하면 어느 수준에서 우리는 서로에게 불투명하게 남아있으며, 심지어 우리의 친밀감 속에서조차 낯설게 머물러 있기 때문이다. 때로 적의감이 그 불투명성을 위험으로 가득 채운다. 그래서 기독교적 사랑의 시금석인 원수에 대한 사랑은 증오가 아니라 용기가 필요하다. 하데비치의

---

11 역자주. 'influence'를 데리다 식으로 혹은 하이데거 식으로 '/'를 사용하여, 창조적 의미로 변용한 것이다. 이는 영향력은 언제나 in fluency, 즉 흐름 속에 있다는 것을 함의한다.

분위기 속에서 우리는 복음이 길들여진 덕德이 아니라, 근원적인 흐름, 즉 사랑의 모험을 주창하는 것을 인식하게 된다.

그 모험은 제임스 볼드윈의 성난 열정과 동일한 에로스적 스펙트럼 위에 놓여있다. 희망의 전략으로서 백인 인종차별주의자들에 의해 만들어진 문명을 "사랑"하는 것, "나라를 새롭게 하고, 그것을 생명을 존중하고 가치 있게 여기는 일로 만들어가는 것", 바로 이것은 용인할 수 없는 것에 대한 수치스런 항복이라기보다는 오히려, 예수가 원수에 대한 사랑을 말할 때 염두에 두고 있었던 것을 그려주고 있지 않은가? 이 희망은 **바실레이아**(basileia), 즉 "하나님 나라"의 선하지만 기운찬 소식을 반향하고 있는데, 이에 대해서는 다음 이어지는 장들에서 다룰 것이다.

복음은 성가신 이웃에게, 무서운 낯선 사람에게, 불특정의 동료 피조물에게, 부도덕한 사회에게 최선으로 가능한 방식으로 응답해야 할 위험을 감수하도록 우리를 권한다. 그 타자들이 호응하든지 아니면 언제 호응할지에 상관없이 말이다. 흘러가는 사랑streaming love의 은유는 실재의 알 수 없는 심연에 우리가 관계할 수 있도록 해준다. 그 심연의 무한하고, 비인격적인 신비는 인격적인 것이 된다. 영 안에서 그리고 진리 안에서, 우리는 사랑으로 침윤된 우리 자신을 발견한다. 우리는 우리가 사랑 속에in Love 있다는 사실을 깨닫게 될지도 모른다. 아니면 사랑Love이 우리 안에 있을까 — 부르며, 이끌며, 욕망하며?

죄와 사랑

우리는 사랑의 더 큰 도전을 향한 열정을 기꺼이 받아들이지는 않는다. 놀랍지도 않다. 사랑은 언제나 우리에게 너무 많은 것을 원하기 때문이다. 궁극적으로 보자면, 사랑은 어쩌면 우리가 더 인간답게 되어가려는 과정에서 더욱 지속가능한 모험을 위해 우리 행성을 재조직화하는 섬세하고, 장기적인 일보다 결코 덜한 일이 아닐 것이다: "나라를 새롭게 하기to make the kingdom new." 우리 재능 있는 영혼들은 전체적으로 웬만한 촉구에 무감각해지고, 권면에 동요하지 않는 듯하다. 탈/폐쇄dis/closure의 공간은 아주 재빨리 폐쇄된다. 무척이나 가시적이었던 것처럼 보이던, 그래서 실현되기 시작했던 가능성들이 돌연 불가능해져버린다: 연인 사이의 친밀감, 가족 내에서 나누는 기쁨, 친구들 사이의 존중심, 경쟁상대들 간의 존경심, 사람들 사이의 정의justice, 종들 간의 균형. 우리는 더 큰 그 사랑을 일상적으로 배신한다, 온갖 방식의 탐욕스럽고 곤궁한 욕망들의 이름으로. "사랑"이라는 이름으로 저질러지지 않은 위반이 무엇이 있는가? "사랑은 가장 높은 충실성loftiest Fidelity에게 이를 불평한다 / 그리고 충실성은 사랑으로 우리를 굽어살펴야만 한다."[12] 심지어 사랑에 대한 우리의 남용abuse마저도 우리를 사랑할 수 없는 존재로 만들지는 못한다.

"마음의 완고함"이라는 옛날 냄새 물씬 나는 말이 가리키는 문제는 너무 많은 특권, 너무 많은 폭력 혹은 그저 너무 많은 습관으로부터 유래하는 무감각을 암시한다. 그 무감각은 문제의 상호의존성이 담지한 복잡한 다수성으로부터 분열한다. 그러한 마음heart이 유혹을 어떻게 느낄 수 있을까? 이 완고한 마음은 온전히 살아있음을 느끼기 위해 —영화나 전쟁 속에서— 잔혹성을 통해서 혹은 공포를 통해서 그의 모험을 향한 갈망을 만족시키려 할 것이다. 사랑스런 복음의 좋은 소식은 그 완고한 마음에게 지루하게 여겨질 것이다. 멜 깁슨의 〈패션 오브 크라이스트〉(2004)나 〈레프트 비하인드: 휴거의 시작〉(2014)처

---

12 *Hadewijch*, 202.

럼 유혈이 낭자한 특수효과로 자극을 받지 않는 한 말이다.13

　　마음이 보다 유약한 사람들 가운데서, 저항은 완고함이 아니라, 그와 반대로, 부서지기 쉬운 연약함fragility, 즉 혼신의 모험을 완고하게 차단하는 상처 입은 느낌 바로 그것이다. 그것은 관계적 과정을 차단한다. 한국에서 이 고통은 한han이라 불리는데, 이제는 지구촌 기독교의 어휘로 등재된 개념이다.14 무감각해진 분열과 상처 입은 취약성 모두 막힘blockage을 야기한다. 그리고 우리는 그 치유받지 못한 한을 타자들에게 넘기려는 성향이 있다. 폭력을 당한 사람이 폭력을 행사하게 된다.

　　신학적 관점으로 우리는 이 폭력을 죄sin라 부른다. 왜냐하면 그것은 결코 사람들 사이에서만 일어나는 것이 아니기 때문이다 — 역으로, 사랑도 결코 우리들 사이에서만 일어나는 일이 아니다. 우리의 동료 피조물들을 향한 태도는 모든 피조물들의 근원을 향한 우리의 태도에 대한 시험이자 테스트이다. 왜냐하면 한/죄 패턴은 우리 삶의 아주 초창기부터 개인적으로 그리고 집단적으로 우리에게 각인되기 시작하기 때문이다. 그 패턴은 우리를 살아있게 만드는 관심사와 더불어 혼합되어 도래한다. 만일 우리가 "본래적으로", "아담적으로", 의식에 앞서preconsciously 형성되고 변형되었다면, 그의 정형화된 폭력의 습관들, 그의 사랑 없는 이성애주의의 반복, 인종차별주의 그리고 탐욕은 비루하게 비본래적으로 머물러 있다. 우리의 관계성들 자체가 우리의 관계 맺는 역량을 손상한다. 창조의 힘이 과거로부터 굴러오는 힘이 되어, 파괴적으로 애매한 영향력을 행사한다.

---

13 Mel Gibson, *The Passion of the Christ* (New Market Films, 2004). *Glorious Appearing* by Tim LaHaye and Jerry B. Jenkins (Wheaton: Tyndale, 1995)는 Left Behind 시리즈의 열두 번째 작품이다.

14 Andrew Sung Park, *The Wounded Heart of God: The Asian Concept of Han and the Christian Doctrine of Sin* (Nashville: Abingdon, 1993).

하지만 바로 여기에 희망을 비추어주는 사실이 존재한다: 학대하는 사람들이 대부분 학대받던 사람들인 반면에, 학대받던 사람들 대부분이 계속해서 학대하지는 않는다. 우리는 변화하기에 무력하지 않으며, 반응할 수 없는 것도 아니다. "그러면 나는 내가 누구인지를 지키며 살아야만 한다." 사랑은 결코 "나의 영"[15]을 권면하기를 멈추지 않는다고 하데비치는 적고 있다. 그러나 책임 영역을 넘어서서 그녀는 자신의 삶을 하나님(의)관계God-relation 속으로 던진 탈자주의자an ecstati c[16]였다. 점점 더 산만해지고, 약물에 중독되고, 디지털화되고, 과도하게 섭취하고 또 정보를 탐닉하는info-tained 문화 속에서 사랑의 초대가 어떻게 아로새겨질 수 있을까?

잔소리 같은 질문으로 되돌아가 보자. 우리 자신의 변형된 패턴들을 넘어서서 어떤 종류의 대항력counterinfluence이 작용하는가? 신성the divine은 세계 속에서 어떤 종류의 "힘power" 혹은 효과를 갖고 있는가? 어떤 종류의 협동력synergy을 그것은 요구하는가? 그 자체로 닫혀져서, 망상적 절대들과 중독적 방탕들 사이를 순환반복하는 시스템들을 신성은 어떻게 다시 열어제칠 수 있을까? 왜냐하면, 우리가 살펴보았듯이, 종교적인 용인이 주어졌을 때 더욱더 끔찍해지는 절대적인 힘은 무심한 상대주의와 더불어 일종의 상호의존성 속에 융합되어 있기 때문이다. 사랑의 힘은 힘에 대한 사랑을 어떻게 대치할 수 있을까?

정직하고 신실하게 이 물음들에 답을 제시하려는 시도에서 과정신학의 전통은 필수불가결하다. 아주 합리적인 철학에 기초한 철학, 말하

---

15 *Hadewijch*, 185.

16 역자주. ecstasy는 고대 그리스어로 돌아가, ekstasis로서, 'ek-'은 "out", 즉 바깥을 의미하며, 'stasis'는 'stand'(입장 혹은 관점 혹은 상태)를 의미한다. 따라서 어원적으로 ecstasy는 "자신의 바깥에 존재하다"를 의미하며, 이를 "탈자"(脫自)로 번역하였다. 사랑과 연관해서 본문의 맥락이 바로 이 맥락이다.

자면 종교와 과학 사이의 대화를 위한 주요 모델들 중 하나인 철학에 기초한 신학이 열정Passion의 깃발 아래 재편성되도록 용납하는 것 자체가 이상하게 보일 수 있다는 것을 인정한다. 그러나 어느 다른 신학보다 더 체계적으로 과정신학은 전능하고 무감각한 하나님 개념에 근거한 고전 신학을 해체해왔는데, 이 고전적 하나님은 고난을 초래하지만 고통받지 않는, 기쁨을 주지만 기쁨을 향유하지 않는 바로 그런 (아리스토텔레스적) 부동의 동자an unmoved mover이다. 과정신학은 서구 문화가 힘power이라는 우상의 형상 속에서 스스로 형성되어 왔음을 인식한다. 그래서 대안적인 신적 권력의 구성에 착수했는데, 왕실의 권력을 하늘로 투사한 개념들보다 훨씬 섬세하다: 신적 에로스의 힘.

과정 중의 하나님: 유혹과 호응

과정신학은 세계 내 신적 활동성의 두 측면들에 관하여 말한다: "하나님의 창조적 사랑"과 "하나님의 호응적 사랑."17 이번 장에서 우리는 첫 번째 측면에 집중할 것이다. 우리는 또한 이 창조적 사랑을 욕망desire 또는 신적인 열정the divine passion이라 부를 수도 있을 것이다. 알프레드 노스 화이트헤드는 이것을 "우주의 에로스"라고 불렀다. 그는 되어감의 과정becoming을 향한, 즉 경험의 아름다움과 강도intensity를 향한 우주적 취향cosmic appetite을 염두에 두고 있었다. 신적 에로스는 각 피조물 안에서 "시초적 목적the initial aim"으로, 혹은 "유혹lure"으로 느껴진다. 그것은 우리 자신의 되어감을 요청하는 유혹, 즉 우리 자신의 삶 속에서 더욱 위대한 아름다움과 강렬함을 향한 가능성들을 실현하라는 부름

---

17 John B. Cobb Jr. and David Ray Griffin, *Process Theology: An Introductory Exposition* (Louisville: Westminster John Knox, 1977).

call이다. 그와 대조적으로, 호응적 사랑responsive love은 **신적 아가페**the divine Agape라 불릴 수 있을 것이다. 에로스는 유혹한다. **그것은 부른다**: 그것은 **초대**invitation다. 아가페는 우리가 무엇이 되든지 간에 그에 **응답**한다. 그 함께-고난당하는-열정com/passion 속에서 아가페는 우리의 느낌들을 느낀다: 그것은 **환영**reception이다. 그 에로스와 아가페는 신적인 관계성의 다른 몸짓들이다. 하지만 그들의 움직임은 영적으로in spirit 분리 불가능하고, 계속적인 진동 가운데 있다.

우리는 이 이중의 사랑-개념을 전능성에 대한 구성적 대안으로 고려할 것이다. 왜냐하면 열정도 함께-고난당하는-열정com/passion도, 부름도 환영도 우리를 **강요**하지 못하기 때문이다. 이 상보적 운동들이 우리 되어감becoming의 한 순간으로 엮어 그려진다. 왜냐하면 이것이 현**실적**인 것이기 때문이다: 이 되어감의 순간. 말하자면, 당신, 거기, 지금의 순간 말이다. 그 과거와 미래 속에서 당신은 당신 자신을 수집collect한다. 과거의 되어감의 순간들을 회상하면서recollecting 그리고 미래의 되어감의 순간들을 예감하면서. 이 현실화의 순간과 동떨어지면, 과거와 미래는 추상들로 남는다. 그러나 과정신학에서 이 되어감의 순간, 즉 "현실적 사건계기actual occasion"는 우주에 대한 열쇠이다: 그것은 지금/ 여기의 개별 피조물로서, 모든 피조물적 관계들의 매트릭스 안에 출현한다.

인도자가 안내하는 명상을 하고 있는 듯이 자리를 잡고 앉아보자: 당신은 지금 여기에서 당신 자신을 느끼고 있고, 과거와 다소간 선별된, 날카로운 혹은 훈훈한, 무거운 관계들의 장 속에서 자신을 읽고 있다. 심지어 지금도 당신의 관심을 끌기 위해 경쟁하는 다양한 신학적 관점들을 포함하여, 당신을 형성해왔던 모든 과거 말이다. 당신은 이제 본성과 양육으로 꽉 들어찬 기억집단 속에서 기억들과 불안들과 희망으로 동요하며 창발한다. 여전히 여기서 지금 당신은 폐를 열어, 여기저기 멀고 가까운 거리에서 함께 숨을 쉬고 있는 사람들이 공유하는 공기를 통해 호흡을 모으고, 당신과 가까운 사람들이 숨 쉬고 있는 것과 동일한 공기를 숨 쉬고 있다. 은하수들의 예식 한복판에서 춤추며 돌고 있는 행성들의 무용 속에서 우아하게 선회하고 있는 우리의 풍성한 대기를 감싼 오존층 속에서 보호받는 모든 피조물들과 더불어 함께 호흡하고 있는 사람들의 느낌을 당신은 느낀다. 거기에 당신이 있다. 관계의 근본적인 규모들, 창조세계의 세력장들force fields이 이 순간을 통해서 너무나 생생하게 발산되어, 그 방대한 규모의 관계들이 저기-지금 있는-당신을 여기-그때 있는-나에게 연결하고 있다고 느껴질 것이다.

이 순간을 창조의 물들이 일으키는 파도로 상상해보자. 당장 그리고 동시에 당신이 스스로 되고 있는 자신, 바로 그 존재인 되어감의 파도 그리고 우리의 공유된 피조물적 생명의 집단적 창발의 파도. 우리의 우주적 상호관계성들의 매트릭스는 무한한 심연의 바닥에 이르기까지 내려간다. 그 심연은 우리가 사랑Love이나 하나님이라 이름하는 인격적 관계됨의 요소들을 결여하고 있다. 하지만, 앞서 명상했듯이, 그 무한성은 창조의 교리적 상징 안에서 신성의 심연the depth of Godself, 존재하는 모든 것의 창조적 자궁이라 불릴 수 있을 것이다. 화이트헤드는 그것을 "창조성"이라 불렀다. 그 무한성이 그 심연의 얼굴 위로 모습을 드러내는 유한한 존재들과 더불어 관계 속으로 진입한다: 모든, 그 모든 것의 선회하는 안무 속에서 부름받은 우리 피조물들.

모든 순간에 부름받아, 태어난다 ― 본성을 공유받고, 양육받는다. 그 부름, 그 초대가 바로 창조적 에로스이다: 생명을 향한, 참으로 보다 풍성한 생명을 향한 하나님의 사랑의 욕망. 생명은 단지 내 삶만을 위한 것이 아니라, 내 삶을 살만한 가치가 있는 것으로 만들어주는 관계들의 진화하는 네트워크를 위한 것이다. 그 안에서 내 삶은 **가치-조리법**worthy-scipe,[18] 즉 예배의 행위로서 살아간다.[19]

"하나님의 창조적 사랑"은 세상 속에서 육화되기incarnation를 추구하는 로고스, 즉 소피아를 전달한다. 단지 한 번이 아니라, 언제나 어디서나 말이다. 심지어 정통주의의 아버지 아타나시우스조차 이를 "가장 경이로운 것"이라고 표현하였다: "모든 사물들을 스스로 담지한" 로고스, "그리고 전체 창조세계 속에 현시하는 동안, 그는 그 존재의 측면에서 우주와 구별되고, 또한 단번에 모든 사물들 속에 현재한다…"[20] 이 고전적인 범재신론적 비전 속에서, 모든 피조물들을 향한 신적인 의지는 모든 되어감의 파동 속에서 체현embodiment을 추구한다. 이것이 바로 사랑-속에-있는-하나님God-in-love이다: 그 본래적인 의미에서 의지하기willing — 바라기, 욕망하기, 요구하기.

"하나님은 세계의 시인으로서, 세계를 이끌어가는 다정다감한 인내심을 지니고 계시다"고 화이트헤드는 적고 있다. "진리와 아름다움과 선의 비전"[21] 속에서 말이다. 진리와 아름다움과 선의 가치들은 순

---

18 역자주. 켈러가 만들어낸 worthy-scipe는 recipe라는 단어를 응용한 것으로 삶의 가치를 마치 맛있는 음식을 만들어내는 조리법을 실행하는 과정과 같은 것으로 보고자 하는 것이다. 그런데 이 worthy-scipe은 발음하면 worship과 발음이 거의 같다. 즉 예배의 행위는 바로 삶 속에서 가치를 만들어내는 조리법을 수행하는 것이라고 해석하고 있는 것이다.

19 "우리가 가치 있다고 여기는 예배의 형식들은 살아있고 성장하는 본성을 갖고 있다. 그 형식들은 관계적이지만, 제멋대로 부여되거나 또는 보편적으로 물려받는 것이 되어서는 안 된다. 다른 존재들 위에 군림하는(over) 권위가 아니라 함께하는(with) 권위가 결정적인 원리이다…." Heather Murray Elkins, *Worshipping Women: Re-Forming God's People for Praise* (Nashville: Abingdon, 1994), 122. 2장, 15쪽을 참고하라.

20 Athanasius, *Christology of the Later Fathers*, Library of Christian Classics, vol. III, ed. E.R. Hardy (Philadelphia: Westminster, 1954), 71.

수한 가능성들로서, 창조의 특정한 되어감의 과정들 속에서만 현실화
된다. 특정 피조물을 향한 신적인 목적의 내용은 그 순간의 최선의 가
능성이다. 따라서 신성the divine은 우리들 각자 안에 영향력으로서, 욕
망의 도래로서 존재한다. 우리가 그 욕망을 우리 자신의 욕망으로 공
유하든 그렇지 않든 간에 말이다. 이러한 의미에서 그 신적인 목적은
선행 은총이라는 고대의 개념과 유사하다. 우리 과거의 처신들과 현재
의 경향성들이 일구어내는 난장판의 한복판에서 하나님은 부르신다.
사랑은 유혹하고 그대로 되게 한다. 우리의 난장판이 우리의 잠재성이
된다. 그리고 우리 피조물들은 와서-있게 된다be-come. 즉 앞으로 나온
다come forth. 당신은 이 순간 앞으로 나와, 심연의 얼굴을 새롭게 깨뜨리
고 나타나는 파도가 된다. 파도들이 중첩되는 대양에서, 파도는 모두
새롭고, 모두 다르다.

아마도 모든 피조물은 각 피조물 자신의 방식대로 **부름받는다**. 인
격들은 인격적으로, 동물들은 동물답게, 식물들은 식물답게… 인격을
지닌 존재들 중, 이 유혹에 담지된 일말의 의식이 우리로 하여금 선택
하도록 한다, 새로운 가능성을 움켜쥘 것인지 아닌지.

이 유혹은 우리에게 최선의 행위과정을 받아적어 지시하는 메모와
전혀 다르다. 우리는 즉흥적으로 반응하도록to improvise 부름받았다. 우
리는 위험을 감수하고 모험을 감행하도록 초대받았다. 왜냐하면 우리
의 모험은 신적인 창조성과 분리불가하기 때문이다: 전개되어가는 세
계는 사전에 프로그램이 입력된 드라마가 아니다. 하나님이 그 모든
것을 예고할 수 있다는 것은 얼마나 지루한가. 하지만 우리도 이 선택
들에서, 이 위험천만한 모험들에서 우리 자신의 뜻대로 할 수 있는 것

---

21 Alfred North Whitehead, *Process and Reality: An Essay in Cosmology* (New York:
    Free, 1978 [1929]), 346.

은 아니다.

여기에 물음이 있다. 아마도 마침내 문제의 핵심이 될 하나의 질문 말이다: 이 순간에 당신은 그 가능성들을 어쨌든 **물질적으로 실현할**materialize 것인가? 전통적인 언어로 말해서 당신은 하나님의 의지에 귀를 기울일 것인가? 높이 치솟았다 뒤집어지는 파도처럼, 당신은 이 순간을 위한 지혜를 감지할 것인가? 당신은 이 순간, 이번, 이 자리에서 가능한 사랑을, 얼마나 미세하든지 간에, 체현하기 시작할 것인가? (심지어 지금 당신이 읽는 방식에 따라 가능한 사랑을 구현하도록 노력할 것인가?) 우리를 만들어가는 불일치하고 갈등하는 영향력들의 배치 한복판에서 당신은 가능성의 신비로운 자기를 감지할 수 있을 것이다. 당신의 "마음의 욕망" 속에 세계의 더 거대한 사랑(의)생명22의 반향이 존재하는가?

일어나라, 나의 사랑

아마도 서로를 사랑하는 것은 우리가 그 보이지 않는 것을 함께 쳐다볼 것을, 우리가 눈으로 본 그것을 가슴의 호흡으로, 영혼의 호흡으로 내어줄 것을 그리고 우리가 그것을 그 육욕 안에 보존하되, 그것을 하나의 목표물로서 고정해서 응시하지 말 것을 요구한다.
_ 루이스 이리가라이23

우리는 이 사랑을 그녀의 피조물적 체현들의 어느 것에서도 만날 수 있다. 그녀의 파악하기 어려운 과잉 속에서, 사랑이라는 이름의 그

---

22 역자주. 원문은 love-life이다.
23 Luce Irigaray, *To Be Two* (New York: Routledge, 2001), 42.

녀는 우리의 이해를 주도하는 에고를 넘어서 추동하는 욕망에 불을 붙인다. "이 이유 때문에 나는 나의 최선을 다할 것이다"고 하데비치는 적고 있다. 사랑(의)과정love-process은 힘을 돌봄의 행위로, 정의의 행위로, 축하의 행위로 변형한다. 시poetry의 행위로 말이다. 이것들은 모두 가능한 것의 실현이다. 이것들은 육체화incarnation를 향한 무한한 욕망을 표현한다. 그러나 또한, 여전히 그리고 흔히, 우리의 가장 육체적인 욕망을 표현한다. 신적 에로스는 아마도 초월적이어서, 성적 욕망sexuality으로 환원불가능할 것이다. 그러나 결국 신적 에로스는 성이라는 수단에 의해 피조물의 내재적 생명을 부른다. 우리의 피조물적 육욕carnality은 성性 안에서 그리고 그를 넘어서 사랑의 분출을 절실히 필요로 한다. 그것은 폐쇄적 소유가 될 수 없다. "사랑 속에 있는 몸은 대상으로 고착되는 것을 배겨내지 못한다"[24]고 루이스 이리가라이는 적고 있는데, 그녀는 하데비치와 같은 지역 출신인 현대 철학자이다.

그 유혹에 대해 성찰하면서, 하데비치의 본문을 사랑 신비주의로 흘러넘치는 성서 본문을 통해 보충해보려고 하는데, 성서 본문은 아가이다.

> 내 사랑하는 자의 목소리로구나
> 보라 그가 산에서 달리고
> 작은 산을 빨리 넘어오는구나
> 내 사랑하는 자는 노루와도 같고
> 어린 사슴과도 같아서
> 우리 벽 뒤에 서서
> 창으로 들여다보며

---

24 *Ibid.*, 42.

창살 틈으로 엿보는구나

나의 사랑하는 자가 내게 말하여 이르기를

"일어나라, 나의 사랑, 내 어여쁜 자야[25]

함께 가자"(아 2:8-10).

아가는 모든 방식의 알레고리화에 종속되어 있다: 하나님과 이스라엘 간의 사랑으로서 랍비들이 좋아했고, 혹은 하나님과 영혼 사이의 사랑 혹은 그리스도와 교회 간의 사랑으로서 기독교 독신주의자들이 좋아했었다.

하데비치의 시가에서처럼, 사랑의 그림자들이 등장한다. "내가 밤에 침상에서 마음으로 사랑하는 자를 찾았노라 / 찾아도 찾아내지 못하였노라"(아 3:1). 연인이 부재하는 어두운 밤은 후대 교회의 전통들 속에서 영혼의 어두운 밤으로 아주 자주 전용되었다. 하나님의 부재하심의 경험 말이다. 신비가들은 이 특별한 고난을 부인하거나 그에 무감각해지기보다는 오히려 정면으로 마주했다. 그보다 무감각한 시대에 이 경험은 단순히 무신론을 낳았을 뿐이다. 십자가의 성 요한 속에서 아가의 반향을 들어보라.

한 어두운 밤

사랑의 급박한 갈망들로 불이 붙어

—아, 이 순전한 은혜여!—

나는 은밀히 보이지 않게 밖으로 나갔고,

모두가 고요히 있는 지금의 나의 집.[26]

---

25 역자주. 아가의 이 구절은 켈러가 자신의 영어 번역본의 어구를 제목으로 사용하고 있어서, 켈러가 사용하는 문구에 맞게 수정하였음을 일러둔다.

어두운 밤은 욕망과 더불어 불같은 상태로 머무른다. 우리는 이 영성의 성서적 원형을 독신주의를 비유하는 류로 배타적으로 한정함이 없이, 이 영성을 이제 수용할 수 있을지도 모른다. 왜냐하면 본문 그 자체는 어떤 초월적인 그러면서 무성화하는desexualizing 징후들을 제시하지 않기 때문이다. 그것은 위반의 이미지들로 가득 찬 인간의 진짜 열정에 대한 고대의 시학을 증언한다. 멋진 유대인 소년이라면 여인들의 숙소 창틈으로 엿보며, 그의 연인에게 "함께 가자"고 유혹하지는 않을 것이다! 한 주석가가 적고 있듯이, "많은 사랑의 관용어구들이 담지한 강력한 에로스적 에너지는 순수성을 가장한 모든 비유적 해석을 거부한다. … '그의 분수는 정원을 비옥하게 한다'(4:15), 혹은 '나의 사랑이 그의 손을 밀어넣는다 / 문틈을 통해서, / 나는 내 존재의 중심까지 전율했다'(5:4)."[27] 우리가 왜 여성의 성적 열정을 찬양하는 희귀한— 성서나 기독교 문학에서 거의 독보적인— 예가 사라지기를 원하겠는가? "예루살렘 딸들아, 너희에게 내가 부탁한다. 너희가 내 사랑하는 자를 만나거든 내가 사랑하므로 병이 났다고 하려무나"(5:8).

그러나 이 모든 감칠맛 나는 이야기의 단편들에서 (아가의) 시인은 악명 높게도 아무런 설명을 제시하지 않는다. 연인처럼 애매한 표현들이 무엇을 의미하는지 말이다. 그것은 이야기라기보다는 서정적인 시

---

26 St. John of the Cross, *Ascent to Mount Carmel*, 1.2.1, 74-75 in *The Collected Works of St. John of the Cross*, trans. Kieran Kavanaugh and Otilio Rodriquez (Washington, D.C.: Institute of Carmelite Studies, 1979). 십자가의 성 요한과 영혼의 어둔 밤을 주제로 하는 다른 신비가들에 대한 쉽게 이용가능한 자료를 위해서는 Beverly J. Lanzetta, *Radical Wisdom: A Feminist Mystical Theology* (Minneapolis: Fortress Press, 2005), 120을 참고하라.

27 Richard Kearney, "The Shulammite's Song: Divine Eros, Ascending and Descending", in *Toward a Theology of Eros: Transfiguring Passion at the Limits of Discipline*, Transdisciplinary Theological Colloquia, ed. Virginia Burrus and Catherine Keller (New York: Fordham University Press, 2006), 309.

이며, 따라서 신학적으로 내용뿐만 아니라 형식도 흥미롭다. 그 시가의 리듬들과 악절들은 —이 경우 히브리 원문에서뿐만 아니라 번역 속에서도— 그 자체로 유혹의 힘을 수행한다. 음악, 시 그리고 예전은 대안적 영의 에로스를 아주 가까이 따르며, 여전히 수면 위에서 진동한다. 아마도, 또 다른 주석가가 아가에 관해서 적고 있듯이, "시가의 형식들은 그저 기존하는 신학적 내용을 구체화하는 것을 넘어서, 순전히 새로운 신학적 가능성들을 일으킬 수 있는 잠재력을 갖고 있다."[28] 또한 로마 가톨릭 출신의 철학자 리차드 커니Richard Kearney는 「아가」를 명상하면서, 기존의 내용을 넘어서는 새로운 신학적 가능성은 그저 신학을 위한 가능성이 아니라, 실로 가능성의 신학임을 제시했다. "여기서 우리가 담지한 것은 **불가능한 것을 가능하게 하는 것으로 에로스를 변용하는** 이야기이다."[29]

육체적인 열정을 비유화해버리는 대신 우리는 그것들을 본문이 담지한 의미들의 다층적 조직을 구성하는 기초 층위로 포함할 수도 있을 것이다. 신비주의적 독해는 성적인 에너지들을 대치하거나 변용할 수 있지만, 그것들을 억압할 필요는 없다. 어거스틴의『고백록』이 담지한 항구적인 호소력을 생각해보자. 그는 삶을 위해 섹스를 끊겠다고 맹세했었을 수 있고, 자신의 청년기에 탐닉했던 난잡한 동성애적 그리고 이성애적 무절제함들을 방탕하다고 생각했을 수도 있지만, 그는 그것들을 거의 억압하지 않았다! 그의 기억들에 담지된 에로스적 충동들은 그의 신학을 강렬한 찬란함으로 혼융해낸다. "나는 열정으로 전율하며 달아오릅니다." 그러나 분별력 있는 관계주의자에게 기독교적

---

28 Tod Linafelt, "Lyrical Theology: The Song of Songs and the Advantage of Poetry", in Burrus and Keller, *Toward a Theology of Eros,* 303.
29 Kearney, "Shulammite's Song", 339. 강조는 필자의 것이다.

도덕주의를 벗어나는 것보다 더한 어떤 것이 관건인데, 그것은 바로 기독교적 도덕주의에 맞서는 반역적 반항들을 벗어나야만 하는 것이다.

> 태초에, 오 하나님, 당신은 하늘과 땅을 당신의 말씀 안에서, 당신의 아들 안에서, 당신의 능력 안에서, 당신의 지혜 안에서, 당신의 진리 안에서, 만드시고, 놀라운 방식으로 말씀하시고 또 놀라운 방식으로 일하십니다. 누가 그것을 파악할 수 있겠습니까? 누가 그것을 선포할 수 있겠습니까? 나를 통해 빛을 내고 또 내 심장을 상처받지 않게 하면서 두드리는 것은 무엇입니까? 나는 열정으로 전율하고 또 달아오릅니다: 내가 그것과 다른 만큼, 나는 더 전율합니다. 나는 그와 같이 열정으로 달아오릅니다.
>
> _ 어거스틴[30]

　　신성한 에로스 그 자체, 하나님의 욕망하는 의지는 우리가 피조세계를 통하여 박동하는 에로스적 에너지들에 의한 반란을 접할 때 분별할 수 없을 것이다. 왜냐하면 침대에서 혹은 침대를 벗어나서 우리가 실현하고자 선택한 관계의 가능성들이 무엇이든지 간에, 우리가 무엇인지 그리고 피조물로서 무엇이 될 수 있는지는 살아가고, 죽어가고 성화(性化, sexuate)하는 "세계의 육신flesh of the world" 속에 불가분리하게 내장되어 있기 때문이다. 만일, 전통이 주장하듯이, 무한한 신성이 물질세계의 모든 분량과 원자에 퍼져있다면, 참으로 만일 우리가 하나님의 진정한 몸으로서 세계를 상상할 수 있다면, 우리의 모든 물질은 문제가 된다all our matter matters. 우리가 그것을 어떻게 소중히 여기고 거주하는지는 문제가 된다matters. 『칼라 퍼플』에 등장하는 셕shug이 표현하듯이, 섹스에 관해서 셜리를 놀리면서, 신성은 "그들 모두의 느낌을

30 St. Augustine, "Wisdom Itself", vol. 11, chap. 9, *The Confessions of St. Augustine*, trans. John K. Ryan (Garden City: Image, 1960), 284.

사랑한다."[31]

우리는 사랑하는 자의 목소리를, 심지어 지금 우리 모두를 오라고, "함께 가자"고 무차별적으로 초대하는 신적인 유혹의 목소리를 들을 수 있는가? 우리가 알지 못했던 우리 자신이 되기 위해 우리는 응할 수 있는가?

"보이지 않는 매력들": 법과 사랑

그 유혹은 육체적으로 그리고 영적으로 달콤하게 혹은 위험하게 우리를 끌어당기는 신적 욕망의 경험을 암시한다. 진리의 접촉은 고압적이지 않다. 사람들이 그것을 강제하려고 노력하지 않는 한 말이다. 그래서 이 신성한 열정은 외부적 강압의 힘에 의해서가 아니라, 우리 안으로 흘러들어오는 매력에 의해 우리에게 영향력을 행사한다. 그것은 안으로부터from within 초대한다. 과정신학에서 이 "시초적 목적the initial aim"은 전통적으로 창조주의 능력 혹은 하나님의 의지라고 불리던 것의 자리를 차지한다. 그래서 신적인 에로스의 분위기는 엄격하고 경건한 복종과는 놀랍게도 아무런 관계가 없다. 그것은 위로부터 하향식으로 주어지는 지시를 따르는 문제가 아니다. 심지어 최신 유행의 해방 운동이나 페미니스트 운동 혹은 생태 운동 류의 문제도 아니다! 그렇다면 우리는 성서에 등장하는 명령의 상징들을 배제해야 할까?

정의와 자비의 명령들, 사랑 혹은 황금율의 명령들은 실로 무법적인 공격성들과 억압적인 법에 대한 역사적 저항을 결국 고취해왔다. 유대인의 법인 토라는 법률만능주의나 배타주의로 환원될 수 없으며, "정

---

31 Alice Walker, *The Color Purple* (New York: Harcourt Brace Jovanovich, 1982), 167.

의와 자비를 위한 투쟁"을 지지한
다.33 아마도 그것은 그 명령들을
에로스의 분위기 안에 불어넣는
문제일 것 같다: "일어나라 나의

사랑 그리고 함께 가자"는 또한 하나의 명령이다 ― 진리(의)주장들에
대한 앞의 토론들 속에서 제안된 의미에서 하나의 명제이다! 결국 "마땅
히 해야만 할 것과 마땅히 하지 말아야 할 것should and should not"의 윤리는
또한 신적인 유혹을 암호화하고 있을 수 있고, 마땅히 암호화하고 있
어야 할 것이다. 왜냐하면 공동체와 사회와 예전 그리고 신학의 강력
히 지지하는 구조들 없이 우리가 개별적으로 혹은 집단적으로 그 시초
적 목적을 심지어 분별할 수 있는 기회는 미미하기 때문이다.

그 유혹이 느껴지는 내면성interiority은 경계가 한정된 자율적인 주체
성의 내부가 아니라, 개방적 시스템들의 상호성들 내부로부터 창발하
는 하나의 사회적 개체의 내부이다. 그 "조용하고, 작은 음성"은 내부
로부터 우리의 자유를 외치고 있을 것이다 ― 우리가 "죄"라고 부르는
두려움과 탐욕과 지배의 습관들에 의해 그 자체로 나쁘고 또 다양한
방식으로 타협되고, 우리의 잠재성을 제약하는 생물학적이고 사회적
인 힘들의 무리들에 의해 고통스럽게 억압되는 목소리. 그러나 바울이
분명히 했던 바, 단순한 윤리는 결코 그 자신의 실현을 위한 동기부여
를 하지 않을 것이다. 윤리가 신선한 가능성을 일으키기보다는 오히려
억누를 때, 그 자체로 사랑(의)막힘의 일부, 즉 한/죄 패턴의 일부가
될 수 있다. 법이 절대적인 것으로 응고될 때, 법률만능주의legalism가

---

32 T.S. Elliot, "Little Gidding", from "Four Quarters", in *Collected Poems 1909~1962*
(New York: Harcourt, Brace & World, 1970), V, 208.

33 Michael Welker, *God the Spirit*, trans. John Hoffmeyer (Minneapolis: Fortress
Press, 1994), 124.

되어버린다. 방탕의 두려움에 빠져있을 때, 법은 개방적 시스템의 삼투적 유연성porous flexibility을 상실한다. 법이 삶을 긍정하는 욕망을 자극하기보다는 오히려 그저 욕망을 억제할 때 말이다.

어떻게 이 비강제적인 힘이 작동할 수 있을까? 당신의 욕망을 촉발함으로써, 욕망은 욕망을 점화한다. 이 촉발 과정은 우리의 의식 아래 그리고 이전에 대부분 일어난다. 때로 꿈속에서, 낯선 사람의 얼굴 위에서, 비탄의 흐름 속에서, 위로의 포옹 속에서, 갑자기 들려오는 음악을 통해, 개인적인 계몽 속에서, 혹은 공적 진리 활동 속에서 일견된다. 양심, 수치, 죄책감, 어느 날 석양 앞에서 느껴지는 전율 속에서 찾아오기도 한다. 그 욕망의 불꽃은 우리가 기도 중에, 명상 중에, 예배 중에 소망하는 것이다. 우리는 그것을 추론한다. 그리고 진실을 말하자면 우리는 그에 대한 어떤 확실한 주장도 할 수 없다. 예를 들어 "하나님이 나에게 이것 혹은 저것을 말씀하셨다. 하나님이 나를 위해 이것 혹은 저것을 뜻하셨다"는 식의 주장을 할 수 없다는 말이다. 왜냐하면 그 불꽃은 이미 우리의 경험 속에 덮혀져서, 우리 자신의 주체성으로 포장되어, 우리 자신의 사회화된 욕망의 목적들 속에 뒤섞여서 도래하기 때문이다.

과정 중의 열정은 또한 시험 중이다. 인간의 열정은 정확히 그의 관계적 강렬함을 놓고 보자면 모든 힘들 중에 가장 이기적일 수 있다. 바로 이 때문에 신약성서는 사랑이 법과 맞서서 싸우지 않도록 유의하고, 오히려 사랑의 법을 제공하고자 노력한다: "새 계명을 너희에게 주노니 서로 사랑하라"(요 13:34).[34] 그러나 "계명commandment"은 강제적인 힘을 함축하지 않는가? 오히려 그 계명은 맥락상 그 정반대를 의미한다. 그것은 우리의 상호작용 안에 하나의 명령법이 작동하고 있음을 암시하

---

34 2장의 논의를 참고하라.

는데, 우리가 타자들을 우리가 대우받기 원하는 비강압적인 배려와 더불어 대해야 한다는 요구 말이다. "사랑은 이웃에게 악을 행하지 아니하나니 그러므로 사랑은 율법의 완성이니라"(롬 13:10). 다른 말로, 우리는 우리의 개인적 욕망들을 우리가 속한 더 거대한 세계의 안녕과 조화롭게 조율하라는 "명령을 받았다" — 아마도 급박하게 초대받았다고 해야 할까. 사랑(의)계명은 공통의 번영을 향한 새로운 가능성을 변덕이 아니라 기강을 가지고 추진할 것을 우리에게 주지시킨다.

"보라, 내가 새 일을 행하리니!" 히브리인들은 새로움novelty을 위한, 따라서 새로운 것, 즉 비가역적인 것을 위한, 바로 하나님의 활동들의 현장인 역사를 위한 재능을 갖고 있었다. 새로움newness은 불가능한 것으로부터 가능성의 난입을 의미한다. "새 노래로 노래하자."[35] 불가능한 것은 아무런 영향력을 발휘하지 않는다. 가능한 것만이 할 수 있을 뿐이다. ··· 시초적 목적의 이 새로움은 단지 새로움의 자극, 한 줌의 희망에 불과할 수 있다. 그것은 전지전능한 **무로부터의 창조**creatio ex nihilo 모델에 속하지 않는다. 그것은 오히려 **심연으로부터의 창조**creatio ex profundis의 새로움을 제공한다: 우리의 함께/융합된con/fusing 역사적 삶 속에서 일어나는 관계적 복잡성, 바닥을 알 수 없을 만큼 깊고 환원불가능한 과거의 영향력, 창조의 바로 그 물들의 흐름으로부터 발생genesis. 과정적 사유 속에서 당신과 나는 피부라는 껍데기로 둘러싸인 주체성들 혹은 원자들이나 실체들 혹은 성적으로 혹은 다른 방식으로 고정된 본성으로 구성되지 않는다. 우리는 관계의 과정들이고, 인간과 비인간들을

---

35 "보라 내가 새 일을 행하리니 이제 나타낼 것이라. 너희가 그것을 알지 못하겠느냐? 반드시 내가 광야에 길을 사막에 강을 내리니"(사 43:19); "수금으로 여호와께 감사하고 열 줄 비파로 찬송할지어다. 새 노래로 그를 노래하며···"(시 33:2-3); "새 노래로 여호와께 노래하라 온 땅이여 여호와께 노래할지어다"(시 96:1); "새 노래로 여호와께 찬송하라 그는 기이한 일을 행하사"(시 98:1).

포함해서 다수의 불완전한 집단들의 구성원들이다.

하나님은 "강하지만 보이지 않는 끌림들에 의해 어떤 영혼들을 다른 영혼들과의 육체적 관계를 통하여 잡아당기신다. 은혜로 형성된 공감들은 본성에 의해 형성된 공감을 능가한다"[36]고 찰스 웨슬리는 적고 있다. 소그룹 편성을 통해 운동의 발전을 선구적으로 이끌었던 감리교회의 창시자는 신앙이 하나님과의 일-대-일 친밀감이 아니라, 언제나 "둘 혹은 그 이상"을 포함한다는 사실을 알고 있었다. 은혜에 의해 형성된 공감들이라는 표현을 통해 웨슬리는 가족의 패턴들과 단순한 법들의 경계들을 넘어서는 사랑들, 우리가 영적 성장을 경험하는 더 넓고 자유로운 친밀감들을 가리키고 있었다. 우리 서로를 향해 유혹하는 다수의 인력들 속에 신적인 유혹의 현현들이 존재한다. 이 공감들은 함께-느낌pathos-with 속에서, 즉 동료적 느낌 속에서 서로 흘러가는 관계의 새로운 패턴들을 향하여, 은혜의 새로운 집단들을 향하여 우리를 연결한다.

우리의 막힘이 열려지면서, 우리는 복잡하게 상호적으로 엮인 창조세계의 피조물들로서 우리의 상호의존성을 느낀다. "내가 이 나무를 베면, 내 팔이 피를 흘릴거야"[37]라고 말하는 『칼라 퍼플』의 셕shug이 가졌던 느낌을 가질 수도 있다. 같은 원리로, 예수는 스스로를 미래 공동체에 삽입했다. "나는 포도나무요, 너희는 가지이니…"(요 15:5).

성서가 우리의 변덕스런 영들에게 지우는 관계함의 빽빽한 매트릭스 속에서 창조적 새로움은 단절이 아니라, 새로운 연결이다. 초월은 창조세계와 그의 모든 강요된 어떤 것으로서, 혼돈스런 피조물성으로

---

36 John B. Cobb Jr., *Grace and Responsibility: A Wesleyan Theology for Today* (Nashville: Abingdon, 1995), 437.

37 Walker, *The Color Purple*, 167.

부터 자유하여 높이 치솟은 외로운 영의 것이 아니라, 끝이 정해지지 않은 창조세계 내 영의 흐름에 귀속된 것이다. 초월은 창조적이고, 흘러가는 상호관계성의 과정 내에서 일어나는 힘의 변혁transformation of power 이다.

우리의 기억과 몸과 가족과 공동체, 생태학 그리고 세계를 구성하는 관계성들은 대부분 무의식적인 우리의 계속되는 발생의 재료를 형성한다. 그리고 바로 이 관계성들이 통상 도덕성이나 전통의 이름으로 우리의 영에 바짝 다가와, 우리를 폐쇄할 수도 있다. 그 관계들은 우리가 실현하도록 부름받은 재능, 약속, 가능성을 질식시킬 수 있다. 하데 비치가 불평하듯이, 그것들은 "사랑Love의 힘들이 나에게 촉구하는 모든 것들을 단념시키려고" 노력한다. 단지 무정하고 이기적인 둔감함이 나를 단념시키고자 하는 것이 아니다. 예수의 가족들 역시 "그를 억제하고" 집으로 데려가고자 노력했었다(막 3:21). 그들은 예수에게 놓인 위험성들을 보고 있었다. 이 사랑의 대항문화적 권면들이 나를 혹은 나의 가족들을 혹은 나의 전체 공동체를 격동에 노출시킬 수도 있다. 깨어짐과 이탈들에 말이다.

그럼에도 불구하고 우리 관계성들의 애매한 매트릭스는 또한 영the spirit이 중요한 역할을 감당하는 소재를 구성한다. 관계성 자체를 형성하고 훼손해왔던 구조들에 대한 저항 속에서, 그러나 이 관계들 속에서 이 관계들을 통해서만, 나는 "내가 누구인지를 지키며 살" 수 있다.

에로스와 아가페 사이에서

그렇게 어느 정도 우리는 가능한 것을 현실화한다. 어느 정도, 때로는 아주 미세하게, 때로는 그저 숨을 쉬는 것만으로 우리는 신적인 열

정을 체현한다embody. 우리는 불이
행으로 혹은 포용함으로 호응한
다. 그런데 어쨌다고?

그때—여기서 이 "그때"는 선적
인 시간의 끝에서 "그때then"가 아
니라, 각 순간의 다른 쪽에서 '그
때'이다— 우리는 받아들여진다

> 하나님의 예배는 안전 규칙이 아니다.
> 그것은 영의 모험이고, 도달 불가능한
> 것을 쫓는 비행이다. 모험에 대한 높은
> 희망을 억압하면서 종교의 죽음이 도
> 래한다.
> — 알프레드 노스 화이트헤드38

received. 이는 캅과 그리핀이 "하나님의 호응적 사랑"39이라 부르는 것
이다. 그것은 사실 창조적 사랑, 즉 에로스에 대한 우리의 반응에 대한
반응이다. 이 반응은 신적인 환대일 것이다: 우리는 초대받았다. 우리
는 우리가 존재하는 대로 도래한다. 그리고 우리는 우리가 되어온 대
로 받아들여진다. 여느 특정한 순간에 이것은 꽤나 예쁜 그림이 아닐
수도 있다. 우리의 모험들은 폭삭 망할 수도 있다. 하지만 탕자의 비유
는 그의 방탕한 행동에 합당한 창피주기가 아니라 즐거운 환영잔치를
제안한다. 그러나 그것은 오직 그 방탕한 아들이 유혹에 귀를 기울였
기 때문이다.

심판에 대한 모든 은유들은 행복한 귀향이 보장되지 않는다는 것을
암시한다. 이 사랑은 강제적이 아니다. 그것은 그럼에도 불구하고 **요
구한다**demanding. 캅과 그리핀이 표현하듯이, "자기 자신과 이상적으로
이루어졌을 것에 대한 자신의 경험 사이에는, 즉 자기 자신대로 존재
하는 것과 자신이 희미하게 감지하고 있는 사태들의 올바름 사이에는
긴장이 존재한다. 그러므로 신적인 현존은 하나의 타자로서 경험되는

---

38 Alfred North Whitehead, *Science and the Modern World* (New York: Macmillan/Free, 1967), 192.

39 Cobb and Griffin, *Process Theology*의 3장 "God as Creative-Responsive Love"를 참고하라.

데, 때로는 은혜스럽게 인식되고, 흔히 재판관으로 느껴진다."[40]

그러나 이 모델 속에서 우리는 그저 삶의 끝이나 시간의 끝이 아니라 모든 되어감의 사건의 가장자리에서 언제나 진행되고 있는 어떤 것에 대하여 이야기하고 있다는 것을 기억하라. 바로 여기에 상호-창조적인 과정의 핵심이 있다: 우리는 부름 받았고, 우리는 창조적으로 협동할 수도 있고, 우리는 받아들여진다. 화이트헤드는 이 받아들여짐을 "하나님의 결과적 본성the consequent nature of God"이라 불렀다. 그것은 우리가 이후 이어지는 장들에서 하나님 나라the kingdom of God로서 토론하게 될 것과 유사할 것이다. 이 우주적 함께-고난당하는-열정com/passion은 우리가 그것과 동기화되지 못하고 이탈될 때, 심판처럼 느껴질 것이다. 창조와 구원은 이 모델 속에서 불가분리한데, 끝이 열린 채 계속 진행 중인 동일한 과정의 두 순간들이다.

하나님의 열정passion이 우리 속으로 흘러들어온다. 그리고 호응적이든 아니든 간에, 우리의 반응은 하나님의 함께-고난당하는-열정com/passion에 의해 부응된다. 그리고 하나님이신 그 사랑의 두 몸짓들 속에는 친밀한 상호작용이 존재하는데, 피조물이 사랑을 돌려주고 재분배할 능력의 여지가 존재한다. 이것들은 바로 에로스와 아가페의 상보적 사랑의 측면들이다. 그리고 여전히 거기에는 신적인 강압은 존재하지 않는다. 하나님은 우리가 신적 경험의 일부가 되는 방향으로, 즉 신성Godself의 일부가 되는 방향으로 우리를 데리고 간다. 그러나 이것은 하나님의 자아가 이 순간에 변경되었다는 것을 의미하는데, 이는 예전 하나님의 모습이 완전히 중단되었다는 것이 아니라 오히려 하나님이 여기서 그리고 다른 수천억 개의 은하들 속에서 일어난 모든 일에 의해 이제 풍성해졌다는 것을 그리고 때로는 동시에 아마도 빈곤해

---

40 Cobb and Griffin, *Process and Theology*, 105.

졌다는 것을 의미한다. 그때 이 아가페는 "세계로 다시금 범람해 들어 간다."[41] 이 흐름이 그 다음 순간을 위한 에로스로서, 어떤 새로운 가 능성을 낳는다. 그 가능성은 때로는 또 다른 생존의 한숨에 불과할 수 도 때로는 이미 실현되고 있기도 하지만, 이 세계 내에서 그리고 가운 데서 그리고 그를 넘어서는 곳에서는 아직 이루어지지 않은 그 나라를 위한 가능성일 수도 있다.

하지만 이 모든 영향력의 흐름에, 이 모든 열정의 흐름에 작용하고 있는 신적인 힘은 폭력의 세력들에 여전히 취약한 채로 남아있다. 그것 은 강제력을 강제력으로 갚지 않는다. 그것은 희생양을 이상화하지도 않는다. 심지어 그 힘이 십자가형의 수난으로 귀결되더라도 말이다. 사 랑의 힘은 지배와 복종, 승과 패를 저울질함으로써 측량될 수 없다.

우리가 통제하는 전능성의 투 사로부터 자유로워지면서, 우리 는 번성하는, 모험적인, 아름다 운 세계를 향한 신적인 욕망을 감 지할 수 있을 것이다 ─ 우리들 을 위한 것만이 아닌 하나님을 위 한 욕망 말이다. 만일 우리가 어 떤 다른 세계에 동떨어져 있는 하

> 말이 육으로 진입하는 통로에 있는 듯 이, 육이 말로 진입하는 통로에 있는 듯이, 지속적인 육화의 통로에 있는 듯이 나는 당신을 바라본다. 그 육화 의 실현은 비가시적인 것을 응시하지 않는 이에게는 지각되지 않는다.
> ─ 루이스 이리가라이[42]

나님, 동떨어진 하늘에 계신 하나님을 상상한다면, 이 촉구의 강렬함 을 놓칠 것이다. 전심으로-사랑하는omni-amorous 하나님[43]은 모든 곳에

---

41 Whitehead, *Process and Reality*, 351.

42 Irigaray, *To Be Two*, 42.

43 "전심으로-사랑하는"(omni-amorous)이라는 나의 표현은 Marcella Althaus Reid, *The Queer God* (London and New York: Routledge, 2003), 55에 등장하는 "다중적 으로-사랑하는" 신성(poly-amorous divinity)의 의미와 유사하다.

서 그리고 보이지 않게 이 세계의 문제들에 거주하신다. 사랑의 힘은 그보다 더 큰 사랑이 담지한 위험으로부터 흘러나온다. 때로, 오직 때때로만, 자기-희생을 대가로 치르기도 한다. 사랑의 육화들incarnations of love이라는 말 말고 무한을 유한으로 연결하는 것이 다른 무엇이 있단 말인가? 다음 장에서 우리는 이 까다로운 사랑의 특성을 보다 더 탐구할 것이다. 그것은 우리의 열정적인 모험을 감싸는 함께-고난당하는-열정com/passion으로서 나타날 것이다. 절대와 방탕의 막다른 골목에 교착되지 않고, 하데비치는 **다짐**the resolute의 길을 이름함으로 드러내주고 있다.

> 내 자신을 사랑에 섬기는 데 내어주었기 때문에
> 내가 지든 아니면 이기든,
> 나는 다짐했다.
> 나는 언제나 그녀에게 감사드릴 것이다,
> 내가 지든 아니면 내가 이기든 간에 말이다,
> 나는 그녀의 능력 안에 존재할 것이다.[44]

---

44 *Hadewijch*, 213.

6 장

프레카리오트(precariot) 시대의
'함께-고난당하는-열정(com/passion)'
: 끈적거리는 정의

나는 나의 다른 쪽 손을 들어 그녀의 양손 위에 놓았고, 그녀는 움직일 수 있는 손을 들어 내 손 위에 놓았고, 그래서 우리는 검은 손과 흰 손을 포개어 내 가슴에 올려놓았다.

"네가 네 스스로에 대해 확신하지 못할 때," 그녀는 말하기를, "네가 다시 의심의 나락으로 떨어져 소심한 삶으로 되돌아가기 시작하면, 네 안에 있는 그녀가 말할 거야, '거기서 일어나, 너 자신 그대로의 눈부시게 아름다운 소녀로서 살아.' 그녀는 네 안에 있는 능력이야, 이해하겠니?" 그녀의 손들은 있던 곳에 그대로 있었지만, 힘이 풀렸다.

"그리고 네 마음을 넓혀주는 것이 무엇이든지 간에, 그것 역시 마리아Mary야, 그것은 네 안에 있는 능력일 뿐만 아니라 사랑이지. 그리고 네가 그 아래에 이르게 될 때, 릴리, 그건 인간 삶을 위해 충분히 위대한 유일한 목적이란다. 단지 사랑하기 위해서가 아니라 사랑을 고집하기 위해서."

_ 수 몽 키드[1]

---

1 Sue Monk Kidd, *The Secret Life of Bees* (New York: Penguin, 2002), 288-89.

해방적으로 함께-고난당하는-열정com/passion

이 현현의 순간—인간 삶의 한복판에서 힘과 영광과 사랑의 탈/폐쇄dis/closure—은 1964년 사우스캐롤라이나에서 일어난다. 그것은 학대와 수치로부터 자유롭기 원하는 사춘기 소녀의 맹렬한 욕망인데, 바로이것이 이 소설 『벌들의 비밀 생활』(The Secret Life of Bees)의 줄거리를흘러가게 하는 동기들이다. 폭력적인 아빠는 아내의 총기사고로 인한죽음이 딸 때문이라고 탓한다. 당시 딸은 아장아장 걷던 영아였다. 해방을 향한 릴리의 소망은 일련의 신비스런 징후들에 의해 점화되었다:벌들의 방문, 이상한 꿈들, 다락방에서 발견한 엄마의 낡은 사진, 꿀벌생산라인의 "블랙 마돈나"라는 상표. 그런 후 이 상품의 제작자로 강력하게 체현되어 나타난 양봉가, 어거스트. 이 징후들은 사회적이고 심리적인 변화의 광야에서 길을 따라 남겨진 지표들처럼 다가온다.

신적인 유혹은 그의 초대하는 행위로 그러한 수수께끼 같은 형식들을 취할까?

릴리는 자기를 돌보아 주던 이와 함께 자신을 자유롭게 하기 위한몇몇 끔찍한 위험들을 감수하는데, 그 돌봐주던 이는 사기죄로 투옥된경력의 사람이었다. 그녀는 앞장에서 우리가 토론했던 그 대담한 열정을 감행하고 있는 것인가? 욕망은 우리의 삶 속에서와 마찬가지로 그소설 전반에 아주 구체적이고 다양한 형식으로 편만해 있다. 돌아가신엄마를 향한 욕망, 자신을 돌보아주는 어거스트를 향한 욕망, 재능 있지만 위험에 처한 젊은 남자를 향한 욕망 그리고 궁극적으로 어거스트의 환대하는 지혜를 향한 욕망. 그녀는 노예제 시절부터 전해져내려오는 동상 주변에서 예배를 드리는 작은 공동체의 영적 지도자가 되라는계시를 받는다. 마리아의 딸들Daughters of Mary이라 불리는 이 작은 교회는 (한 아들을 포함하고 있는데) 그 자신만의 기도문을 발전시켜왔다.

사람들은 그녀를 우리 사슬들의 성모Our Lady of Chains라 불렀다. 그들이
그녀를 그렇게 부른 것은 그녀가 사슬에 매여있기 때문이 아니었다….

"그녀가 사슬에 매여있기 때문이 아니라", 그 딸들은 영창했다.

그들은 그녀를 우리 사슬들의 성모라 불렀다. 왜냐하면 그녀가 그 사슬
들을 부수었기 때문이다.[2]

그 성모the Lady는 거칠게 나무로 조각된 해방의 아이콘이다. 한 예식
에서 딸들the Daughters이라 불리는 신도들은 그 조각상을 꿀로 입히는데,
이는 꿀이 담지한 은유적이고 보존적인 속성들 때문이다. 이는 로마
가톨릭 교회는 말할 것도 없고, 성모 마리아를 섬기는 관습적 헌신이
아니다. 현실의 마리아 숭배의 경우에서 그렇듯이, '우리 사슬들의 성
모'는 단지 신적인 남성의 인간 어머니 그 이상의 어떤 것을 의미화한
다.[3] 소설 속에서 그녀는 신성의 여성적 상징으로서 등장한다. 블랙
마돈나the Black Madonna는 그녀의 공동체를 사랑Love의 궁극적 얼굴로 탈/
폐쇄한다dis/close.

5장에서 우리가 유혹을 신적인 에로스로, 과정신학의 "하나님의 창
조적 사랑"으로 고려했다면, 엄마 없는 아이, 릴리의 모험적 열정이 그
에로스에 의해 촉발되었다고 말할 수도 있을 것이다. 우리는 새로운

---

2 *Ibid.*, 110.
3 마리아(Mary)에 대한 강력한 페미니스트 신학적 다시 읽기에 관해서는 Elizabeth
Johnson, *Truly Our Sister: A Theology of Mary in the Communion of Saints* (New
York: Continuum, 2003)을 참고하라.

가능성이라는 보이지 않는 유인력을 통하여 시작된 관계의 상보적 과정을 탐색하기 시작한다. 현실적이 되는 것은 무엇이든지 "하나님의 호응적 사랑" 속으로 다시 받아들여진다고 과정신학은 제안한다. 어거스트와 그 조각상 모두 그 호응적으로 함께-고난당하는-열정com/passion의 아이콘들로 읽힐 수 있다.

세계 내 사랑의 두 스타일 혹은 양식들, 즉 우리가 에로스와 아가페로 부르는 것의 까다로운 상호작용 속에서만 생명은 그의 온전성을 입는다. 그 두 스타일 모두 온전히 인간적일 수 있다. 두 양식 모두 온전히 신적일 수 있다. 하지만 우리는 우리의 피조물적 관계들 속의 열정과 긍휼compassion의 운동들로부터 분리된 어떤 것 혹은 어떤 분One으로서 사랑의 신성을 직접적으로 경험하지 않는다. 우리는 우리 삶의 사랑들을 그 모든 내적 집중도들과 외적 공간성들 속에서 경험한다. 그것들로부터 우리는 언어를 초과하는 신비에 관한 언어로서 우리에게 가능한 최선의 은유들을 이끌어온다. 소설의 작업은 인간적 경험 세계를 아주 경제적으로(간결하게) 이야기해서 우리의 영적 분별력을 발전시킬 수 있을 것이다.『벌들의 비밀 생활』의 도움을 받아서 우리는 이번 장에서 우리가 토론해왔던 신학적 에로스와 연관성 속에서 아가페의 이상이 담지한 의미에 집중할 것이다. 그러면 우리는 하나님 개념에 담지된 놀랄만한 함축성들을 대면하게 될 것이다.

정의로운 사랑

"단지 사랑하기 위해서가 아니라…." 사랑은 과정 중의 신학에게도 마찬가지로 충분치 않다. 우리의 사랑하는 느낌들은 변혁하는 행위 속에서 나오는 것이 아닐 수도 있다. 그리고 실제로 하나님의 유혹하는 의지는 그 자체로 정의를 이루거나 혹은 세계를 변화시키지 않는다. 사랑-유혹은 해방하는 열정을 유발할 수 있다. 그 사랑-유혹이 이야기의 젊은 주인공 릴리에게 억압으로부터의 출애굽exodus을 유발하였던 것처럼 말이다. 사랑-유혹은 폭력의 관계들 속에 우리 모두를 얽어매고 있는 욕구-탐욕의 시스템에 대한 용감하고 즐거운 저항의 순간들을 유발할 수도 있다.

"… 그러나 사랑을 고집하기 위해서." 만일 이 순간들이 지속적인 효과를 가져야 한다면, 만일 그 순간들이 역사 속에 폭넓은 지지구조를 구축해내야 한다면, 그렇다면 저항만으로는 충분치 않다.

사랑의 **고집**persistence in love: 이는, 어거스트에 따르면, 인간 삶을 가치 있게 만든다. 그것은 "진리"를 의미하는 히브리어의 함축성으로서 앞에서 토론했던 "흔들리지 않는 사랑steadfast love"과 공명한다. 그리고 아마도 이 고집은 우리에게 인내심을 가지고 완고하게 계속되는 사랑으로서 신적인 아가페를 말할 수 있는 가치 있는 신학적 유비를 제공할 것이다. 복음서들에서 기본적으로 말하는 사랑이 자기-학대적이고, 학대를 수용하는 수동성과는 어떻게 전적으로 다른지를 숙고했지만, 복음서의 사랑이 이웃과 이방인, 심지어 원수까지도 포용하는 무조건적이라는 빛을 발하고 있어서 많은 이들은 그 사랑의 학대를 기독교적 사랑이라고 착각해왔다.[4] 긍휼compassion 속에서 발원하는 열정을

---

4 사랑의 가르침은, 특별히 원수에 대한 사랑의 가르침은 복음을 가장 강력하게 구별시켜주는 지표를 구성한다. 하지만 그 사랑은 레위기 19장 18절의 "네 이웃을 너 자신 같이 사랑하라"는 말씀에 뿌리를 두고 있는데, "18절은 19장 9-17절에 이어지는 명령들의 요약이다. 9-17절의 사랑 명령은 가난한 사람들을 위해 들판에 음식을 남겨둘 것, 훔치지 말 것, 자신의 이웃을 억압하지 말 것, 혹은 자신의 종을 속이지 말 것 등을 요구하고 있다. 이러한 방식으로 행위하는 사람은 그 이웃을 사랑한다." E.P. Sanders and Margaret Davies, *Studying the Synoptic Gospels* (Philadelphia: Trinity International, 1989), 319.

통해, 사랑은 **고집한다**persists. 그러므로 우리의 세계 안에서 정의justice
는 기회를 갖는다.

"네 마음을 넓혀주는 것이 무엇이든지 간에": 여기서 우리는 에로스
를 보완하는 아가페를 인식한다. 루터교 신학자 안더스 니그렌Anders
Nygren은 그러나 그 반대 경우를 입증한다. "에로스와 아가페는 본래 완
전히 분리된 두 영적 세계들에 각각 속했고, 그 사이에 그 어떤 직접적
인 소통도 가능하지 않았다."5 니그렌은 오직 아가페만이 신적이라고,
말하자면 아가페는 유일하게 신적이라고 주장했다. 에로스는 심지어
그의 신비적인 형식들 속에서조차 자기-중심적이고 움켜쥐려는 습속
을 지닌 사랑의 비하로서, 자기 사랑의 형태이지 결코 타인에 대한 사
랑이 아니다. 그러나 관계적 신학은 자기 사랑과 타자에 대한 사랑이
라는 양극화를 받아들이지 않는다: 신적인 에로스the divie Eros는 자아와
그리고 그에게 유입되는 타자들의 공동작용을 요청한다. 그래서 우리
는 이미 특정한 에로스를 신적 욕망 그 자체로 정초한 바 있다.6 그러
므로 우리는 아가페와 에로스를 서로 협력적인 것으로, 즉 사랑의 한

---

5 Anders Nygren, *Agape and Eros*, trans. Philip S. Watson (Philadelphia:
  Westminster, 1953), 31. 니그렌과의 비판적 대면을 위해서는 Virginia Burrus,
  "Introduction: Theology and Eros After Nygren", in *Toward a Theology of Eros:
  Transfiguring Passion at the Limits of Discipline* (Transdicisplinary Theological
  Colloquia), ed. Virginia Burrus and Catherine Keller (New York: Fordham
  University Press, 2006), xiv을 참고하라.

6 *Eros and Agape*에서 니그렌(Nygren)은 에로스가 인간의 분투를 그리고 그 자체로 자기
  -구원에 이르려는 인간의 모든 의지적 노력들의 특성이라고 주장한다 — 이는 매우 루터
  교적인 죄의 의미이다. 다른 한편으로, 아가페는 신적인 것이고, 은혜를 통하지 않는 한,
  인간에게는 불가능한 것이다. 그의 에로스에 반대하는 영향력 있는 논쟁은 동시에 하나님
  을 향한 욕망을 설파하는 중세 신비주의 전통들에 대한 개신교적 비판이기도 했다(그가
  비판하는 중세 신비주의 전통이란 예를 들어 앞 장에서 서술된 하데비치의 시를 통해 예증
  된다).

에너지가 연출하는 두 운동들로서 생각한다. 하나님 안에서 혹은 인간 안에서 아가페는 이 에로스보다 더 고차원적이지 않다. 그러나 아가페는 더 넓다. 왜냐하면 아가페는 열정들의 다수성을 긍휼의 복잡성으로 모으기 때문이다.

여전히, 자기-폄하적인self-demeaning 혹은 타자-폄하적인 동정으로 연상하지 않고 긍휼compassion이라는 단어를 사용하기는 어렵다. 페미니스트 신학은 자기-희생으로서 정의된 아가페에 담지된 문제들을 조명하는 데 기여해왔다.7 왜냐하면 자기-희생적 사랑의 이상이 누리는 특권은 여성들과 전통적으로 종속된 상황에 놓여있던 다른 집단들이 그들의 신앙으로부터 가장 필요로 할 자기-긍정적인 존엄성을 희생시킨 대가이기 때문이다. 아가페 속에서 작동하는 특정의 통제적인 권력-놀이가 폭로되어왔다: 하나님이 자기 자신/그의 아들을 일방적인 사랑 속에 내어주었듯이, 그렇게 (학대받는 아내의 경우에서처럼) 우리도 우리 자신을 타자를 향해서 희생"해야 마땅하다." 독해하자면: 그러므로 여성들은 자신들의 남자들에게, 종들은 그들의 주인들에게 복종하는 삶을 살아야 마땅하다 등등. 신적인 사랑으로서 아가페의 상징화는 에로스를 단순하고 사악한 인간적인 것으로 환원하면서, 우리 욕망의 소외에, 특별히 우리의 성sexuality의 소외에 기여했다.

페미니스트 신학은 사랑에 관해서 말하자면, 에로스의 언어를 아가페의 언어보다 전반적으로 선호하는 편이었다. 더 광범위하게 말해서, 진보 신학은 정의justice의 이상을 그 토대로 만들어왔다. 진보 신학은 이 속에서 라인홀트 니버의 1950년대에 대한 평가를 진지하게 받

---

7 참조. Rita Nakashima Brock의 고전적인 페미니스트 작품, *Journeys by Heart: A Christology of Erotic Power* (New York; Crossroad, 1991)을 참고하라. 또한 Rita Nakashima Brock and Rebecca Ann Parker, *Proverbs of Ashes: Violence, Redemptive Suffering, and the Search for What Saves Us* (Boston: Beacon, 2001)을 참고하라.

아들였다. "미국 기독교는 정의의 문제들에 부적절해지는 성향이 있다. 왜냐하면 미국 기독교는 모든 공동체적 문제에 대한 하나의 단순한 해법으로 사랑의 법을 고집스럽게 제시하고 있기 때문이다."[8] 아가페나 긍휼적인 사랑은 감상적이고, 무능하고 생색내기인 것처럼 보인다. 그것은 구조적 변화보다는 자선을 선호한다. 그에 대한 응답으로 우리는 단지 다음과 같이 주장할 수 있을 따름이다: 억압당하는 자들은 우리의 긍휼을 원하지 않는다. 그들은 단지 정의를 원한다. 그들을 그들의 가능성들을 차단하고, 그들의 삶의 과정들을 폐쇄하고 있는 권력 구조들의 전환을 원한다.

당연히 그렇다. 문제는 기존 법의 상투적 적용양식들을 넘어서서 어떻게 정의의 작업이 일어날 수 있는지이다. 그것은 사랑의 확장 없이는 일어나지 않는다는 것이 나의 주장이다. 우리의 다수적 열정들을 함께 움켜쥐면서, 함께-고난당하는-열정com/passion은 연대의 공간을 열어준다. 그것은 우리 관계성들의 맥락을 넓힌다. 그것은 순간의 희망을 넘어서려는 고집persistence을 육성한다. 이 운동은 과정 중에 있는 그리고 시험 중에 있는 진리의 증언을 상기시켜 주고 있지 않은가? 즉 우리의 감성과 개인적 연루관계들과 개인적 느낌을 무한히 초과하는 사랑에 대한 증언을 상기시켜 주지 않는가? 내 상황의 이러한 확장은 우리의 상호의존성에 솔직해지도록 하면서, 나를 소외된 타자들의 삶 속으로 **연루시킨다**implicates. 그것은 나를 니버가 "정의의 영the spirit of jus-tice"[9]이라고 불렀던 것에 참여시킨다. 그 정의의 영이 고통스런 차이들을 가로질러 공유된 세계 안에서 나를 감싼다. 그럼으로써, 우리가 보

---

8 Reinhold Niebuhr, *Love and Justice: Selections from the Shorter Writings of Reinhold Niebuhr*, ed. D.B. Robertson (Louisville: Westminster John Knox, 1957), 25.

9 *Ibid.*

았듯이, 그것은 사랑의 법으로 대치되는 것이 아니라, 그것을 통해 실현된다. 사랑은 정의가 나에게 **문제가 되도록**matter 만들고, 나 자신의 삶의 일부로서 물질적으로 실현되도록 한다materialize. 그것은 단지 의무의 문제로 머물지 않는다. 그것은 의무에 욕망을 더해준다. 그리고 그 양자는 변화된다. 정의를 향한 열정은 정의로운 사랑a just love 속에서 실현되는데, 그 정의로운 사랑이 열정 그 자체를 새롭게 하고 확장하기 때문이다.

상호관계성의 네트워크

"도처에서 벌어지고 있는 부정의는 모든 곳에서 정의에 대한 위협이다. 우리는 운명이라는 한 벌의 옷 속에서 서로 연결된 상호관계성의 벗어날 수 없는 네트워크 속에 사로잡혀 있다. 누군가에게 직접적으로 영향을 미치는 것은 그 무엇이든지 모든 이들에게 간접적으로 영향을 미친다."

_ 마틴 루터 킹 주니어.[10]

아가페적 확장the agapic stretch은 나의 살아가는 관계들의 한복판에서 내가 누구인지, 내가 어떤 사람이 되어가고 있는지를 심화시킨다. 그리고 내가 어떤 사람이 되어가는지는 당신이 어떤 사람이 되어갈지에 영향을 미친다. 그것은 "모든 생명은 상호관계한다"[11]는 마틴 루터 킹의 선행조건이었다. 그를 과정신학의 흑인 침례교 활동가 버전을 실현하고 있는 인물로 말할 수도 있을 것이다. 보스턴 대학 박사학위 논문에서 그는 초기 과정신학자인 헨리 넬슨 와이

---

10 Martin Luther King Jr., "Letter from Birmingham City Jail", in *A Testament of Hope: The Essential Writings and Speeches of Martin Luther King Jr.*, ed. James M. Washington (San Francisco: Harper & Row, 1986), 290.

11 "The American Dream", *Ibid.*, 210.

만Henry Nelson Wieman의 작업을 집중적으로 다루고 있다.12 이는 세계-변혁적인 킹의 지도력과는 상당히 동떨어져 있다고 보이기도 하지만, 그의 창조세계의 관계적 구조에 대한 이해는 대부분의 사상가들을 앞서 있었다. 그러나 물론 그의 실천은 그의 철학과 불가분리하다. 이 관계의 폭에 대한 의식 속에 살아간다는 것은 그 "벗어날 수 없는 네트워크"를 존중한다는 것을 의미한다. 그가 추구한 운동에서 그것은 곧 점증하는 지구적 세계시민주의global cosmopolitanism를 수반한다. "우리는 결코 다시 협소하고, 지역주의적인 '외부 선동가' 관념과 더불어 살아가는 것을 용납할 수는 없다."13 그러한 상호관계성의 실천은 자아의 깊이를 요구하는데 이는 나의 안녕well-being이 타자들의 안녕 속에 좋든 싫든 사로잡혀 있다는 것을 의미한다. 그래서 나의 취약성 또한 깊어져간다. 킹이 표현하듯이, 백인 온건주의자들과의 그의 낙담스런 경험을 통해 말하자면: "깊은 사랑이 없는 곳에는 깊은 실망도 있을 수 없다."14

이 깊이는 오직 아가페적 **고집**persistence을 통해서만 발생한다. 우리 관계성의 고집스런 확장이 없다면, **에로스로부터 정의로의 지속가능한 운동**도 있을 수 없다. 그것은 기어를 변속하는 것처럼 사랑으로부터 정의로 전환하는 문제가 아니라, 오히려 열정이 **함께-고난당하는-**

---

12 참조. Martin Luther King's doctoral dissertation, "A Comparison of the Conceptions of God in the Thinking of Paul Tillich and Henry Nelson Wieman", Boston University. 논문에서 다루고 있는 그들과는 달리, 화이트헤드적 과정신학처럼 그리고 자신이 관심을 갖고 있었던 보스턴 인격주의(Boston Personalism)의 영향 아래서 마틴 루터 킹은 무한한 창조적 과정을 매개하는 인격적 신을 주장하였다. Gary Dorrien, *The Making of American Liberal Theology: Crisis, Irony and Postmodernity, 1950-2005* (Louisville: Westminster John Knox, 2006), 152f를 참고하라.

13 King, "Letter", in *A Testament of Hope*, 290.

14 *Ibid.*

열정$_{com/passion}$의 정의 속으로 성장해가도록 하는 문제이다. 이러한 이유 때문에 필자는 그 단어$_{com/passion}$에 빗금을 계속 끼워넣는다. 그 빗금을 빼버리면 즉시 그 열정이 말라버리는 듯해 보이기 때문이다.15 왜냐하면 그것은 정확히 우리의 열정을 타자들을 향한 미지근한 관심으로 대치하는 문제가 아니라, 우리의 열정이 스스로 성장해나아가도록 하는 문제이기 때문이다. 그것은 에로스를 감소시키는 문제가 아니라, 에로스의 조망을 확장하는 문제이다.

왜냐하면 compassion은 문자적으로 '타자와-함께-하는-열정$_{pas-sion-with the other}$'이다. 무엇보다도 자신이 가장 강렬히 욕망하는 바로 그 타자와 함께 하는 열정이다. 에로스는 성$_性$보다 훨씬 더 넓은 개념이다. 그러나 이 에로스를 심지어 성적으로 생각해보자. 내가 타자의 욕망들을 공감할 수 없는 관계 속에서, 성$_性$은 얼마나 지속가능할 수 있을 것인가? 이 실망스런 한계들 속에서 내가 이 타자를 향한 함께-고난당하는 -열정$_{com/passion}$을 실천하지 않는다면, 관계는 얼마나 지속될 수 있을까? 사랑-대상을 향한 함께-고난당하는-열정$_{com/passion}$이 없다면, 나는 그녀 혹은 그를 나의 우상으로 만들고 있지 않은가? 곧 부서져 깨질 우상 말이다. (한 사람의 심장 아니면 둘의 심장도 따라서 말이다.) 앞으로 보게 되겠지만, 여기에 신앙을 위한 유비가 있다.

요점은 열정은 함께-고난당하는-열정과 조율되는 만큼만 유지될 수 있다는 것이다. 그것은 열정이기를 중단하지 않는다. 그러므로 열정은 자기-사랑의 요소를 상실하지 않는다: 당신이 자신을 사랑하는 것처럼 타자를 사랑하라! 타자가 당신과 같기 때문이 아니다. 심지어

---

15 역자주. 켈러는 compassion을 계속 com/passion으로 표기하면서 'com'(함께)와 'passion'의 이중적 의미, 즉 '고난'과 '열정'을 함께 담아두기를 원했다. 이 의도를 살리고자 본 번역서에서는 이를 "함께-고난당하는-열정"으로 표기했다.

당신이 타자와 같기 때문도 아니다! 만일 아가페가 우리 자신의 온전함fullness을 희생한다면, 그것은 거짓된 아가페로서, 자긍심을 결여한 감정이며 따라서 정확히 말하자면 고집의 힘을 결여하고 있는 것이다. 아가페는 위반자에게 값싼 은총을 제공하는 것이 아니라 변혁의 기회를 제공한다: 용서는 계속해서 위반할 변명이 아니라, 폭력의 순환에 개입할 기회를 가리키는 것이다. 만일 기독교적 사랑이 위반자로 하여금 계속해서 위반할 수 있도록 한다면, 그것은 복음적인 사랑의 법을 위반하는 것이다.

아가페는 —에로스와 분리되지 않았을 때— 공통의 삶을 쇄신한다. 우리의 상호적 영향력은 한편으로 정의로부터 위반자를 보호하려는 벽 때문에, 다른 한편으로 위반자로부터 피해자를 보호하기 위한 벽 때문에 피를 흘리며 상처를 입는다. 정의는 그 자체로 확고한 울타리들의 시스템을 요구한다. 하지만 신학은 우리의 모든 울타리들을 가로지르는 "벗어날 수 없는 네트워크"를 놓칠 수 없다. 예를 들어, 흑인 신학의 선도적 주창자, 제임스 콘James Cone은 마틴 루터 킹의 비전이 말콤 엑스Malcolm X에 영감을 받은 이들에게 의심스럽게 보였다는 점을 언급한다. 그들은 기독교의 사랑-가르침이 수많은 흑인에게 탈정치화와 무기력화하는 효과를 갖고 있음을 염려하고 있었다. 하지만 "인류라는 가족은 흑인들의 가족만큼 중요하다. 왜냐하면 우리는 타자들과 함께 살아가기를 배우거나 아니면 우리는 함께 멸망할 것이기 때문이다"16라고 제임스 콘은 가르친다.

우리는 선한 피조세계의 상호의존적인 피조물들임을 의식함으로

---

16 James H. Cone, *Risk of Faith: The Emergence of a Black Theology of Liberation, 1968-1998* (Boston: Beacon, 1999), 107. 또한 *Martin & Malcolm & America: A Dream or a Nightmare* (Maryknoll: Orbis, 1991)도 참고하라.

써만 만개한다. 만일 "모든 생명이 상호관계되어 있다면", **타자들**을 향한 정의는 영적으로 그리고 진실로 **자기-돌봄**self-care의 양식이다. 그러나 나는 그 상호의존성을 무관심하게 대할 수도, 냉소적으로 대할 수도 혹은 사랑으로 대할 수도 있다. 만일 내가 그 타자를 더욱더 포용한다면, 더욱더 많은 타자들을 포용한다면, 나의 욕망의 성격이 진화할 것이다. 나의 욕망은 더 폭넓은 공동작용들로 진입할 것이다. 아가페는 쾌락을 포기하지 않는다. 오히려 아가페는 쾌락을 확장한다. 아가페는 **당신**을 확장한다. 그 확장 속에 오싹한 아름다움이 존재한다. 사랑은 당신이 **된다**. 아가페적 사랑은 결코 순수하게 타자를 위한 것이 아니다.

실질적인 가족적 삶은 욕구하고 탐욕스런 충동들을 더 폭넓은 돌봄으로 양육한다. 우리는 억압 없이 이 사회화의 성취를 희망한다. 그러나 통상적으로 우리 문명 속에서 성숙한 연결을 위해 분투하는 에고ego보다는 분리되기 위해 분투하는 에고를 배태한다. 전통적으로 이 에고는 남성적 에고이고, 여성적 자아는 너무나 의존적으로 관계에 매달린다. 존 캅이 『다원적 세계 속에서 그리스도』라는 책—이 책이 나를 대학원으로 유혹했다—에서 세밀히 나타내 주고 있듯이, 또 다른 자아-구조가 가능한데, 말하자면 그 대안적 자아-구조 속에서 나의 에고는 타자들의 욕망에 대한 나의 의도적인 감정이입empathy에 의해 변혁될 것이다. 그는 에고의 비움이라는 개념을 지닌 불교를 기독교의 창조적 변혁을 위한 위대한 대화적 도구로 생각했고, 그를 통해 역설적으로 기독교적 사랑의 교리를 새롭게 할 수 있다고 생각했다.

절제된 감정이입empathy은 자아-해체self-dissolving가 아니라 자아-개방self-opening이다. 그것은 나 자신의 욕망이 약화되도록 하는 것이 아니라 확장하여, 명확해지도록, 즉 넓어지도록 재형성한다. 예를 들어, 특별한 상실로 인한 나의 불행은 나의 친구들로부터 많은 긍휼을 요구할 것이다 — 아마도 그들이 줄 수 있는 것보다 더 많이 말이다. 그러나 만일 장기적으로 내가 내 친구들의 더 온전한 삶에 개방적인 채 지낼 수 있다면, 만일 내가 그들의 경험이 나 자신의 경험의 일부가 되도록 할 수 있다면, 그렇다면 그들의 기쁨들은 질투의 원인이 아니라 현실적 향유의 원인이 될 것이다. 그들의 고난은 나의 고난과 더불어 주목받기 위해 경쟁하는 것이 아니라, 오히려 나에게 필요한 주의전환과 균형을 가져다줄 것이다. 만일 타자들의 열정이 나를 통하여 흘러가, 나 자신의 열정을 상대화시키고 또 그들의 열정을 참여시킨다면, 나는 나의 상실감에 그토록 오랫동안 깊이 빠져 헤맨다고 느끼지 않게 될 것이다. 왜냐하면 나의 슬픔이 억압되는 것이 아니라 더 폭넓고 더 풍성한 경험의 엮임 속에서 위로받기 때문이다. 따라서 상실감은 그러한 넓이가 결여되었을 경우에만 감당할 수 없는 것으로 머무른다. 그러면 삶은 상처의 크기만큼 위축된다.

왜냐하면 결국 "나"는 새롭게 되는 바로 이 순간이기 때문이다. "내가 존재한다I am"는 것은 나의 과거, 나의 세계, 나의 관계들로 이루어진 전체 네트워크에 의해 함께 구성된다. 모든 나의 관계들의 흐름들이 좋은 쪽으로건 나쁜 쪽으로건 지금 나의 되어감의 이 파도 속으로 흘러들어간다. 내가 이 모든 물적 재료들material과 더불어 무엇을 하는지, 내가 그로부터 나 자신을 어떻게 수집하는지, 내가 나 자신을 어떻게 구성하는지: 이 모든 것이 신적인 유혹에 대한 나의 **응답**response을 구성한다. 그리고 상호적으로 내가 이 순간 되어진 자아는 그때 내 관계들의 집합체 속으로 **그 관계들의** 미래의 일부로서 흘러 들어갈 것이다.

아가폐적 정의

나는 우리의 상호의존적 되어감의 관계적 입자와 더불어 성장할 수도 있고 혹은 그와 반대로 퇴보할 수도 있다. 이 집합체는 자아의 사회적 구조를 구성한다. 우리는 다소간 이 구조와 동기화될 수도 있고 아니면 그를 위반할 수도 있다. 구조는 개인적 삶을 초과한다. 비록 구조가 그것을 실현하는 개인들과 동떨어진 단순한 추상이라고 할지라도 말이다. 그 구조가 우리 각자를 우리 욕망들의 창조적 공조 속으로 부르는 유혹에 상응할 때, 그것은 또한 우리를 서로로부터 보호한다. 그의 경계들은 지탱적이지만 삼투적이고, 그래서 계속적인 협의와 비판에 종속되어 있을 것이다.

불확실하고 갈등 섞인 관계들의 흐름의 한복판에서 이루어지는 공조coordiantion를 우리는 정의라 한다. 복잡한 인간의 상호작용들의 자기-조직화하는 구조의 한복판에서 정의는 집단적 안녕의 기준이다. 이속에서 정의는 창조의 구조 자체를 반영하는데, 이는 우리가 앞에서 소개했듯이, 혼돈의 가장자리에서 질서가 출현함으로써 형성된다. 그리고 아마도 바로 이 저개발된 정의의 관계성이 필자의 동료 교수 이사시-디아즈가 염려solicitude의 논리라 불렀던 것일 것이다. 이는 부드러움tenderness이라는 깜짝 놀랄 요소를 동반하는데,

> 만일 사회들이 공정성, 평등 그리고 공로를 계속해서 정의의 특성들로 보게 된다면, 부정의는 계속해서 도처에 존재하게 될 것이라고 믿는다. 나는 관계성에 초점을 둔 새로운 논리가 필요하다고 믿는데, 그것은 염려나 돌봄 속에서 명시화된 그리고 부드러움을 특성으로 하고 또 화해적 실천으로 귀결되는 관계성이다.
> _ 아다 마리아 이사사-디아즈[17]

---

17 Ada Maria Isasi-Díaz, *Justicia: A Reconciliatory Praxis of Care and Tenderness.*

바로 이것이 사회적 시스템을 계속 개방적으로 유지할 수 있도록 해준다.

다른 말로, 아가페적 정의는 격동적인 민주화 과정 속에서 사회적 복잡성의 출현을 지지한다. 삶이 단순하고 또 불균형한 이익들의 경쟁과 갈등하는 열정들과 구조적 폭력이 없는 곳에서 정의는 거의 문제가 되지 않는다. 그러나 역으로 공조되지 않은 에로스의 무질서한 행실이 관용되지 않은 곳에서 정의로운 질서는 불가능하다. 왜냐하면 정의는 사랑과 회복 그리고 인내를 특별히 잘 다루어냄으로써만 혼돈에 맞서 그의 구조적 감수성을 유지할 수 있기 때문이다. 정의는 견딜 수 없는 역경에 맞서 고집을 부릴 수도 있다. 그리고 그의 적들을 앞에 두고 여전히 그들의 인간성을 주장할 것이다. 정의가 앙갚음으로부터 구별될 수 있을 때, 그것은 절제된 함께-고난당하는-열정com/passion으로서, 정의를 향한 집단적 열정을 유지할 수 있다. 따라서 사랑은 정의를 그 자체로 *en procès*, 즉 시험 중에 그리고 과정 중에 있게 한다: 그리고 정의는 사랑이 고집의 힘이 있는지를 시험한다. 히브리민족의 진리-전통에서 언제나 "흔들리지 않는 사랑steadfast love"으로 번역되는 아가페는 그 사랑의 열정을 정의의 일로 확장한다: 다짐의 함께-고난당하는-열정the com/passion of the resolute.

복합적 열정들의 공동체

서구적 근대성은 그 자신의 미숙한 민주주의들로 인해 초래된 혼돈스런 다양성들의 관용을 서둘러 재촉하면서 급속히, 공격적으로 성장했다. 이 근대성은 그 길에서 어떤 장엄한 창조성을 발산했고, 그러면서 신정주의적이고 당파적인 형태들의 공동체를 넘어서 긍휼compassion

을 구조화할 수 있는 민주주의의 잠재성을 수태하였다. 그러나 종교적 절대주의에 맞선 대응 속에서 민주주의적 발전은 공동체를 **향한** 에로스가 아니라, 공동체**로부터** 해방된 에로스를 양육하였다. 그것은 다른 피조물들과 끝없이 엮인 사회적 관계망으로부터 자유로운 그리고 마침내 창조주로부터 자유로운 개인만의 가치들을 강조하고 말았다. 비판적 사유라는 위대한 선물은 이 진리-과정의 투쟁으로부터 유래한다.

우리가 근대를 비판할 때, 우리는 근대의 자기-비판이라는 자원을 빌리고 있는 중이다. 그러나 만일 우리가 고도로 발달된 서구적 개인주의를 비판하는 데 실패한다면, 이사야서의 말씀처럼, "정의는 등을 돌린다." 왜냐하면 서구적 "사람Man"19은 자유라는 이름으로 타자들을 희생하여 그 자신의 열정과 이익을 추구해왔

> 사슴처럼 우리는 저 멀리 있는 '생수'를 감지해왔다. 그리고 우리는 지금 그것을 향해 달려가지만, 확실한 것은 없고… 그저 우리의 목표가 우리를 여전히 살아있게 만들고, 꿈꾸게 만들고 또 그를 향해 달려가는 길에서 다음단계를 준비할 수 있도록 하는 만큼만 간신히 연명하고 있다.
> _ 이본 게바라[18]

기 때문이다. 참으로 "자유Freedom"는 오늘날 모든 서구인들의 가장 위험한 썹볼렛인지도 모른다. 만일 그 "타자들"이 비유럽인이고, 백인이 아니라면, 그들은 "사람the Man"의 경계 바깥으로, 따라서 그의 정의의

---

18 Ivon Gebara, *Longing for Running Water: Ecofeminism and Liberation* (Minneapolis: Fortress Press, 1999), 215.

19 역자주. 한국어에는 영어의 "Man"을 가리키는 단어가 존재하지 않는다. 페미니즘적 의식의 등장 이전에 서구의 언어적 습관에서 'Man'은 생물학적 남성이 아니라, 사람 일반을 가리키는 용어로 사용되었고, 그래서 역으로 남성이 모든 인간을 대변하는 자리에 있는 것으로 무의식적으로 배치되었었다. 서구 근대는 바로 이런 사유의 습관을 강화하는 시대였음을 나타내기 위해 켈러는 "Man"이라는 단어를 썼지만, 번역어로는 달리 표기할 방법이 없어 '사람'으로 번역하고 원어를 괄호로 집어넣었다.

경계 너머로, 대번에 내쳐질 것이다. 게다가 비남성에 비이성애자라면 더 말할 것도 없다.

과거 수십 년 동안 해방의 신학들은 기독교를 정의와 지속가능성을 향한 예언자적 부름으로 번역하기 시작했다. 이 운동들 또한 내외로 좌절들을 겪었다. 곽 푸이란이 "탈식민지적 상상력"이라 부르는 것의 새로운 형태들이 (기독교적) 정신을 탈식민화하고 우리의 해방의 투쟁들을 복잡화하는 데 필요해졌다.[20] 그 해방의 유산은 "사랑을 고집"할 수 있는 역량, 즉 (계급, 젠더, 성, 인종 혹은 심지어 "종교" 등과 같은 통합적인 사회적 정체성에 근거한) 해방의 단일 "주체"를 넘어서서 사랑의 흐름을 넓힐 수 있는 역량에 의존할 것이다.

해방적 열정의 더 복잡한 표현들이 고집스런 함께-고난당하는-열정$_{com/passion}$을 향한 잠재력과 더불어 출현하고 있는 중이다. 예를 들어, 남미의 해방 신학자이자 생태여성 신학자인 (문제가 되는 복잡성을 이미 가리키고 있는 수식이다!) 이본 게바라$_{Ivone\ Gebara}$는 정의를 향한 에로스를 시편 기자의 흐름의 은유를 가지고 포착한다: "사슴이 시냇물을 찾아 갈망하듯이." 이 갈망은 특정한 하나의 쟁점을 넘어 흐르는 그래서 절대적 확실성들이 소멸되고, 흐르는 희망이 채워질 깊이를 담지하고 있다.

요한복음의 우물가 여인 이야기는 이와 동일한 생수를 적고 있다. 가난한 사람들 중 가장 가난한 사람들 사이에서 살고 일하면서, 게바라는 기독교적 사랑의 탈육체화되고$_{disembodied}$ 탈성화된$_{desexualized}$ 이상에 도전한다. 이 탈육체적 탈성화적 이상이 심지어 해방의 운동들에도 출몰하고 있기 때문이다. 해방의 운동들은 그들의 남성적으로 의인화된 하나님을 결코 벗어나지 못했다. (브라질 동북부) 레시페에 살고 있

20 Kwok Pui-lan, *Postcolonial Imagination & Feminist Theology* (Louisville: Westminster John Knox, 2005).

는 이 노틀담 수녀는 "모든 것에도 불구하고, 덧없는 것의 아름다움을 추구하는 사람, 즉 심지어 우리가 그것을 꼭 움켜잡으려고 노력할 때조차도 언제나 우리를 벗어나버리는 그 '어떤 것'의 아름다움을 추구하는 사람"으로서 그녀의 "비/가song/lament"를 제공한다. "그것은 팔들과 포옹들을 재발견하고, 시들과 다시금 소망하기 시작할 이유들을 사랑하고자 노력하는 사람의 노래이다. 그것은 몸으로부터 그리고 땅으로부터 태어난 노래이다…."21

땅의 갈망을 노래하는 노래 속에는 더 이상 에로스와 아가페의 분리가 존재하지 않는데, 이 노래는 지구 행성만큼 폭넓은 사랑을 제안한다. 그것은 우리의 가장 친밀한 욕망을 존중하는 길을 연다. 그리고 그 욕망들을 확장하는 체현의 나선형 소용돌이 속으로 초대한다. 왜냐하면 그 되어감의 함께-고난당하는-열정은 우리 자신의 열정들을 뺄셈하지 않고 합산하기 때문이다. 그의 정의로운 사랑은 우리의 공동-창조적 되어감co-creative becoming의 아름다움과 더불어 가득 충전되어 있다. 그의 희망은 우리들이 된다becomes.

아마도 게바라의 땅의 노래는 "그리스도의 몸"으로서 교회를 향한 바울의 비전을 업데이트하도록 우리를 도울 것이다. 몸으로부터 태어난 노래를 노래하면서, 팔과 포옹을 재발견하면서, 우리는 진실로 "서로의 구성원members one of another"이 된다. 어떤 기관의 모든 구성원들 중의 첫 번째가 아니다! 오히려, 우리는 몸의 상호의존성 속에서 서로의 일부가 된다. 말하자면, 무감각해진 탈육체성의 현 상황으로부터 그리고 차단된 유대관계들로부터 '외쳐-부르는' 몸, 즉 에-클레시아ek-klesia이다. 그렇지만 만일 우리가 그것을 "교회를 위해" 혹은 "가족적 가치들을 위해" 혹은 "창조의 질서를 위해" 또는 어떤 다른 절대적 요

---

21 Gebara, *Longing*, 213.

구사항에 대한 복종을 위해 우리 자신의 솔직한 열정들을 포기하는 문제로, 즉 우리의 모험적 영들을 포기하는 문제로 이해한다면, 이 모든 아가페적 심상들은 얼마나 까탈스럽고 얼마나 금지적인 것들이 되는가? 바울이 적고 있듯이, 서로의 기쁨들 속에서 기뻐하고 또 서로의 짐들을 짊어지도록 돕는 것, 이는 해방의 길이지 결코 억압의 길이 아니다.

그런데 그 길을 따라서 더 방대한 이 모험이 어느 한 자아가 조율할 수 없을 만큼 너무 많은 사랑들과 감정이입들과 위험들과 희망들을 열어놓는다. 왜냐하면, 심지어 우리의 가장 작은 공동체들 속에서도, 그 많은 욕망들은 반드시 모순에 이르게 되기 때문이다. 그러므로 그 확장의 운동은 스스로 계속 진화하는 정의의 구조를 요구한다. 그 윤리적 질서들은 그 확장의 흐름을 열려있게 하고, 그 질서들은 정의를 시행하고 공조한다. 만일 구조가 경직되어 간다면, 그 "흐르는 물"은 마르게 된다. 그러나 생명과 사랑의 흐름은 정의의 구조가 없다면, 탕진된다. (우리는 말할 필요도 없이 절대와 방탕 사이에서 우리의 길을 여전히 찾고 있다.) 이 구조들은 우리가 우리 간의 차이를 협상하도록, 우리의 욕망들을 경쟁시키고 공조하도록 해준다. 그러므로 그 구조들 자체는 항상 조정 과정 속에, 즉 사회적 진화의 과정 속에 있어야만 한다.

히브리 전통에서 법은 자비의 규정들을 포함하고 있었다. 자비는 부드러운 자궁, 레헴rechem의 소금물이 유동하는 흐름 속에서 긍휼을 가리키는 또 다른 이름이다. 실로 자비mercy를 의미하는 **라하밈**rachamim 은 레헴rechem과 마임mayim의 결합인데, 이는 창세기 1장 2절의 시원적 바다를 의미한다. 자비 없이 법은 단지 권력의 유지수단이고, 정의는 —심지어 혁명적 정의일지라도— 복수의 수단일 뿐이다.

심지어 친밀한 공동체 속에서조차 사랑은 결코 정의를 보장하지 않는다. 정의 속에서 확장되는 이 사랑이 없다면, 우리는 윤리적 지속력 persistence을 결여한다. 저항의 열정은 이내 쓰라림과 탈진으로 이어진다. 사슬들은 깨어질 것이고 또 이내 새로운 사슬들로 채워진다. 따라서 우리 사슬들의 성모Our Lady of Chains라는 아이콘은 그녀의 돌봄의 공동체와 분리되면 무의미하다. 그 역사적 연관성의 깊이는 타자와 새로운 상황이 위험을—부주의하게가 아니라 지혜롭게— 감당할 수 있도록 강화된다. 만일 우리의 정의 프로젝트들이 역사 속에서 고집되어야 persist 한다면, 그 프로젝트들은 열정에 의해 동기를 부여받아야 할 뿐만 아니라 긍휼compassion에 의해 유지되어야만 할 것이다.

창조성은 혼돈의 가장자리에서 삶을 살아가는 피조물들의 자기-조직화하는 복잡성의 모든 수준을 의미화한다. 이는 앞에서 창조에 관해서 토론할 때 이미 제안한 바이다. 그 가장자리에서 제도들은 필수적인데, 이는 더 복잡한 상호관계성들의 성장을 위해 충분히 반석과 같은, 다시 말해서 충분히 베드로적인[22] (혹은 제도를 위한 권위적인) 안정성을 제공하기 때문이다. 동시에 그 제도들은 여전히 탄력적인데, 이는 모든 자기-영속적인 조직이 유혹에 빠지는 부정의에 맞서 자기-비판적인 "억제와 균형auto-critical 'checks and balances'"에 의해 구조화되기 때문이다. 관계적 신학에서는 바로 에로스와 아가페 사이의 진동이 그 자기-조직화하는 복잡성에 에너지를 공급하고 유지한다.

사랑, 정치 그리고 적들

역사의 이 시점에서 아마도 진보적 종교도 진보적 정치도 아가페에

---

22 역자주. 마태복음에서 베드로는 예수로부터 '내가 이 반석 위에 교회를 세우리라'는 축복을 받는다. 그래서 켈러는 '반석 같은'을 '베드로적인'이라는 형용사로 풀어 설명한다.

> 오늘날 사람들은 사랑을 정치적 개념으로 이해할 수 없는 것처럼 보이지만, 그 사랑 개념은 바로 우리가 다중(multitude)의 구성적 능력을 파악하는 데 필요한 바로 그것이다.
> _ 마이클 하트와 안토니오 네그리[23]

대한 —단순히 전략적인 고려가 아니라— 진지한 고려 없이는 **진보할 수 없다**. 내 생각에 이것이 심지어 하트Hardt나 네그리Negri 같은 그러한 세속 정치 이론가들이 "사랑의 정치"를 요구했던 이유이다. 그러한 정치는 진동하고 정의로운 행성적 삶을 위한 열정으로부터, 즉 이웃하고 있는 타자들과 함께 하는with 열정으로부터 출현한다. 다시 말해서, 이웃하고 있는 타자들의 각기 다른 우선순위들, 논제들, 정책일정들, 헌신의 수위 등과 더불어 우리는 공조해야만 한다.

정치적 사랑은 저 진정한 타자들에게로, 즉 우리가 가장 격렬하게 느끼고 있는 분열들의 **다른** 편에 서 있는 이들에게로 연장할 수 있는 능력을 통해 그의 정치를 시험한다. 즉 적들 말이다. 우리는 앞 장에서 원수 사랑의 명령을 정의를 향한 열정의 함축성으로 고려하기 시작했다. 그러나 그것은 오직 함께-고난당하는-열정com/passion의 작업 속에서만 분명해질 수 있다. 이는 우리가 그들에게 동의해야 한다거나 또는 심지어 그들과 같아져야 한다는 것을 의미하지 않는다. 사랑의 힘에 대하여 회의하기 시작했던 마틴 루터 킹은 적기를, "아가페"는 "모든 이들에 대한 창조적이고, 구속적이고, 선한 의지와 이해…"를 의미한다. 그는 계속해서 말하기를: "나는 [예수가] 당신의 적들처럼 말하지 않았다는 사실에 무척 행복하다…."[24]

---

23 Michael Hardt and Antonio Negri, *Multitude: War and Democracy in the Age of Empire* (New York: Penguin, 2004), 351.

24 Martin Luther King Jr., "Love, Law, and Civil Disobedience", in *Testament of Hope*, 46-47.

만일 우리가 그 적들의 인간적 고통과 인간적 욕망에 대하여 우리가 할 수 있는 그 어떤 이해라도 진척시킨다면, 우리는, 아주 최소한이라도, 전략적 우위를 획득하게 될 것이다. 잠언서를 인용하면서, 바울은 말하기를, "네 원수가 주리거든 먹이고… 그리함으로 네가 숯불을 그 머리에 쌓아놓으리라"(롬 12:20). 명백히 순수한 동기들이 여기서 문제는 아니다! "화해적 실천reconciliatory praxis"은 증오의 문턱을 낮추는 것으로 어쨌든 기여할 것이다. 그러나 그보다 더한 것이 가능하다. 용감한 협상을 통해 증오의 패턴들은 유연해지고, 어떤 공통의 인간성을 향해 지향될 수 있다.

"우리는 근대 이전의 전통들에 공통된 공적이고 정치적인 사랑 개념을 회복할 필요가 있다. 예를 들어, 기독교와 유대교는 모두 사랑을 다중을 구성하는 정치적 행위로서 인식한다"25고 하트와 네그리는 적고 있다. "이것은 당신이 당신의 배우자, 당신의 어머니 그리고 당신의 자녀를 사랑할 수 없다는 것을 의미하지 않는다. 그저 당신의 사랑이 거기서 끝나지 않는다는 것, 사랑은 우리가 공유하는 정치적 프로젝트들과 새로운 사회의 구성을 위한 기초로 기여한다는 것을 의미할 뿐이다. 이 사랑이 없다면, 우리는 아무것도 아니다"26라고 그들은 확인하듯이 덧붙여주고 있다. 만일 기독교가 스스로 이 회복에 협조한다면, 그것은 도울 것이다. 그러면, 잠시라도 그 성장 자체를 추동하는 에로스를 격하시킴이 없이, 우리는 인격적 사랑으로부터 정치적 사랑으로의 영적인 성장을 육성하는 데 함께할 것이다.

인용한 소설의 젊은 주인공의 경우, 어떤 "신비스런 유인력"이 각 단계에서 그 소녀를 해방으로 유혹한 것처럼 보인다. 그 유인력은 어

---

25 Hardt and Negri, *Multitude*, 351.
26 *Ibid.*, 352f.

떤 문자적인 하나님-대-소녀 소통을 통하여 그렇게 한 것이 아니라, 오히려 기호들, 징후들 그리고 친구들과 적들을 포함하는 관계들의 매트릭스의 확장을 통하여 그런 힘을 발휘하였다. 그 힘이 그녀를 계속 신비 위에on the mystery 있도록 했다. 시민권 입법의 여명기에 미국 남부의 위험하고 인종차별적인 상황 속에서 이 관계들 각각은 도망 중이던 백인 소녀의 처지에서 위험 감수를 요구할 뿐만 아니라, 그녀에게 은신처를 제공한 아프리카계 미국인들의 입장에서도 위험 감수를 요구한다. 이 뒤얽힌 연관성들 속에서 그녀는 자신을 추스르고, 심지어 그러면서 그 공동체는 그녀를 자신의 일부로 추스른다. 이 작은 에클레시아ecclesia 속에서 사회와 종교의 인종차별적이고 가부장적인 형식들로부터의 집단적인 "외침called out"이 그녀에게 안식처를 주었다. 단지 그저 몸을 숨길 기회만을 제공받은 것이 아니라, 비통해하고, 실로 잠시 동안 의기소침해하고, 그녀 자신과 그녀의 개인적 사회적 역사에 관하여 배울 수 있고, 시민권 운동의 충격과 인종-간 관계들의 친밀한 복잡성들을 배울 기회를 제공받은 셈이다. 그리고 물론 어떻게 꿀벌들을 기르는지도 배울 기회를 얻었다.

어거스트의 지혜

엄마 없는 릴리는 격동하고 변혁적인 욕망들에 의해 추동되었다면, 양봉가 어거스트는 막대하고 고집스런 사랑을 체현한다embodies. 그녀가 모은 그 별종의 작은 공동체와 그 소녀를 향한 그녀의 함께-고난당하는-열정com/passion은 욕망이 없는 것이 아니라, 거룩하게 변모한trans-figured 욕망을 갖고 있다. 그 욕망은 더 이상 욕구들과 탐욕들에 손을 빌려주지 않는다. 그것은 집착을 넘어선 욕망으로서, 그녀가 불러 모

은 사람들 사이에서 창조성과 치
유의 가능성들에 원기왕성하게 동
조되어 있다. 흔히 그것은 그들을
향한 함께-고난당하는-열정com/
passion이다. 왜냐하면 그들은 그들
이 담지한 갈등하는 다양한 열정
들의 산고로 고통받고 있기 때문
이다. 양봉하는 그녀는 자비로운
동정이나 자기-희생을 제공하지
않는다. 이 주인공들은 자기-희

빛이 밝아오고, 용기가 새롭게 되고,
눈물이 닦여지고, 생명의 새로운 순간
이 일어난다. 그 종말을 향해, 강력한
긍휼의 사랑을 담지한 소피아-하나님
의 고난을 말하는 것은 저항의 동지로
서 그리고 희망의 원천으로서 기여한
다. 그러나 그것은 어둠과 부서진 말
들의 통치 아래서 그렇게 된다.

— 엘리자베스 존슨[27]

생, 복종 그리고 봉사에 관하여 배울 필요가 없다. 말하자면, 자기-희
생적 아가페는 두 명의 전혀 다른 남부의 흑인 여성들이 두드러진 역
할을 감당하는 이 이야기에서 잘못 놓인 이상일 것이다.

　　두 여인은 노예제 시절과 그 직후 문화의 특색이었던 백인 아이들
의 "유모"라는 보모 관계를 맺고 있었다. 우머니스트 신학자 들로레스
윌리엄스Delores Williams는 정확히 그러한 대리 혹은 대용 보육의 기독론
적 함축성들을 비판적으로 검토하였다.[28] 앞에서 언급했듯이, 자기-
희생으로서 속죄atonement를 교리적으로 강조하는 관행에 대한 페미니
스트들과 우머니스트들의 활발한 도전들이 있었다. 그 도전의 요점은

---

27 Elizabeth A. Johnson, *She Who Is: The Mystery of God in Feminist Theological Discourse* (New York: Crossroad, 1992), 272.

28 "그렇다면 인류는 예수의 생명에 대한 목회적 비전을 통해서 대속받았다. 그의 죽음을 통해서가 아니라 말이다. … 기독교인들로서 흑인 여성들은 십자가를 잊을 수 없지만, 그것을 영광되게 만들 수도 없다. 십자가를 영광되게 찬양하는 것은 곧 고난을 영광되게 찬양하는 것이고, 또한 자신들이 받은 착취를 성스럽게 만드는 것이다." Delores Williams, *Sisters in the Wilderness: The Challenge of Womanist God-Talk* (Maryknoll: Orbis, 1995), 167.

바로 고난의 이상화, 혹은 타자들을 위한 대역으로 수행된 고난의 이상화를 문제로 삼았다. 요점은 희생이 언제나 자기-비하적이고, 회피할 수 있는 것이고 혹은 최선으로 회피해야 하는 것이라는 것이 아니라, 오히려 희생 그 자체가 목적이 아니라는 것이다.

바로 예수의 죽음이 아니라 그의 생명—즉 부활 이야기들이 신비스럽게 암시하듯이, 죽음을 넘어 지속할 힘을 담지했던 사랑-생명—이 변혁을 가져온 것이다. 자명하게도, 그 신비는 교리적인 "나는 믿는다"의 공식에 의해 거의 황폐화되어 왔다. 그러나 새롭게 들을 귀를 갖고 있는 이들에게 기독교적 삶의 목적은 그것이 수반하는 어떤 형식의 희생들이 아니다. 그 목적은 길이요, 생명이요 그리고 진리이다. 그것은 다양한 종류의 희생을 수반하며, 때로는 빌라도의 권력 앞에서 우리를 공포스럽게 만든다. 그러나 그것들이 목적은 결코 아니다. 그 희생들은 **감수할 위험**risk이다. 바로 그 예수처럼 간디나 마틴 루터 킹이나 로메로는 죽기를 **원하거나 추구**하지 않았다. 심지어 그들이 자신들의 임박한 죽음을 예고할 수 있을 때조차도, 아마 각자 그랬을 터이지만, 그들은 죽기를 선택한 것이 아니라 **사랑을 고집하기**to persist in love를 선택했다. 사랑은 "위험을 무릅쓰고 모험을 감행한다."

우리의 지엽적 이야기에 집중해보자. 어거스트의 관계성 속에는 자기-폄하나 타자-폄하의 몸짓은 존재하지 않는다. 그녀는 세계로 넓게 뻗어나갈 뿐만 아니라 영혼 깊숙이 힘을 미치는 폭력의 영향력들로부터 해방시키는 사랑의 창조적 힘으로 공동체를 후견한다. 그녀의 노련한 감정이입은 그녀를 둘러싼 이들을 조작하거나 압도하지 않는다. 그것은 바로 그대로 존재하게 만드는lets be 사랑이다. 그것은 창생과 재생의 시원적 '거기-있으라let-there-be'에 참여한다. 어거스트는 결코 성장을 강요하지 않고, 오히려 인내심을 가지고 진실되게 성장하도록 힘을 북돋는다empower. 때로 성장은 실패한다. 실제로 오랫동안 고통을 겪던 사랑하는 자매가 자살한다. 그러자 어거스트는 생존한 구성원들을 격려하고, 그 죽은 딸Daughter을 기억함으로 재구성한다re/members.[29] 그녀는 그들이 마음을 잃지 않도록 돕는다. 그러나 그녀는 또한 실마리들―유혹들―을 심는다.

자연스레 방사되어나오는 자긍심 안에서 어거스트는 그 소녀가 타자로서 엄마(m)other[30]와 자아 그리고 그 양자 속에서 그리고 그들을 넘어서 신성을 현현적으로 발견할 수 있도록 길러낼 수 있었다. 그녀의 크고 선명한 핑크빛의 집은 모든 의미에서 성소를 제공한다. 그녀의 이름이 암시하듯이, 어거스트August는 결단력 있는 긍휼의 성숙한 형상이다. 이것은 많은 사람들에 의해 영향을 받고 또 많은 사람들에게 영향을 미치는 방대한 열정으로 무르익은 욕망이다. 바로 이 신적인 사랑을 위한 형상으로서 그 이중의 운동이 지금 우리를 곤란하게 만들고 있다.

사랑의 리듬

우리는 이번 장과 지난 장에서 "모든 사랑을 능가하는, 신성한 사랑"(찰스 웨슬리)의 모형으로서 사랑의 이중적 운동을 그려왔다. 신적인 에로스는 행동하고, 가능한 것을 실현하도록 우리를 부른다. 그리

---

29 역자주. re/member의 표현은 기억이 단지 과거를 반복적으로 구현하거나 회상하는 것이 아니라, 과거를 다시금 창조적으로 재구성하는 것임을 표현하기 위한 수사이다. 그래서 '기억함으로 재구성한다'고 의역한다.

30 역자주. 엄마(mother)는 자기 동일성의 근원으로서 기능하지만, 그녀의 자식이 아닌 타자들에게는 엄마는 끔찍한 대상이 될 수 있을 것이다. 엄마를 타자로서 간주한다는 것은 심리적으로 엄마의 품을 극복하는 것인 동시에, 세상 모든 타자들을 엄마와 같은 존재로 받아들이고 수용하는 발걸음이 될 것이다. 이를 켈러는 (m)other라는 표현으로 가리키고 있다.

고 아가페는 우리의 제한된 노력들의 조각들을 집어든다. 그것은 우리를 수확해들인다. 열정의 집중도와 함께-고난당하는-열정com/passion 의 폭 사이의 이 진동은 매순간 우리와 관계를 맺는 신적인 삶의 형상이다. 에로스는 그 욕망을 가지고 우리를 유혹하는데, 바로 그 욕망이 우리 자신의 욕망이 될 것이다("당신의 뜻이 이루어지소서"). 그것은 신적인 아가페로서 의미화된 무한한 환대로 우리를 초대한다. 그래서 우리가 참여하는 열정은 또한 함께-고난당하는-열정com/passion을 향한, 점점 더 확장되는 관계성을 향한 유혹을 담고 있다.

하나님의 긍휼로서 아가페는 예수의 삶과 가르침 속에 그의 낭비벽prodigality을 드러내는 무조건적 배려이다. 물론 그 아가페는 전통적으로 "기독교적 사랑"을 의미했었다. 하나님에 대한, 이웃에 대한, 원수에 대한 사랑 말이다. 여기서 신앙의 심장이 급속히 박동한다: 얼마나 상실하고, 부적합하고, 엉클어지고, 실현되지 못한 의도들과 보답 없는 사랑들 때문에 울고불고 하든 간에, 얼마나 내가 혐오스럽게 느끼든 간에, 나는 무한히 중요하다I matter infinitely. 나는 무한한 것으로 존중받는다. "하나님이 나를 사랑한다"고 말하는 것은 그러므로 나는, 그 누가 뭐라든지 간에, 사랑받을 만하다는 것을 말하는 것이다. 침대에서 일어나 걸을 때도 있다. 내 우울한 기분을 털어내고 행동을 취해야 할 때가 있다. 완벽한 연인, 완벽한 가족, 완벽한 공동체를 기다리며, 그래서, 조시아 로이스가 표현하듯이, 왕을 고대하며 멈춰서야 할 때가 있을 수도 있다: "당신은 보편적인 사랑 공동체를 찾을 수 없을 것이기 때문에, 그런 공동체를 만들어내라create."31 우리를 함께 유혹하는

---

31 Josiah Royce, *The Problem of Christianity,* with an introduction by John E. Smith and foreword by Frank M. Oppenheim (Washington D.C.: The Catholic University of America Press, 2001), 200.

공동-창조성co-creativity은 단순히 함께함 이상을 만들어낸다. 그것은 정의의 구조를 가져와, 점점 더 다양해지는 함께함togetherness의 창조성을 지지한다.

우리의 행위들, 우리의 경험들은 따라서 신적인 운동 속으로 함께 모여질 것인데, 이는 다채로움을 뽐내면서 동시에 갈등하는 창조의 집단을 다시/모으는re/collect 포옹이다.

우리 안에서 부름과 응답 곧 에로스와 아가페의 이 시원적 리듬은 호흡처럼 우리가 가능한 것을 섭취하여, 그것을 우리가 할 수 있는 최선으로 실현하고, 또 현실적인 것을 세계 속으로 불어넣도록 한다. 신학적으로 보아서, 이는 우리가 무엇이 되든지 간에 신성 속에 등록된다는 것을 의미한다. 우리는 무한한 친밀성을 상상할 수 있다. 되어감을 향한 열정 속에서 세계 속으로 우리 속으로 숨을 내뱉고 전개하시는 신성, 모든 피조물들을 향한 우주적 긍휼 속에서 숨을 들이마시고 우리를 다시금 하나님-자신 속으로 접어들이시는 신성.

창조적 사랑은 **운동**movement―세계인 운동, 이 특별한 운동 속에 당신인 운동―을 유발한다. 호응적 사랑은 **움직인다**. 하지만 이러한 생각은 고전적 정통주의에 의해 금지당했다.

냉정dispassion이냐 긍휼compassion이냐?

기독교인들은 하나님의 사랑을 자신을 내어주며 쏟아붓는 아량으로서 주저 없이 표현할지도 모른다. 그러나 우리는 그 선물을 신학적으로 이해해온 것인가? 함께-고난당하는-열정을 담지한com/passionate 하나님―즉 우리와 함께/느끼는feel/with 분―을 확증하는 데 무엇이 관건인지를 우리는 깨닫고 있는가?

> 실로 하나님은 지배적이고, 강직하고, 감정에 치우치지 않고, 완전히 독립적인(그래서 '강한'으로 읽혀지는) 남성의 원형인 것처럼 보인다. 과정신학은 이러한 하나님의 존재를 부인한다.
> _ 존 캅 & 데이비드 레이 그리핀[32]

고전적 정통주의는 그리스 형이상학에 의존하여, 하나님이 우리와 더불어 느끼실 수 있다는 사실—즉 하나님이 움직여질moved 수 있다는 사실—을 사실상 체계적으로 부정한다. 그것은 하나님을 불변하시고 무감각하신 분으로, 그래서 변화와 열정이 없으신 분으로 이해했다. 왜냐하면 "열정passion"은 영혼의 운동이기 때문이다. 그리고 움직여진다는 것은 영향을 받는다는 것을, 그래서 고난과 변화에 종속된다는 것을 의미한다. 열정passion이라는 용어는 "유월절" 혹은 "고난"과 동일한 뿌리를 공유한다. 따라서 수동-적pass-ive이란 말과 동일한 뿌리를 갖는다. 작용을 받는다거나 수용적 위치에 있다는 것은 고대에 이미 취약성의 한 형태로서, 따라서 고난으로 간주되었다. 수동적이고 열정적으로—다른 말로 비합리적으로— 정의된 부차적인 여성성과는 대조적으로 남성성은 활동성으로서 정의되었다. 그리스의 형이상학적 전통은 신성을 순수하게 변하지 않는 존재로, 영원히 자기-동일적이며, 따라서 세계로부터 영향을 받지 않는 존재로 동일시하였다: 냉정한dispassionate 존재. 이 합리적 냉정dispassion은 문자 그대로 아파테이아apatheia[33]라 불리는데, 그리스-로마 세계에서 신성의 이상일 뿐만 아니라 남성성의 이상으로 형성되었다. 기독교의 하나님은 아주 초기부터 아리스토텔레스의 "부동의 동자Unmoved Mover"에 의해 정

---

32 John B. Cobb Jr, and David Ray Griffin, *Process Theology: An Introductory Exposition* (Philadelphia: Westminster John Knox, 1976), 10.
33 역자주. 파토스(격정)에 반대말로서, 파토스에 휘말리지 않는다는 뜻을 갖는다.

의되었다. 그래서 기독교 신학은 성서적 증언을 제국의 언어로 번역하는 해석학적 과정의 일부로 이 이데올로기를 아주 자연스럽게 흡수하였다.

실로, 비열정적인dispassionate 이상은 신학을 위한 중요한 개념적 작업을 수행했다. 그것은 하나님을 너무나 인간적인 모습으로 묘사하는 대중적인 신인동형론anthropomorphism에 1세기의 기독교인들이 맞서는 데 이바지했는데, 그 신인동형론은 성서적이면서 동시에 이교도적인 관행이었다. 만일 플라톤이 그 반세기 전에 "시인들을 그 나라로부터 내쫓기를" 원했었다면, 그것은 바로 호메로스 시대 신들의 방탕한dissolute 열정들에 대한 묘사 때문이었다. 그러나 신학자들은 또한 **성서적 문자주의**를 향한 성향들에 맞서기 위해 이 비열정dispassion의 플라톤적-아리스토텔레스적 이상을 사용했을 것이다: 이방 신들이 범람하는 시대적 분위기 속에서 교육 수준이 높지 않았던 기독교인들은 (질투와 분노 혹은 복수와 같은) 주님의 다소 부적당한 감정적 폭발들의 이야기들을 신의 감정적 삶의 사실적 묘사들로서 받아들이려는 경향이 매우 높았다.

그러나 우상숭배로 흐르는 문자주의적 경향들에 저항하려는 신학의 실재적인 욕구를 넘어서서, 심원한 신학적 긴장이 기독교 사상 속으로 주입되었다. 일부 이야기들의 신인동형론적 과잉들과는 상당히 별도로, 하나님과 세계의 관계에 대한 성서적 은유들이 다소 끈덕지게 —관계적으로— 남아 있었기 때문이다. 말하자면, 그 은유들은 감정이 이성만큼이나 중요한 역할을 감당하는 진정한 상호작용을 암시하고 있었다. 예를 들어, 우리의 조직신학적 남용에 비추어, 우리는 "땅 위에 사람 지으셨음을 한탄하사"라는 글을 읽는다. 그것은 우리의 온당한 죄책감에 대한 일종의 신인동형론적인 투사를 수행하는 듯하다.

그러나 문장은 계속된다. "마음에 근심하시고"(창 6:6).[34] 우리가 선한 신앙을 가지고 "하나님의 호응적 사랑"에 대한 그러한 시적 증언을 지울 수 있는 것인가? 수 세기가 지난 후 신약성서가 하나님의 사랑을 더욱더 강조하기 시작할 때, 우리는 정말로 긍휼을 냉정으로 번역하기 원하는가? 그렇다면 사랑은 도대체 무엇을 의미하는가?

중세 신학자들은 이 딜레마와 용맹하게 씨름하고 있었다. 안셀름 Anselm은 『프로스로기온』(*Proslogium*, 1077~1078)에서 이 문제를 직접 하나님에게 제기한다. "비록 당신이 긍휼히 여기는 마음을 지니시고 동시에 냉정하신 것이 안 그러시는 것보다 나을지라도, 어떻게 당신은… 긍휼히 여기는 열정적인 마음을 갖고 계시면서 동시에 열정 없이 냉정하실 수 있으신지요? 왜냐하면, 만일 당신이 냉정하신 분이시라면, 당신은 공감을 느끼시지 않으실 것이기 때문입니다. 만일 당신이 공감을 느끼시지 못하시면, 당신의 마음은 불쌍한 자에 공감하여 불쌍한 마음을 갖지 않으실 것입니다. 그러나 이에 대해서 당신은 긍휼한 마음을 품으십니다."

이 두 뿔 달린 딜레마를 아주 정확하게 파악한 안셀름은 명석한 해법으로 나아간다. "당신은 우리의 경험에서 보자면 긍휼함이 있으시고, 또 당신의 존재에서 보자면 긍휼함을 갖고 계시지 않습니다."[35] 다른 말로 표현하자면, 하나님은 오직 우리에게만 긍휼하시는 분으로 나타난다. 하나님은 **실제로는** 긍휼함이 없으시다! 하나님이 사랑한다는 것은 그분이 그저 우리를 위해 최선인 것을 행하신다는 것을 의미하는

---

34 안젤라 라이언(Angela Ryan)은 2007년 봄학기 조직신학 기말 페이퍼에서 창세기 6장 6절과 과정신학을 통찰력 있게 연결시켜 주었는데, 그녀에게 하나님의 사랑은 생명을 구원하는 힘이었다. 소중한 통찰을 공유해준 안젤라에게 감사를 전한다.

35 Anselm, *Proslogium*, VI, VII, quoted and interpreted in Cobb and Griffn, *Process Theology*, 44f.

것이지, 그분이 우리를 위해 느끼신다는 것을 의미하는 것이 아니다.

토마스 아퀴나스는 이 문제 있는 논리를 바꾸어 표현한다. "왜냐하면 하나님 안에는 열정들이 존재하지 않는다. 이제 사랑은 열정이다. 그러므로 사랑은 하나님 안에 있는 것이 아니다." 그 자신의 방식과 맥락에서 아퀴나스는 사랑 대 무감각apathy이라는 두 뿔 달린 양극성을 넘어서서 제삼의 길을 추구했다. 그의 해법은 정면 돌파를 시도한다. "하나님은 열정 없이 사랑하신다."36 사람들은 열정을 가지고 사랑한다. 그들은 움직여진다moved. 그러나 하나님은 열정과 변화를 넘어서 존재하시고, 세계를 냉정하게 사랑하신다. 성서적 권위보다는 고전 신학의 전제들을 더 중시하는 이들에게는 현명한 해결책이다.

고전적 전통은 어떤 것을 지향하고 있었다. 누가 모든 인간의 비극에 압도당하는 신을 필요로 할 것인가? 나조차도 나의 아픔을 공유할 때, 그로 인해 상실감을 겪는 상담자나 목사 혹은 친구를 원치 않는다. 난 그들이 비참하게 되기를 원치 않는다 — 그러면 내가 그들을 염려해야만 한다! 그러나 만일 그들이 나의 비참함에 의해 영향받지 않은 채 스토아주의자들처럼 냉정하게 머물러 있다면, 그들은 나를 도울 수 있을까? 만일 그들이 문제를 "고칠" 수 있다면, 아마도 그렇다고 해야 할 것이다. 그런데 그 유비는 우리를 사랑하는 영향력의 공간이 아니라 전능한 개입의 영역으로 다시 데려가는 것이 아닌가? 그리고 실로, 하나님이 그 어떤 수용성도 없이 오직 *actus purus*, 즉 순수한 활동으로만 정의될 수 있을 때, 힘에 대한 고전적 판타지가 정녕 사랑의 비전을 이겼다.

---

36 Aquinas, *Summa Theologica,* quoted in Cobb and Griffin, *Process Theology,* 45.

움직여진 동자(動子)Moved Mover

과정신학은 20세기의 몇몇 다른 신학들과 더불어 주장하기를, 성
서적 비전은 우리의 고난과 함께 고통당하시는 하나님, 우리의 취약성
을 공유하는 하나님을 요구한다.37 성서의 하나님은 참으로 움직이신
다. 그것을 "하나님의 호응적 사랑"38이라 부른다. 왜냐하면 성서의 하
나님은 진실로 과정 중에in process 계시기 때문이다. 되어감의 과정 속에
있는 하나님은 **변덕스럽게 변하는 것이** 아니라 일관성 있게 호응하시고
계시다: 그 돌봄은 모든 참새, 모든 머리카락을 위한 것이다. 하나님의
그 어떤 변화라도 하나님을 완전하지 못한 분으로 만드신다고 어떤 사
람들은 반대할 것이다. 그러나 찰스 하츠혼Charles Hartshorne이 보여주듯
이, 잘못된 "완전성 논리"가 그 전제에서 작동하고 있다 — 마치 변화
는 어떤 하등한 것의 개선을 의미한다는 듯이 말이다. 우리가 삶에서
가장 우상같이 추앙하는 사람들 혹은 우리가 신성의 이미지를 상상할
수 있는 사람들은 결코 변화하지 않는 사람들인가? 아니면 계속해서
발전해나아가고, 관심을 기울이고, 성장하고, 나이가 들어서도 호응
적인 사람들인가?

칩과 그리핀은 적기를, "하나님은 우리의 향유들을 향유하시고, 우

---

37 과정신학자들에 더해서, 아브라함 헤셸(Abraham Heschel), 위르겐 몰트만(Jürgen
   Moltmann), 도르테 쬘레(Dorothee Sölle) 그리고 엘리자베스 존슨(Elizabeth
   Johnson)은 하나님의 고통이라는 20세기 아이디어의 주요 통로들이다. 고통받는/변
   화하는 하나님을 향한 전통적인 반감에 대한 토론은 Joseph Hallman의 *The Descent
   of God: Divine Suffering in History and Theology*를 살펴볼 것을 권하는데, 이 책은 성
   육신(incarnation)이 어떻게 교부 저술가들에게 그러한 문제를 창출해냈는지 그리고
   그들이 저술들 속에서 두 가지 다른 수준으로 해결책을 모색해 나아갔음을 보여준다:
   변화하지 않는 이론적 하나님과 변화하시는 헌신적 하나님.
38 Cobb and Griffin, *Process Theology*, 41ff.

리의 고난들과 함께 고통받으신다. 이것은 진정으로 신적인 호응성의 차원이며, 완전의 참 본성에 속한다." 이 점에서 과정신학은 고전적 정통주의보다 성서적 전통을 더 철저히 준수한다. 거기에는 형이상학적 무변화성은 존재하지 않는다. 그와 대조적으로 "흔들리지 않는 사랑steadfast love"이 존재한다: 절대적 부동성immobility이 아니라 확고한 관계성resolute relationality. 각각의 관계는 어떤 것을 신의 경험에 기여한다. 비록 그것이 실패와 비극의 얼룩에 불과할지라도 말이다. 그래서 하나님은 이 비전 속에서 형이상학적 존재metaphysical Being가 아니라 되어감의 과정process of becoming이다: 변화 없는 존재가 아니라 변화에 충실한 과정. "이러한 근거에서, 기독교적 아가페는 공감의 요소를, 타자들의 현재 상황을 향한 긍휼의 요소를 갖게 될 수 있고, 당연히 이리 되어왔어야만 한다"39고 캅과 그리핀은 이어서 적고 있다. "그래서 우리를 되어감으로 유혹하고, 우리가 된 것을 수용하는—그러므로 그 공유된 되어감의 과정에 의해 영향을 받은— 저 움직여진 동자a moved mover."40 그러나 물론 이것이 신성은 우리가 고난당하는 방식으로 고난당하는다는 것을 의미하지는 않는다. 예를 들어, 하나님은 우리의 취약성을, 심지어 그 내면으로부터 십자가를 경험하는 지경까지, 공유할 수도 있다. 그러나 십자가 위에서 죽지는 않으신다. 예를 들어, 우리가 우리 자신의 강한 감각들에 휩싸이는 것과 같은 방식으로 하나님이 고난의 한 행위에 전적으로 몰입된다고 상상하는 것은 실로 또 다른 형태의 신학적 우상화 혹은 신학 숭배theolatry가 될 것이다. 왜냐하면, 만일 하나님이 언제나 모든 곳에 계시다면, 그렇다면 하나님은 전쟁과 고문과 이

---

39 *Ibid.*, 48.

40 역자주. '움직여진 동자'(moved mover)라는 표현은 그리 매끄러운 표현은 아니다. 하지만 이 표현은 아리스토텔레스의 "부동의 동자"(unmoved mover)라는 개념을 전복하기 위한 표현이어서 어색한 이 표현을 고수한다.

라크에서 어린이들의 죽음까지도 경험하고 계실 것이다. 하지만 하나님은 또한 우리 집 아래쪽에서 아이스크림을 먹으며 그네를 타며 웃고 있는 어린이들에게도 그와 동일하게 현존하실 것이다.

여전히 어떤 사람들은 신적인 수용성 혹은 고난―함께-고난당하는-열정$_{com/passion}$―이라는 생각이 예배드리기에 부적합하다고 생각한다. 그들은 하나님의 입장에서 파토스$_{pathos}$[41]를 한심하다고$_{pathetic}$ 생각할 것이다. 그래서 그들은 어떤 언어를 사용하더라도 고전적 스토아주의자들의 이상인 신적인 아파테이아$_{apatheia}$[42]로 돌아간다. 그들은 바울의 "그리스도의 몸"이라는 표현의 신학적 의미를 놓치고 있다. 그리스도의 몸 안에서, 구성원들은 신적인 사랑을 모방하며, 서로의 느낌들을 함께 느낀다.

과정 중에 있는 사랑의 세 번째 길은 바로 함께-고난당하는-열정을 담지한 신성이 진실로 우리 모든 피조물들과 더불어 끝이 열린 상호작용에 참여하고 있음을 의미한다. 이는 신성한 신비를 보다 더 알 수 있도록 만든다는 의미가 아니다. 그것은 신성한 신비를 보다 더 육화되게$_{incarnate}$ 만든다. 왜냐하면 우리가 사랑으로서 하나님을 표현하는 은유들에 의존하면서, 그 은유들이 단지 은유들, 유비들 혹은 시에 불과하다는 것을 알게 된다는 것은 곧 우리는 우리 경험의 최고의 은유들에 의존하고 있다는 것을 그것은 의미하기 때문이다. 그렇다면 함께-고난당하는-열정의 사랑$_{com/passionate love}$은 통제나 무감각보다 더 높은 이상일 수 있음을 우리는 긍정하고 있는 것이다.

하지만 우리는 또한 위대한 중세 신학자들의 사유와 일정 부분 공감력을 발휘할 필요가 있다고 생각한다. 문자주의에 대한 그들의 저항

---

41 역자주. 그리스어에서 pathos는 감정, 고통을 나타낸다.
42 역자주. 본장 각주 31번을 참고할 것.

속에서, 특별히 자신이 선택한 이들을 편애하여 개입하고, 짜증을 부리고 또 다소 일관성 없이 모든 이를 용서하는 하나님, 즉 일종의 변덕스럽고 불공정한 하나님이라는 퇴락한 개념에 대한 저항 속에서, 냉정 dispassion이라는 관념이 장점이 없는 것은 아니었다.

우리는 이렇게 동의할 수도 있을 것이다: 무한한 함께-고난당하는-열정은 그 어떤 유한한 열정과도 닮지 않았다. 그러나 이는 하나님의 사랑이 실제로 어떤 초월적인 추상이기 때문이 아니라, 오히려 우주의 **모든 열정들**을 모든 순간 취하시기 때문이다. 그렇기 때문에 무한한 함께-고난당하는-열정은 각각의 그리고 모든 피조물적 열정을 완전히 초과하여, 궁극적으로 아가페적 냉정과 구별되지 않는다. 그러나 이것은 부동의 초월이 담지한 냉정이 아니라, 무한히 움직이는 감수성의 냉정일 것이다. 신학자 캐서린 태너Kathryn Tanner는 이 제삼의 공간을 다음과 같이 포착한다. "내재와 초월, 친밀함과 차이는 하나님과 우리의 관계 속에서 불화하고 있는 것이 아니다."43

온전한 사랑의omni-amorous 그분은 단지 세계를 포용함으로써만 세계를 초월한다. "냉정dispassion"은 —무미건조한 고립이나 비물질적 초월을 함의하는 한— 모든 피조물들이 모두 함께 중시되는 이 관점을 포착하지 못한다. 모두 함께 말이다.

지혜라는 관념은 이 **냉정한** 함께-고난당하는-열정의 평온함을 더 잘 암시한다. 지혜는 우리가 타자들로부터 소망하는 배려하고, 판단하지 않고, 안달하지 않은 류의 관심을 함축한다. 우리는 그들에게 우리의 감정들에 대한 합리적인 거리감이나 서투른 과도한 동일시가 아니라 분별력 있는 감정이입을 원한다. 예를 들어, 소설 속에서 어거스트는 끔

---

43 Kathryn Tanner, *Jesus, Humanity, and the Trinity: A Brief Systematic Theology* (Minneapolis: Fortress Press, 2001), 13.

찍하게 한 명을 잃고 또 여러 번의 간담이 서늘한 위기를 겪는다. 그 양봉가는 자신이 비탄에 빠졌음을 느끼지만, 그녀는 공포에 사로잡히지는 않는다. 그녀는 오랫동안 주눅 들어있지는 않았던 것처럼 보이며, 그렇기 때문에 그런 위기에 빠진 다른 사람들을 위해 피난처를 제공할 수 있었다. 그녀는 사랑하게 된 모든 사람들의 열정 속에 함께-고난당하는 -열정을 가지고com/passionate 참여하면서 언제나 냉정dispassion의 요소를 간직하고 있었다고 말할 수도 있을 것이다.

하나님을 다르게 상상하는 것은 사람에 대한 새로운 이미지들이 출현할 수 있도록 용납하는 것을 의미한다 — 차례로 그 새로운 이미지들은 신학적 상상력을 풍성하게 한다. 하나님 관념이 살아있고, 과정 중에 있을 때, 그것은 가깝지만 다른 신성, 무한성의 열린 결말 속에서 상호작용하는 신성, 즉 과정 중에 있는 신성을 산출해낸다. 이 하나님은 "세계가 그 신성의 삶의 즉자성 속으로 넘어들어올 때, 세계를 구원한다."[44] 화이트헤드는 호응적 사랑 혹은 "하나님의 귀결적 본성"을 명확히 표현하는데, "그것은 구원될 수 있는 어떤 것도 상실하지 않는 부드러움tenderness의 심판이다. 그것은 또한 시간 세계 속에서 그저 난파물에 불과한 것을 사용하는 지혜의 심판이다."[45] 이 사랑은 일종의 우주적 재활용 과정, 즉 구원의 생태학을 작동시키고 있는 것처럼 보인다. 그러나 신학적 은유가 저 난파로부터 우리 자신의 세계를 구출하도록 우리를 도울 때에만, 신학은 살아남을 수 있다.

---

44 Alfred North Whitehead, *Process and Reality: An Essay in Cosmology* (New York: Free, 1978 [1929]), 346.

45 *Ibid.*

끈적거리는 선물

벌들을 그린 낙서는 고대 카타콤들에서 부활의 상징들로 등장한다고 양봉가 어거스트는 릴리에게 말한다. 그녀는 그 소녀가 끔찍한 두려움과 상실로부터 새로운 생명으로 나아가는 과정을 이겨낼 수 있도록 돕고 있다. 그녀가 나아가는 새로운 삶은 자유의 날개를 달고, 가능성들로 시끌벅적하고, 은혜로운 관계들로 달콤한 삶을 말한다. 부활은 초대 기독교인들에게 단지 미래에 대한 약속이 아니라, 지금 겪고 있는 죽음에 대한 두려움의 치유였다. 우리의 죽을 운명mortality에 대한 깨달음은 우리를 마비시킬 수 있다. 그렇게 부활로부터 태어난 용기courage는 지금 이 순간 다시 태어나는 선물로서, 다름 아닌 희망 가운데 삶의 끝을 열어젖히는 세례의 선물(present)이다. 그렇지 않다면, 부활은 그저 또 하나의 "나는 믿습니다"의 쉽볼렛일 뿐이다.

이미 한번 부활한 몸으로서 그리스도의 몸the Body of Christ의 서로 엮여진 구성원들 안에서 우리는 지금 생명의 새로움을 살기 시작한다. 만일 우리가 그 사랑-생명love-life의 무차별적인 선물을 받아들일 수 있다면 말이다. 나는 내가 존재하는 바로서 사랑받는다. 이것은 아가페적 방탕벽agapic prodigality이다. 그러나 이 선물은 여전히 받아들이기 어렵다. 왜냐하면 그것은, 바울이 표현하듯이, 우리가 받아들여진다는 사실을 우리가 받아들이기를 요구하기 때문이다.[47] 그 선물은

> 그 이미지—그리고 그저 이미지일 뿐이다— 는 아무것도 놓치지 않는 부드러운 돌봄의 이미지인데, 이 이미지 아래서 신의 본성이 담지한 이 작용적 성장이 가장 잘 포착된다.
> — 알프레드 노스 화이트헤드[46]

---

46 Whitehead, *Process and Reality*, 346.

기부가 아니다: 꿀이 벌들에게 딱 맞게 제시되었듯이 말이다. **그 선물은 수용**reception**이다.** 나는 내가 존재하는 바로서 신적인 과정으로 받아들여진다. 그래서 나 자신에 대한 수락은 엄청난 영적인 도전을 야기한다: 나는 나의 거짓된 자기-과신과 나의 거짓된 겸손을 잘라내야만 한다. 오직 그렇게 함으로써만 나는 나의 특별한 현재 선물을, 나의 소명을, 나의 잠재력을 받아들이고 그럼으로써 실현할 수 있다.

그러나 자기실현은 결코 자기-관계가 아니다. 그의 활동은 결코 "순수한 행위"가 아니라 삼투적인 상호작용이다. 그것은 나를 나의 개방된 관계성의 네트워크가 담지한 불확실성들과 모순들에 노출시킨다. "나"는 비인간적인 것the nonhuman에 뿌리를 두고, 친밀한 것 속에 꽃을 피고, 미지의 것으로 가지를 뻗어가는 관계들의 네트워크 안에서 미래의 나who I will be가 되어간다.

그 모든 관계들 속에서 나 자신을 잃을 수도 있다는 두려움을 가질 수도 있다. 그 두려움은 죽음의 두려움을 반영한다. 왜냐하면 나의 가멸성과 나의 의존성들에 대한 관계 속에서 나는 내 경계들에 대한 위협을 경험하기 때문이다.

조원희Anne Wonhee Joh는 자신이 전개하는 십자가의 신학의 맥락 속에서 관계의 끈적거림에 대한 두려움을 적어주고 있다. 그녀는 장 폴 사르트르Jean-Paul Sartre가 에로스를 꿀단지에 손이 들러붙은 어린아이처럼 묘사하는 장면을 지적한다. "그의 끈끈함은 덫이다, 그것은 거머리처럼 달라붙는다, 그것은 그것과 나 자신 사이의 경계를 공격한다." 여성성과 동일시되는 끈적한 느낌들을 얼마나 혐오스러워하는지가 동서

---

47 Paul Tillich, *The Courage to Be* (New Haven: Yale University Press, 1952), 특별히 chap. 6: "Courage and Transcendence (The Courage to Accept Acceptance)"를 참고하라.

양의 가부장제의 증상임을 조원희는 보여준다. 그녀는 사랑을 한국어 정情, 즉 연결성connectivity으로 상징화한다. 그 사랑은 "개인주의와 분리를 가치 있다고 평가하고, 공동체적 상호의존성과 만물의 상호의존됨을 평가절하하는 문화 속에서 하나의 위협이다."[48]

되어가는 자아의 모험은 끈적해질 것이다. 왜냐하면 어떤 관계성들은 개인적으로 그리고 사회적으로 정말 우리를 덫에 빠뜨리려고 위협하기 때문이다. 자유케 하는 진리는, 릴리가 학대로부터 탈출한 것처럼 극적인 탈출을 통해 도약할 수도 있다. 그러나 우리가 자신감을 갖고 성장할 때, 해방은 또한 두려움, 원한, 분노를 단념함giving up으로서 일어난다. 이 단념giving[49]은 용서forgiving이다. 소설 속에서 숙련된 꿀수집가가 된 릴리는 "일반적으로 사람들은 용서하기보다는 죽으려 할거야"[50]라고 말한다. 그래서 우리는 우리의 열정을 우리의 분노 속에 감금한다. 이때 약간의 냉정이 그 촉매가 될 수 있다! 그런데 뺨을 돌려주는 것과 같은 용서의 덕은 자기 자신이나 타자를 비하하는 도덕주의가 되었다. 그러한 용서는 억압을 중단시키기 위해 작용하는 것만큼

---

48 Anne Wonhee Joh, *Heart of the Cross: A Postcolonial Christology* (Louisville: Westminster John Knox, 2006), 121. "정情의 정수는 자아와 타자의 관계성이다." 그녀는 정情을 여성적인 것으로 본질화하지 않고, 그의 복잡한 가능성들을 분석한다: "비록 정情이 한국 사람들이 그들 서로 간의 관계성을 이해하는 강력한 방식으로 인식되어지긴 하지만, 그것은 흔히 여성화되거나, 길들여지거나, 영성화되거나, 소소한 것으로 간주되거나 혹은 심리적인 것으로 간주되어 왔고, 그래서 관계성의 '끈끈한' (sticky) 요소로 간주되었고, 그렇기 때문에 '합리적'으로 사유하는 남자에게는 적합하지 않은 것으로 여겨졌다"(xxii). 조원희는 매우 강렬한 페미니스트적 십자가의 신학을 전개한다: "그리스도로서 예수는, 그의 무기력한 이들과의 관계가 드러내듯, 그의 목회에서 정情의 온전한 체현(embodiment)을 용납할 뿐만 아니라, 얼핏 능력 있고, 겁이 많고, 혐오스런 이들과의 관계 속에서도 정을 온전히 체현한다"(76).

49 역자주. 여기서 켈러는 giving이라는 단어를 쓰는데, 바로 앞 문장에서 단념(givig up)을 가리키는 말이다.

50 Kidd, *Bees*, 277.

이나 또한 압제자들에게 책임을 면제시켜줄 뿐이다. 그러나 우리는 가공된 사랑의 쉽볼렛을 말하지 않기를 배우고 있는 중이다. 우리가 더 큰 사랑의 모험에 착수할 때, 심지어 용서도 다부진 되어감resolute becoming의 제삼의 길로 열려진다.

우리 자신으로서 되어감은 우리의 모든 관계들과 더불어 신적인 되어감의 과정 속으로 흘러들어가, 거기서 우리는 재활용된다. 심지어 지금도. 이 "아무것도—참새도, 머리카락 한 올도— 놓치지 않는 부드러운 돌봄"은 우리를 죽음을 향해 달려가는 삶mortal lives으로부터 구원하지 않는다. 그러나 그 삶들을 **통해서** 구원한다. 화이트헤드의 "흐름 속에 영속성 그리고 영속성 속에 흐름에 대한 직관"51은 모든 생명을 영구적으로 과정 속에 놓는다.

그 유연성이 때로 걸쭉해지고, 약간 끈적해지면서, 이 사랑은 당신을 텅비고 방탕한 것으로부터 풀어주기 시작한다. 견고하고 절대적인 것을 당신을 위해 녹이기dissolve 시작한다. 그 사랑은 회피할 수 없는 상호의존성으로 우리를 다시 동조시키고 또 우리를 다시 생명으로 풀어준다. 그 어떤 대가를 치르더라도.

"거기서 일어나, 너 자신 그대로의 눈부시게 아름다운 소녀로서 살아."

---

51 Whitehead, *Process and Reality*, 346-347.

7 장

예수/그리스도
: 과정으로서 그리스도, 비유로서 예수

내가 입을 열어 비유로 말하고

세계의 토대로부터 숨겨진 것들을 발설하리라

_ 마태복음 13:35[1]

우리는 본서의 기술을 따라 복음서들의 세력장 내에서 지금까지 왔
다. 그러나 왜 겨우 지금, 이렇게 간접적으로 다소 늦게 "그리스도"라
는 기호 자체로 우회하는가? 이는 그 (진리의) 길the Way에 이르기에는
다소 제멋대로의 까탈스러운 접근방법이 아닌가?

확실히 그렇다. 기독교 신학의 핵심인 기독론에 이르게 되면, 내가
그리스도의 길을 따를 수 있는 유일한 길, 즉 그리스도이신 그 길을
증언하는 기독론은 뒷문을 통해서만 이르게 된다. 왜냐하면 정문은 여
전히 경비대가 보초를 서고 있기 때문이다: "예수 그리스도가 주님이
시오, 구세주임을 당신은 믿습니까?" 숨 가쁘게 아무런 신비 없이 대

---

1 Matthew 13:35 in *The Complete Gospels: Annotated Schlars Version*, ed. Robert J.
 Miller and foreword by Robert W. Funk (San Francisco: HarperSanFrancisco,
 1994), 82.

답으로 언표된 예수 그리스도들은 숨가빠하고 또한 다수이다legion. 진실로: 예수는 통과하지 못했을 것이다.

여기에 기독론 자체에 대한 비유가 있다.

한 사람이 죽었다. 그를 아는 사람들이 기억들을 공유하기 위해 모여들었다. 마침내 초상화가 제작되었다. 그러나 세대가 흘러가면서 그 그림은 그리 좋은 상태가 아닌 듯이 보였다. 부유해진 그 초상화 인물의 후손들은 엄청나게 큰 금박 틀을 만들어, 초상화 인물의 행적들을 주제로 새겨 넣고, 보석들로 외피를 장식하였다. 사람들은 그 본래 어두운 표정으로 무언가를 쫓는 눈길의 금박 테두리의 효과를 약화시킨다고 느끼기 시작했다. 시간이 흘러 틀의 색깔이 벗겨지기 시작하자, 사람들은 그 초상화의 틀을 안쪽으로 확장했다. 어느 날 초상화의 틀이 전체 그림을 덮어버렸다.

잃어버린 예수

많은 생각 있는 기독교인들이 복음서 속에서 기독교의 절대성들을 해체하기 위한 도구로 예수를 발견했던 것은 전혀 놀랄 일이 아닌 셈이다. 예를 들어, 로버트 맥앨베인Robert McElvaine은 성서학자도 그렇다고 신학자도 아니지만, "예수 없는Jesusfree" 기독교에 관해 저술했다. 그는 "난소가 제거된 기독교를 난소가 제거된 기독교"라 불렀다. 그의 기본적 논점은 "간단하다: 예수를 당신의 주님이자 구세주로 받아들여라. 그러면 당신은 당신이 원하는 것은 그 무엇이든지 할 수 있다"[2]고

---

2 Robert McElvaine, *Grand Theft Jesus: The Hijacking of Religion in America* (New York: Crown, forthcoming).

풍자적으로 적고 있다. 글쎄, 한계들 안에서: 전쟁과 혐오, 탐욕, 성적 위선 그리고 지구의 파괴를 실천하라. 그러나 이 "희석된 기독교 Christianity Lite"는 성서가 문자적으로 진리임을 주장하는, 그래서 문자 그대로 복음서에는 전혀 근거가 없는 반-동성애, 반-낙태 운동을 위해 그의 그리스도를 사용한다. 그 기독교는 무척 가볍다. 왜냐하면 그것은 편리하게 예수를 빼버렸기 때문이다.

그들의 정치적 동기들에 상관없이, 대부분의 신약성서 학자들은 상징적 그리스도가 본문 전승의 최초단계부터 역사적 예수의 자취들에 어두운 그림자를 드리웠다는 데 동의한다. 피골이 상접할 만큼 말라서 수척한 그 유대인을 찾아서 과도하게 편집된 성서 본문의 표면 아래를 긁어내는, 복음서의 본문 발굴 작업은 이미 한 세기 이상 진행되어왔다. 그 작업의 도움으로 우리는 —예수의 이름으로— **그리스도**를 포기하고 싶은 유혹이, 정치적인 이유로든, 역사적인 이유로든 혹은 신학적인 이유 때문에든 간에, 들 수도 있다. 그러한 반전은 근대적인 산뜻한 해결책일 수 있다. 그러나 20세기 초 위대한 신약학자 루돌프 불트만Rudolph Bultmann은, 다른 학자들이 그래왔듯이, 복음서들을 "탈신화화demythologize"하여, 결과적으로 예수라는 인간적 인물에게서 사실 이후에 본문에 누적된 기독론적 덧붙임을 청소해내고자 시도하였다. 그러나 그가 발견한 것은 사실적 전기가 아니라 부활절-이후 초대 공동체의 선포였다.

그리스도 없는 예수는 기독교인들에게 자기-해체적인 해결책을 대변한다. 왜냐하면 예수에 관한 네 복음서의 기술들은 일종의 객관적인, 역사적 통일성으로 해결되지 않기 때문이다: 그의 가족은 베들레헴 출신인가 나사렛 출신인가? 예수는 십자가 위에서 무엇이라 말했는가? 부활 시에 그는 누구에게 나타났는가? 게다가, 요한복음이 그의 육화된 말씀과 더불어 증언하듯이, 복음서들은 좀처럼 그리스도 없이 읽히지 않으며 또한 예수의 그리스도로의 신격화로부터 자유롭지도 않다. 바울의 문헌 속에서 그리스도의 메시아적 인물로의 신격화가 동시적으로 강화되고 있었지만, 로마제국 내에서 선교를 확장해가던 추후 세기들에 그리스도의 신격화는 예수의 진정한 인간성을 덮어버렸을 것이다. 그럼에도 불구하고 언제나 예수의 이름으로 하는 고백은 이어졌다.

우리는 복음서들 속에서 네 개의 매우 다른 초상화적 서술들을 갖게 되는데, 네 번째 복음서는 공관복음서들the Synoptics이라 불리는 처음 세 개 복음서들과 상당히 다르다. 초상화는 사진이 아니다. 인물 초상화는 한 각도로부터 특정한 강조점들과 특정한 생략들을 가지고, 그의 주체를 이미 "틀 속에 넣어 배치하는frames" 스타일로 그려진다.

만일 예수 이야기가 하나의 단일한 서술로 환원될 수 없는 채로 남는다면, 우리는 결코 해석의 피드백 고리를 탈출할 수 없을 것이다. 이는 성서의 해석을 결국 상대주의로 만들어버리는 것인가?

실로 역사적 예수를 찾기 위한 탐구는 우리를 비판가의 으쓱거리는 어깨 짓으로 인도해갈 수 있는데, 이 어깨 짓은 빌라도의 "진리가 뭔가?"라는 물음과 그리 거리가 멀지 않다. 그러나 그 모든 좌절에도 불구하고, 역사적 예수를 찾기 위한 탐구와 복음서의 예수 자신이 던진 수사적이지 않은 질문("너희는 나를 누구라 생각하느냐?")은 우리를 진리-과정으로 한층 더 깊이 끌고 들어갈 수 있다. 성서적 해석 또한 *en procès,* 즉 시험 중에 그리고 과정 중에 있다. 그리고 그 어떤 정직한 신학도 그 과정을 회피할 수 없다.

(복음서들의) 네 개의 증언들은 함께 신약성서 기독교인들이 "새롭다"고 부르는 유앙겔evangel, 즉 "좋은 소식the "good news""을 형성한다. 우

리는 유대인들이 "낡았다"고 생각하지 않는 성서와 구별하여 그 새로움을 추구할 필요는 없다. 신약성서의 새로움은 오히려 우리가 **가공된 그리스도**the processed Christ라 불러야만 하는 것과 구별된다. 그 본래성을 결여한—더 이상 숨쉬지 않고 죽어버린— 구성은 예수 자신의 역사적 상황으로부터의 추상일 뿐만 아니라 그 예수가 궁극적으로 관심하던 상황으로부터의 추상에 의해 만들어졌다: 그가 *basileia tou theou*, 즉 "하나님 나라"라고 불렀던 (혹은 "하나님"이라는 말을 직접적으로 발음하기를 원치 않았던 마태의 복음서에서는 하늘나라라고 불렀던) 것의 상황. 예수의 비유들의 주제인 이 철저히 관계적인 은유는 어느 역사적 왕국, 제국, 부계 독재정권, 혹은 하향식 권력과 조금도 닮지 않은 어떤 것을 제안하는데, 말할 것도 없이 이는 "하늘"이라는 말이 의미하게 되는 무역사적 장소와 관련이 없다.

"왕국kingdom"[3]이라는 말이 현재 배태할 수 있는 오해들을 회피하기 위해, 나는 자주 그 본래의 그리스어를 사용하는 편이다. 바실레이아(*basileia*)는 정치적 프로그램이 아니다. 그러나 이 용어는 정치를 따로 내버려두지도 않는데, 특별히 당대의 제국이 그 적법성을 그리스도에 의존하던 시절에는 말이다. 이 바실레이아의 "최고의 영어 번역어는 아마도 '연방commonwealth'일 것이다. 이 용어는 지배자의 통제하는 권력을 강조하지 않는 것에 더하여, 그 영토가 공통의 선을 위해 조직될 수도 있다는 사실을 제안한다"고 캅은 주장한다. 그 "하나님의 연방"은 모든 인간적인 초강대권력superpower에 저항한다. 예수는 그 나라가 "하나님의 의지가 이루어지고, 하나님의 목적들이 실현된 세계일 것

---

3 역자주. "하나님 나라"라고 번역한 the "Kingdom" of God에서 '나라'라는 번역어는 본래 Kingdom을 요즘의 우리 식으로 번역해 놓은 말이다. 직역에 가까운 표현은 "왕국"일 것이다.

을"4 의도했다. 예수는 자신과 공동체의 활동이—여기에서 지금 실현
되기 시작한— 그 세계의 "전조가 되는 것"으로 보고 있었다.

신조의 생략

그저 최근의 미국화된 그래서 점점 세계화되어가는 스타일의 복음
주의만이 가공된 그리스도를 전파하고 있는 것은 아니다. 바실레이아
로부터 자유로운, 예수 없는 추상이 고전적 주류 전통의 신조들 속에
압축되어 있다. 우리에게 익숙한 사도신경은 우리로 하여금 "그 외아
들 예수 그리스도를 믿사오니, 이는 성령으로 잉태하사 동정녀 마리아
에게 나시고 본디오 빌라도에게 고난을 받으사, 십자가에 못 박혀 죽
으시고, (매장되어 지옥에 내려가셨다가) 사흘 만에 죽은 자 가운데서 다
시 살아나시며 하늘에 오르사 전능하신 하나님 (아버지) 우편에 앉아
계시다가…."5

이 사도행전이 전하는 그림에 무엇이 잘못된 것인가?

무엇인가가 빠져있다는 느낌이 들지 않는가? 이를테면, 그의 삶?
신조들은 모두 초자연적 기원을 강조하고, 그런 다음 그의 탄생으로부
터 그의 죽음과 부활로 곧장 가로질러 간다. 그러면서 신조들은 예수
의 삶과 이야기 그리고 사랑, 그의 설교, 지혜, 치유 그리고 예언에 대
한 언급을 결여하고 있다. 그에 대한 한 마디의 속삭임조차 없다. 사제

---

4 John B. Cobb Jr., "Commonwealth and Empire", in David Ray Griffin, John B.
Cobb Jr., Richard A. Falk, Catherine Keller, *The American Empire and the
Commonwealth of God: A Political, Economic, Religious Statement* (Louisville:
Westminster John Knox, 2006), 144.

5 역자주. 본래 사도신경의 원문에는 국역된 사도신경에서 생략된 부분들이 조금 있다. 켈
러가 인용하는 원문을 살려 생략된 부분을 괄호 안에 기입하였다.

이자 우머니스트 신학자인 켈리 브라운 더글러스Kelly Brown Douglas는 그것을 못 박아 이야기한다: "그의 목회가 사실상 무시되었다."[6]

이 결여가 경건의 핵심 본질이 되었다. 마치 우리가 예수의 "신성", 즉 초자연적 정체성만을 관심해야만 한다는 듯이 말이다: "성부로부터 출생한 하나님의 아들, 성부의 실체로부터 유래한 독생자…"는 니케아 신조의 보다 초기 문구를 다듬은 것이다.

신조들은 통합된 믿음의 과거 형식들에 대한 중요한 역사적 증언들이다. 그러나 그것들은 모두 틀걸이이지, 초상화 자체가 아니다: 그 신조들은 유대인 태생으로서, 아프리카계 아시아인이었고, 세속적이고 수다스러웠던 사람에 대한 복음서의 증언을 듬성듬성 간과한다. 고통받고 연약한 타자들을 향한 새로운 스타일의 함께-고난당하는-열정을 범례로 구현한 분 말이다. 정말로 20세기 고통받는 라틴 아메리카의 해방신학자들이 "가난한 자들을 위한 선택"이라 불렀던 것을 실천한 사람 말이다. 그 시절 신약성서들은 소작농 출신의, 혹은 더 정확히 표현하자면, 장인 출신의 갈릴리 사람으로서 예수에 대한 강렬한 (스냅사진이 아니라) 초상화를 재구성했는데, 그는 전개되어가는 하나님의 **바실레이아**(*basileia*)를 설교하고, 사람들이 그 빛에서 자신들의 삶을 재고하도록 촉구했고, 또 그의 메시지는 카이사르의 바실레이아에 대한 비판을 함의하고 있었다.

만일 그 먼지투성이 현장의, 때로는 언더그라운드의, 예수를 발견하지 못했다면 내가 믿는 기독교는 오래전에 막연한 영적 상대주의로 해체되어버리고 없을 것이다. 하지만 나는 이 예수의 의미를 "해방자 예수", 말하자면 하나의 판을 짜는 장치로서 사회 윤리의 예언자로 한정하고 싶지는 않다.

---

6 Kelly Brown Douglas, *The Black Christ* (Maryknoll: Orbis, 1994), 112.

되어감의 신학에게 예수를 그리스도로 동일시하는 것은 그 중요성을 상실하지 않는다. 오히려 그리스도적 정체성의 물음은 복음서의 예수가 중시한 우선순위들과 다시금 제휴할 것을 요청받을 것이다. 그 틀은 녹아 없어지는 것이 아니라, 금이 가서 깨어져 열린다. 초점은 역사적 예수가 아니라 예수 자신의 궁극적 관심이다: 그 **바실레이아의** 길이 열릴지도 모른다는 것. 나는 그리스도 상징의 결코 고갈되지 않을 광휘를 잃고 싶지는 않다.

내가 원하는 것은 기독론 안에 숨쉴 공간을 다시 만드는 것이다: **루아흐**ruach의 간격, 즉 "예수"와 "그리스도" 바로 그 사이의 간격. 그렇지 않으면, 이 용어들 각각의 의미는 흩어지고 말 것이다: 예수는 고유명사로서 이름이고, 그리스도는 상징적 직책인데, 히브리어 메시야의 그리스어 번역이다. 히브리어에서 그리스도는 "기름부음 받은 자"를 의미하고, 말 그대로 이는 다윗의 계보에 있는 왕들을 가리키는 말이었다. "예수"와 "그리스도"는 기독교인들에게 수천 년 전에 불가분하게 한 짝으로 연결되었다. 그러나 어느 쪽 용어도 그 숨쉬는 공간, 즉 빈칸이 없다면 그 역사적, 예언자적 중요성을 전달할 수 없을 것이다. 내가 가르치는 학생들 중 많은 사람들이 이미 교회 연관 목회현장들에서 실습하고 있는데, 나는 그들에게 그 학기 동안 "예수그리스도"라고 말하지 않도록 하는 영적 훈련을 하도록 간청한다. 나사렛 예수로 충분치 않을 때, 고대 시대의 스타일로 그리스도**로서**as 예수라고 말하려고 노력해보라. 단지 잠시라도. 그 한숨 쉬고 말하는 순간 속에서 더 **영성화된**spirited 기독론이 가능해질 것이다.

드러내기revealing 아니면 감추기concealing?

그 숨쉬는 간격 속에서 예수의 정체성identity에 대한 물음이 바뀌기 시작한다 — 위로나 아래로가 아니라 옆길로 말이다. 정체성 물음이 예수의 우선순위들에 대한 물음들로 바뀐다. 그는 미리 스스로 바꾸었다. 때로 예수는 이중의 사랑 명령에서처럼 그 우선순위에 대해서 매우 분명해서, 사람들은 어떻게 기독교 우파는 그것을 놓칠 수 있는지 의아해하기도 한다. "팔복의 태도"에 대해 성찰하면서, 미국 기독교교회협의회 총무인 밥 에드가 목사는 단순하게 묻는다. "'화평케 하는 자 peace-maker는 복이 있나니'의 어느 부분을 그들은 이해하지 못하는가?"7 그러나 대개 예수는 기만적으로 단순한 형태의 비유들 속에 이 우선순위들을 한편으로는 감추고, 다른 한편으로는 동시에 드러내면서 암호화했다.

세계 도처에서 비엘리트적 지혜 스타일인 비유들은 복음서들의 우회적 담론에서 특권적 스타일을 차지한다. 비유들은 쉽볼렛-방지 기능이 설치된 메타-내러티브들meta-narratives/거대담론들이다. 비유들은 처음부터 신학적 추상들을 훼방한다. 한 선도적 학자에 따르면, "그 어떤 것도 예수의 비유들보다 더 비권위적일 수는 없을 것이다. 비유들의 전체적인 목적은 듣는 이에게 어떤 것을 발견하도록 만드는 것이다…."8 비유로 번역되는 *parable*이란 단어는 먼저 "옆에 놓다 혹은 옆에 던져두다"를 의미하는데, 이는 비교를 위해 유비analogy로서 비교대상 옆에 던져지는 것을 의미할 것이다. 그리고 이를 통해 구체적인 이야기와 그보다

---

7 Bob Edgar, *Middle Church: Reclaiming the Moral Values of the Faithful Majority from the Religious Right* (New York Simon & Schuster, 2006), 63.

8 Albert Nolan, *Jesus Before Christianity* (Maryknoll: Orbis, 1978), 122.

파악하기 난해한 의미 사이의 은유적 연결고리를 형성한다: 진리는 똑바로 말하지 않고 비스듬히slant 말한다. 학자들은 예수가 비유들로 말하는 것을 선호했다는 것과 바로 이 비스듬해서 우회적인 형식에서 그는 가장 독창적이었다는 사실에 동의하다. 그렇기에 ("씨는 하나님의 말씀을 가리킨다"와 같은 등등의 형식으로 서기관들에 의해 덧붙여진 비유들의 해석들과는 아주 대조적으로) 비유들 속에서 우리가 그의 음성을 들을 가능성이 가장 높다. 이는 기억되고 정확히 기록된 비유들을 포함하여 모든 비유들이 예수에 의해 말해졌다는 것을 의미하지는 않는다. 심지어 그렇다 하더라도, 비유들은 처음부터 진심을 쉽게 드러내지 않는 장르이다.

비유들은 드러난(계시된) 것을 감추고, 또한 고의적으로 그리고 동시적으로 감추고 있는 것을 드러낸다. "천국의 비밀을 아는 것이 너희에게는 허락되었으나"라고 제자들에게 말하는 예수를 마태는 그려주고 있다(13:11). 그러나 "내가 그들에게 비유로 말하는 것은 그들이 보아도 보지 못하며 들어도 듣지 못하며 깨닫지 못함이니라…"(13:13). 하나님의 지혜를 신비 가운데 말하는 것에 대하여 말한다! 그는 여기서 이사야를 암시하고 있는데, 자주 그랬다. 정말 혼동스럽다: 왜 그 의미를 무리들로부터 숨겨야 하는가? 그것은 신비주의가 아니라 오히려 신비화가 아닌가? 그런데 같은 장에서 "비유들을 말하기 위해 입을" 열어, "창세로부터 감추인 것들을 말"하려는 예언자를 예수는 인용한다(13:35). 그래서 비유는 창조의 바로 그 질서를 지렛대로 열어, 거품 일렁이는 **테홈**(tehom)의 심연으로부터 의미를 한 스푼 떠올리고 있는지도 모른다. 비유들의 창조적 스타일을 앨버트 놀란은 "삶에 관한 진실을 드러내거나 혹은 덮는 예술 작품들"이라 불렀는데, 실로 이 창조적 스타일은 창조의 창조성 자체를 증폭시킨다.[9]

---

9 *Ibid.*

이러한 어투 형식 자체가 우리를 신비 위에 정초하는 것 같다! 그것은 신비화mystification에 정반대일 것이다: 아마도 이는 거짓된 신비들을 탈신비화하고, 우리에게 진정한 신비들에 대한 단서를 제공하려는 예수의 전략일지도 모른다. 결국 —존 카푸토의『예수는 무엇을 해체하려 했을까?』라는 제목이 나타내듯이— 예수는 '무엇을 하라'는 식의, '무언가를 하지 말라'는 식의 그리고 '나는 믿습니다'는 식의 현재 유통되고 있는 절대주의의 것들을 언제나 해체하고 있었다. 해체한다는 것은 파괴하는 것이 아니라, 우리의 구성된 가정들을 까발리는 것이다. 비유의 곁길로 가는 움직임은 —말하자면, 겨자씨 옆에 "하늘 나라"라는 (그때도 그리고 지금도 여전히) 신비스러운 개념을 놓으면서— 간격을 창출한다. 비유는 그 자신의 숨쉬는 공간, 즉 그의 진리-공간을 만들어낸다. 선불교의 화두와 다르지 않게, 비유는 지혜 이야기로서, **끝이 열린 상호작용**open-ended interaction을 통해 가정들을 훼방한다. 그것은 경건주의자의 쉽볼렛을 침묵케 하고, 새로운 쉽볼렛들로의 번역에 저항한다.

궁극적 관심이 직접적인 명제들로 표현될 경우, 그것은 너무도 쉽사리 진리를 믿고 싶은 마음truthiness으로 굳어져갈 것이다 — 이미 들을 귀를 갖고 있는 사람들을 제외하면 말이다. 귀를 갖고 있는 사람들은 이 새로운 사유와 삶의 훈련에 숙달된, 그래서 "제자들"이라 불리는 사람들일 것이다. 그것은 예수가 발전시킨 새로운 형태의 엘리트주의가 아니다. 그것은 복잡한 무리들과, 그들의 모든 불가피한 편견들과 더불어 소통하는 하나의 방식이다. 비유들은 진리를 숨기는 것이 아니라, 오히려 진리를 거짓된 확실성들로부터 보호한다. 비유들은 그 숨김의 몸짓으로 어느 누구도 밖으로 내몰지는 않는다. 그 미지의 가장자리에서 비유들은 까탈스러운 탈/폐쇄dis/closure를 앞으로 나아가게 한다. 신약성서의 비유 전문가는 "비유는 언제나 다소 당혹스런 경험이다"10라고 적고 있다.

서구적인 추상적 방식의 확장으로(우리의 잘못으로) 신학은 비유의 경제를 상실했다. 신학은 그의 감각마저 상실할지도 모른다. 그래서 우리는 "하나님의 **소피아**를 신비 속에서 말하기"를 다시 배우고 있는 중이다. 왜냐하면, 한 주석가가 표현하듯이, "비유들로 가르침으로써, 예수는 지혜wisdom의 역할들을 취한다."11 따라서 바울은 예수를 "그리스도 하나님의 지혜"로서 해석한다(고전 1:24). (따라서 엘리자베스 존슨은 바울과 복음서들로부터 하나님의 지혜로서 예수 기독론, 혹은 "소피아 예수"12 기독론을 발전시켰다.)

그 지혜-비유는 우리가 본서에서 따라가고 있는 제삼의 길을 위한 비유가 된다. 이 지혜-비유는 의심의 여지 없고, 더 이상 밝힐 것이 없는 계시의 진리를 주장하는 절대주의 너머를 삐딱하게 가리킨다. 하지만 그것은 무, 즉 *nihil*을 은폐하는 진부한 은폐로 해산되지 않는다.

기쁨 속에서: 우선순위들을 분별하기

복음서들 내의 비유들에 대한 이해에 비추어, 마태가 단지 형식적으로뿐만 아니라 내용적으로도 감추기/드러내기의 이중적 몸짓을 수행하는 비유를 바로 그 동일한 13장에 배치한 것은 기발했다.

숨겨져 있다가, 발견되고, 다시 덮어지고 그런 다음 행복하게 권리

---

10 John Dominic Crossan, *The Dark Interval: Towards a Theology of Story* (Allen: Argus, 1975), 56.

11 Amy-Jill Levine, "Matthew", in *The Women's Bible Commentary*, ed. Carol A. Newsom and Sharon H. Ringe (Louisville: Westminster John Knox, 1992), 257.

12 Elizabeth A. Johnson, *She Who Is: The Mystery of God in Feminist Theological Discourse* (New York: Crossroad, 1992), 165ff.

가 주장된다; 감추어졌다가 드러나고, 다시-덮어지고re-coverd 그리고 덮개가-벗겨진다dis-covered: 이 숨박꼭질 "나라", "이 바실레이아"(basileia)는 무엇인가? "나라"(혹은 왕국)라는 말은 지배 권력 주변으로 조직된 사회적 장을 제

> 천국은 마치 밭에 감추인 보화와 같으니 사람이 이를 발견한 후 숨겨 두고 기뻐하며 돌아가서 자기의 소유를 다 팔아 그 밭을 사느니라.
>
> _ 마태복음 13:44

시한다. 여기서 지배 권력이란 바실레우스의 권력, 즉 고대 세계의 주요한 통치 형태였던 왕 혹은 황제를 가리킨다. 하지만 비유는 어떤 왕-같은 존재의 개입에 대한 어떤 개념도 동시적으로 해체한다. 이 비유 속에는 어떤 종류의 권력이 작동하고 있는가? 이 비유는 "하나님이 이 일을 하셨습니다"라는 식의 어떤 단순 논리도 황급히 회피한다. 비유의 바로 그 형식이 그리고 바실레이아의 관용용법이 신적인 인격성이나 실체로부터 관심을 돌린다. (참으로, 마태복음의 예수는 너무 선한 유대인이어서 감히 그 이름을 언급조차 하지 않는다. 그래서 그는 '하늘ouranion'을 그 나라 이름으로 선호한다). 비유는 탈/폐쇄dis/closure의 은유적 영역으로 혹은 세력장force field으로 초점을 이동한다.

기쁨joy이 너의 안내자가 되게 하라? 진짜? 기쁨은 얼마나 분별력을 갖고 있는가?

이 보물을 향한 욕망은 우연한 일시적인 욕망이 아니다. 그것은 우리가 숙고해왔던 열정, 거룩한 에로스the holy Eros를 암시하지 않는가? 사랑이 그 자체로 보상이듯이, 이 보물은 어떤 다른 것을 사기 위한 것이 아니라, 그 자체로 가장 소중한 것이다. 그것은 우리가 우리의 모든 것을 기꺼이 줄 수 있는 것이다. 자기-부정이나 혹은 자기-희생의 음산한 정신으로부터가 아니라, 비유가 말하듯이, "완전한 기쁨" 속에서 말이다.

물론 이 기쁨은 겉보기보다 더 위험하다. "그리고 훨씬 더 어리석다"고 신약학자이자 필자의 동료인 멜라니 존슨 드봐프레Melanie Johnson DeBaufre는 언급한다. "그 보물이 그 남자를 얼마나 멍청하게 보이도록 만들까라는 생각이 내 머리 속을 강타했다. 그 비유는 하나의 농담으로 들릴 수도 있다 ─ 그 친구는 지금 무엇을 갖고 있는가? 실제로는 아무것도 갖고 있지 않다. 보물이 매장된 밭? 그래서 어떻다고! 만일 그 보물이 발견되지 않았더라면, 현실적인 말로 그 밭은 그에게 아무런 차이가 없었다. 따라서 그 보물에 대하여 알지 못하는 이들에게 그는 무척 바보 같아 보였을 것이다!"13

이 앞뒤 분별없는 무모한 기쁨은 힘들다. 무엇보다도, 우리는 우리가 원하는 것을 정말 모른다. 우리의 우선순위들은 일상적으로 초점을 벗어난다. 그래서 만일 우리가 우선순위들을 명확하게 하려 한다면, 우리는 그 우선순위들에 따라 살기 위한 선택들을 내려야 한다. 이 선택들은 기쁨이 아니라 상처를 야기할 수도 있다. 예를 들어, 그 비유는 지금 이 순간 나에게 말한다: 글을 쓸 충분한 시간을 가지려면 가급적 너의 모든 것을 포기해라. 글을 쓰면서 나는 보물을 발견한다. 그러나 그것은 값비싼 기쁨이다. 그것은 내가 즐거워하는 활동들, 즉 내 학교와 내 친구들과 내 배우자와 내 가족을 양육하는 활동들을 포기하는 것을 의미한다. 그것이 (내가 해야만 하기 때문에) 내가 **해야만** 하는 것들을 포기해야 한다는 것으로 나는 받아들이지 않는다. 그것은 내가 **정말로 하고 싶어 하는** 것들을 포기하도록 요청하지도 않는다. 그와 반대로, 그것은 모두 내가 정말로 원하는 것을 분별하는 것, 신비주의자들이 "마음의 욕망the heart's desire"라고 부르는 것을 분별하는 것에 대한 것으로 보인다. 하데비치의 "사랑(의)조언자"를 상기해보라 ─ 쉽지 않

---

13 Melanie Johnson-DeBaufre, e-mail message to author, July 14, 2007.

다! 발견했다는 흥분이, 탈/폐쇄의 흥분이, 혹은 새롭게 찾은 사랑에 대한 흥분이 불가능한 선택들을 가능케 만든다.

어떤 사람들은, '그렇지 않아. 그 보물은 그리스도이고, 그 선택은 단번에 모든 것을 거는 예 아니면 아니오야'라고 말할 것이다. 좋다. 그런데 그렇다면, 예수가 자기 자신에 관해서가 아니라 (마태복음에서) 하늘의 **바실레이아**에 관하여 혹은 (마가복음과 누가복음에서) 하나님의 **바실레이아**에 관하여 비유들을 말하고 있다는 것이 부적절해 보이지 않는가? 이 보물의 비유는 정확히 예수의 **정체성**에 관한 것이 아니라 **우선순위들**에 대한 그 자신의 생각에 관한 것이 아닐까? 그 유혹, 그 사랑을 어떻게 실현할는지를 그 비유들은 드러내고 있지 않은가? 우리는 이 우선순위를 그리스도로서, 로고스로서, 아들로서 혹은 하나님의 지혜로서 **신학적으로 동일시**할 수 있다. 혹은 심지어 "역사적 예수"[14]로서 동일시할 수도 있다. 그러나 우리는 예수 자신의 우선순위들을 시선에서 놓치지 않도록 주의해야만 한다. 예수가 **참으로** 누구인지에 대해서 말이다. 정체성이 다시금 우선순위를 삼켜버릴 수도 있기

---

14 예수의 정체성에 관한 논쟁에 들어서기 위해서 하나님의 바실레이아에 관한 계보적인 논증들을 전개하기보다는 오히려 나는 이 표현이 대안적인 '사물들의 질서'에 대한 복잡한 상징적 비전을 일깨우고 있다고 예상한다. 이 대안적 비전은 로마제국의 상황이 휘두르는 비인간적이고 억압적인 질서들에 맞서, 투쟁하는 비전을 말한다. **바실레이아**는 공동체적 혹은 집단적 심상으로서, 인간 삶의 사회-정치적 실재들에 근거하여, 마치 카이사르가 아니라 하나님이 책임을 맡고 계신 듯이 세계와 그의 권력구조를 상상하고/투사한다. 아브라함의 자녀들(Q 3:7)로서 그리고 소피아의 자녀들(Q 7:35)로서 하나님과의 친족관계를 연상시키는 심상도 유사한 집단적 향취를 자극한다. … 그 두 심상들 속에서 바로 왕이나 주권자(Lord, kyrios)가 아니라 하나님이 올바른 인간관계와 상호작용을 인정하고 판단하시는 분이시다. 이 연구 전반에 걸쳐, 우리는 예수의 고유한 정체성에 대한 집중이 어떻게 Q 문서에 나타나는 하나님의 바실레이아와 다른 공동체적 심상으로부터 우리의 주의를 빼앗고 있는지를 탐문해볼 것이다. Melanine Johnson-DeBarfre, *Jesus Among Her Children: Q, Eschatology, and the Construction of Christian Origins* (Cambridge: Harvard Universiety Press, 2005), 24.

때문이다.

비유들은 추상적 보편화나 일-대-일 해석들을 무기력하게 만든다. 예를 들어, 이 기쁨을 보라: 그것은 정확히 누구의 기쁨인가? 나의 욕망과 하나님의 욕망 간의 차이를 내가 어떻게 말할 수 있는가? 하나님의 힘이 이 유혹으로 내려오시는가? 우리의 모든 것을 내어놓도록 유혹하는 사랑(의)조언자처럼 말이다. 바실레이아는 심히 관계적인 개념이다. 하지만 이 발견은, 심지어 소유욕처럼, 강력하게 인격적인 듯 하다. 이 사람은 결국 진리를 "소유"하는가? 그리고 이 비유는 —공공재산commonwealth라기보다는 오히려— 사유재산private wealth을 승인하는 것처럼 보이지 않는가? 하지만 물질적이고 영적인 경제적 우선순위는 다른 비유들 속에서 생생해진다.

과잉 지급받은 게으름뱅이들: 바실레이아의 경제학

예를 들어 일꾼들의 비유를 들어보자.

놀랍지 않게도, 이 비유는 미국 기독교계에서 거의 인용되지 않는

> 땅 주인은 포도원에서 일할 일꾼들을 새벽녘에 고용한다. 그러나 몇 시간 후 마을 광장에 돌아왔을 때, 그는 그들만큼 많은 사람들이 놀고 있음을 발견한다. 그는 그들을 고용한다. 그렇게 그는 몇 번을 되돌아온다. "제십일 시에도 나가 보니 서 있는 사람들이 또 있는지라 이르되, 너희는 어찌하여 종일토록 놀고 여기 서 있느냐. 이르되 우리를 품꾼으로 쓰는 이가 없음이니이다. 이르되 너희도 포도원에 들어가라 하니라" (참조 마태 20:6-7). 마치 실직한 사람들이 그토록 많음에 충격을 받은 듯이, 그는 일자리를 찾고 있는 모든 이에게 일을 준다. 그들은 일을 기피하고 있는 것이 아니라, 그저 일을 찾을 수 없었을 뿐이다. 그러자 소유주는 마칠 때 모든 이들에게 온 종일 일한 삯을 지급한다. 심지어 오후 5시(제십일 시)에 일을 시작한 사람

> 들에게도 말이다. 이러한 조치가 온종일 햇볕 아래서 힘들게 일했던 사람들의 심기를 당연히 불편하게 했다. 그들이 불평할 때, 탕자의 비유라고 널리 알려진 비유와 정확히 평행하게, 소유주는 정중하게 자신은 그들이 받기로 합의한 데나리우스를 지급했음을 지적한다: "친구여 내가 네게 잘못한 것이 없노라"(참조 20:13). 이 불공정한 주인은 부드럽게 그들의 태도에 도전한다: "내가 관대하기 때문에 네가 시기하느냐?"[15](참조 20:15b).

다. 우리의 경제 시스템은 잉여 노동에 의존하며, 관리자들에게 거래 이익을 안겨주기 위해 일정한 수준의 실업과 불완전 고용을 유지한다. 편리하게도 이 실업자들은 게으른 사람들로 낙인이 찍힌다. 인종차별적인 고정관념들이 그 시스템의 희생자들을 쉽게 비난할 수 있는 풍토를 강화시켜준다. 통계적으로 매우 기독교적인 우리나라[미국]에서 네 명 중 세 명은 "하나님은 스스로 돕는 자를 돕는다"는 말을 성서가 하고 있다고 생각한다는 사실은 정신이 번쩍 들게 만든다. 사실 그 말은 벤자민 프랭클린의 말이다. 통계적으로 기독교 국가인 이 나라 사람들의 성서적 문맹illiteracy에 경악하면서, 빌 맥키벤Bill McKibben은 이 "초미국적인über-American 관념, 현재 우리의 개인주의적인 정치와 문화의 핵심에 놓여있는 이 관념은" "성서적이지 않을 뿐만 아니라, 실은 반-성서적counter-biblical이다"[16]고 언급한다. 참으로, 만일 이 비유 속에서 땅 주인을 하나님 혹은 신적인 존재로 표상한다면, 그는 먼저 도움을 받지 못한다면 스스로 도울 수 없는 민중들을 돕고 있다.

---

15 역자주. 개역개정판 성경은 "내가 선하므로 네가 악하게 보느냐"로 번역되어 있지만, 저자가 인용한 영어 성경의 문구를 그대로 옮겨 놓는다.

16 Bill McKibben, "The People of the (Unread) Book", in *Getting the Message: Challenging the Christian Right from the Heart of the Gospel*, ed. Rev. Peter Laarman (Boston: Beacon, 2006), 13.

만일 적들을 향한 사랑이 아가페에 한계-사례를 부여하고 있다면, 탕자들, 탕녀들 혹은 노동자들을 향한 사랑은 그보다 올곧고 불편한 요구를 제기한다. 늦게 온 사람들과, 실적이 낮은 사람들과 서류증명서를 갖추지 못한 이민자들, 방탕아들, 꼴찌들과 가장 보잘것없는 이들을 향한 '함께-고난당하는-열정com/passion'은, 비록 내가 열심히 일하며 세금납부의 의무를 성실히 감당하고 있는 미국인일지라도, 어려운 일로 다가온다. 난 그들을 싫어하지 않는다. 난 그저 그들이 나와 똑같이 대접받기를 원치 않을 따름이다. 그것은 나의 성실한 노동을 평가절하하기 때문이다! 만일 우리가 "긍휼한 마음을 지닌 보수주의자들compassionate conservatives"이라면, (이 어구를 『미국적 긍휼의 비극The Tragedy of American Compassion』에서 만들어낸 마빈 올라프스키Marvin Olavsky를 따라) 그들이 번 것보다 더 많이 받게 하는 것은 그들을 그리고 그들의 자긍심을 또한 노동윤리를 해치는 것이라고 주장한다.

그 비유 속에 나타나는 '함께-고난당하는-열정com/passion'은 그러한 제로-섬 게임을 하지 않는다. 하지만 땅 주인은 대안적 경제 모델을 시행하지 않는다. 그 이야기는 땅 주인의 관대한 행위가 신성한 아가페를 적절히 그려줄 수 있는 후견 문화patronage의 상황에 속한다. 그럼에도 불구하고, 시대착오적으로 읽는다면, 땅 주인의 선택은 금전적 후원을 제공하는 것처럼 보인다. 노동자들을 위한 체계적 정의가 최소한의 이상인 우리의 맥락에서 이 비유가 급진성을 갖는 지점은 다음의 사실이다: 일하고자 하는 누구나 최저생활임금living wage을 받아야 마땅하다. 성서는 "생명을 얻게 하고 더 풍성히 얻게 하려"고(요 10:10) 우리를 초청한다. 당연히, 생명의 풍성함은 흔히 문자 그대로 재화를 의미하는 것으로 간주된다. 그렇게 "번영 복음prosperity gospel"이 태어났다.

미국 기독교인들의 61퍼센트는 "하나님은 사람들이 재정적으로 부유하기를 원하신다"[17]고 생각한다고 또 다른 여론 조사는 보여주고 있다. 풍요로움은 분명히 우리가 삶을 영위하는 데 필요한 물질을 소유하는 부분을 포함한다. 그리고 그 풍요로움을 공유하는 부분도 역시 포함한다. 왜냐하면 가치 있는 삶이란 신약성서의 용어들이 내려주는 정의상 개인적 부의 축적에 기초하여 구축될 수 없기 때문이다. 삶은 개인적으로 영위될 수 없다. 비록 우리가 "너희 소유를 팔아 구제하[라]"(누가 12:33)와 같은 불편하고 전형적인 본문들을 무시한다 할지라도, 풍요로움은 승자독식_zero-sum_이 아니라 끝없이 열린, 체현된 상호작용이다. 바실레이아에서 관건이 되는 풍요로움, 즉 "보물"은 물질적 부를 의미할 수 없다. 그러나 물질적 부와 우리에게 축복으로 주어진 다른 특전들은 정의로운 사랑을 통하여 바실레이아적 풍요로움을 이루는 가치 있는 **수단**이 될 수도 있다.

"번영"(의) 복음이 예수의 우선순위들에 대해 조롱하고 있다고 해도, 그럼에도 불구하고 그 번영 복음은 전 세계의 가진 자들과 갖지 못한 자들 사이에서 대중적 호소력을 갖고 있다. 사회-정의의 신학은 이 왜곡에 일정한 책임을 지고 있다. 우리는 너무 자주 풍요로움의 긍정성을 무시하면서, 개인적 자기-부정의 십자가를 설교해왔는데, 이는 대중들에게 유혹이 되기보다는 오히려 식상함 그 이상의 무엇이 되어버렸다. 따라서 사람들은 사회 정의가 사회 변혁을 위해 자신을 바치는 위험을 감수하는 것이라기보다는 오히려 과도한 개인적 자기-희생을 의미할 뿐이라고 생각한다.

---

17 David Van Biema and Jeff Chu, "Does God Want You to be Rich?", _Time Magazine_, 18 September 2006, no.12, 48ff. 표지 사진은 롤스로이스의 사진을 걸었는데, 그 롤스로이스의 후드 장식은 황금 십자가를 과시하고 있었다.

우리는 그 대신에 예수가 보였던 사랑의 우선순위와 가난한 자들을 향한 그의 선택을 긍정하면서, 동시에 그 비유는 땅 주인들을 그들이 누리는 특권 때문에 은밀히 비난하지 않는다는 사실을 인식할 수도 있다. 중요한 것은 그 특권이 사용되는 방식이다.[18] 바실레이아의 경제학은 예수에게 중요했다 — 물질적으로 그리고 영적으로. 그러나 풍요로움은 온-전한 사랑의omni-amorous 신성을 흉내 낸 관대함의 선물이다.

다른 분위기와 매체 속에서 복음서 예수는 이 사랑의 과잉으로 그의 청중들을 긴장시키면서, 그들에게 이 어려운 기쁨을 연습하라고, 그 기쁨을 구체적인 이웃, 즉 구체적인 대적자들을 향한 긍휼의 구체적인 활동 속에서 시도하라고 권면한다. 그는 게르ger, 즉 이방인과 이민자와 원수에 대한 히브리의 완고한 사랑 전통을 열거하고 있었다.

이 아가페는 그 발단에서 언제나 선물, 즉 우리의 받을 만한 자격을 넘어서 그리고 그에 앞서서 베풀어지는 선물이다. 그리고 만일 우리가 그것을 받는다면 우리는 그것을 같은 정신으로in the same spirit 베푼다. 그러나 심지어 후견자patron라는 고래의 은유 안에서도 거저 주는 사랑이란 특성은 조지 부시George H.W. Bush의 "천 개의 별들thousand points of light"[19]

---

18 아다 마리아 이사시-디아즈(Ada María Isasi-Díaz)는 한 풀뿌리 민중 여성에 대해서 말하는데, 그녀는 계급, 인종, 문화의 특권을 누리는 우리가 아무리 노력한다 한들 그 특권을 잃을 수는 없다는 점을 지적했다고 한다. 중요한 것은 우리가 그 특권을 수준 이하의 권리만을 보장받는(underprivileged) 사람들의 해방을 위해 사용한다는 사실이다. 2005년 봄 드류대학교 대학예배 설교 중에서.

19 역자주. "천 개의 별들"(thousand points of light)는 미국 대통령 조지 부시가 1988년 공화당 후보 수락 연설을 할 때 발표한 어구인데, 그 연설 속에서 미국의 클럽들과 자원봉사 단체를 바로 밤하늘의 "천 개의 별들"과 같은 존재라고 표현하면서, 이 천 개의 별들이 미국인들에게 끝없이 꿈을 꾸며 앞으로 나아가게 만들 것이라고 언급한다. 이는 곧 사회복지 제도를 통해 사회의 구조적인 문제를 해결하기보다는 자원봉사를 통해 가난한 사람들을 돕는 일을 더 추진해야 한다는 것을 강조하면서, 복지보다는 자선과 자원봉사를 정책의 우선순위로 삼겠다는 것을 강조한 것이다.

이 가리키는 자선 스타일과는 전혀 닮지 않았다. 그러한 별들의 자리 points가 아가페의 시원적 흐름으로부터 얼마나 멀리 떨어져 있는지. 카리타스Caritas는 아가페를 의미하는 라틴어인데, "자선charity"으로 번역되었다. 그리고 서서히 경제 정의를 위한 집단적 요구들을 통과하는 개인적인 지름길들로 격하되었다.

하늘의 공공재산commonwealth이라는 은유가 ─하나님의 관점에서─ 우리의 삶을 정초하지 않는 것이라면, 그것은 무엇을 위한 것이란 말인가? 그러나 그 삶은 오직 우리의 구체적으로 출현하는 상황 속에서 **지금**, 즉 창생 집단체the genesis collective 속에서 살아가는 모든 다른 생명들과 더불어 뒤얽힌 모습으로 살아간다. 그래서 예수는 다른 사람들과의 관계로부터 추상된 하나님과 인간의 관계에만 그저 관심하지 않았다. 예수는 그들의 물질적 행위들과 조건들로부터 추상된 그들의 영혼에만 상관하지 않는다. 그는 영혼들을 육체적으로 그리고 그들의 육체들을 영혼을 다하여, 마치 영적인 치유와 물질적 안녕의 자리들로서 만졌다. 신적인 사랑과 인간적 사랑들 사이: 승자독식의 게임은 없다.

천국, 지옥 그리고 여기

같은 맥락에서 복음서들에 기록된 예수는 **그의 청중들과의 관계에** 관심하지 않았다 ─ 그들의 모든 다른 관계들과 동떨어진 채로는 말이다. 바로 최후의 심판에 대한 위대한 비유 속에서 그리스도-정체성으로부터 예수의 우선성으로의 전환이 분명해진다. 이는 "염소들"로부터 구별한 "양들"에게 "창세로부터 너희를 위하여 예비된 나라"를 수여하는 왕의 이야기이다(마 25:34). 이 이야기는 나중에 온 사람 이야기가 문자 그대로 땅 주인에 **관한** 이야기인 것처럼, 최후의 심판에 **관**

한 이야기가 아니다. 그 이야기는, 청중들에게 매우 친숙한 심판의 이야기를 하나의 비유로서 사용한다: 어떻게 지금을 살아갈지에 대해서 말하기 위해서 말이다.

장면은 종말론적이고, 모든 인류를 향해서 말한다. 이를 이어서 "염소들", 즉 만일 "왕"을 만났다면, 그를 먹이고 입히고 온갖 구호를 했을 거라고 생각하는 사람들의 평행교환 이야기가 따라 나온다. 그들에게 이 응답은 참담하다: "내가 진실로 너희에게 이르노니 이 지극히 작은 자 하나에게 하지 아니한 것이 곧 내게 하지 아니한 것이니라"(25:45). 이 이야기는 그저 주변부로 밀려난 사람들을 향한 우리의 아가페가 주님을 향한 시중으로 셈하여진다는 단순한 이야기가 아니다. 그러나 이들 중 한 사람—가장 작은 사람? 특별한 사람? 모든 사람?—을 돌보는 데 실패함으로써, 우리는 스스로 파멸하고 있는 것이다.

> "내가 주릴 때에 너희가 먹을 것을 주었고 목마를 때에 마시게 하였고 나그네 되었을 때에 영접하였고 헐벗었을 때에 옷을 입혔고 병들었을 때에 돌보았고 옥에 갇혔을 때에 와서 보았느니라. 이에 의인들이 대답하여 이르되 주여 우리가 어느 때에 주께서 주리신 것을 보고 음식을 대접하였으며 목마르신 것을 보고 마시게 하였나이까? 어느 때에 나그네 되신 것을 보고 영접하였으며 헐벗으신 것을 보고 옷 입혔나이까? … 임금이 대답하여 이르시되 내가 진실로 너희에게 이르노니 너희가 여기 내 형제 중에 지극히 작은 자 하나에게 한 것이 곧 내게 한 것이니라 하시고"
> ㅡ 마태복음 25:35-40

그처럼 불안한 종말론적 심상은 우리의 개인적 습벽들과 사회적 가정들의 안개를 갈라내는 것을 의미한다. 그 심상은 이 경우 진리 과정을, 진정으로 진리 과정으로서 재판을 소집한다. 그의 요점은 각 개인들을 구원하고 저주하는 왕이 문자 그대로 저 위에 있다는 것이 전혀

아니다: 그 장면은 비유이다. 그 비유는 오히려 그 반대를 제안한다: 즉 내 삶의 궁극적 ("마지막") 의미는, 신의 관점에서 보자면, 내 비전의 가장자리에 웅크려 눈에 띄지 않는 저 다른 이들로부터 분리되지 않는 다는 것을 깨달을 때 구원이 도래한다는 것을 제안한다. 다시 말해서, 이는 처벌과 보상에 관한 비유가 아니다. 처벌과 보상은 오래된 은유를 제공할 따름이다. 그것은 아가페의 궁극적 지분에 관한 것이다. 그 사랑은 부담스럽다. 함께-고난당하는-열정com/passion은 더욱더 열정적이며, 결코 감성적이지 않다. 사랑을 고집하는 것은 우리가 자아낼 수 있는 모든 다짐을 요구할 것이다.

여기서 예수는 "그리스도"를 금박의 액자 틀 바깥으로 밀쳐낸다. 만일 이웃집의 학대받는 아이의 얼굴에서 혹은 다운타운의 갱단에 가담한 아이의 얼굴에서 혹은 다르푸르에서 굶주리면서 공포에 질려있는 아이의 얼굴에서 우리가 그리스도를 포착하지 못한다면 우리는 그리스도를 놓친 것이다. 말하자면, 우리는 우리 자신의 삶의 궁극적 의미를, 그 "최종적" 의미를 배신한 것이다. 우리의 **공유된 피조물적** 삶의 의미를 말이다. 그것은 단지 예수가 우리 인간 종들 중 가장 취약한 구성원들로부터 분리될 수 없다는 것을 말하는 것이 아니다: 그것은 바로 예수가 그 분리불가능성을 우리 **자신의** 궁극적 조건으로서 가르치고 있다는 것을 말한다. 도르테 죌레Dorothe Sölle는 이 진리를 다음과 같이 표현했다. "전체와 동떨어진 구원은 없다." 구원salvation은 라틴어 **살부스**salvus로부터 유래하는데, 건강, 안녕, 전일성 등을 의미한다. 따라서 구원은 몸 전체가 아플 때, 그 몸의 한 부분에서만 일어날 수 없다. 구원은 끈적끈적한 과정이다. 우리는 우리의 피조물적 조건에 모두 함께 꼼짝없이 끼어있고, 또 어떤 영원한 생명이 우리를 잡아떼어내줄 것이라는 어떤 암시도 없다.

최후 심판에서 양과 염소의 구별은 무엇이란 말인가? 그것이 바로 위대한 떼어내기 아닌가라고 주장할 수도 있겠다.

실로 그 비유는 구별됨의 망상 속에 살았던 이들로부터 "가장 작은 자"와의 끈적끈적한 불가분리성을 포용했던 이들과 구별한다. 가장 작은 자는 사람the human의 시험 사례이다. 체제의 균열들 사이로 떨어진 이들 말이다. 그들은 사람이 된다는 것이 무엇을 의미하는지를 시험한다. 자신을 주변화되었다고 생각하는 우리들 중의 일부와 주변부를 그대로 내버려두는 데 만족하는 우리들 중 일부 모두에게 우리의 인간성이 관건이다. 왜냐하면 결국 우리의 인간성humanity은 과정에 머물러 있고, 때로는 진짜 시험 중에 있기 때문이다. 그리고 인간성은 다름 아닌 공유된 삶을 의미한다. 우리 내부의 "염소"는 저 변변치 못한 타자들에 무관심할 수 없었다. (염소들은 고대 농부들에게 탐욕스럽고 경쟁심 많은 침략자들을 상징화하는 것처럼 보인다.)

하지만 많은 이들은 가난하고 탐욕스런 에고로부터 더 넓은 삶으로 성장해간다. 보다 더 큰 삶으로부터 "영으로in spirit" 살아가는 이들은 폴 틸리히Paul Tillich가 신율적 자아a theonomous self라 부르는 것, 즉 하나님을 지향하는 자아를 실천한다. 이 자아는 망상에 사로잡혀 마구잡이로 들이받는 **자율**과 대조되는 것이다. 그러나 우리는 그들을 "양들"이라 불러야만 하는가? 번역 중에 상실된 은유가 있다! 고대 농경 문화에서 양들은 계약에 매여 수동적이고 고분고분한 복종을 의미하는 것이 아니라 광야를 유랑하며 함께 살아간다는 함축성을 갖고 있었다. 비유는 협동적이고 평화스러운 정신을 높이 평가하면서, 경쟁과 약탈의 문화에 맞선다. 우리는 양처럼 (유순하도록) 부름받지 않았다. 유순한 사람은 수형자들을 방문하거나 홈리스를 위해 일하거나 누군가를 풍요롭게 하기 위해 누군가를 가난하게 만들고 있는 약탈적 체제에 도전하지 않는다. 우리는 "무리flocks"로 부름받았다 — 즉 그 본래적 의미에서 소집되도록, 모이도록, 함께 나서도록con/spire 부름받았다: 정의로운 사랑의 정신 속에서 협업하도록 부름받았다.

그 비유는 급진적으로 관계적인 영의 역할을 —종말론적 궁극성으로— 앙등시킨다. 관건은 "창세로부터 너희를 위하여 예비된 나라에서"의 자리이다. 바실레이아는 "세계"에, 다시 말해서, 이 창조세계에 기초를 두고 세워진 채 머물러 있다. 하지만 대부분의 기독교인에게 예수는 정말로 죽음 이후의 천국에 대하여 이야기하고 있다. 필자는 현재의 해석에서 궁극성의 그 차원을 배제하고 싶은 마음은 없다. 내가 어떻게 그럴 수 있겠는가? 내게 핵심이 되는 것으로 보이는 것은 예수 자신의 우선성이다: 은유적 보상이나 처벌이 아니라, 주님을 올바로 예배하는 모든 경건한 무리들에게 던져지는 충격 말이다. 그런 후 그들이 신앙을 잘못된 곳에 두었음을 전해 듣는다. 예수는 그들의 존경을 원치 않았다. 이 주님은 자신이 저 모든 고통받는 얼굴들 위에서 발견되기를 바랐다. 저 모든 반종교적이고 부적합한 자리들에서 말이다. 지금.

그럼에도 불구하고, 이생에서의 삶 이후 저 최후의 심판에 대해서는 무엇이라 말할 것인가? 그에 대한 내 생각은 다음과 같다: 만일 우리가 보다 더 큰 사랑(의)삶으로 옮겨갈 수 없다면, 만일 우리가 갖고 있는 것에 완고하게 집착하거나 우리가 가질 수 없는 것을 몹시 갈망한다면 우리는 이 "하늘나라"에 어쨌든 있기를 원치 않을 것이다! 우리는 거기 속하지 못할 것이다. 안 맞는 클럽, 안 맞는 이웃, 안 맞는 은퇴후 공동체. 왜냐하면 성서가 그 나라에 대하여 혹은 새 창조에 대하여 혹은 "하늘"에 대하여 갖고 있는 이미지들을 보라. 잔치, 포용, 결혼식, 끝없이 노래하며 춤추며 함께 하기togetherness의 강렬한 관계적 은유들 말고 무엇이 있는가. 우리가 무시했던 저 타자들, 즉 우리의 현실 삶에서 영적으로 부적합하거나, 무관심하거나, 혐오스럽거나 또는 허위적이라 생각되는 저 타자들과 더불어? 이제 우리가 저들과 함께 영원히 뒤섞여야만 할 것인가? (내 피부나 옷이나 교회처럼) 저들로부터 나를 차단해 줄 수 없을 연약한 몸으로? 어림없다!

만일 고통을 당하며 주변부로 밀려난 인생들의 혼돈스런 다중들이 나의 친척임을 지금 여기서 내가 배우지 못한다면, 만일 내가 보다 더 큰 세계의 삶과 동일시를 이루지 못한다면, 그렇다면 어떻게 내가 가장 큰 삶을 **살아갈** 수 있을 것인가? 하나님에게로 모인 끔찍한 **타자들**의 무리와 함께 영원의 시간을 소비하는 일에 어떤 즐거움이 있을 것인가? 그 속에는 나를 위한 무엇이 있을 것인가?

어떤 사람들에게는 천국일 수 있는 것이 다른 사람들에게는 지옥일 수 있다. 응징하시는 주님이 그들을 다른 곳으로 보내셨기 때문이 아니다. 그것은 그저 서민적인 은유일 따름이다. 왕과 양 같은 상황-의존적인 은유들은 바뀌어갈 것이지만, 하나님의 함께-고난당하는-열정은 확고하게 남아있다. 그래서 **우리는 영과 그 사랑의 진리 속에 머무름으로써만 하나님 안에 머무를 수 있다.** 종말론적인 은유들은 거기에 개인도 구별된 구원도 나와 나의 예수를 위한 영원한 처소도 없을 것임을 열정적으로 경고한다. 그 자신의 구원에 집착하는 신앙은 그저 또 다른 형태의 탐욕과 욕구일 따름이다. 일부 기독교인들이 자신들의 예수를 얼마나 단단하게 움켜잡든지 간에 예수는 그 자신의 "정체성"을 분명하게 밝혔다: 그는 **우리에게 다름** 아닌 저 **타자이다.** 역사적 예수는 살았고, 증언했고 그리고 죽었다. 부활 이후에 그리스도는 더 이상 인격체 예수**로서** 나타나지 않는다. 그렇다면 그는 우리에게 "주님"이셨던 인격으로가 아니라 **가장 작은** 자의 인격으로 우리가 대면하는 분이시다.

기독교인들이 예수의 사랑 우선주의가 아니라 예수의 사랑스런 정체성에 주의를 집중할 때, 그들은 염소의 실수를 범하고 있는 것이다.

과정 중에 있는 구원

그 어떤 하나님의 사랑도 사랑의 하나님으로부터 우리를 구원할 수 없을 것이다. 왜냐하면 이 예민한 우려는 ―"창세로부터" 그리고 마지막에― 가장 근원적으로 우리가 누구인지에 관한 어떤 것을 표현하기 때문이다. 따라서 본서에서 우리는 과정 사상의 범주들을 활용하여, 우리 피조물들이 더도 말고 덜도 말고 다름 아닌 상호작용의 열린 과정들로 살아가는 길을 명확하게 표현했다. 우리는 우리의 관계들로부터 동떨어져 존재하지 않는다. 그래서 우리의 세계를 구성하는 타자들에 대한 존중심 없이는 자기-존중심도 가질 수 없다. 그리고 그 역도 마찬가지이다. "영원한 삶"이란 은유는 어떤 신비스런 의미에서 개별적 과정은 마지막에 이르지 않는다는 것을 암시한다. 그 영원으로 나아가는 길이 차단되어 있지 않는 한 말이다. 개체 과정이 마지막 순간에 (영원과) 접촉을 상실하지 않는 한 말이다.

만일 비유로 말하는 예수가 우리 인간관계들의 궁극적 밑천들을 표현하고 있다면, 그 밑천들은 우리 시대에 우리 인간 종에게 높아졌다. 거의 종말론적으로 말이다. 그 밑천들 중 가장 작은 것이 이제는 지구 자체가 된 것처럼 보이는데, 왜냐하면 우리가 그 지구를 뜨겁게 살아 있는 지옥으로 바꾸어버릴지도 때문이다.

그러니 그토록 많은 사람이 스스로를 위해 저세상적이며, 탐욕스럽고-구차한 구원 체계에 눈을 돌리는 것도 놀랄 일은 아니며, 또한 동시에 그토록 많은 다른 사람들이 그저 이 세상에서 자신들의 욕구와 탐욕에 탐닉하고 있는 것도 놀랄 일이 아닌 셈이다. 왜냐하면 만일 우리의 구원이 이 전체를 대속하는 것에 의존되어 있다면 우리는 파멸한다, 그렇지 않은가? 무슨 종류의 사랑이 이런가? 어디에 기쁨이 있는가?

세상을 구하기 위한 노력 속에는 없다! 비유들은 실제로는 어느 누구나 어떤 것을 대속하라고 우리에게 말하지 않는다. 메시아 콤플렉스는 그것이 얼마나 덕스러운 것이든지 간에 탈진을 위한 공식이다. 그것은 우리에게서 신비를 벗겨내버릴 것이다. 대속—혹은 구원 혹은 속죄—은 인간의 역량들을 무한히 상회하는 과정이다. 사랑(의)우선순위가 우리 자신의 우선순위가 되는 한에서, 우리는 대속에 **참여한다**. 우리는 새로운 창조에, **바실레이아**로서 갱신에 참여한다. 새로운 창조가 **시작된다**. 그러나 결코 무로부터 시작되는 것은 아니다. 비유는 가능한 것을 현실화시켜내도록 긴박함을 가지고 기쁨으로 우리를 유혹한다.

확실한 계산을 통한 우리의 예측에 따르자면, 우리의 공유된 미래를 위한 확률은 희박한 듯하다. 그러나 우리는 무엇이 가능할는지를 알지 못한다. 바실레이아는 예측가능한 것의 한복판에서가 아니라, 혼돈의 가장자리에서 전개된다: 가능하지 않았던 것이 가능해지는 자리 말이다. 이전에는 불가능성 속에 봉인되어 있던 가능성들이 열리는 자리: 그래서 진리truth를 의미하는 그리스어와 복음서의 단어는 '알레테이아'aletheia인데, 이는 문자 그대로 "감추인 것이-드러남the un-hidden"을 의미한다. 이 진리-과정은, 우리가 보아왔던 대로, 단편적인 지령이나 정보가 아니라, 상호작용을 구성한다. 가능성이란 **바실레이아적 되어감**the basileic becoming를 향한 유혹이다.

드러내기revealing와 감추기concealing의 이중적 몸짓 속에서 비유들은 펼침과 접힘의 리듬을 표현한다. 이 리듬 속에서 비유들은 창세의 운동, 즉 열린 창조의 운동을 압축한다: 창조세계 속에 펼쳐지는 하나님의 운동과 하나님 안으로 접혀지는 창조세계의 운동. 에로스 속에서 움직이는 신성의 운동과 아가페 속에서 움직이는 신성의 운동: 창조와 구원.

구원은 과정 중에 있거나 그렇지 않다면 일어나지 않았다. "구원이란 무엇인가"라는 물음에 존 웨슬리는 그것은 정확히 "그 말을 통해 흔히 이해되는 것들: 즉 하늘나라에 가는 것, 영원한 행복 등이 아니다"고 대답한다. "그것은 우리 주님에 의해 '아브라함의 품'(눅 16:22)이라 불렸던 낙원에 가는 것이 아니다. 그것은 죽음의 저편에 놓인 축복이 아니다. 또는 (우리가 흔히 말하듯이) '저세상에서' 받는 축복이 아니다."[20] 전통적인 가정들에 대한 이 웨슬리적 해체는 그가 의미하는 구원을 위한 공간을 연다: "그것은 멀리 떨어진 어떤 것이 아니다. 그것은 **현재의 것이다**…"[21] 현재의 기쁨과 도전 속에서 그 축복은 우리 자신의 능력으로 하는 어떤 일이 아니며, 또한 우리를 위해 이루어질 어떤 것도 아니다. 그것은 결론이 열린 사이-작용an open-ended inter-activity이고, 과정 중에 있는 신비이다: 가공된 그리스도가 베일로 덮어씌운 것이 살아있는 그리스도 안에서 드러나는 것을 보게 되는 신비 말이다.

우리가 그와 더불어 말하고자 노력하는 지혜는 소피아, 혹은 말씀 혹은 영이라 불린다. 그의 능력은 그 어떤 신적인 강압에도 담겨있지 않은 낯선 힘으로써, 겨자씨들의 미묘함 속에서 스스로를 묘사한다. 숨겨진 보물. 관목들 속에 있어서 안 보이는 새들. 씨 뿌리는 사람. 부적절하고 기대치 않았던 환영식들, 보상들, 파티들. 그러나 그것들은

---

20 John Wesley, "The Scripture Way of Salvation", in *John Wesley, A Library of Protestant Thought*, ed. Albert C. Outler (New York: Oxford University Press, 1964), 273.

21 *Ibid.* 저자의 강조.

가능한 것the possible의 이미지들이다. 그것들의 실현 속에 구원이 놓여 있다. 바로 지금이 아니라면 영원히 없다.

가능성을 숙성시키기

비유 하나 더: 이 비유는 가정적 이미지를 위반적으로 비틀어 담아 전하는 짧은 비유이다. 예수의 청중들에게 누룩은 유월절의 발효되지

> 천국은 마치 여자가 가루 서 말 속에 갖다 넣어 전부 부풀게 한 누룩과 같으니라.
> _ 마태복음 13:33 (개역개정)

않은 빵과 비교하여 예식적으로 불결하고 그래서 세속적인 것으로 이해되었다. 필자도 빵을 반죽해 보았지만, 그때마다 실제로 매일 반죽을 하는 사람들의 기술과 힘을 감탄하게 될 뿐이다. 빵 반죽은 처음에는 거의 불가능한 일처럼 느껴진다. 그러나 생명 없는 밀가루 덩어리가 손가락의 힘으로 주물럭거려져 아주 소량의 누룩이 지닌 비밀스런 힘으로 채워지면, 변형이 일어난다!

이 비유의 이미지는 노력 없는 마술이 아니라, 또한 단순한 노고와 난국이 아니라, 노력과 은혜의 시너지를 시사한다. 은혜-전달자grace-bearer는 언제나 그렇듯이 가장 믿음직스럽지 못해 보인다. 당분과 그 외 탄수화물들을 발효시키는 이 작은 단세포 곰팡이는 생물 종들 중에 정말로 가장 작은 종이다. 그러나 싹틔우는 것과 같은 방식으로 급속히 번식하는 이 작은 박테리아 생명체는 전체 밀가루 반죽 덩어리를 부풀어 오르게 한다. 발효하고 다수로 번식하고 온전히 부풀어 오르는 이 미세한 힘은 신적 영향력의 신비에 대한 단서를 우리에게 말해준다. 누룩은 온건하지만, 조금 위협적인 어떤 것을 암시한다. 그것은 겉

보기에 도저히 능가할 수 없는 확률에 맞서 일어서는 힘을 보여준다. 불가능한 것이 가능케 된다.

다시금 비유의 형식과 내용 면에서 우리는 숨겨짐에 대한 복음서의 영리한 놀이를 주목하게 된다. 이 놀이는 위에서 토론했듯이 창세로부터 "숨겨진" 것들에 대한 언급들을 담고 있는 바로 그 동일한 마태복음 13장에서 찾아볼 수 있다. 여기서 여인은 누룩을 "숨긴다." 그리고 드러나는 것은 누룩 자체가 아니라 ―그것은 밀가루 반죽에 의해 다시 덮여져서만 드러난다― 그의 가능할 것 같지 않았던 장엄한 효과이다. 이것을 종말의 때의 쉽볼렛들과 혼동하지 말자 ― 비록 모든 것은 "종말에" 드러날 것이지만 말이다. 이것이 비유가 제시하는 것이 아니다. 바실레이아는 하나의 과정으로 묘사된다. 빵 굽는 여인의 노동은 과정 그 자체를 의미하는데, 그 스타일과 내용 면에서 대안적인 힘alternative power의 발효를 탈/폐쇄한다dis/closes.

그 비유는 초대한다. 그것은 강요하지 않는다. 그것은 부르고 있으며, 강제하지 않는다. 은혜는 저항할 수 없는 것이 아니라 놀라운amazing 것이다. 그 유혹은 존 웨슬리의 용어로 "시발하는 은혜initiating grace"로 불릴 수도 있을 것이다. 이 실천적인 은혜의 신학자는 그것을 조심스럽게 다음과 같이 표현한다. "하나님은, 영혼이 하나님에게 재차-작용하지re-acts 않는다면, 그 영혼에 계속 작용하지 않으신다."[22] 하나님이 은혜를 보류하시기 때문이 아니라, 은혜는 단지 일방적인 힘이 아니기 때문이다. 누룩의 영향력은 그 여인의 반죽을 주물럭거리는 노력과 또한 밀가루와의 상호작용을 요구한다. 그렇지 않으면, 보물을 발

---

22 참조. *Father Appeal to Men of Reason and Religion*, Pt. I, 3, *The Works of John Wesley*, ed. Albert C. Outler (Nashville: Abingdon, 1986), 11:106; and Sermon 91, "On Charity", III: 12, Works 3:306.

견하고 획득하기 위해 무척 극단적인 대책들이 강구되어야 할 것이다. 아니면 땅이 사실상 씨앗을 발아하게 해야만 할 것이다. 은혜는 —예정론의 신봉자들이 보기에는 의심쩍은fishy 것으로 보일지라도— 우리의 협동cooperation[23]을 필요로 한다. 그것은 우리 위에 (작용하는) 힘power이 아니라 우리의 역량부여empowerment이다: "우리는 그 사랑의 빛과 능력 안에서 우리를 강하게 만드시는 그리스도를 통하여 모든 것을 할 수 있다."[24] 웨슬리에게 그 은혜를 위한 다른 이름은 다름 아닌 성령이었다.

우리 자신과 우리의 세계에 대한 우리의 책임을 회피할 방법은 없다. 하지만 모든 시간과 모든 곳에서 로고스logos가 우리의 되어감our be-coming을 위한 하나의 유혹, 하나의 가능성, 새로운 기회를 제공한다고 과정신학은 주장한다. 만일 우리가 그 유혹을 분별하는 법을 배우지 못한다면, 그것은 우리에게 점점 더 접근 불가능한 것으로 되어갈 것이다. 그러나 우리가 무엇을 하든지 간에 우리는 우리와 "함께 느끼시는" 함께-고난당하는-열정com/passion 속에 감싸여 있다. 그 아가페에 참여한다는 것은 바실레이아의 일부가 되는 것이다. 그것이 사랑과 심판의 비유들 속에 묘사되어 있음을 살펴보았다. 성서적 사랑은 명확한 경계, 즉 종말eschaton을 갖고 있기 때문이다. 우리 삶에 대한 심판은 다름 아닌 우리의 삶이다. 이 문구는 열일곱 살 시절 내가 보았던 아방가르드 극장의 작품에서 영감을 얻었다. 배우들이 사다리를 오르락내리

---

23 이는 칼빈주의 예정론자들과 웨슬리가 벌였던 논쟁이었다. 성화의 과정에서 은혜와의 자유로운 협동을 강조했던 웨슬리와 칭의(justification)를 강조했던 고전적 종교개혁자들과의 긴장관계에 대한 필독 해설을 다음에서 참고하라: John B. Cobb Jr., *Grace and Responsibility: A Wesleyan Theology for Today* (Nashville: Abingdon, 1995).

24 John Wesley, "The Witness of Our Own Spirit", Sermon 12 in *The Works of John Wesley*, Vol. I: Sermons I, 1-33, ed. Albert C. Outler (Nashville: Abingdon, 1984), 309.

락하고 있는 동안, 그 사다리 꼭대기에 누군가가 마이크를 잡고 올라 앉아, 외침을 반복한다: "네 삶의 심판은 너의 삶이다."

우리는 이 한 번의 삶을 우리의 것으로서 살아갈 그래서 우리의 차이를 만들 이 한 번의 기회를 누린다: 많은 것들이 걸려 있지만 은혜는 깊이 흐른다. 우리를 파멸시키는 바로 그 동일한 과정이 우리를 구원할 수 있다. 왜냐하면 정확히 바로 이 상호작용적인 삶이 우리를 서로에게 그토록 취약하게 노출하기 때문이다. 그리고 때로 우리를 선을 향한 위대한 힘으로 결집하기 때문이다. 교회, 하나님의 연방common-wealth, 새로운 예루살렘, 심지어 모든 죽은 자들의 육체적 부활 등 이 모든 것들은 지구인들에게 가능한 것을 알려주는 길들ways이고, 은유들이고, 비유들이다.

관계적 기독론은 상당히 삼위일체적인 의미로 영을 통하여 신학에 에너지를 불어넣을 것이다. 여기서 위르겐 몰트만Jürgen Moltmann의 성령론적 기독론은 결정적이다. 왜냐하면 그 성령이 삼위일체적 쉽볼렛을 떠나도록 강권하기 시작하면서, 철저한 관계성을 강화시켜주고 있는데, 바로 이것이 삼위일체의 온전한 의미이기 때문이다. 아주 성서적인 기초에서, 몰트만은 "성령"이라는 전통적인 명칭을 "생명의 영"이라는 더 폭넓은 은유적 장으로 포괄한다.

바로 이 생명의 영을 우리는 예수 안에서 "얻게 된다": 바로 그 성

> 그리스도와 하나님 나라 사이에는 영의 현재적 경험 말고는 그 어떤 매개도 존재하지 않는다. 왜냐하면 영은 그리스도의 영이고, 모든 사물들의 새로운 창조의 살아있는 에너지이기 때문이다.
>
> — 위르겐 몰트만[25]

---

25 Jürgen Moltmann, *The Spirit of Life: A Universal Affirmation* (Minneapolis: Fortress Press, 1992), 69.

령을 우리는 받고receive 잉태할conceive 수 있다. 기적적인 호의도 구원의 일격도 아니고, 방탕한 세상으로부터 우리를 구출할 절대적 힘도 아니라 다짐에 찬resolute 영이다. "그리스도 안에 있는" 이 영 속에서 (그러나 결단코 기독교에 국한되지 않고, 마치 성[姓]처럼 사용되는 "성聖"이라는 수식어를 요구함이 없이) 우리는 세상을—혹은 우리 자신을— 포기하지 않는다. 우리가 전략을 바꿀 수도 있지만, 우리는 계속 신비 위에 머물 것이다. 우리는 진리-과정을 돌본다: 가능하지 않았던 어떤 것이 바로 그 누룩을 통해 가능한 것이 된다.

섬세한 대항적-종말론적인counterapocalyptic 척도에 대한 비유들의 고집은 계시revelation의 일부이다: 숨겨진 씨앗들, 박테리아, 동전들, 보물 그리고 "가장 작은" 사람, 이 모두는 갑자기 증폭되고 확장되기 시작할 것이라는 의미에서 작음smallness이라는 척도 위에 놓여있다. 이는 마치 카오스 수학의 나비 효과와 비슷한데, 사회학 분야에서는 "티핑 포인트the tipping point"로 번역되었다. "초기 조건들에 대한 극단적인 민감성"을 우리는 창조론에서 살펴보았는데, 이는 혼돈의 가장자리에서 일어나는 비선형적 과정의 원리이다. 거대한 효과들은 시초들의 "가장 작은 것the least"의 결과일 수 있다. 바로 이 끝이 열린 비선형적 과정의 상호작용 속에서 비일상적인 변혁들, 즉 "상 전이들phase transitions"이 발생할 수 있다. 욥의 폭풍우처럼 누룩의 발아하는 거품은 혼돈의 가장자리에서 전개되는 비선형적 질서에 대한 훌륭한 과학적 사례라는 사실이 다소 재치있게 느껴진다. 그러한 비선형성nonlinearity이 모든 복잡성을 촉발하고 그럼으로써 우주 안에 모든 생명의 투자후원자가 된다. 그리고 이 비선형성은 바로 정확히 그 요소들의 민감한 상호의존성 때문에—섬세한 함께하기 때문에— 여전히 예측불가하다. 심지어 누룩의 분자들조차도 말이다.

우리를 그토록 취약하게 만드는 바로 그 상호의존성이, 실로 우리를 행성적 종말apocalypse로 몰아가는 것처럼 보이는 그 상호의존성이, 인간 구원의 바로 그 수단이 될 것이다. 영의 나비 효과—혹은 누룩 효과라고 불러도 좋을 것 같다—는 기대하지 않았던 앙등의 가능성, 사랑 공동체로의 티핑 포인트, 영적인 상승의 가능성을 암시한다. 혹은 한 만화작가가 표현하듯이: "위대한 지혜도상승a Great Upwising"[26]이다. 이 표현은 전능한 구출에 대한 환상을 탐닉하려는 것이 아니라, 영적인 진화의 위험을 포용하기 위함이다. 예수의 사랑(의)하나님은 그 에너지 넘치는 생명을 통제하지 않고, 그 생명의 은혜를 정녕 풀어준다. 바로 우리들 중의 한복판으로 말이다. 우리의 모든 지역적 가능성들이 가장 적합할 환경들 속으로 말이다.

최근 내가 거주하는 지역에 놀랄 만큼 참여적인 회중들이 비유들에 대한 성인-교육 포럼을 열었다. 빵 굽는 여인의 이야기를 성찰하면서, 마가렛이라는 회원은 다짐에 차서 단호하게 선언했다: "발효leavening는 약동enlivening이다."[27]

더 고등한 기독론의 유혹

앞의 두 장에서 우리는 과정신학에서 발전된 신적인 행위작인에 대한 이해를 토론했다. 약동하는 유혹, 가능한 것의 신성한 선물은 자신의 "시초적 목적"이 되어가는 피조물과 공유된다. 욕망은 욕망을 점화한다. 이것은 초대장이고 에로스이다. 우리는 또한 그것을 하나님의

26 Swamin Beyondananda, www.wakeuplaughing.com. 역자주. 이 표현은 개신교의 "대각성"(the Great Awakening)을 풍자한 것이다.

27 마가렛 캘러웨이(Margaret Calloway)의 각성적이고 약동하는 반응은 스투 댕글러 목사(Rev. Stu Dangler)가 인도하는 UMC Demarest에서 있었던 대담 중에 튀어나왔다.

로고스 혹은 소피아라고 이름한다. 말씀으로서 그리스도는 그 우주를 포용하는 지혜, 즉 "육화한 로고스가 그리스도"[28]임을 의미한다. 다른 말로 표현하자면, 그 로고스는 우주적 지혜—즉 우주의 지혜—를 이름한다. 예수 안에 육화한 것으로서 기독교인들은 그것을 그리스도라 부른다. 그러나 그 로고스는 육화incarnation—혹은 물질화materialization—를 추구하는데, 단지 예수 안에서만이 아니라, 언제나 모든 곳에서 그것을 추구한다. 요한복음 서문의 로고스는 공관복음서들에 나오는 개념으로서가 아니라 복잡한 그리스의 용어인데, 지혜, 개념, 패턴, 이성, 연설 그리고 계시를 의미한다.[29] 과정신학과 더불어 그 로고스는 유혹의 바로 그 내용으로서 등장한다. 따라서 로고스는 여기서 지금 우리의 되어감becoming을 위한 가능성으로서 언제나 동일하고 또 언제나 다르다.

기독교 이야기 안에서 그 신적 로고스, 즉 세계-창조적인 지혜의 예수 안에서 일어나는 육화는 하나의 독특한 사건으로 그려지고 있다. 실로 그 육화는 좀 강한 의미로 표현하자면 유일무이한 것으로 고려될 수도 있을 것이다: 우리가 아는 한, 오직 이 사람만이 신적인 유혹을 깨달았고, 그래서 그와 "한 몸이" 되었다. 그 친밀한 연합 혹은 "아들 됨"은 형이상학적으로 주어진 것이 아니라, 예수의 세례에 의해 자체로 상징화된 사건, 즉 되어감의 사건이다. 그러나 이것은 예수를 통상 "하나님의 독생자 아들"로 동일시함으로써 의미하는 최종적 혹은 경합적 의미에서 하나님의 배타적인 계시로 육화(혹은 성육신)를 만들어 버리는 것은 아닌가? 그와 반대로, 유일한 성육신의 전체적 요점은 무

---

28 John B. Cobb Jr. and David Ray Griffin, *Process Theology: An Introductory Exposition* (Louisville: Westminster John Knox, 1977), 98.

29 Miller, *The Complete Gospels*, 200.

한자와의 새로운 친밀성을 열어가는 것이다. 성육신을 "육신이 되어 가는" 것으로 특징화한 한 복음서만 이 열린 과정을 강력하게 나타내고 있다: "그를 받아들인 모든 이들에게 그는 하나님의 자녀가 되는 권세를 주었다"(요 1:12[30])고 요한은 적고 있다. 다른 말로, 이 **로고스**를 포용하는 것은 하나님의 아들 혹은 딸이 **되는** 것이다. 오직 예수만이 하나님의 아들이라는 표준적 개념은 바로 그를 나타내는 요한복음의 본문을 직접적으로 거부하고 있다!

같은 장에서 요한이 "하나님의 유일한 아들처럼"(1:14)[31]이라는 구절을 사용할 때, 그것은 스스로와 모순되는 것이 아닌가? 아니다. 그것은 예수가 유일한 아들이라는 것을 말하고 있는 것이 아니다. "처럼like"이라는 말은 은유 혹은 유비를 나타내는 것이지, 문자 그대로의 정체성을 의미하는 것이 아니다. 요한복음에서 문자주의자들은 언제나 틀렸다. 그러나 요한은 예수의 우선순위를 나타내기 위해 비유들이 아니라 표지들signs을 사용한다. 그리고 이 첫 장에서 요한은 예수의 하나님과의 유례없는 친밀감이 어떻게 우리들 중 누구라도 하나님의 아들 혹은 딸이 되는 일이 **가능**케 되었는지를 보여주고 있는 중이다. 이것은 배제exclusion에 관한 것이 아니다. 이것은 **포용**inclusion의 독특한 새로운 전략에 관한 것이다. 사실은 요한복음에서 친족관계를 표현하는 언어가 "그 나라"의 언어를 대신하고 있다. 그래서 하나의 가교 개념으로서 우리는 "하나님의 나라"를 떠올릴 수도 있다.

---

30 역자주. 켈러는 원문에서 요한복음 1:13으로 기재하고 있으나, 실재 인용하는 구절은 1:12절이다. 그래서 1:12로 수정하였다.

31 역자주. 요한복음 1:14의 "아버지의 유일한 아들처럼"이라는 구절은 한글판 개역개정 성경에서는 "아버지의 독생자의 영광이요"라고 번역되어 있는데, 이는 NIV의 구절과 유사하긴 하지만, KJV이나 NASB에는 "the glory as of the only begotten of the Father"으로 되어 있어서, 한글판 성경과 차이가 있다. 그래서 켈러가 인용하는 원문을 따라 번역하였다.

바실레이아의 끈적끈적한 정의 속에서 모든 피조물들의 육체적인 상호의존성은 그리스도 안에 담지된 하나님의 육신이라는 특별한 계시를 위한 맥락을 형성한다. 그러나 다소 성급하게 고전 신학은 그 계시의 관계적 과정을 덮어 감추고, 그 대신 다른 모든 육체들로부터 추출된 추상적이고 불변하는 그리스도-정체성에 고착되고 말았다. 그것은 그리스도-사건의 고유성을 배타적이고 변하지 않는 계시와 혼동하고 말았다. 그래서 그리스도를 어떤 불변의 초자연적 실체의 종류로서 가공하기 시작했다. 그러나 이 육화한 로고스의 위엄은 창조세계의 모든 피조물 속에서—그리고 무엇보다도 저 가장 작은 이들 속에서—육신을 입은 말씀의 조명에 놓여있다.

저 모든 "하나님의 아들" 쉽볼렛들은 이 요한공동체 말씀의 삶과 은혜인 바로 이 "사람들의 빛"(light of humanity; 요 1:4)을 차단하고자 위협한다. 그 쉽볼렛들은 언제나 예수의 비유적 우선순위들을 전하는 다른 세 공관복음서들의 흙먼지 날리는 예수보다 제4복음서의 빛나는 그리스도-정체성을 특별하게 취급한다. 하지만 말씀의 "영광"은 금으로 만들어진 제국의 해 장식과 같은 것이 아니다. 그 영광은 "하나님이 그토록 사랑했던 우주—인간과 비인간 모두를 포함한—의 저 불편부당한 다중들의 어두운 얼굴들 위로 빛을 발한다." "하나님은 우리의 새로운 탄생들 각자와 모두를 신성한 영광으로 감싸고, 그들의 열정의 표식들을 지우지 않고 변용하신다"고 신학자 마이라 리베라[32]는 (영광스러이) 적고 있다. 영광은 성육신을 따라 재배분된다.

우주적 그리스도의 중요성은 —기독교인의 관점에서— 모든 방향

---

32 Mayra Rivera, *The Touch of Transcendence: A Postcolonial Theology of God* (Louisville: Westminster John Knox, 2007), 140. "그것은 복잡한 역사성 속에 있는 육체를 결코 우회하지 않고, 물질을 신적인 육신으로 화체시키는(transubstantiates) 변모(transfiguration)이다."

에서 무한히 외부적으로 연장된다. 그것은 넓고 깊어지지만 더 이상 높아지지는 않는다. 그의 방사를 증언하는 선교mission가 호전적인 배타주의로 전환될 때, 그 영광 자체가 차단된다. 왜냐하면 그 영광은 체현embodiment에 달려있기 때문이다.

복음서 예수의 철저히 관계적인 우선성을 그리스도-정체성의 우주적 로고스와 함께 붙들고 있기 위해서는 되어감의 기독론Christology of becoming이 요한공동체의 로고스가 발하는 광휘를 공관복음서의 흙냄새나는 예수와 잘 섞어내야 할 것이다. 그러나 이 고등 기독론은 또 하나의 다른 가공된 예수그리스도Jesuschrist를 만들어내지 않는가? 꼭 필연적으로 그런 것은 아니다 ─ 만일 우리가 이어서 설명될 신학적 분별력을 발휘할 수 있다면 말이다.

과정 중의 그리스도

예수는 그리스도시다라고 말할 때, 이는 우리의 관점에서 메시아에 대한 유대인의 기대가 어떤 의미로 실현되었다는 것을 의미한다. 만일 그 기대가 예수의 인격 속에서 완수되었다면 그것은 예수가 아빠abba라 불렸던 분에 의해 제시된 가능성들을 예수가 결연히resolutely 실현했기 때문이다. 예수를 향한 시초적 목적은 그 자신의 제한된 상황들의 한복판에서 시시각각으로 메시아적 시대를 혹은 바실레이아를 실현하는 것이었다고 말할 수도 있을 것이다. 그러나 이는 그 메시아적 과정이 완결되었다거나 혹은 고갈되었다는 것을 말하는 것이 전혀 아니다. 그 반대다. 우리 자신의 제한된 상황 속에서 그의 현실화 가능성을 지지하는 공동체적 윤곽이 주어졌고 그러므로 새로운 명령이 주어졌다.

이 과정적 유혹의 현재 시제는 성육신의 "이미"와 종말의 "아직"을 모두 상실한 듯이 보일 수도 있다. 하지만 기독교의 "이미 왔다"와 유대교의 "아직 오지 않았다" 사이의 긴장은 심원하게 남아있다.

드류대학교 신학부 학생들 중 한 그룹이 뉴저지 이웃에 위치한 유대교 회당에 예배를 드리러 갔다. 랍비는 예배 후 학생들의 질문들을 받았다. 한 학생이 예상한대로 물었다. "그러면 예수에 관해서는 어떻게 생각하시나요? 그분은 진정한 메시아로서, 다시 오실 분이신데요. 예수에 대해서 어떻게 생각하세요?" 랍비는 대답했다. "아시겠지만 나는 유대인입니다. 그리고 예수는 유대인이었습니다. 그래서 항상 어떤 일이 벌어질지에 대해서 이야기할 때 우리는 상당히 많은 공통분모를 갖고 있다고 생각합니다. 전 그저 기다려야만 할 것 같습니다. 우리 모두는 누군가를 기다리고 있는 중입니다. 그것이 우리가 공통적으로 갖고 있는 것입니다. 당신은 기다리고 있습니다. 우리는 기다리고 있습니다. 당신의 메시아가 다시 왔을 때, 당신은 '다시 뵙게 되어 정말 좋습니다!'라고 말씀하실 겁니다. 그리고 우리는 '왜 그토록 오래 걸리셨어요?'라고 말할 것입니다."[33]

랍비는 유머스럽게 우리 모두는 같은 메시야를 공유하기도 하고 그렇지 않기도 하다는 사실을 암시하고 있었다. 우리는 복음서들을 형성한 유대의 예언자적인 기대를 동일하게 공유한다. 그러나 만일 예수가 유대인들을 위한 그 기대를 이행한 것이 전혀 아니라면, 그는 또한 그 기대를 최종적으로 기독교인들을 위해서도 이행하지 않은 것이다. 만일 교회가 메시아의 시대가 확실하게 도래했고 또 그 첫 번째 도래만으로 충분하다고 느꼈다면, 물론 그리스도의 미래적 도래를 의미하는

---

33 이 이야기를 포함해서 여러 많은 가격을 매길 수 없을 만큼 소중한 이야기들을 제공해준 필자의 동료 헤더 엘킨스(Heather Elkins)에게 감사를 드린다.

기독교적 상징은 없었을 것이다. 몰트만은 단순한 이미already와 단순한 아직not-yet 사이의 제삼의 길을 이름한다: "희망의 하나님은 스스로 도래하시는 하나님이시다."[34] 되어감becoming의 신학에게 그 '도래함coming'은 유혹들 중의 유혹으로서, 우리의 집단적 되어감으로의 유혹이다. 하나님의 도래함/존재be/coming는 역사의 가장자리에서 상호작용의 끝없는 과정 속에서 일어난다.

몰트만이 "희망의 메시아적 노트"라고 부르는 것, 새 창조의 희망, 새 하늘과 새 땅, 새 예루살렘에 대한 희망 — 이는 모두 여전히 현실화되기를 기다리고 있으며, 우리의 바실레이아적 되어감을 요청하고 있다. 대부분의 유대인들에게는 너무나 명백했듯이, 메시아의 시대는 이르지 않았다. 세상에서 많은 것들이 악화되었다. 하지만 거기에는 또한 혼돈의 가장자리를 따라 여기저기에서 진보가 있었다. 그리고 가장 최악의 퇴행들에는 역사를 어떤 최종적인 행태로 고착시키려는 시도로부터 유래하는 것들이 있다. 승리자 교회는 이 세상에서 가능한 최선의 것을 이미 성취했다는 제국주의적 의미에서 이를 볼 수 있다. 메시아의 시대는 언제나 여전히 역사 속으로 도래할 때를 기다리며 머물고 있다. 그것은 문자적 의미에서 도래할-시간time-to-come이 아니라, 모든 실현된 종말론에 저항하는 하나의 이상이다.

이는 신학적으로 다음을 말하는 것이다: 메시아적 기대는 나사렛 예수 안에서 독특하고 비할 수 없는 방식으로 체현되었고 수행되었다. 다른 말로 표현하자면, 메시아적 도래함(의)존재be/coming에 대한 기독교적 번역으로서 그리스도의 유혹은 자아를-능가하는 공동체적 체현들로의 초대이다. 그러므로 그리스도적 과정은 이미/아직의 긴장을

---

34 Jürgen Moltmann, *The Coming of God: Christian Eschatology*, trans. Margaret Kohl (Minneapolis: Fortress Press, 1996), 24.

붕괴시키지 않고, 그 긴장을 이 순간으로 모아들인다.

"이를 위해 나는 세상에 왔으되, 진리를 증언할 것이다." 그 진리는 —"그 자신"의— 단순한 정체성이 아니었다. 그러나 예수는 스스로 그 진리를 짊어졌고, 증언했고, 가르쳤고, 일으켰다: 그는 진리를 한 인간이 가급적 할 수 있는 만큼 온전히 그의 삶과 죽음에서 체현했다. 고백적인 수사를 최대로 담아 표현하자면, 예수는 한 인간 존재가 할 수 있을 만큼의 **신적인** 진리를 체현했다. 그래서 그를 따르는 우리 모두는 그 진리의 가능성들을 체현하고 일으킬 수도 있다. 우리가 할 수 있는 만큼의 최선과 기쁨으로 말이다.

그렇다면 **그리스도**는 —그리고 단지 예수를 따르거나 그의 **소피아**를 현실화하는 사람들이 아니라— 어떻게 과정 중in process에 있는가? 이 물음은 다음의 물음이 될 것이다. "그리스도"는 우리를 위해 살아계시는가? 왜냐하면 그 어떤 것도 과정 중에 있지 않다면—끝이 열려있고 상호작용적이지 않다면— 살아있는 것이 아니기 때문이다. 참으로 우리가 "그리스도의 몸the Body of Christ"이라는 바울의 은유를 진지하게 받아들인다면, 우리는 언제나 신진대사의 삼투적 관계들 속에서 전개되어야만 하는 복잡한 유기체에 속하는 셈이다. 이는 유기체로서 그리스도의 몸이 **성장**해야만 한다고 말하는 것이 아니다. 교회 성장은 흔히 그 기관의 생명력에 대한 척도로 오해되고 있다. 성숙한 유기체 안에서 양적인 성장이란 곧 섭식 장애나 암을 신호하는 것이다. 지혜 속에서 성장한다는 것은 오직 부수적으로만 크기 상의 성장과 상관성을 담지하고 있을 뿐이다. 생명의 신비는 헤아릴 수 없을 정도로 무한하다 — 그럼에도 불구하고 실천적이다.

예수는 부활한 그리스도의 이야기 속에서 죽었고 또 다시 살아났다. 그리스도-상징은 그 상징이 과정 속에 체현될 때에만 살아있다.

그것은 교회가 살아있기 때문에 과정 중에 있다. 그리고 교회는 바실레이아의 사랑을 추구하는 정의를 살아간다—즉 실천한다—는 점에서 살아있다.

비유되기

예수의 비유들이 숨겨져 왔던 것을 드러냈고 또 아직 드러날 수 없는 것을 숨겼다는 점에서 예수 역시 드러내고 숨겼다 — 그 자신이기도 하고 그 자신이 아니기도 한 신성을 말이다. "그리스도", 즉 메시아는 하나님과 동의어가 아니다. 그렇다면 우리는 그리스도 정체성에 대한 예수의 우선성을 어떻게 관계시킬 수 있을 것인가? 만일 우리가 하나님이 예수 안에 계셨다고 말하고자 한다면, 말하자면 특별한 방식으로 예수 안에 계셨다고 한다면, 다시 말해서 새로운 길과 바실레이아적 과정을 시작했지만 다시금 신성이 인성을 가리기를 원치 않는 방식으로 계셨다고 한다면 우리는 예수와 그리스도 사이에 성령적 중지 pneumatic pause를 여전히 열어놓을 수 있을 것이다.

우선성과 정체성 사이에서, 역사적 기억과 상상된 연방 사이에서 숨을 쉬는 영이 기독론에 생명을 불어넣는다. 그 영이 기독론을 과정 속에 그리고 시험 중에 있게 하며, 기독론의 미래의 길을 열어주고 또 다른 길들 위에 있는 사람들에게 개방적이 된다. 그러나 우리가 예수를 그 길 자체라고 상상할

> 비유를 말하는 사람은 비유가 된다. 예수는 비유들 속에서 하나님의 나라를 알려주었지만, 원시 교회는 예수를 그리스도로서, 즉 하나님의 비유로서 공표하였다.
>
> —존 도미닉 크로산[35]

---

35 Crossan, *Dark Interval*, 124.

때, 어떤 종류의 이미지가 작동하게 되는가?

골로새서는 예수를 "보이지 않는 하나님의 아이콘"으로 찬양한다 (골 1:15). 이 아이콘은 (또한 "형상"으로 번역되기도 한다) 우주적 차원성을 갖는다: "그 안에서 만물이 함께 선다." 그래서 그 아이콘은 매끈하게 만들어진 가공된 그리스도의 우상들로부터 우리를 자유롭게 할지도 모른다. 그러한 표현은 단순화된 예수 = 하나님의 공식을 함축하지 않는다. 그 표현은 우리를 우리 자신의 창생genesis으로 초대한다. 보이지 않는 것의 형상/아이콘 속에 표현된 우리에게로 말이다. 그러나 아이콘은 그 시각적 표면에 응고될 수 있는데, 말하자면 그의 가시적 이미지로 절대화될 수 있다는 말이다. 우리는 어떻게 이 그리스도-아이콘이 계속 과정 속에 있으면서, 정체되지 않도록 할 수 있을까?

크로산의 위대한 실마리를 빌리자면, 만약 우리가 예수를 하나님의 비유the parable of God로 읽는다면 어떨까? 크로산은 예수가 "비유를 말하는 사람으로서 죽고 또 하나의 비유Parable로서 부활했다"[36]고 적고 있다. 예수는 거울이나 투명한 창문이 아니다. 초상화도 아니다 — 예수에 대한 어떤 초상화를 우리가 복구해내건 간에, 그것은 보이지 않고 무한한 것의 초상이 아니다. 아이콘은 오직 운동과 관계 속에서만 살아 있다. 이야기적 역동성 속에 담긴 비유는 그 운동을 포착한다. 바실레이아의 진리-과정으로서 그리고 그 가능성의 경이로서 말이다. 크로산은 "하나님 나라와 예수 이야기들" 사이의 연관성을 다음과 같은 격언으로 요약한다: "비유들은 하나님에게 여지를 제공한다."[37]

비유들을 말하는 이야기의 대가는 들을 귀를 갖고 있고 볼 수 있는 눈을 가진 이들에게 하나님의 비유가 된다. 우리 사이의, 우리 안의,

---

36 *Ibid.*, 126.

37 *Ibid.*, 121.

우리를 넘어선 바로 그 공간에서 우리는 또한 무한한 되어감an infinite becoming의 비유들이 되어갈 것이다. 우리의 가능성들이 육신이-되어 감becoming-flesh 속에서 그리고 영의 숨 쉬는 공간 속에서, 우리는 또한 하나님에게 약간의 공간을 제공할 수도 있을 것이다.

혀들(의)대화(행전 2:1-35)

짐 퍼킨슨 (Jim Perkinson)

불 타오르는 머리를 하고 새의 부리처럼

영을 뿜어내는 혀에 사로잡혀

뒷골목 벽돌을 박차고 달려나는

도망의 소리들을 외치며

이전에 결코 들어본 적 없는 것 같은 말들을 외치며

계시의 빨간 폭풍들을 외치며, 눈은

'영원히'를 노래하고

무리들 속에서 낙원을 노래하고

도시의 자랑거리 위에서 시내산-사막을 노래하며

마음에 일렁이는 폭풍처럼

구원의 비가 내리는 강물처럼

말씀(의)반란이 일으키는 폭동처럼!

이날은 하늘이 깨진 날이다

여기는 대화재의 공간-숨쉬는 공간이다

국경-침입을 말하며

이것은 하늘이 깃털처럼 강습하는 날

지금의 날개 위에

두툼한 입이 크게 열리고

강줄기가 된 듯한 혀가 외치기를

번개가 언어로 갈라지고

세례처럼 흰색 위에 검은색이 부서지고

하나님이 감옥으로 침입하시고

망각됨(lost-in-the-head-ness)의 철장을 부수고

진리를 감옥으로부터 탈옥시키고!

354 길 위의 신학

복음-쟁이(gospel-punk)의 은사는 무엇인가?

열두 제자는 뿔소리들을 귀로 들었는가

120개의 악기들이 이루어내는 화음처럼 말이다

이것이 오케스트라라고 너는 생각했나?

유령의 신음소리는 케이 마트의 시은품 속에 담긴 구원처럼

성화의 도식 위에 고정된 가격표를

통합시켜서 만들어진 선물인가?

영은 성회에 지시 없이 도래한다

이것은

"아무-것도-기대할-것이-없다" 효과에 대한

의무감의 경고

말 못 하는 아이의 입에 오른

환희의 터짐

배꼽 잡는 웃음의 논리

얼어붙은 사지의 점프

귀먹은 입의 외침

장님의 눈에 터진 환상의 폭발

경악스러움의 붕괴

수치의 충돌

할-수-없다는 말의 모든 총탄들에 맞서

부풀어-오르는 육신(肉身)의 크기

무력한 이의 최종적 종말이다!

이것은 공중으로부터 메시아-찬양을 울리는

전쟁의 하늘에서

화해의 불꽃들을 날름거리는

낮은 목소리로 속삭이는 독립기념일(fourth-of-july)처럼

혀로 사랑하는

성-령의 울부짖음이 만들어낸 불-혀의 갈라짐이다!

이것은 정말 처음으로 그리고 영원히

네가 결코 용기를 내지 않았던 것이 이루어지는 것과 같은

네 머릿속의 성령강림이다.

8 장

희망의 근거로서 성령
— 새로운 시작으로서 종말론
: 열린 결말

● 해결할 수 없는 신학 ● 뜨거운 혀들
● 대량학살의 말씀WMD; Word of Mass Destruction
● 대항적 종말론Counter-Apocalypse으로서 희망 ● 양날의 검(으로서) 말S/Word
● 영의 사례들 ● 면죄선언absolution, 용해dissolution, 다짐resolution

해결할 수 없는 신학

고요하다. 해결책이 없는 신비의 요점은 무어란 말인가? 난 미스테리 소설들을 중독적으로 읽고서는, 작가가 소설의 암묵적인 공식을 위반할 때마다 속았다는 느낌을 받는다. 즉 가해자가 밝혀져야만 하고, 정의가 이루어져야만 한다는 공식 말이다. 신학은 그 자신만의 공식들을 갖고 있다. 신비 위에 머무르기 위해서 우리는 그 허구적 확실성들을 거부한다. 그러나 우리가 수용한 절대들을 놓아준다고 let go 치자 — 심지어 "그 전통"을 가해자로서 비난하고, 사회-정의를 중시하는 자유주의의 전통들까지 말이다. 아무것도 상관 않는 우발적 허무주의에 우리가 저항한다고 치자. 우리는 어떻게 종결에 이를 수 있을 것인가? 최소한 이 책의 종결에라도 이르러야 하지 않을까? 우리의 현실적 삶, 관계, 공동체, 직장, 교회, 세계를 위해 영구적인 과정 속에 있는 신학이 줄 수 있는 보답은 무엇인가?

심지어 하나의 해결책이 곧 나오지 않는다 하더라도, 어떤 결심이 가능할 수도 있을 것이다. 필자는 그것을 다짐 the resolute 이라고 불렀다. "네가 감히 용기 낼 수 없었던 것이 된다"는 것은 단호함을 취한다. 그리고 조지 엘리엇George Elliot이 빈정대듯이: "당신이 되었을 사람이 되는 데에 너무 늦었다는 것은 없다." (나는 생일 선물로 이 구절이 새겨진 자석을 샀지만, 이내 이게 내가 주는 사람을 모욕할 수도 있다는 것을 깨달았다. 어떤 선물들은 그저 자기 자신을 위한 것이다…)

본서에서 우리는 일곱 가지 종류의 신학적 긴장들을 따라 선회해왔다. 각 사례에서 다짐the resolute은 긍정적인 제삼의 길임을 드러낸다. 다짐은 각 사례에서 다르게 등장한다: 관계성 그 자체로서, 증언으로서, 심연으로부터의 창조creatio ex profundis로서, 온전한-사랑omni-amorous의 힘으로서, 감히 우리를 도발하는 유혹으로서, 아가페적 정의로서, 바실레이아의 과정으로서. 그리고 각 경우에, 비유에서처럼, 다짐의 의미는 신비를 해결하는 것이 아니라 심화시킨다.

지금쯤 이 정도는 명쾌해졌을 것이다: 되어감의 길은 당신의 삶을 조종하는 것이나 당신의 목표들을 설정하는 것에 관한 것이 아니다 — 비록 이 에고(의)훈련들이 때로 필수적이다 하더라도 말이다. 그것은 당신의 열정들과 우선순위들을 보다 더 큰 목적들과 더불어 좌표 설정하는 문제이다. 그러한 분별의 과정은 훈련된 자발성을 요구하며, 불확실성의 여지를 언제나 남겨놓아야 한다. 그의 도(道, Way)는, 우리가 함께 보아왔듯이, 혼돈의 가장자리에, 즉 **테홈**(tehom)의 내외에 그리고 그를 넘어감이 없이 가깝게 따라가는 것이다. 그것은 예측 불가능한 것에서 눈을 떼지 않는다. 그래서 그 되어감의 길은 "모험을 감행할" 수 있는데, 그 모험은 우리에게 **우리 자신들**뿐만 아니라 타자들을 위한 함께-고난당하는-열정com/passion이라는 창조적 형식들을 요구한다. 어느 정도 자존감 있는 아가페가 없다면, 우리 자신의 되어감은 자기-회의들과 허위적인 야심들로 인해 막혀버릴 것이다.

하나님(의)담론은 우리의 되어감을 개별적으로 그리고 함께 방해할 수도 있고 또는 촉진할 수도 있다. 과정으로서 신학이 우리 각자로서 숨쉬고 말하는 과정들로부터 추상되어 일어나지 않는다는 것을 설득력 있게 이해시켜 왔기를 바란다. "신비 가운데 하나님의 소피아를 말하면서", 우리는 우리의 열린 상호작용들을 신비화하는 것이 아니라, 그것들을 신뢰할만한 언어로 표현한다.

현 작품의 특정한 언어 속에서 우리는 나선형 소용돌이의 일곱 번의 회전처럼 일곱 개의 기호 아래에서 되어감의 신학theology of becoming을 숙고해왔다. 각 변환점에서 혹은 각 접점에서 나선형 소용돌이는 그의 궤적을 개괄한다. 예를 들어, 과정 속에 있는 **진리**의 기호 아래서 신학은 방탕의 으쓱거림과 절대의 쉽볼렛을 회피한다. 그러나 그때 진실함 truthfulness은 미심쩍은 **창조세계**를 통해 흐른다. 그것은 가능한 것이 흘려주는 **열정** 속에서 흐른다. 그것은 다부진 함께-고난당하는-열정res-olute com/passion을, 비유들 속에서 **그리스도**-과정을 드러내는 바실레이아를 증언한다. 그리고 기호들 속에서도 말이다. 이 일곱 개의 표식들은 모두 진리-과정들이다. 그것들은 동의어들이 아니라 공시성들syn-chronicities이다. "영으로 그리고 진리로" 그 표식들은 합류하고 공모하며 작동한다.

성서 이야기들 속에 풍성한 신학적 주제들로서 그 표식들이 성서해석학의 낯선 스타일을 수행하고 있다는 사실이 지금쯤 분명해졌기를 바란다. 여기서 성서는 동의를 명령하기 위해서가 아니라, 영향을 미치고 영감을 제공하는 데 사용되어왔다. 그의 은유들, 기호들 그리고 비유들은 그들의 시학과 간접성을 탈각당하지 않는다. 그것들은 의미의 나선형 소용돌이 속에 소용돌이들을 방출한다. 의심의 여지없이 분명하게, 이 성서신학은 성서주의를 거짓된 권위로서 해체한다. 특정의 고대와 미래의 음성들은 "권위로서" 말할 수 있겠지만, "서기관들이 하는 것과 같은 방식으로" 말하지는 않는다. 그러나 이는 성직자들이나 신학자들이 인용을 통해 그 권위를 마음대로 전용할 수 있다는 것을 의미하지는 않는다. 진리를 소유하고 있는 듯이 다른 사람들을 인용하는 것은—심지어 성서 저자들을 인용한다 하더라도— 바로 그 본문 자체 안에서 상기된 신적인 부름을 놓치는 것에 다름 아니다. 그 유혹은 해석의 상호작용적 과정을 초청하는데, 그 안에서 우리는 우리의 관점들을 형성하게 된다. 비록 그 관점들을 비평과 영향에 개방한다 하더라도 말이다.

우리 자신의 사고를 신학적 전통들에 뿌리를 두도록 하는 것은 그 전통들을 향한 비판적 충실성을 발휘하는 것이다. 그렇기에 신학 전통들은 동의를 요구하지도 그렇다고 비기독교인들non-Christians이나 탈기독교인들post-Christians을 대화로부터 배제하지도 않는다. 다른 신앙과 지혜와 윤리의 전통들은 본서의 범위 내에서 우리가 탐구할 수 없는 가치 있는 길들을 전개한다. 이 되어감의 신학은 분별의 과정을 지지하는 것을 의미했고, 이는 차례로 당신 자신의 열린 상호작용으로 소용돌이쳐 들어갈 것이다.

이 책의 나선형 소용돌이는, 서두에 예고한 바, 각기 달리 펼쳐질 수 있었다. 신학적 사유의 현재 과정을 예증하기 위해 선정된 교리적 주제들은 지표들의 하나의 **가능한** 집합을 구성한다. 그의 기호들은 결코 무로부터 시작되지 않았고 또 오랫동안 끝나지 않을 길을 표시한다. 그 주제들은 이 관점의 틀을 형성한다. 나선형 틀은 해체와 수정에 열린 채로 머물러 있다. 하지만 그 교리적 주제들은 임의로 선택된 것은 아니다. 그 주제들은 나 자신의 계속적인 상호작용으로부터 고집스런 힘을 지니고 창발한 것이다. 특별히 나의 걷잡을 수 없이 다양하고, 여러 언어들을 사용하는 모험적인 신학부 학생들과의 상호작용을 통해 형성되었다.

정의상 결말이 열린 채 남아있는 과정을 결론짓는다는 것은 그저 결론을 미룬다는 것을 의미한다. 당신에게. 독자가 적합하다고 생각하는 대로 본서의 신학을 사용하고, 비판하고, 변경하거나 혹은 무시하도록 말이다. 기획은 필연적으로 미결된 상태로 머무르고, 그 결과는 불확실하다. 그러나 특정의 결단이 그럼에도 불구하고 가능하다. 때로 성령이라는 별칭을 갖고 있는 영의 기호와 과정 하에서 우리는 나선형 소용돌이의 마지막 변곡으로 진입한다. 이 영은 전체 신학 과정에 편만해 있으면서, 사마리아에서 샘솟고, 테홈을 흔들고, 폭풍우 속에 불어진다. … 그래서 이 8장의 기호는 처음 일곱 장의 요약이면서, 작가의 통제를 벗어난 기호들의 예감으로 펼쳐져나간다. 비록 이 **과정 중에 있는 영**spirit in process이 그 자신의 간략한 메시지를 짊어지고, 신비한 말과 종말론적인 코드들로 암호화되어 있다 할지라도, 그 영은 전반적으로 우리로 하여금 우리의 끝을 찾을 수 있도록 도래할 것이다 ― 그리고 열려 있게 할 것이다.

뜨거운 혀들

누가복음-사도행전의 현장에서 예수의 벗이었던 조그만 집단이 유대교의 유월절 축제에 소리를 냈다. 우리가 상기하는 바, 그들은 십자가 처형의 트라우마와 부활의 신비 이후에 조용히 물러나 있었다. 그들의 달라진 의식 상태가―진정으로 함께-앎knowing-together의 상태[1] 로서― 흥겹게 그려지고 있다: "불처럼 갈라진 혀들이" 그들 각자의

---

1 역자주. 켈러가 의식(consciousness)의 본래적 의미가 con/sciousness, 즉 함께-앎 (knowing-together)라고 말했던 것을 상기하자.

머리 위에서 춤추고 있다. 그들은 "다른 언어들로 말하기 시작했다" —
다른 혀들로. 신기하게도 그들이 모르는 언어들로 말이다. 더 신기한
것은 광장에 모인 다문화적 군중들이 각각 그들 "자신의 모국어"를 들
었다는 것이다. "바대인과 메대인과 엘람인과 또 메소보다미아, 유대
와 갑바도기아"(행 2:3ff). 그리고 그 언어 목록은 충분히 이어진다.

이 자연적 번역 현상은 성령에 의한 역량부여empowerment를 증언하
는 신약성서적 사건을 구성한다(1:8). 그 어떤 기독교적 성령론도 여
기서 시작한다. 성령론pneumatology은 성령에 대한 교리를 의미하는데,
영spirit은 그리스어로 프뉴마pneuma로서 바람 혹은 영을 의미하며, 히브
리어 루아흐ruach도 유사한 의미를 갖는다. 그 영은 "급하고 강한 바람
같은 소리"로서 현현하여, 그들 모두를 채우고 또 그들에게 외국어로
말할 수 있는 능력을 부여했다고 언급되고 있다. 예술적으로 압축된
누가의 이야기 방식은 언어를 다루는 것에 놀랄 만큼 아름답다. 말들
자체가 불/입/언어/의 혀처럼 "갈라진다divided": 바람/숨/언어로서 프
뉴마pneuma 의미들은 나선형으로 소용돌이치며 나아가면서 증식되고
있어서, "성령 세례"와 같은 성령론적 쉽볼렛에 제한하는 것은 불가능
하다.

이 갈릴리 사람들은 해석하며 행복감에 빠져있었고, 그래서 어떤
구경꾼들은 조롱하며 그들의 방탕한 행동을 고발했다: "그들이 새 술
에 취하였다." 아니라고, 아니라고 베드로는 대답했는데, 이는 성서의
위대한 불합리한 추론들의 한 장면을 구성한다: "때가 제삼 시니 너희
생각과 같이 이 사람들이 취한 것이 아니라"(행 2:15).

그래서 여기서 우리는 "방언speaking in tongues" 혹은 *glossolalia*라고 알
려진 기묘한 현상의 표준 구절을 갖게 된다. 현대의 카리스마주의자들
이 그것을 실천할 때는 그 현상에서 일어나는 실제적 외국어들을 상실

한다. 비록 그 신비합일적 느낌ec-
stasy은 간직하지만 말이다. 사람들
은 흥겨운 해방을 보고하는데, 완
전히 혼돈스런 난장판은 아니지
만, 에고(의)통제 바깥으로—혹은
교리적 올바름의 범위 바깥으로—
나아가는 흐름을 말한다. 믿음의
절대들이 경험 속에서 해산된다
dissolve.

> 하나님의 영은 비와 같은 방식으로
> 활동하시는데, 비는 하늘로부터 내
> 려와, 가장 다양한 살아있는 존재들
> 로 채워진 전체 풍경이 함께 새로운
> 생명으로 폭발하여, 신선함과 생명
> 력으로 가득 차도록 만들어준다.
> _미카엘 벨커[2]

   영은 흐름에 관한 모든 것이다. "내가 내 영을 모든 육체에 부어주
리니." 따라서 사도행전에서 베드로는 타락한 신비경의 분위기를 떨
쳐내기 위해 하나님을 인용하고 있는 예언자 요엘을 길게 인용한다.
"너희의 자녀들은 예언할 것이요 너희의 젊은이들은 환상을 보고 너
희의 늙은이들은 꿈을 꾸리라"(2:17). 영은 의식, 즉 '함께-앎con/scious-
ness'을 바꾸고, 영은 사회적 신학적 구성들을 함께 바꾼다. "영을 뿜어
내는 혀에 사로잡혀… 마음에 일렁이는 폭풍처럼 / 구원의 비가 내리
는 강물처럼 / 말씀(의)반란이 일으키는 폭동처럼!"[3]이라고 짐 퍼킨슨
은 이 구절을 모티브로 쓴 그의 활기찬 시를 힙합 리듬으로 읽으며 노
래한다.
   영은 붓고, 흐르고, 거품을 일게 한다. 영은 함께-알기knowing-together
의 새로운 방식들로, 다시 말해서, 하나님(을)함께-말하기의 새로운
방식들로 밀고 나간다. "쏟아-붓기"의 이미지는 하나님의 영은 "가장

---

2 Michael Welker, *God the Spirit,* trans. John Hoffmeyer (Minneapolis: Fortress
   Press, 1994), 126.
3 짐 퍼킨슨(Jim Perkinson)은 신학자이자 시인으로서, 최근 작 *White Theology: Outing
   Supremacy in Modernity* (New York: Palgrave Macmillan, 2004)의 저자이기도 하다.

다양한 토대들과 주변 환경들로부터 하나님의 의가 열려지게 만든 다"[4]는 것을 암시한다고 벨커는 적는다. 성차별주의나 노인차별 또는 계급주의 혹은 인종차별주의 혹은 민족주의 혹은 국가주의 때문에 들려지지 않고 보이지 않게 되었을 우리 "딸들"과 아들들, "노인들"과 여성들 중 많은 사람들이 그 영향을 받는다.

요엘의 환상은 종말론적 유산의 묵시문학적 가장자리에 속한다. 그들은 "최후의 날들"을 알린다. 수 세기 후에 그것을 길게 인용하면서, 베드로는 고대의 예언을 실존적 즉자성과 연결시키고 있다. 다른 말로 그 환상은 저 최후의 날들이 **참으로 첫째 날들**이었다는 것을 밝히고 있다. 결국 성령강림은 교회를 창립하는 사건으로 간주된다. 그러나 말하고자 하는 요점은 교회론보다 거대한 것이다. 성령강림의 메시지는 바로 종말이 실제로는 시작이라는 것이다. 종말은 문을 여는 종말, 즉 새로운 시작을 여는 종말이다. "처음으로 그리고 영원히."

새로운 것이 태동하는 산고는 격렬하고, 진정으로 새로운 가능성들의 실현은 가장 견고히 뿌리 내린 안정성들을 뒤흔들어, 실로 시적으로 표현하자면, "태양은 어두워지고 달은 핏빛으로 발하는" 일을 일으킬 수도 있다. 변화는 두려운 것일 수 있고, 그래서 ─

> 가장 사랑하는 그러나 늙고 폭력적인 미국과 그리스도를 망각한 그래서 그리스도가 유령처럼 출몰하는 생사기로에 선 서구 세계의 이 무서운 마지막 날들에 이제 나는 어린 소나무들이 가득 찬 작은 숲속에서 제정신이 들었고, 그러자 이런 물음이 머리 속을 스쳐갔다: 그것이 마침내 일어난 것인가?
>
> _ 워커 퍼시[5]

---

4 Welker, *God the Spirit*, 127.

5 Walker Percy, *Love in the Ruins: The Adventures of a Bad Catholic at a Time Near the End of the World* (New York: Farrar, Straus & Giroux, 1971), 3.

개인이든지 문명이든지 간에— 그 변화들에 저항하는 이들에게는 특별히 트라우마적 사건들이 될 수 있다.

지난 장에서 우리는 바실레이아의 도래가 우리 자신이 벌인 행위들의 온당치 못한 결과들을 어떻게 대면하는지, 즉 실로 자아-파괴적이고 세계-파괴적인 결과들을 우리가 어떻게 대면하는지를 고려해보았다. 예언자적 전통은 우리의 욕구와 탐욕의 체제들이 가져올 결과들에 반대하는 하나의 긴 경고이다. 그것이 묵시적으로 변할 때, 그것은 특별히 인간의 권력-충동들이 가져오는 끔찍한 결과, 즉 총체화하는 결과들을 직관하고 있는 것이다. 그러나 「요한계시록the Apocalypse」은 예언자적 전통의 일부로 머물러 있으며, 그래서 그것은 은유와 기교 있는 신탁과 비유와 시의 혀들로 말한다. 그래서 종말론적 저술들의 전체 문헌 속에는—(문자 그대로) 가장 극단적인 경우인 밧모섬의 요한이 저술했다고 알려진 「요한계시록」을 포함하여— 문자주의적 근성이 거의 담겨있지 않다.

앞에서 우리는 무로부터의 창조creatio ex nihilo 안에 암호화된 절대적 시작을 성서 첫 권에 대한 부적합한 독해로서 해체했다. 이제 우리의 울타리closure 안에 탈/울타리disclosure를 유지하기 위해 그저 간략하게나마 우리가 「요한계시록」을 열린 결말로 읽을 수 있는지 살펴보자. 왜냐하면 우리는 그 종말the End이—개인적인 혹은 본문의 혹은 영토적인— 우리 과정을 막아버리기를 원치 않기 때문이다. "최후의 날들"에 대한 암울한 해석은 아주 빈번히 성서의 그 마지막 책으로부터 유래했다.

대량학살의 말씀WMD: Word of Mass Destruction

귀 있는 자는 성령이 교회들에게 하시는 말씀을 들을지어다

(요한계시록 3:22).

하지만 서구역사는 묵시적 수사의 폭력적인 문자주의 해석들에 의해 주도되어 왔다. 십자군 운동과 신대륙 정복자들 이래로 비기독교인 적들에 대한 악마화가 다음으로 이어지며 피비린내 나는 제국적 권력 충동을 정당화해왔다. 제3제국the Third Reich은 (하나님의 나라를 의미하는 Reich Gottes에서처럼 "나라[kingdom]"를 의미하는 단어에서 유래하였는데) "제삼의 시대the third age"6를 의미하는 성자들의 종말론적 천년 통치에 대한 유럽적 예언을 흉내 내어 이름 지어졌다. 그리고 아주 최근 우리는 다음과 같은 말들을 듣는다. "이것은 선 대 악의 기념비적 투쟁이 될 것이고, 또 선이 이길 것이다."7 그 묵시적 절대는 방탕의 모습과 더불어 세속적이고 동시에 종교적인 행태를 갖추고 있다 ― 언제나 그의 적들을 위협하면서, 그럼으로써 대개 세계 자체를 위협한다.

마지막 때들에 대한 환상들은 넘쳐난다. 휴거 지수 웹사이트the Rapture Index Web site online를 확인해보라. 특별히 혼란스러운 것은 남은 자 the Left Behind를 주제로 하는 소설들의 인기인데, 이는 수백만의 독자들이 현재 성서적 예언과 혼동하고 있는 묵시적 절대주의의 한 형태이다. 소위 예수가 그의 이른바 재림을 위해 예루살렘 바로 외곽에 내려

6 이 장의 핵심 논증에 대한 더 폭넓은 확장판을 참고하려면 Catherine Keller, *Apocalypse Now and Then: A Feminist Guide to the End of the World* (Boston, Beacon, 1996), chap. 3: "Time: Temporizing Tales"를 보라. "제삼의 상태" 혹은 에온(aeon)에 대한 기대는 천 년 전 피오레의 요아킴(Joachim of Fiore)의 예언적 환상들에서 기원한다.
7 "우리는 선과 악 사이의 갈등 속에 있고, 또 미국은 악을 그 이름으로 부를 것이다"고 말한 후, 잠시 후에, "악하고 무법적인 체제를 맞닥뜨림으로써 우리는 문제를 창출하는 원인을 기록할 것이고, 우리는 문제를 드러낼 것이다. 그리고 우리는 그 문제를 해결하는 가운데 세계를 이끌어 갈 것이다." "Remarks by the President at 2002 Graduation Exercise of the United States Military Academy, West Point, New York," Office of the Press Secretary, June 1, 2002.

오면, "남자들과 여자들, 병사들과 말들이 서 있던 자리에서 폭발한 것 같다. 주님의 참 말씀이 그들의 피를 아주 뜨겁게 과열해서, 그들의 정맥들과 피부를 통해 터져 나오도록 한 듯했다." 그래서 주님의 말씀은 대량학살의 무기가 된다.

나는 알파와 오메가, 처음과 나중, 시작과 종말이요 전능자이다….

그리고 이 첫 말들이 떨어지기가 무섭게 수만 명의 통일 군대Unity Army 병사들이 쓰러져 죽었는데, 그냥 단지 서 있던 곳에서 떨어져 쓰러졌고, 그들의 시체들은 찢어발겨졌고, 피가 그 엄청난 무리들 가운데 강을 이루고 있었다. "나는 죽었다가 살아난 바로 그(He)이고, 그러므로 보라, 나는 또한 이후로 영원하다. 아멘.[8]

예수는 핵을 사용한다. 이것이 바로 윤리적인 사람들을 무신론으로 몰아가는 일종의 절대학살의 기독교이다. 맥락으로부터 절단된 성서적 인용들로부터 가공된 그 문자주의는—심지어 "기독교 소설"로 표현될 때조차도— 그 성서 본문의 영을 죽인다. "예수님이 그 모든 일을 하실 것이고, 또 전투들은—이 전투 이후 세 번의 전투가 더 있을 것인데— 실제로는 전혀 전투가 아니라, 거의 일방적인 학살이 될 것이다"[9]라고 그 소설의 예수를 믿는 유대인 키얌Chiam으로 등장하는 인물이 공표한다.

따라서 전능성의 낡은 논리가 폼나는 새로운 메시아적 일방주의로

---

8 Tim LaHaye and Jerry B. Jenkins, *Glorious Appearing: The End of Days* (Wheaton: Tyndale, 2004), 204, 225.

9 *Ibid.*, 217.

번역된다. 성령강림의 맹렬한 영은 그러한 나쁜-소식[10]을 전하는 기독교 왕국의 복수 신화에 대적해서만 증언될 수 있다. 이렇게 사전 가공된 파멸의 묵시들이 그리스도(의)과정 자체를 가로막는다.

왜냐하면 예언자들과 복음서들의 메시아적 종말론은 그러한 문자주의적인 "세계의 종말"을 용납하지 않기 때문이다. 그 종말론은 현 상황status quo의 "마지막 날들"을 공표하고, "땅끝까지"의 선교mission을 공표하지만(행 1장), 그러나 그 종말론은 창조세계의 마지막 날들을 제안하지는 않는다. 복잡하게 만들어진 우리의 우주는 140억 년에 걸쳐 창조되었는데, 우리가 그 아름다운 것을 한 조각이라도 낭비할 수 있겠는가? 그런데 우리의 대량학살을 그래서 우리의 배려-없는care-less 의협심에 가득 찬 악을 주님의 의지로 불러야 할까? 힘을 추동하는 묵시적 절대주의자들은 결국 모든 것을 가장 방탕한dissolute 관점으로 보는 데 귀착되고 말 것이다: 그들은 의협심으로 충만해 흥분에 전율하면서 창조세계 자체의 죽음dissolution을 예고한다.

하나의 종으로서 우리가 지구와 거기 살고 있는 모든 인구들을 억압하는 그 어떤 공포들을 영속화하고 있을지라도, 과정 중에 계신 영은 우리를 계속해서 "새 하늘과 새 땅"을 향하여 부르신다:

> 우리는 우리의 이 작은 구석에서 잠시간 살아가도록 운명 지워진, 파멸당할 운명의 종일지도 모른다. 만일 그게 아니라면, 폭력과 전쟁을 다 소진하고, 우리는 평화의 가능성들을 포용할 수 있을 것이다. 하나의 생물 종으로서 우리는 이전의 잔혹성들 중 일부를 벗어나 발전했다.
>
> _ 다니엘 매과이어[11]

---

10 역자주. "나쁜-소식"(bad-news)는 성서와 기독교에서 '복음'을 의미하는 good news 를 풍자한 표현이다.

11 Daniel C. Maguire, *The Horrors We Bless: Rethinking the Just-War Legacy* (Minneapolis: Fortress Press, 2007), 89.

피조세계의 갱신renewal. 기독교적 종말론에서 "종말End"은 **종료**가 아니라, **목적**을 의미한다. 우리는 지난 장에서 양과 염소의 비유를 살펴보면 최후의 심판으로 묘사된 그 목적을 연구했다. 그 목적은 집단적 변혁으로의 유혹을 제공한다. 그것은 현재 끈덕지게 지속되고 있는 바실레이아적 되어감becoming에 참여하도록 우리를 긴박하게 부른다: "공중으로부터 메시아-찬양을 울리며!" 여기서 퍼킨슨은 가능성이 희박한 상태에서 구체적으로 실현되는materialize 길을 암시한다: 길이 없는 곳에서 길을 만들기.

바람직한 미래에 대한 비전은 하나의 가능성으로 머물러 있다. 우리가 집단적으로 실현할 수도 그렇지 못할 수도 있는 티핑 포인트, 바람을 몰고 다니는 영의 흐름들 위에서 벌어지는 나비 효과. 이러한 기회의 확률들에 맞서, 예측할 수 있는 상황들에 맞서, 종말은 열려 있다.

우리는 예수의 **바실레이아** 비유들의 결말이 열린open-ended 상호작용성을 숙고했다. 스타일과 내용상, 그 비유들은 묵시론적 이원론의 초기 형태에 **맞선다**counter. 메시지의 미묘함과 형식의 미니멀리즘minimalism을 담지한 그 비유들은 종말론적 절대성들을 해체한다. 겨자씨와 잃어버린 동전, 누룩 등의 대안적 종말론 속에서—여기에는 그 어떤 대량학살의 말씀도 숨겨져 있지 않다— 우리는 세계에 차이를 만들 수 있다. 그 차이는 두려움으로부터가 아니라 열린-결말의 가능성들의 기쁨으로부터 흘러나올 것이다.

하나님 나라, 라이히 고테스Reich Gottes 혹은 바실레이아 투 테우basileia tou theou는 최종 해결책Final Solution이 아니다.

여기 제2 이사야의 시 속에 "메시야 찬가"의 고전적 예가 등장한다.

주 여호와의 영이 내게 내리셨으니

이는 여호와께서 내게 기름을 부으사

[하나님이] 억압당하는 자들에게 복음을 전하게 하려 하심이라[12]

나를 보내사 마음이 상한 자를 고치며

포로 된 자에게 자유를,

갇힌 자에게 놓임을 선포하며…(이사야 61:1ff).

따라서 예언자는 메시아적인 요소와 성령론적인 요소가 지워지지 않도록 연결한다. 그 영의 담지자는 "쇠잔한 영 대신에 찬양의 노래를 일깨운다"[13]고 미카엘 벨커는 적고 있다. 이 메시아 찬가는 자기-희생적 나약함도 아니고 "약한 자들을 향해 일종의 자선을 베푸는 선한 행실"도 아니다. 이것은 우리가 우리 스스로를 위한 세계적인 일을 하기 위해 하나님이나 그리스도를 기다리는 영도 아니다. 메시아적 희망은 비겁한 수동성이 아니라 해방의 함께-고난당하는-열정_{com/passion}을 활성시킨다. "할-수-없다는 말의 모든 총탄들에 맞서 / 무력한 이의 최종적 종말이다!"라며 우리가 부르는 다소 최근의 시는 랩을 한다. 우리

---

12 역자주. 본 구절을 개역개정판 성경은 "가난한 자들에게 아름다운 소식을"이라고 번역되어 있는데, 켈러의 원문은 "억압당하는 자들에게 복음을"이라고 되어있다. NIV성경은 "to preach good news to the poor", KJV는 "to preach good tidings unto the meek" 그리고 NASB는 "to bring good news to the afflicted"라고 번역되어 있어서, 다양한 해석의 여지들이 있음을 알 수 있다. 여기서는 켈러가 인용하는 본문을 그대로 따랐다.

13 Welker, *God the Spirit*, 117.

는 우리 자신의 삶과 세계의 생명을 변혁하는 데 무기력하지 않다. 리타 나가시마 브룩과 레베카 파커가 낙원에 대한 연구에서 주목하듯이, 제2 이사야의 예언적 본문은 그 자체로 창세기 1장과 2장을 다시금 반향하면서, 누가복음 속에 반영되어 있는데, 이는 영적으로 영-안에서-충전된in-spirited[14] 인류가 그를 위해 창조된 세계 속에서 살아갈 때, 생명이 얼마나 선하고 축복받은 것인지 그리고 얼마나 정의롭고 사랑스러운 것인지를 묘사한다.[15]

이 희망은 우리로 하여금 다음 발걸음을 내딛게 한다 ─ 길 위의 신학theologia viatorum. 이 희망은 우리가 갖고 있는 재능들을 **깨닫도록**realize 한다. 우리에게 주어진 재능들[16]과 우리가 줄 수 있는 재능들 속에 앞으로 나아가는 길이 놓여 있다. 하나의 전체로서 세계를 위한 차이를 만들어가는 길은 우리 자신의 차이를 현실화시켜내는 것이다. 바울에게 (방언glossolalia을 포함하여) "영의 선물들"은 그리스도의 몸 안에서 우리의 가장 고유한 개별성과 우리의 완전한 상호의존성을 동시적으로 표현한다: "**부풀어-오르는-육신의 크기**"the size of flesh-on-the-rise라고 퍼킨슨은 외친다.

그렇기 때문에 신앙은 만일 발걸음을 앞으로 내딛는다면, 그것은 묵시적 파멸의 총체화totalizing apocalypse가 아니라, 체현된 희망과 더불어

---

14 역자주. 'insprited'은 '활기가 북돋우어진다' 혹은 '격려를 받다'라는 뜻이 될 터인데, 켈러는 의도적으로 슬래시(/) 기호를 넣어 다른 뉘앙스로 표현한다. 그녀의 표현을 살리는 방향으로 번역하였다.

15 Rita Nakashiman Brock and Rebecca Ann Parker, *Saving Paradise: How Christianity Abounded Love for This World and Turned to the Heresy of Crucifixion and Empire* (Boston: Beacon, 2008), chap. 1.

16 역자주. 앞 문장의 재능은 talents를 번역한 것이고, 이 문장의 재능은 gifts를 번역한 것이다. 'gifts'는 선물, 은사, 재능 등의 다양한 뜻이 있지만, 재능이 통상 우리에게 주어진 선물로 이해되는 맥락이 있다는 점에서 문맥을 살려 '재능'이라 번역한다.

발걸음을 내딛는다. 몰트만이 분명히 표현하듯이, 기독교적 종말론은 종말적인 것들이 아니라 희망에 관심한다: "그 [종말론]의 눈에 세계는 온갖 종류의 가능성들로, 말하자면 희망의 하나님의 모든 가능성들로 가득 차 있다."

그런데 왜 그토록 많은 기독교인들이 ―때론 전심으로, 때론 부지 불식간에― 묵시론적 절대주의에 굴복하는가? 필자의 생각에 그들은 묵시적 종말론이 방탕한 세속주의에 대한 유일한 대안이라는 생각에 두려워하고 있다. 그리고 그 기독교인들은 그렇게 염려할 만한 충분한 이유가 있다. 만일 우리가 우리의 신앙을 직선적인 과학적 진보에 둘 수 없다면 ―그리고 어떻게 우리가 지난 세기의 과학기술적 능력을 통해 벌어진 아마겟돈들을 경험한 후에 그럴 수 있을까?― 세속주의에는 순수하게 무엇이 남을까? 엘버트 허바드Elbet Hubbard라는 사람은 한 세기 전에 이를 다음과 같이 표현하였다. "그저 빌어먹을 일거리 하나가 지나가면 또 다른 빌어먹을 일거리 하나가 뒤를 잇는다."

> 단지 마지막 장에서만 그런 것이 아니라, 처음부터 끝까지, 기독교는 종말론이고, 희망이고, 앞을 내다보고 앞으로 나아가며, 그러므로 또한 현재를 혁명화하고 변혁한다.
>
> _ 위르겐 몰트만[17]

그렇다면 묵시적 파멸의 힘들로 충전된 우리의 역사적 순간을 의미하는 영의 제삼의 길은 무엇이 될 수 있는가? 필자는 우리 시대 자기-충족적인 묵시적 파멸을 예고하는 핵 위협과 환경적 위기들에 대한 응답으로『묵시적 파멸, 그때와 지금Apocalypse Now and Then』을

---

17 Jürgen Moltmann, *Theology of Hope: On the Ground and Implications of a Christian Eschatology*, trans. James V. Leitch (Minneapolis: Fortress Press, 1993 [1967]), 15, 16.

저술한 바 있는데, 바로 거기서 필자는 처음으로 제삼의 길이란 개념을 탐구하기 시작했다. 필자는 그 길을 "대항적 종말론counter-apocalypse"이라고 불렀다. 이 대항적-종말론은 묵시론의 문자주의화와 반동적인 세속적 반-묵시주의 모두에 대한 단호한 대안을 의미한다. 대항적-종말론은 절멸이 아니라 "계시", 즉 말 그대로 '베일을 벗는다'는 의미로서 묵시apocalypse의 본래적 의미를 담지한다. 예수의 지혜 가르침은 —복음서들의 특정 요소들과 심지어 긴장 관계를 형성하기도 하면서—나와 다른 사람들에게 이미 초기 대항적-종말론의 베일을 벗고 모습을 드러냈다.18

만일 우리가 종말의 때들의 문자주의화에 대항하지 않는다면—묵시론의 문지방에, 말 그대로, 쐐기를 박아두지 않는다면— 미래는 우리의 상상력들을 꽉 닫아 버릴 것이다. 그리고 만일 우리가 우리 자신을 정의롭고 지속가능한 창생 집단체the genesis collective로 상상할 수 없다면, 우리는 그의 가능성을 만끽하고 있는 것이 아니다. 우리는 그 유혹을 무시하고 있는 것이다. 다른 말로 표현하자면, 기형적인 종말론이 종말론을 정의하는 바로 그 희망을 상쇄해버린다. 그 기형적 종말론이 하나님의 의지를 그리고 그럼으로써 상호작용적 과정의 지혜를 가로막는다. 인간 삶의 목적성이 미리 예정된 대화재 속에서 해산되는 것처럼 보이는 한, 신학은 간접적으로 허무주의의 문화를 강화한다.

변혁의 열기가 높이 불타오른다. 로고스는 유혹한다. 언어는 다중언어적 유인력으로 장전되었다. 이 열기는 우리 자신의 무정함을, 우리 자신의 저항을 녹인다. 만일 신적인 욕망이 우리의 욕망을 점화할

---

18 "대항적-종말론"은 역사적으로 그리고 구성적으로 Keller, *Apocalypse*에서 발전되었고, 또 새-천년기의 열풍이 지나가는 때에 Keller, *God and Power: Counter-Apocalyptic Journey*(Minneapolis: Fortress Press, 2005)에서 새롭게 업데이트되었다.

수 있다면 말이다. **혀로 사랑하기**making love on the tongue. 왜냐하면 온전한
-사랑의omni-amorous 하나님의 신학은 우연히 에로틱하게 부풀어 오르
지 않기 때문이다: 우리는 사랑(의)언어love-tongue를 말하는 「아가」를
들었다. 사랑 하기, 진리 하기, 정의justice 하기[19]: 그 유혹을 체현하는
것은 가능한 것을 실현하는 것이다.

양날의 검(으로서) 말s/Word

하지만 종말eschaton의 엄격하고 목적지향적인 가장자리는 탈존ecstasy[20]
의 한복판에 분명하게 남아있다. 너무나 큰 압박, 너무나 큰 억압 아래
놓여있는 그 가장자리는 묵시적 파멸에 등장하는 메시아의 양날의 검
(으로서)혀로 변한다. 그것은 사랑 없는 정의에 가까워진다. 그러기에
우리는 「요한계시록」을 무시하지 말아야만 한다 ― 혹은 필자처럼 그
책을 한 번도 펼쳐보지 않은 채 신학교를 졸업했던 주류 교단의 신학
생들과 목사들에게 그렇게 당부해왔다. 그러나 해방신학자들이 또한
주장해왔듯이, 「요한계시록」은 정의를 향한 열정에 불타오르는 책이
다. 실로, 바빌론(로마)의 창녀-여왕에 대한 그 책의 비난에 근거하여,
일부 사람들은 그 책을 고대 세계의 가장 강력한 반-제국주의적 문서
로 간주한다.

어쨌거나 그 책을 무시하기 위해서 혹은 그저 그 책을 반동적 구성

---

19 역자주. 켈러는 여기서 "making love, making truth, making justice"라고 적고 있는
데, 여기서 'making'은, 원서 171쪽에서 밝히듯이, 라틴어의 facere veritatem(진리를
행하기)의 facere를 모방한 문구이며, 또한 '사랑을 하다'라는 영어식 표현인 making
love를 중첩적으로 사용한 문구이다.

20 역자주. ecstasy는 철학적으로 '자신의 바깥에 서다'는 뜻으로, ek(out) + stasis
(stand)로 구성되어 있다. '탈존'이라는 용어는 existence의 어원적인 뜻에 가까운 말
이지만, 맥락에 맞게 ecstasy를 '탈존'으로 번역했다.

으로 넘겨버리기 위해서 말이다.21 종교적 우파는 그 책의 본문을 근대 미국 전통의 세대주의dispensationalism로 해석하는데, 그와 더불어 후대의 화려하게 추상적으로 펼쳐진 연대표가 섹시하고 이국적인 창녀-여왕, 재난들 그리고 그 후 "휴거"와 "재림"으로 전개된다. 고전 신조들과 비슷하지만 역사성의 넓이는 부족한 이 틀 구조는 복음의 우선순위들을 압도한다. 지금쯤은 분명해졌기를 바라는 바와 같이, 모든 이는 성서를 우선시하는 관점으로 읽는다. 우리는 싫든 좋든 결말이-열린 진리-과정에 연관되어있다. 그러나 문자주의자의 전통들은 인간의 관점보다는 '하나님의 말씀word 'o God'이라는 쉽볼렛을 가졌다고 주장한다.

종교적 우파들은 묵시적 파멸의 렌즈를 통하여 바실레이아를 읽는다. 우리는 정확히 그 반대를 해야 한다고 필자는 제안한다: 즉 아포칼립스를 바실레이아의 렌즈를 통하여 읽자.

우리는 「요한계시록」의 다른 본문을 통해 이 뒤집어 읽기를 시험해볼 수 있다. 한 천사가 "이제… 땅의 파괴자들('땅을 망하게 하는 자들')을 파괴할 시간이다"라고 공포할 때(11:18)처럼 말이다. 밧모섬의 요한은 여기서 당대의 지구적 초강대국을 의미하는 짐승과 도도한 창녀의 추종자들을 가리킨다. 흥미롭게도 그 환상은 하나님이나 메시아적 전사가 아니라, 로마의 권력과 탐욕의 범지구적 위계질서를 지구를 파괴하는 자22로 인식한다. 생태-신학을 위한 쏠쏠한 증거-본문이 여기 있다!

하지만 분명코 심지어 가장 녹색주의자인 기독교인들조차도, 말하자면, 석유회사 임원들의 파멸을 위해 기도하지는 않는다. 복음과 그

---

21 묵시론에 대한 대중적 남용에 대해 특별히 쉽게 접근할 수 있는 해설과 긍정적인 독해를 위한 제안이 Barbara R. Rossing, *The Rapture Exposed: The Message of Hope in the Book of Revelation* (New York: Basic, 2004)에 실려있다.

22 역자주. 개역개정판의 성경 문구를 따라가자면 "땅을 망하게 하는 자들"이다.

의 비폭력적 바실레이아적 안경을 가지고 우리는 그러한 구절을 일종의 우주적 업어치기[23]로 읽어낼 수 있을까? 그 파괴적 힘은 만일 회개하라는 부르심을 받아들이지 않는다면, 스스로 뒤집어진다. 방탕한 제국에 의해 남용된 신적 에로스의 진정한 힘은 자기-해체의 권력이 된다. 악어 그 스스로를 뒤집는 것은 상징적으로 창녀를 향하는 짐승들의 (여성혐오적) 본문 속에서 증폭된다. "이 열 뿔과 짐승은 음녀를 미워하여 망하게 하고 벌거벗게 하고 그의 살을 먹고…"(계 17:16).

창조세계라는 표식 아래서 주목했었듯이, 생물권에 대한 기독교인의 일종의 무관심과는 대조적으로, 땅은 소모될 수 있는 것이 아니다. 심지어 「요한계시록」에서도 땅은 새로운 창조를 담보하는 손해조차 받아들이지 않는다. 땅은 우리의 결말이-열린 되어감의 바로 그 재료이다. 우파 종교인들은 기업의 환경 파괴보다는 사적인 성행위를 감시할지도 모른다. 분명히 그들은 자신들이 주님의 재림을 위한 길을 예비한다고 생각한다. 그러나 "모든 육신all flesh"은 그 어떤 메시아적 도래에도 바로 그를 위한 자리와 물질로 남는다.

과연 요한의 환상 속에는 다소 씁쓸한 정서가 우세하다. "그의 입에서 좌우에 날선 검이 나오고"(계 1:16a). 그래서 말씀은 검이다: 혀는 단단해지고 차가워졌다. 참으로 「요한계시록」 그 자체는 양날의 검이다. 그것은 기독교적 폭력 속에서 너무나 외상적으로(traumatically) 휘둘러져 왔다. 그러나 만일 우리가 그 본문이 바실레이아적 우선성을 설명할 수 있는 본문으로 붙든다면, 묵시적 메시아의 양날의 검은 그것을 공정한 파괴성이라는 규범으로 휘두르는 자들을 대적할 것이다. 그들을 파괴하기 위해서가 아니라, 그들의 파괴성을 멈추기 위해서 말

---

23 역자주. 켈러는 '업어치기'를 원문에서 정확히 "유도"(柔道)라고 기재해 놓았는데, 문맥상 유도의 '엎어치기'처럼 뒤집기를 의미하는 표현이라 그런 뜻으로 번역하였다.

이다. 그 당시의 대립적 상황으로부터 우리 자신의 상황으로의 건전한 전이를 이루려면, 이 고대 신약성서의 상징들은 우리의 계속적인 해석학적 도움을 필요로 한다.

그렇다면 우리는 대화재의 검(의)혀가 축제의 불타는 혀들로 바뀔 수 있도록 어떻게 도울 수 있을까? 우리는 어떻게 (영으로) 그것을 정의롭고 함께-고난당하는-열정을 담지한 생명의 성령강림으로 번역할 수 있을까? 아마도 우리는 「요한계시록」의 동일한 문장들 속에서 학대당한 단어들을 되찾아야만 할 것이다: "주 하나님이 이르시되 나는 알파와 오메가라"(계 1:8). 다른 말로 표현하자면, 시작과 끝은 하나다. 이 "나는 ~이다ı AM"는 (근본주의자들이 전하는 유언비어와 대조적으로) 예수가 아니다. 그것은 바로 불타는 떨기나무의 바로 그 "나는 ~이다ı AM"로서, 이름으로 불리는 것에 저항하며 "나는 스스로 있는 자이니라ı am who I will be"라고 말씀하셨던 바로 그 분이다(출3:14). 존재토록 **그대로 두시는**lets be 바로 그분 말이다. 이 신성divinity은 불타오르는 신비로서, 그 안에서 창조와 종말eschaton은 한 과정이다. 우리의 시작들과 우리의 마지막들은 직선적 역사의 북엔드 받침대들[24]과 같은 것이 아니라, 시간의 양날 자체이다. "시작은 흔히 끝이고 / 그리고 끝을 내는 것은 시작하는 것이다."[25]

불타는 떨기나무와 불타는 혀들: 이것들은 제삼의 길의 영(의)기호들이다. 만일 영이 거룩하다면, 그것은 바로 우리의 무고함 대 저들의 절대적 악이라는 말살하는 이분법적 양극성들을 **불태워버리는** 분이시다. 왜냐하면 그 이분법이 막다른 골목에 몰려 인간성을 말살하기

---

24 역자주. 책들이 쓰러지지 않도록 책들을 세워놓는 양쪽 끝의 받침대를 말한다. 우리말 번역어를 찾지 못해서, 음역해서 사용한다.

25 T.S. Eliot, 'Little Gidding', from "Four Quartets", in *Collected Poems 1909-1962* (New York: Harcourt, Brace & World, 1970), V, 207.

때문이다. 복음서 예수의 우선성은 대항적-종말론으로 분명하게 남아있다: 우리가 모방해야만 하는 사랑은 정의로운 자와 부정의한 자 모두에게 빛을 발하고 흘러간다. 마찬가지로, 베드로의 긴 요엘서 인용 속에 등장하는 종말론적 심상도 이미 **대항적-종말론**counter-apocalypse 이다. **도래해야만 할 것**에 대한 희망은 우리의 지금 체현된 **되어감** 속에 살아있다: "내 마음이 기뻐하였고 내 혀도 즐거워하였으며 육체도 희망에 거하리니"(사도행전 2:26f).

그 기쁨에 찬 혀가 모든 묵시적 절대주의에 대한 치료제를 갖고 있다. "네 머리 속에 성령강림." 과거 시제 속의 기적도 아니고, 초자연적 미래도 아니고, 비의적으로 각성된 상태도 아니다. 그러나 함께/앎 con/sciousness은 우리의 매일의 투쟁하는 상호작용들 한복판에서 차이를 만들고, 말을 하고 또 함께하면서 각성했다.

영의 사례들

되어감의 신학이 행동할 때는 무엇과 같아 보일까? 구체적으로-현장에서-어디에서 "육신은 희망 속에 살아"같을까? 과정 중에 있는 영에 대한 두 가지 두드러진, 인간적-척도의 예화를 함께 나누고자 한다.

첫 번째 사례: 여기에 우리 모두를 위한 성육신적 단서들을 제공하는 공동체가 있다. 필자는 이 이야기를 뉴스 기사의 상황에서 보도되는 것으로 전제하고, 그 실재성을 구체성 있게 표현하기 위해 조금 밀도 있게 상세하게 나누고자 한다.

조지타운 가스펠 예배당은 시애틀의 가장 경제적으로 어려운 동네들 중 하나의 한복판에 있는데, 그곳은 수퍼펀드[26] 부지에 인접해있고 그래서 유독성 물질에 오염된 "개발상가들" 몇 개가 들어서 있다. 이 도시의 가장 산업화된 지역에 있으면서, 그 주변 지역은 또한 근처 보잉사 항공기 비행장으로부터 뿜어져 나오는 쉴 새 없는 소음 공해들을 견뎌내고 있다. 이 위태로운 상황과 그 자체의 재정적 난관들에도 불구하고, 그 예배당은 풍성한 오아시스로서 거기에 서 있다.

20년 전 그 예배당은 잔디의 스프링클러 시스템을 수리하기 위해 2,000불을 지불할 것이냐 말 것이냐의 결정을 맞닥뜨리고 있었다. 교인들은 수리 대신 스프링클러 시스템과 잔디를 해체하기로 결정을 내렸다. 그들은 교회 부동산을 거대한 텃밭으로 만들어, 더 큰 공동체를 먹일 수 있도록 했다. 거기서 재배된 아름다운 농산물들은 자유롭게 가져가서, 경제적으로 스트레스를 받고 있는 이웃들에게 양식을 보충하는 데 사용되었다. 예배당의 빗물 재생 시스템을 텃밭에 물을 대는 데 활용하여, 물값을 절약했고, 그럼으로써 홍수 때 물이 넘쳐 연어가 알을 낳는 이웃한 두와미시강으로 흘러들어가는 것을 방지하여, 잔디와 공장과 자동차로부터 샌 기름의 화학성분들이 강으로 유입되는 것을 막아주고 있었다.

여러 다양한 목회들을 제공하던 중에, 헤드맨 담임목사님은 자격증을 갖춘 일류 정원사와 퇴비제조사로서 자신의 기술들을 공동체에 제공했다. 목사님과 교인들은 이웃들을 위해 텃밭 짓는 것을 도왔고 또 이웃들에게 씨를 제공하고 또한 텃밭 가꾸는 기술과 퇴비 만드는 기술을 훈련하는 일을 도왔다. 그들은 또한 어린이들과 청소년들을 위한 레크레이션/개인교습/상담지도 프로그램들을 열었다. 그 중 한 활동은 (재미에 더하여!) 또한 수십 명의 젊은이들에게 기초적인 지구-돌봄 원리들과

---

26 역자주. '수퍼펀드'(Superfund)는 공해방지 사업을 위한 대형자금을 가리킨다.

활동들을 소개해주었다. 그들은 또한 자신들의 거리들을 "입양"했다. 단지 거리에 쓰레기가 없도록 했을 뿐만 아니라, 아울러 수백 그루의 나무 묘목들을 거주자들에게 배분해주었다. 나무들은 아름다움과 공기의 질 그리고 다른 생명체들을 위한 서식지 기능을 대단히 향상시켜 주었다.

내부적으로, 그 공동체는 지구 온난화에 대한 기여를 줄여가고 있었다. 예배당 내 모든 전구를 에너지-효율적인 소형 형광등으로 교환하고, 또 절연이 더 잘되는 배선들로 교체하고 또 서서히 에너지-효율적인 가전 기구들로 교체함으로써 공동체는 에너지 소비를 75% 가량 줄일 수 있었다. 이는 매년 3천에서 5천 불 가량의 경비를 절약하는 효과를 가져왔는데, 대기권으로 방출되는 이산화탄소를 6만 파운드 정도 절감하게 된 것은 덤이었다. 먼저 예배당은 그 절약된 비용을 구형 장비들을 개량하는데 들어간 초기비용을 상환하는 데 사용하였다. 이제 교회는 지역의 한 기독교 캠프의 구형 장비들을 개량하는 데 기부하고 또 재정적으로 궁핍한 구성원들과 이웃들을 돕는데 기부하고 있다.

예배당은 또한 수퍼펀드 부지의 청소와 연관된 문서들을 공적으로 열람할 수 있는 문서창고 역할을 감당하면서, 이웃들이 정부기관들과 함께 일할 수 있도록 힘을 실어주고, 지역 사업체들이 그 과정들을 수행하는 데 도움을 줄 수 있도록 격려하고 있다.[27]

이 회중들이 성취한 생태-사회적 정의는 확장되는 사랑의 관계성을 묘사한다 ― 다양한 돌봄의 과제를 피조물적 협동의 정의로운 구조

---

27 몇 가지 소소한 각색을 거쳐 이 이야기는 "A Small Congregation Does A Lot - Georgetown Gospel Chapel, as reported in the Stories from Congregation section of the Earth Ministry: Caring For All Creation Web site: www.earthministry.org/Congregations/stories/Georgetown/.

로 이끌어가는 아가페 말이다. 이는 과정 중에 있는 영의 신비한 파급 효과를 보여주는 단지 하나의 상황적인 겸허한 예일 뿐이다. 만일 아주 작은 것이라도 하나님의 연방이 등장한다면, 그것은 함께-고난당하는-열정com/passion이 갖는 복잡한 자기-조직적인 시스템을 드러낼 것이다. 구성원들을 위한, 이웃을 위한, 언어를 위한, 대기를 위한 함께-고난당하는-열정 말이다. 이것은 창생 집단체the genesis collective를 위한 기독교로서, 원예와 같은 있을법하지 않은 재능을 활용한 대범한 목회자가 그것을 가능케 했다(최소한 필자의 신학교에서는 그러한 것을 가르치지 않는다!). 그 공동체는 진리를 만들어간다making truth: *facere veritatem*. 영은 물질화한다matters.

이 목사와 회중은 결말이-열린 상호작용의 신학을 물질화materialize (즉 구체화)하고 있다. 그들은 위험을 감수하고 모험을 감행한다. 왜냐하면 그들은 환경적 파멸화discreation와 결합된 경제적 그리고 인종적 부정의가 우리에게 초래하는 파멸의 의미에 저항하기 때문이다. 그들은 묵시apocalypse를 그 본래적 의미인 "드러냄disclosure"의 맥락에서 실천한다. 그들은 수동적으로 도래할 혹은 재림할 메시아를 기다리지 않는다. 그들의 되어감 속에 그리스도는 과정 중에 계시다. 그들은 세계를 구원할 수 없고, 그들도 그들이 그렇다고 상상하지 않을 것이다. 그러나 그들은 구원에 참여한다. 창조는 바실레이아 속에서 부정되는 것이 아니라, 겸허히 재활용되고, 재생되고, 갱신된다.

두 번째 사례: 더 개인적인 예인데, 아마도 필자의 조직신학 수업 조교였던 샤론이 이 책을 읽고 있을 수도 있겠다는 생각이 든다.

3월로 접어든 봄학기에[28] 샤론은 딸을 안고 계단을 내려오다 발목을 접질렸다. 붓기가 계속 부풀어 올랐다. 괴사성 근막염으로 밝혀졌는데, 이 신종 살을-잡아먹는 질병29이 「요한계시록」의 전염병을 떠올리게 한다. 그녀가 생존할 확률이 아주 낮았다. 발견 후 100시간 이내에 그녀의 다리가 절단되었다. 그날이 그녀의 생일날이었다. 수술 후 병원을 방문하면서, 나는 최악의 생일 같은 어떤 말을 무심코 중얼거렸다. '오 아니예요'라고 그녀는 말한다. 샤론은 거의 죽음에 가깝게 자신이 붕 떠 있었다고 느꼈다. 이제 그녀는 자신이 살 수 있을 것임을 안다: 진심으로 생일날이다. 그녀의 말에 따르면 그녀는 각성된 의식 상태를 경험했는데, 그 상태에서 그녀는 빙하로 덮힌 푸른 바다 위를 수 시간 동안 떠다녔다. 그 바다를 그녀는 영the spirit이라 불렀다.

최근 그녀의 기억 속에 가장 먼저 남아있는 것은 "외과 수술실인데, (다리 절단 수술 이후 즉시) 무엇이 벌어지고 있는지, 의사들이 어떻게 제한된 지식을 가지고 신실하게 노력하고 있는지를 깨어나 알게 되었을 때"의 기억이다. 이 고통스러운 불확실성의 한복판에서 앎을 신실하게 붙들고 나아가는 이 장면은 그녀에게는 하나의 비유처럼 그녀에게 떠올랐다: 우리가 어떻게 이 방대한 장서를 소장하고 있는 도서관 안에 있다 해도, 결국은 제한된 장서의 양에 불과하다는 것 그렇지만 도서관의 자궁은 긍휼이었다.

샤론의 몸은 회복되어갔다. 몸이 인공기관을 받아들이지는 않지만, 그럼에도 그녀는 적당한 목발을 씩씩하게 휘두르며 걷는다.

"도서관의 자궁은 긍휼compassion이었다": 하나의 비유처럼, 그 신비

28 역자주. 미국의 학교들은 통상 1월 중순이나 2월 초 개강하여 5월 초나 중순에 학기가 끝난다.
29 역자주. 괴사성 근막염은 박테리아 감염으로 인해 생기는 질병인데, 박테리아가 짧은 시간 안에 피부, 지방 및 근육을 둘러싼 조직을 괴사시키는 질병이다.

스런 이미지는 기대치 못했던 의미들로 가득 차 있다. 인간 지식의 근원적 한계성은 우리가 소유할 수 없는 지혜의 우주 속에 담겨있다. 하지만 그 한계성은 실패나 굴욕이 아니라 긍휼compassion을 의미한다. 자신들의 한계를 직면하고 있는 의사들에 대한 그녀의 열정은 그녀에게 자신의 삶의 가장 끔찍한 한계선에서 무제한적인 긍휼의 자궁을 일견 드러내 주었다. 히브리어에서 "자궁"을 의미하는 단어 레헴rechem은 "자비mercy"를 뿌리로 하는 말이라는 사실을 상기하자.

그녀는 상처입고 회복중인 몸을 사랑으로 다룬다. 그녀의 웃음과 은혜는 마르지 않았다. 바다(의) 비전을 보여주는 테홈적인 영—또 다른 자궁— 속에서 그 웃음과 은혜는 심화되어간다. 그녀는 그 상실을 하나님의 의지로 간주했을 그 어떤 신학도 이미 탈피했다. 그래서 그녀의 위기는 신학적인 것이 아니다. 그녀의 신앙은 원천resource이지, 법적 책임이 아니다.

그녀의 불가능할 것 같은 생존은 그 신앙과 관계있다는 사실이 그때 내게 분명해졌다. 그것은 하나님이 개입하여 그녀를 구출해줄 것이라는 신앙이 아니라, 영에 감싸여 의료진을 포함한 훌륭한 네트워크에 의해 유지된 신앙이었다. 그녀는 의료진의 노고를 언급하며 감사를 표했다. 이 거의 알려지지 않은 질병 때문에 환원주의적 확실성에 기초한 의료진의 의학적 지식은 벼랑 끝으로 내몰렸고, 그럼으로써 의료진은 이 환자와 그의 고유한 과정의 신비에 주목하게 되었다.

그녀의 가족, 교우들 그리고 친구들은 그녀와 착 달라붙어 있었다 — 끈적끈적하게. 이제 그녀는 신학을 가르치며, 캐나다의 한 신학교에서 삶을 바꾸었다. 자신의 영의 경험과 장애의 정치학을 토대로, 그녀는 아주 놀라운 책을 막 출판하였다.[30] 긍휼의 도서관/자궁으로 그

---

30 샤론이 2007년 7월 5일 필자에게 보낸 이메일 메시지. 참조. Sharon V. Betcher, *Spirit*

려진 신성은 이 저술로 인해 풍성해질 것이다. 동시발생적으로 이 신성은 이 책과 더불어 당장 출현할 것이다. 그녀의 창조성은 본문을 통해 말하는 혀의 선물을 전달한다. 참으로 성령강림을 개시한 교회는 글 속에서 끝없는 영감inspiration을 발견할 것이다 — 성서 본문 이래로 전개되어온 수천 년의 신학을 통해서 말이다.

이 이야기들은 자신들의 모든 문제들에 대한 해결책을 찾은 개인들이나 공동체를 보여주지 않는다. 오히려 그와는 거리가 멀다. 이 이야기들은 확률을 이겨낸 이야기들이지만, 또한 그들의 대담한 상호작용들은 보다 더 많은 문제들을 만들어낸다. 이야기의 주인공들은 다짐resolution과 더불어 자신들의 길을 간다. 그들은 물질세계로부터의 구원을 추구하는 것이 아니라, 오히려 그 물질세계 안에서, 즉 우리의 미묘하고 까탈스러운 상호작용들 안에서 구원을 추구한다. "이것은 하늘이 깃털처럼 강습하는 날 / 지금의 날개 위에." 그러한 바실레이아적 되어감의 사례들이 우리를 둘러싼다 — 만일 우리가 그런 일들이 이루어지도록 내버려둔다면 말이다. 그러한 일들은 우리 자신의 새로운 시작들을 위한 비유들로서 우리에게 제시된다.

면죄선언absolution · 용해dissolution · 다짐resolution

이 일곱 번의 비틀기와 회전을 통해 필자는 두 가지 만연한 대립적인 정서들을 절대와 방탕으로 규정해왔다. 이 마지막 장에서, 절대는 절대적으로 최종적인 것 그 자체로 등장하여, 종말the End을 나팔 불며, 도the Way를 이긴다. 그 절대는 근대의 균일하고 계산 가능한 텅 빈 시간성에 대한 반발이었다. 시간에 대한 이 관점들은 예측가능한 직선성 속에 서

---

and the Politics of Disablement (Minneapolis: Fortress Press, 2007).

로를 반영한다 — 심지어 그 관점들이 묵시적 퇴행 대 세속적 진보로 양극화할 때조차도 말이다. 하지만 궁극적으로 그 관점들이 전개하는 선들은 자신들 위를 빙빙 돌고, 결국 진정한 새로움에 문을 닫는다.

그러나 밧모섬의 요한의 환상 여행의 시초에 메시아적 인물이 나와 "나는 알파와 오메가라"고 선언할 때, 요한은 직선적 시간표의 종결을 추진한 것이 아니다. 제국의 종말은 새로운 시작의 시간이다. 그의 혀는 양날의 검으로서, 폐쇄적 시스템의 파멸과 보편적 갱신을 향한 희망을 동시에 언급한다 — "나라들의 치유를 위한", "새 하늘과 새 땅"을 위한 희망 말이다.

이 장의 개괄적 나선형 소용돌이의 형상은 시간 자체를 위한 모델을 제안한다: 과정 중에 있는 각 순간은 그의 역사를 개괄적으로 반복하지만 그 자신의 새로운 되어감을 덧붙인다. 직선적이거나 순환적이 아닌 그의 나선적인 흐름을 말이다. 영(의) 시간은 우리의 공유된 되어감의 시간으로서, 우리의 지식을 넘어 펼쳐진다. 본서가 독려하고자 추구하는 그리고 우리 모두가 추구하도록 독려하는 다짐resolution은 그 복잡한 다중적인 전개의 제삼의 길에 놓여있다 — 다른 자아들과 그물에 엮인 우리 자신들, 다른 사회들과 그물에 엮인 우리 사회들, 다른 영적 전통들과 그물에 엮인 우리의 영적 전통들, 다른 종들과 그물에 엮인 우리 종의 제삼의 길 말이다. 알파(의) 시작과 오메가(의) 마지막이라는 양극성을 넘어서, 순수한 선과 순수한 악이라는 대립을 넘어서: 끝이-열린 길의 신비가 여전히 출현한다. 단 우리가 우리의 미래들에 대한 예측들로 착각하는 모든 것들에 대한 비판적 탈신비화demys-tification를 통해서 그 신비를 보호한다면 말이다.

그러나 갑자기 양날의 검-혀가 이 책이 전개하는 기획의 핵심을 뒤집어 비판적으로 비튼다.

결국 나는 묵시적 양극화를 만들어내고 만 것인가? — 절대와 방탕 사이의 양극화 말이다. 내 생각에는 아니다. 왜냐하면 다짐은 그 양자들 중 어느 것과도 동일시되지 않으며, 그 이분법적 대립을 깨뜨리기 위해 작업하기 때문이다. 그것이 바로 제삼의 길의 핵심요점이다.

진짜 위험은 이보다 더 심각하다: 만약에 내가 사실상 이중의 양극성을 가공해낸 것이라면 어쩔 것인가? 이 결단하는 관계주의가 그 양극들을 마주보며 묵시적 덕목의 자리를 차지하고 있는 것이라면 어쩔 것인가? 한편으로는 절대와 맞서고 또 다른 한편으로는 방탕과 맞서 있다면 어쩔 것인가? 내가 우리를 이중적 악마화의 길로 끌고 왔었던 것은 아닌가? 필자는 의로운 자에게나 불의한 자에게 모두 쏟아져 내리는 아가페적 비이원주의nondualism를 거듭거듭 읊어낼 수 있다. 그러나 나의 입장은 스스로-의롭다고 말하는 이원론으로부터 자유로운가? 대항적-종말론counter-apocalypse은 「요한계시록」의 절대주의를 빌려온 것이 아닌가? 제삼의 길은 따라서 이중의 이것 아니면 저것either/or을, 즉 사실은 이중의 양극성을 만들어내는 것은 아닌가? 만일 이 나선형 소용돌이의 또 한 번의 비틀기가 없다면, 그럴 수도 있다는 두려움이 든다. 화해적 전환 말이다.

우리는 모두 결국 어떤 절대적인 함께-고난당하는-열정을 제공할 필요가 있을지도 모른다. 되어감의 신학이 갖고 있는 성서적인 강건한 뿌리를 전제로 할 때, 우리는 먼저 —단지 요한의 「계시록」만이 아니라— 성서들의 등장 이래로 가장 대속적이고 매력적인 류의 신학이 대체로 절대성에 접해있다는 사실을 인정해야만 할 것이다. 우리는 해석적으로 그 신학들이 권위주의로부터 벗어나고 있다는 사실을 강조할 수도 있을 것이다. 우리는 —예수의 이름으로!— 사랑이라는 것과 끝의 열림에 특권을 부여할 수도 있을 것이다. 그러나 그 벗어남을 강화하기 위해서, 현재의 절대주의자들을 다시금 신비로 유혹하기 위해서 우리는 **그들의 절대 속에 담지된 어떤 것을 사랑해야만** 할 것이다.

신학입문자들을 위해 우리는 근본적 초월로서 절대의 의미를 주목하고 사실상 부정 신학을 찬성하기도 했다. 그리고 절대로서, 즉 인간의 모든 믿음과 투사들을 넘어서는 신비로서 하나님의 의미를 본서는 이미 공유했다. 그런데 우리가 근본적으로 염려해왔던 보수적 기독교인들의 절대주의는 무엇이란 말인가?

심지어 보수적 절대주의가 전개할 특정한 내용들과 전략들을 논쟁할 때조차도, 우리는 그 절대 속에서 풍성한 전통들, 진리를 향한 열정, 선을 향한 헌신, 책임 있는 삶을 향한 의지의 보전을 찬양하지 않는가? 분명히 우리는 문화적 방탕과 무의미한 자기-탐닉에 대한, 착취적이고 대상화된 성에 대한, 공공의 광장에서 신앙의 퇴출에 대한 염려를 공유한다. 분명코 우리는 종교적 보수주의의 특징을 이루는 축제적인 예배-공동체들의 희열을 공유한다 — 아니면 부러워한다.

그래서 우리는 진리를 과정 속으로 되돌려 놓을 때조차, 그들에 대한 우리의 빚과 친밀감을 인정한다. 심지어 우리가 절대의 신학들과 이데올로기에 반대하여 증언해야만 할 때조차, 우리는 딱 그들처럼 진리의 이름과 흐름 속에서 그렇게 한다. 의견 차이disagreement는 악마화가 아니다. 그저 전략적 목적들 때문이라면, 우리는 모든 절대 속에서 어떤 **상대적인** 진리를 발견할 수도 있다. 그리고 우파의 전체를 싸잡아 매도하는 주장들을 그대로 따라 하려는 종교적 진보주의자들의 성향을 전제로 할 때, 절대(주의자)가 담지하고 있는 상대적 진리의 용인이 정직하게 요구된다 — 그렇지 않다면, 우리는 상대(주의자)의 절대적 진리라는 입장에 빠지게 된다!

그러므로 우리는 심지어 종교적 절대주의자들이 적으로 남는다 하더라도, 그들을 향해 존경심을 표할 수도 있을 것이다. 아가페는 선한 의지로 자신을 낮추는 몸짓 그 이상의 것이다. 우리의 자존심이 문제이다. 왜냐하면 그 자존심은 종교적인 사람들로서 우리가 제거하려고 노력하는 우리 눈 속의 들보이기 때문이다.

그렇다면 절대(주의자)에게 면죄선언absolution을 주도록 하자.

그렇다면 놀랍지 않게도 그보다 어수선한 무리, 무어라 이름 붙이기보다 어려운 집단인 세속적 상대주의자들은 어쩔 것인가? 제국주의적 호전성과 묵시적 반작용을 추동하는 위선의 종교적 절대주의자들에 대한 상대주의자들의 분노를 공유하기는 얼마나 쉬운가. 종교적 우파들에 맞서 세속적 다원주의, 과학, 법을 지키는 일에 우리가 참여하는 것이 얼마나 필수적인가 — 심지어 우리 자신의 **종교적** 차이를 보호하는 일을 포함해서 말이다. 허무주의의 첨단은 오직 예언자들의 전통에 등을 돌린 예언적 비판의 그림자일 뿐이다 — 그 스스로와 창조세계에 대한 전통의 불충실성에 등을 돌린 양날의 검. 세속적 항거의 심연에서 허무주의는 폴 틸리히가 "신성한 심연the divine abyss"이라 불렸던 것으로 '무로부터the ex nihilo'와의 거울 놀이를 넘어서 전환될 수도 있다.

도덕주의자들의 분노의 대상인 에로틱하게 표현된 방탕은 어쩔 것인가? 사랑 없는 섹스를 수행하는 많은 양식들을 축복함이 없이, 도덕적 절대주의에 의해 억압된 세속적인 즐거움을 회복시킨 지난 수 세대에 걸친 에로티시즘에 대한 반문화적 탐구들에 대해 우리는 상대적으로 영향을 받으며 빚을 졌다.

상대주의의 이면, 즉 가치판단적이지 않은 세속주의가 지구를 소비하는 소비주의의 가치들과 더불어 자기 편리에 따라 구별이 안 되는 측면에 대해서는 어쩔 것인가? 분명코, 이 책을 읽고 있는 우리들 중 대다수는 우리가 그 흐릿함을 가중시키고 있다는 사실을 인식해야만 할 것이다. 우리는 대부분 세계화된 경제 시스템의 수혜자들이다. 심지어 그 경제 시스템이 우리 행성을 유독하게 죽이고 있을 때에도 말이다. 빌라도는 자신의 제국주의적 상대주의 입장에서 자신 앞에 체현된 차이에 무관심한 채 어깨를 으쓱할 수 있었다. 그러나 오늘날의 로마의 일부인 우리는 순수성의 관점으로부터 항거하기 거의 어렵다. 그리고 만일 우리가 그렇게 항거하다 해도 우리의 증언은 묵시론적 절대(주의자)를 반향할 따름이다.

그렇게 상대주의의 방탕한 가장자리는 철저한 검토 아래서 깜박거리며 용해되어 사라져간다 ─ 그 자신의 허무주의로 혹은 그의 절대주의자 흉내내기로 말이다. 그리고 남는 것은 우리가 필요로 하는 상대성relativity뿐이다 ─ 우리 모두의 관점들을 다른 모든 관점들과 연관하여 한 순간이라도 그 관점들의 차이를 뭉뚱그림이 없이 붙들어주는 관계성relationality 말이다. 이 관계됨은 어떤 의미에서 절대적이다! 그 어떤 살아있는 존재도 그 관계됨으로부터 예외일 수가 없다. 그래서 상대성은 우리 각자가 담지한 절대성들의 딱딱한 가장자리의 용매solvent처럼 작동하다.

따라서 우리는 방탕주의자들에게 용해dissolution를 제공할 수 있다.

다짐을 다지고 있는 이에게 제공할 마지막 결심이 남아있는가?

만약에 있다면, 그것은 아마도 다음과 같이 들릴 것이다: 그 길은 여전히 미지의 곳으로 굽어져 들어가고 있다. 그렇지만 우리는 그것을 알면서도, 신뢰할 수 있는 지혜 가운데 그 다음 발걸음을 내디딜 수 있을 것이다. 만일 우리가 그 영이 말씀하고 있는 것을 들을 귀를 가지고 있다면 시작들의 알파는 언제나 지금이고, 우리의 마지막들의 오메가는 언제나 우리 바로 앞에 있다. 그것은 우리가 태어나기 훨씬 전부터 그렇게 상상되었다. 그것은 우리의 죽음들을 훌쩍 지나 저 멀리 미래를 향하여 우리를 유혹한다. 가능성은 우리의 유한성의 가장자리를 따라 불꽃처럼 춤을 춘다. 우리는 우리가 할 수 있는 것을 진짜로 만든다make true. 우리는 지금까지의 우리보다 더한 어떤 것이 된다. 하지만 우리의 취약성이 우리 자신 너머로 우리의 영적인 확장으로 인해 증가되기도 한다. 우리는 우리를 감싸고 있는 것으로 펼쳐진다. 그것—당신, 야웨, 하 셈, 소피아, 도서관-자궁, 심지어 평범한 오랜 이름 하나님—은 우리의 앎과 이름들을 벗어난다. 그렇지만 그것은 우리가 사랑 가운데 제공하는 모든 이름들을—그 엄청난 양들을— 받아들인다. 우리가 참여하는 창조적 과정은 끝나지 않는다. 비록 우리 각자는 의심의 여지 없이 끝을 맞이하겠지만 말이다. 또 다른 의미에서—우리가 종말론적이라고 부른 의미에서 그리고 신비에 남겨놓은 의미에서— 우리는 언제나 그의 일부가 될 것처럼 보인다.

처음으로 그리고 영원히
네가 결코 용기를 내지 않았던 것이 되는 것….

부록

수업자료들

책을 읽기 위한 제언

독서 전략에 대한 약간의 실마리들이 신학적 여정이 여전히 새롭고 낯선 이들에게 도움이 될 것 같다. 본서의 장들은 단일한 신학을 전개하고 있으며, 유기적으로 발전하고 있는 순서를 따라 펼쳐지고 있다. 그러나 어떤 장이든 독자의 주목을 끄는 장이 있으면 먼저 읽는 것도 좋고, 순서대로가 아니라 원하는 대로 각 장들을 읽을 수도 있을 것이다. 앞서 나오는 전제들이나 정의들을 놓쳤을 경우, 색인을 참고하는 것도 도움이 될 것이라 생각한다. 불필요한 전문 용어들을 가급적 회피하려고 노력했고, 필요한 경우 정의들을 제공하긴 하지만, 다른 입문서들을 소개하면서 설명을 단순화시키는 일도 가급적 삼갔다. 독자들은 성서 인용들이 빈번함을 금방 알아챌 수 있을 것이다. 이 성서 인용들은 증거 본문으로서가 아니라 이야기적 관점들로서 제시되었다. 그 인용들은 사전 지식을 요구하지 않는다. 이따금 그 인용 본문들의 상황으로 돌아감으로써 그리고 예를 들어, 테홈(tehom)이나 바실레이아(basileia)와 같은 핵심적인 히브리어나 그리스어를 그대로 유지함으로써 필자는 새롭고 신선한 어떤 것이 유출되어 나오기를 바랐다. 마찬가지로 dis/closure나 com/passion처럼 친숙한 단어들에 이따금씩 빗금(/)을 넣어 잃어버렸거나 가능한 의미를 채근할 수 있도록 하였다. 독자 자신의 신학적 탐구를—교실에서 혹은 독서 모임에서 혹은 개인적으로— 계속 독려하기 위해, 여기에 각 장의 토론에서 제시될 수 있는 물음들을 담았다. 이 물음들이 바로 이어지고, 각 장에 따라 더 읽어볼 만한 짧은 독서목록들을 덧붙여 놓았다. 책 전반에 여기저기 제시된 글상자 안의 인용들은 그 페이지에서 기술하고 있는 내용들에 적합성을 갖는 것들로서 더 읽어야 할 것을 찾는 안내가 될 수도 있고, 독자들은 또한 그런 목록을 주에서 폭넓게 찾아볼 수도 있으리라 생각한다.[1]

1장 성찰과 토론을 위한 질문들

1. "절대적 진리와 방탕한 진리"라는 말을 통해 저자는 무엇을 의미하고 있는 것인가? 문학이나 예술 혹은 철학이나 신학에서 예를 들어 설명할 수 있는가?
2. 절대 대 방탕의 이 이분법은 오늘날 정치적으로 어떻게 작동하고 있는가? 혹은 대중문화 속에서 어떻게 작용하고 있는가?
3. 이 영속적인 갈등의 시초에서 그리고 그에 대한 반응에서 신학이 그 원인이 되고 있다는 사실을 저자는 어떻게 제시하고 있는가?
4. 신학의 실천과 중요성이 인간의 고난에 관계하고 있다는 사실을 저자는 어떻게 제안하고 있는가?
5. "진리는, 만나처럼, 저장될 수 없다"고 켈러는 주장한다. 그렇다면

---

1 역자주. 한국어 번역본의 출간(2019)에 맞추어 그 사이 출간된 읽어볼 만한 참고도서들이 추가되었다.

그녀는 자신의 과정신학적 모델 속에서 어떻게 진리를 하나님, 신
앙, 은유 그리고 신비와 관계시키고 있는가?
6. 제삼의 길이라는 모델은 기존의 교회 가르침이나 교리에 어떻게 관
련될 수 있을까?

더 읽어볼 책들

Ariarajah, S. Wesley. *Strangers or Co-Pilgrims?: The Impact of Interfaith
Dialogue on Christian Faith and Practice.* Minneapolis: Fortress
Press, 2017.

Brock, Rita Nakashima, and Rebecca Ann Parker. *Proverbs of Ashes:
Violence, Redemptive Suffering, and the Search for What Saves Us.*
Boston: Beacon, 2001.

Keller, Catherine. *Cloud of the Impossible: Negative Theology and Planetary
Entanglement.* New York: Columbia University Press, 2014.

Johnson, Elizabeth A. *She Who Is: The Mystery of God in Feminist
Discourse.* New York: Crossroad, 1992.

Jones, Serene, and Paul Lakeland, eds. *Constructive Theology: A
Contemporary Approach to Classical Themes.* Minneapolis:
Fortress Press, 2005.

Lanzetta, Beverly J. *Radical Wisdom: A Feminist Mystical Theology.*
Minneapolis: Fortress Press, 2005.

Moltmann, Jürgen. *The Living God and the Fullness of Life.* Louisville:
Westminster John Knox Press, 2015.

Wallis, Jim. *God's Politics: Why the Right Gets It Wrong and the Left Doesn't
Get It.* San Francisco: HarperSanFrancisco, 2005.

Whitehead, Alfred North. *Science and the Modern World.* New York:
Free, 1967.

2장 성찰과 토론을 위한 질문들

1. 예수의 심문과 고문에 대한 요한복음의 기술에서 다른 어떤 개념들의 진리가 작동하고 있는가?
2. 빌라도의 어깨 으쓱거림을 당신의—인격적이고 비인격적인— 관계들의 어디에서 대면하는가?
3. "증언으로서 진리" 개념이 어떻게 궁극적 신비에 관하여 절대(주의)보다 더 가치가 있을 수 있는가 ― 그리고 신학에 도움이 되는가?
4. 저자는 자신의 신학적 진리 개념에서 증언, 신뢰 그리고 창조적 충실성의 요소들을 제안한다. 그것들이 어떻게 저자가 해석한 욥의 이야기 속에서 예증되는가?
5. 이 장에서 성서는 종교적이고 신학적인 진리를 조명하는 특정한 방식들로 사용되고 있다. 성서의 해석적 역할은 무엇인가? 성서는 "절대적 진리"를 체현하는가?
6. 어떤 종교적 쉽볼렛이 당신을 염려하게 만드는가?

더 읽어볼 책들

Cobb Jr., John B. *Spiritual Bankruptcy: A Prophetic Call to Action*. Nashville: Abingdon Press, 2010.

Griffin, David Ray, John B. Cobb Jr., Richard A Falk, Catherine Keller. *The American Empire and the Commonwealth of God: A Political, Economic, Religious Statement*. Louisville: Westminster John Knox, 2006.

Keyes, Ralph. *The Post-Truth Era: Dishonesty and Deception in Contemporary Life*. New York: St. Martin's, 2004.

Moltman, Jürgen. *The Spirit of Life: A Universal Affirmation*. Minneapolis: Fortress Press, 2001.

Moore, Stephen D. *Empire and Apocalypse: Postcolonialism and the New Testament*. Sheffield: Sheffield Phoenix Press, 2006.

Rieger, Joerg. *Christ & Empire: From Paul to Postcolonial Times*. Minneapolis: Fortress Press, 2007.

Tillich, Paul. *Dynamics of Faith*. New York: Perennial/Harper & Row, 1957/2001.

3장 성찰과 토론을 위한 질문들

1. 여기서 진술된 창세기를 공부해야 하는 이유는 무엇인가? 그것은 신학적 진리-탐구 어디에 적합한 것인가? 창세기에 대한 우리의 이해에 걸려있는 것은 무엇인가?

2. 창조와 진리의 특성에 대한 어떤 통찰을 창세기 이야기 속에서 볼 수 있는가? 그 통찰은 어떤 방식들로 하나님에 대한 혹은 과학에 대한 당신의 개념들을 다시 구성해주고 있는가?

3. 창세기는 어떻게 신학에 대한 과정(철학)적 접근방식을 지지하는 본문으로 제시되고 있는가?

4. 당신의 경험을 통해 볼 때, 어둠, 심연 혹은 혼돈의 어떤 요소가 인간 삶에서 보여질 수 있는가 그리고 창세기에 대한 이러한 독해가 어떻게 그들을 이야기하고 있는가?

5. "창생 집단체genesis collective"라는 말을 통해 저자는 무엇을 의미하는가 그리고 그것은 어떻게 진화, 창발, 복잡성 그리고 지적 설계 개념들에 관계되는가?

6. 성적 역할gender roles, 성sexuality 그리고 자연세계에 대한 지배라는 전통적 개념들은 통상 창세기의 창조 이야기로 소급된다. 이번 장은 그러한 경향성을 어떻게 바꾸고 있는가?

더 읽어볼 책들

Baker-Fletcher, Karen. *Sisters of Dust, Sisters of Spirit: Womanist Wordings on God and Creation.* Minneapolis: Fortress Press, 1998.

Barbour, Ian G. *When Science Meets Religion: Enemies, Strangers, or Partners?* San Francisco: HarperSanFrancisco, 2000.

Gribbin, John. *Deep Simplicity: Bringing Order to Chaos and Complexity.* New York: Random House, 2004.

Harris, Melanie L. *Ecowomanism: African American Women and Earth-Honoring Faiths.* Maryknoll, NY: Orbis Books, 2017

Kearns, Laurel, and Catherine Keller, eds. *Ecospirit: Religions and Philosophies for the Earth.* New York: Fordham University Press, 2007.

Keller, Catherine. *Face of the Deep: A Theology of Becoming.* London: Routledge, 2003.

Keller, Catherine, and Mary-Jane Rubenstein, eds. *Entangled Worlds: Religion, Science, and the New Materialism.* New York: Fordham University Press, 2017.

Kim, Grace Ji-Sun, and Hilda P. Koster, eds. *Planetary Solidarity: Global Women's Voices and Climate Justice.* Minneapolis: Fortress Press, 2017.

McDaniel, Jay. *With Roots and Wings: Christianity in an Age of Ecology and Dialogue.* Maryknoll: Orbis, 1995.

Pope Francis. *Laudato Si: On Care for Our Common Home.* Huntington, IN: Our Sunday Visitor, 2015.

Suchocki, Marjorie Hewitt. *The Fall to Violence: Original Sin in Relational Theology.* New York: Continuum, 1994.

4장 성찰과 토론을 위한 질문들

1. 하나님의 힘power에 대한 당신의 관념을 어떻게 특성지을 수 있는 가? 그 당신의 관념은 이번 장에 소묘된 신적인 전능성이라는 전통 적 개념과 어떻게 닮았는가 아니면 어떻게 다른가?

2. "왜 나에게만?"이라는 물음은 정곡을 찌르고 있는가? 하나님의 힘 과 사랑의 긴장이 당신 자신의 경험 속에서 위기로 다가오거나 혹 은 가깝게 느껴진 적이 있는가?

3. 하나님은 자연재해들, 사고 혹은 질병, 혹은 인간이 행위로 인한 많 은 비극들을 "의지"하시는가? 어떻게 그런가 혹은 어떻게 그렇지 않은가?

4. 욥기서와 신학자 장 칼뱅 각각의 입장을 신적인 전능성과 신적 의 지 개념들의 관점에서 비교해보라. 신적인 취약성이라는 과정신학 적 개념은 어떤 대안을 제시하는가?

5. 신적 취약성의 신학은 자연재해들로 인해 야기되는 피해의식을 어 떻게 이해할 수 있는가? 혹은 인간 악의 귀결로 인한 피해의식을 어떻게 이해할 수 있는가?

더 읽어볼 책들

Bonhoeffer, Dietrich. *Letters and Papers from Prison*. ed. Eberhard Bethege; tr. Reginald H. Fuller. New York: Macmillan, 1953.

Caputo, John D. *The Insistence of God: A Theology of Perhaps*. Bloomington, IN: Indiana University Press, 2013.

_____. *The Weakness of God: A Theology of the Event*. Bloomington: Indiana University Press, 2006.

Griffin, David Ray. *God, Power, and Evil: A Process Theodicy*. Louisville: Westminster John Knox, 2004.

Hartshorne, Charles. *Omnipotence and Other Theological Mistakes*. Albany: State University of New York Press, 1984.

Jones, Serene. *Trauma and Grace: Theology in a Ruptured World*. Louisville: Westminster John Knox Press, 2009.

Keller, Catherine. *God and Power: Counter-Apocalyptic Journey*. Minneapolis: Fortress Press, 2006.

Niebuhr, Reinhold. *The Irony of American History: The Position of America in the World Christianity in Light of Her History*. New York: Scribner's, 1952.

Oord, Thomas Jay. *God Can't: How to Believe in God and Love After Tragedy, Abuse, and Other Evils*. SacraSage Press, 2019.

Suchocki, Majorie Hewitt. *The Fall to Violence: Original Sin in Relational Theology*. New York: Continuum, 1994.

5장 성찰과 토론을 위한 질문들

1. 환상가 하데비치와 당신 자신의 경험을 생각해보고, 인간적 사랑과 신적 사랑을 관계시켜 보라. 그것들이 신적 힘 관념에 어떻게 영향을 미치는가?

2. "하나님은 다정다감한 인내심을 갖고 이끄시는… 세계의 시인이다" 고 알프레드 노스 화이트헤드는 적고 있다. 그의 신에 대한 개념이 이 진술문에서 어떻게 그려지고 있는가?

3. 이 장에 서술된 과정신학적 기술에 근거하자면, 신적인 존재는 우주의 구체적인 사건들의 전개 속에서 어떻게 그려지고 있는가? 왜 과정신학은 "신적인 에로스"와 "신적인 유혹"이라는 용어를 사용하는가?

4. 신적인 힘에 대한 이번 장의 기술에 비추어, 당신은 기적이 가능하다고 생각하는가?

5. 신적인 에로스는 우리가 일반적으로 "에로틱"하다고 부르는 것과 어떻게 관계되는가?

더 읽어볼 책들

Baker, Chris, Gloria Coffin, Craig Drurey, Graden Kirksey, Lisa Michaels, and Donna Fiser Ward. *Uncontrolling Love: Essays Exploring the Love of God.* With Introductions by Thomas Jay Oord. San Diego: SacraSage Press, 2017.

Brock, Rita Nakashima. *Journey by Heart: A Christology of Erotic Power.* New York: Crossroad, 1991.

Burrus, Virginia, and Catherine Keller, eds. *Toward a Theology of Eros: Transfiguring Passion at the Limits of Discipline.* Transdisciplinary Theological Colloquia. New York: Fordham University Press, 2006.

Cobb Jr., John B., and David Ray Griffin. *Process Theology: An Introductory Exposition.* Philadelphia: Westminster, 1976.

Irigaray, Luce. *To Be Two.* tr. Monique M. Rhodes and Marco F. Cocito-Monoc. New York: Routledge, 2001.

Padilla, Elaine. *Divine Enjoyment: A Theology of Passion and Exuberance.* New York: Fordham University Press, 2014.

Park, Andrew Sung. *The Wounded Heart of God: The Asian Concept of Han and the Christian Doctrine of Sin.* Nashivlle: Abingdon, 1993.

Walker, Alice. *The Color Purple.* New York: Harcourt Brace Jovanovich, 1982.

6장 성찰과 토론을 위한 질문들

1. (앤더스 니그렌이 명확하게 표현한) 전통적 틀 속에서 에로스와 아가페 개념을 과정신학적 관점이 제안하는 것과 대조해보라.

2. 일상의 삶 속에서 당신은 긍휼compassion을 어떻게 실천하고 있는가?

3. 과정신학은 "하나님의 호응적 사랑"과 연관하여 "하나님의 창조적 사랑"이 하고 있는 일을 어떻게 구상하고 있는가?

4. 이번 장에서 제시된 **아가페의 윤리적** 함축성들은 무엇인가? **정치적** 함축성들은 무엇인가? 아가페는 **정의**justice를 어떻게 다듬는가 아니면 다시 구성하는가 아니면 재정의하는가?

5. 이 기술 속에서 개인적 주도권은 신적인 함께-고난당하는-열정 com/passion과 어떻게 관련이 되는가?

6. 과정신학은 전통 신학의 부동의 동자 개념에 어떻게 반응하는가? 어떤 방식으로 하나님은 여전히 하나님으로 보일 수 있는가?

더 읽어볼 책들

Kidd, Sue Monk. *The Secret Life of Bees*. New York: Penguin, 2002.

Cone, James H. *Martin & Malcolm & America: A Dream or a Nightmare*. Maryknoll: Orbis, 1991.

Cone, James H. *Risks of Faith: The Emergence of a Black Theology of Liberation, 1968-1998*. Boston: Beacon, 1999.

Gebara, Ivone. *Longing for Running Water: Ecofeminism and Liberation*. tr. Ann Patrick Ware. Minneapolis: Fortress Press, 1999.

Isasi-Díaz, Ada María. *Justica: A Reconciliatory Praxis of Care and Tenderness*. Minneapolis: Fortress Press, 2009.

Isherwood, Lisa. *Introducing Feminist Christologies*. Cleveland: Pilgrim Press, 2002.

Joh, Wonhee Anne. *Heart of the Cross: A Postcolonial Christology*. Louisville: Westminster John Knox, 2006.

Robbins, Jeffrey W., and Clayton Crockett, eds. *Doing Theology in the Age of Trump: A Critical Report on Christian Nationalism*. Eugene, OR: Cascade Books, 2018.

7장 성찰과 토론을 위한 질문들

1. 예수라는 인물을 개인적으로 어떻게 이해하거나 상상하는가? 예수에 대한 당신의 인상은 복음서들의 예수와 혹은 교리적 신조들의 예수와 어떻게 관련되는가? 각각의 예수의 모습들이 담지한 문제적 측면들을 지적하고 설명할 수 있는가?
2. 예수의 삶과 가르침의 어떤 측면들을 켈러는 특별히 강조하고 있는가?
3. 본 장에서 토론된 비유들 중 어떤 이미지가 당신에게 새롭게 즐거운 경험을 주었는가?
4. 예수의 우선순위들과 비유 장르의 어떤 측면들이 일꾼들의 비유에 대한 토론에서 부각되고 있는가?
5. 예수의 비유들을 다루는 저자의 방식이 어떻게 기독론이라는 명시적 과정으로 나아가는가? 예수의 인격과 신분 그리고 사역은 이 틀 속에서 어떻게 이해되고 있는가?
6. 지혜, 로고스, 비유로 일컬어지는 예수의 특징들이, 앞의 장들에서 보였던 과정신학적 비전의 다른 헌신들과 어떻게 관련되는가?

더 읽어볼 책들

Borg, Marcus J. *Meeting Jesus Again for the First Time: The Historical Jesus and the Heart of Contemporary Faith*. SanFrancisco: HarperSanFrancisco, 1995.

Cobb Jr., John B. *Jesus' Abba: The God Who Has Not Failed*. Minneapolis: Fortress Press, 2016.

Crossan, John Dominic. *The Dark Interval: Towards a Theology of Story*. Allen: Argus, 1975.

Edgar, Robert. *Middle Church: Reclaiming the Moral Values of the Faithful*

Majority from the Religious Right. New York: Simon & Schuster, 2006.

Grau, Marion. *Of Divine Economy: Refinancing Redemption*. New York/London: T&T Clark, 2004.

Griffin, David Ray, John B. Cobb Jr., Richard A Falk, Catherine Keller. *The American Empire and the Commonwealth of God: A Political, Economic, Religious Statement*. Louisville: Westminster John Knox, 2006.

Keller, Catherine. *Intercarnations: Exercises in Theological Possibility*. New York: Fordham University Press, 2017.

McElvaine, Robert. *Grand Theft Jesus: The Hijacking of Religion in America*. New York: Crown, 2008.

Moltman, Jürgen. *The Way of Jesus Christ: Christology in Messianic Dimensions*. tr. Margaret Kohl. Minneapolis: Fortress Press, 1990.

Rambo, Shelly. *Resurrecting Wounds: Living in the Afterlife of Trauma*. Waco: Baylor University Press, 2017.

8장 성찰과 토론을 위한 질문들

1. 처음 "신학"과 관계하게 된 순간들을 상기해보자. 그 사건들이 이 여정의 과정에서 어떻게 바뀌어왔는가?
2. 세계의 종말이라는 시나리오가 — 종교, 대중문화 혹은 우리 세계의 상황이라는 관점에서 — 당신의 시야에 어떻게 들어오는가?
3. 묵시적 사유란 무엇인가? 저자는 예언자적 성서 전통을 묵시문학적 전통과 어떻게 관계시키고 있는가?
4. 여기 제시된 묵시적 사유는 훨씬 전통적인 묵시문학적 사유를 담지한 마지막-때 시나리오와 어떻게 대조를 이루고 있는가?

5. 하나님 나라와 하나님의 영의 활동에 관한 기독교적 생각들은 과정 철학적으로 영향을 받은 인간 미래에 대한 비전 속에서 어떻게 그려질 수 있는가? 이는 기독교인의 제자도, 기독교 공동체 그리고 공적 영역에서 기독교인의 처신에 어떤 차이를 만들 수 있을까?
6. 이 모델 속에서 종말은 어떻게 시작을 거울처럼 반영하고mirror 있는 가?
7. 당신 자신의 신학적 탐구에서 어떤 물음들이 지금 가장 긴급하다고 느껴지는가?

더 읽어볼 책들

Betcher, Sharon V. *Spirit and the Politics of Diablement*. Minneapolis: Fortress Press, 2007.

Brock, Rita Nakashima, and Rebecca Ann Parker. *Saving Paradise: How Christianity Abandoned Love for This World and Turned to the Heresy of Crucifixion and Empire*. Boston: Beacon, 2008.

Caputo, John D. *Hoping Against Hope: Confessions of a Postmodern Pilgrim*. Minneapolis: Fortress Press, 2015.

Keller, Catherine. *Apocalypse Now and Then: A Feminist Guide to the End of the World*. Boston: Beacon, 1996.

_____. *Political Theology of the Earth: Our Planetary Emergency and the Struggle for a New Public*. New York: Columbia University Press, 2018.

Moltman, Jürgen. *Theology of Hope: On the Ground and the Implications of a Christian Eschatology*. tr. James W. Leitch. New York: Harper & Row, 1967.

Rossing, Barbara R. *The Rapture Exposed: The Message of Hope in the Book of Revealtion*. New York: Basic, 2004.